国家精品课程配套教材
现代物流丛书

WULIU YU GONGYINGLIAN GUANLI

物流与供应链管理

（第三版）

主　编　霍佳震　张艳霞
副主编　吴　群　戴　韬

高等教育出版社·北京

内容提要

本书是国家精品课程配套教材，是现代物流丛书之一。

全书共10章，分别是物流与供应链管理概述、顾客服务、物流网络设计、运输管理、库存管理、物流信息管理、物流辅助活动、供应链协调、供应链管理技术、现代物流与供应链管理的发展。

本书体系完整、案例丰富、内容翔实，既可作为高等学校经济与管理类相关课程教材，也可作为社会人士自学用书。

图书在版编目(CIP)数据

物流与供应链管理 / 霍佳震，张艳霞主编. —3版. —北京：高等教育出版社，2021.9 (2022.12重印)

ISBN 978-7-04-056748-9

Ⅰ. ①物… Ⅱ. ①霍… ②张… Ⅲ. ①物流管理-高等学校-教材②供应链管理-高等学校-教材 Ⅳ. ①F252.1

中国版本图书馆CIP数据核字(2021)第171917号

策划编辑 张正阳　**责任编辑** 张正阳　**封面设计** 张文豪　**责任印制** 高忠富

出版发行	高等教育出版社	**网　　址**	http://www.hep.edu.cn
社　　址	北京市西城区德外大街4号		http://www.hep.com.cn
邮政编码	100120	**网上订购**	http://www.hepmall.com.cn
印　　刷	上海华教印务有限公司		http://www.hepmall.com
开　　本	787mm×1092mm　1/16		http://www.hepmall.cn
印　　张	21.25	**版　　次**	2006年9月第1版
字　　数	517千字		2021年9月第3版
购书热线	010-58581118	**印　　次**	2022年12月第2次印刷
咨询电话	400-810-0598	**定　　价**	45.00元

本书如有缺页、倒页、脱页等质量问题，请到所购图书销售部门联系调换

物 料 号　56748-00

第三版前言

本书第一版由高等教育出版社于 2006 年 9 月出版，第二版于 2012 年 1 月出版。时光荏苒，物流与供应链管理领域在我国已有了长足的发展和进步。为了使广大读者能够及时了解和掌握物流与供应链管理领域的最新进展，为了向选用本教材的高校师生提供更好的知识传递，我们对本书进行了修订。

这次修订保持了本书一贯的知识体系结构，但对每章的内容结合当前经济社会发展的现状、物流与供应链管理的智能化、绿色化、全球化发展趋势，以及读者对知识学习和掌握的基本规律进行了适当调整。归纳起来，本次修订主要有以下几个方面：

(1) 案例更新。为了使读者更深入地理解教学内容，更换了近四分之三的案例。这些案例与教学内容联系更为密切，也反映了当前物流与供应链管理领域的最新进展。

(2) 适当调整了章节顺序。结合读者对教材使用情况的反馈，将第二版的第 4 章物流信息管理调整到第 6 章，将第 5 章运输管理、第 6 章库存管理调整为第 4 章和第 5 章。

(3) 有较大修改的章节包括：考虑到需求管理与需求预测对顾客服务的基础性作用，第 2 章增加了需求管理与需求预测的内容；第 3 章为了增强读者对内容的理解，增加了例题和习题；第 4 章运输管理增加了货物配载的内容，增加了例题和习题；第 5 章库存管理重新梳理了章节结构，既保证了原有知识点不变，又能够使读者更容易理解库存管理的逻辑，还增加了库存管理实践章节，便于读者理论结合实践；第 8 章增加了供应链合作伙伴关系作为实现供应链协调的方法；第 9 章考虑到供应链管理在企业中的实施需求，将原来偏理论的供应链集成修改为供应链管理技术。

(4) 考虑到章节内容的调整和修订，对全书的教学计划进行了调整，如下表所示。

本书教学进度安排表

周次	课时数	教学内容
1	3	**第 1 章　物流与供应链管理概述** 第一节　物流与供应链管理产生的背景　第二节　物流与物流管理的概念 第三节　供应链与供应链管理概述
2	3	**第 2 章　顾客服务** 第一节　物流管理与服务的关系　第二节　需求管理与需求预测
3	3	第三节　制定顾客服务战略　第四节　顾客服务的实施 第五节　服务质量评估与改进
4	3	**第 3 章　物流网络设计** 第一节　设施网络对企业绩效的影响　第二节　物流网络设计过程 第三节　设施选址的影响因素

续 表

周次	课时数	教学内容
5	3	第四节 综合因素评价方法 第五节 数据准备与分析工具
6	3	第六节 选址模型 第七节 供应链网络规划
7	3	**第 4 章 运输管理** 第一节 运输系统概述 第二节 运输方式
8	3	第三节 运输最优化 第四节 供应链中的运输管理
9	3	**第 5 章 库存管理** 第一节 库存概述 第二节 库存计划
10	3	第三节 不确定性管理 第四节 单周期产品的库存控制
11	3	第五节 库存管理实践 第六节 供应链环境下的库存管理
12	3	**第 6 章 物流信息管理** 第一节 物流信息系统基本概念 第二节 物流信息管理基础技术 第三节 物流信息系统分类 第四节 供应链中的信息集成与管理
13	3	**第 7 章 物流辅助活动** 第一节 集装单元技术 第二节 包装及包装技术 第三节 装卸搬运技术 第四节 储存技术 第五节 流通加工技术
14	3	**第 8 章 供应链协调** 第一节 供应链失调及其牛鞭效应 第二节 供应链协调的障碍因素及其管理杠杆
15	3	第三节 目标不一致问题的协调 第四节 供应链合作伙伴关系
16	3	**第 9 章 供应链管理技术** 第一节 供应链管理方法 第二节 供应链计划管理
17	3	第三节 供应链关系管理 第四节 供应链风险管理
18	3	**第 10 章 现代物流与供应链管理的发展** 第一节 智慧物流与智慧供应链 第二节 可持续供应链的发展 第三节 全球供应链管理 第四节 供应链金融创新

本书可以根据不同的学时安排进行不同的模块组合教学。54 学时可以讲完全书的内容。

如果对供应链管理的内容不作高的要求，仅讲授物流管理基础知识，可以采用 42 学时的教学模块，即讲授第 1、2、3、4、5、6、7、10 章内容，这八章内容自成体系。本书也可作为供应链管理的教材，采用 36 学时的教学模块，可讲授第 1、2、8、9、10 章的内容及第 3、4、5、6 章每章最后一节的内容。

本书的整体框架及提纲由我策划，同济大学教师张艳霞博士、东华大学教师戴韬博士、江西财经大学教师吴群博士参加了本书的编写工作。其中：第 1、8 章由我执笔，第 2、5 章由戴韬执笔，第 3、4、6、7 章由张艳霞执笔，第 9、10 章由吴群执笔。

由于物流与供应链管理的内容相当广泛，书中难免存在错误与不足之处，敬请读者与专家批评指正。

霍佳震

2021 年 6 月于同济大学

第二版前言

本书自2006年9月由高等教育出版社出版第一版以来，受到国内广大读者的欢迎，不少高校的物流与供应链管理课程采用了本教材。为及时反映近年来物流及供应链管理理论与实际工作的最新进展，我们对本书进行了修订。

这次修订在全书的逻辑结构和篇章布局上没有大的变化，但几乎对每章的内容都进行了适当的调整，使全书内容更加完善。归纳起来，本次修订有以下几个特点：

(1) 考虑到很多读者还没有出过校门，或者未接触过物流及供应链管理工作，修订时增加了相应章节的例题，同时为便于读者理解教学内容，更换了近三分之一的案例，使案例与教学内容联系更加紧密，同时这些案例的选取也考虑了近年来物流与供应链管理最新的进展。

(2) 有较大修改的章节包括：第3章增加了物流网络布局对企业绩效的影响，并将服务型设施的选址融入其中，调整了章节结构；第5章增加了运输与可持续发展关系的内容，并补充了运输经营主体的分类、运输服务的特征等内容；第6章为了便于读者理解和学习，对章节结构重新梳理，把单周期产品的库存控制问题单独作为一节，而后循着库存管理基本问题展开，用实例说明了供应链中的库存管理问题；第9章采用新的案例阐述合作伙伴关系。

(3) 修正了第一版中的一些数据和文字错误。对一些章节内容在结构不变的前提下进行了改写，使整个教材风格一致、体例规范。每章后面都有复习思考题，方便自学的读者对每章内容的理解。

本书第一版自2006年出版以来已有5年。在第一版中，同济大学的张建军博士、汪达钦博士、薛奕达博士为我们查阅、整理了许多资料，倾注了他们的辛劳与智慧。在第二版的写作过程中，同济大学硕士研究生史佳蓉、杨旭、刘亚旗也为本书付出了辛勤的劳动。在此谨致衷心的感谢。

本书的整体框架及提纲由我策划，同济大学教师张艳霞博士、段永瑞博士参加了本书的编写工作。其中第1章、第2章、第8章由我执笔，第3章至第7章由张艳霞执笔，第9章、第10章由段永瑞执笔。

由于物流与供应链管理的内容相当广泛，书中难免存在错误与不足之处，敬请读者与专家批评指正。

霍佳震

2012年1月于同济大学

第一版前言

一

对于物流管理与供应链管理的关系，理论界与实践界有各种不同的理解。有人认为供应链管理与物流管理的内涵是相同的，有人认为供应链管理是物流管理的延伸和发展，还有人认为供应链管理是一种全新的不同于传统物流管理观念的思想等。本书比较赞同供应链管理是物流管理的延伸和发展的观点。

物流管理是一个局部性的、点状的概念。它强调的是从单个企业的角度出发，通过对各个相关物流环节进行有效的管理来实现企业自身利益的最大化。为此，它尝试从库存策略、选择运输路线、构建物流网络以及开发先进的物流信息系统等方面来对自身的物流运作进行优化。同时，它也强调在其企业内部各个职能部门之间进行协调，实行集成化物流管理。作为物流管理的进一步拓展，一体化物流管理的出现使得不同企业通过物流上的合作达到提高物流效率、降低物流成本的目标。事实上，这些策略也确实取得了较好的效果。但是这显然与供应链所强调的全局优化的观点有着本质上的区别。

供应链管理发展的起点是企业物流。单个企业对实物流的管理体现为狭义的物流管理，即指“将运输、储存、包装、装卸、配送、流通加工、信息处理等活动进行综合计划、执行和控制的集成式管理，以最低的综合成本提供给顾客所要求的服务”。如果从供应链全局的角度来看待物流管理，可以称之为“供应链物流管理”，具体是指“在满足顾客需求的前提下，对供应链各环节内部和各环节之间的物流进行协调和集成管理，以实现供应链物流整体成本最小化”。从它们的概念中我们看到，两者的目标非常一致，第一是要满足顾客的要求，第二是要成本最低。所不同的是企业物流管理研究企业层面物流总成本最低，而供应链物流管理要求实现供应链整体成本（包括不同企业、不同流程的总和）最低。

进入供应链管理时代之后，供应链管理的研究内容除了“物流”所涉及的库存、运输、网络和信息等问题之外，还包括工作流、信息流和资金流及它们与物流的组合等，并且研究范围的深度和广度都得到了极大的拓展。与此同时，我们不可否认的是，物流管理仍然是供应链管理研究的一个核心环节，当前供应链管理的核心问题是供应链物流管理，它与企业物流的研究理论体系有着天然的继承性。事实上，当前大多数关于供应链管理的研究的出发点仍然是物流管理这个核心环节，对供应链这一复杂系统中其他流程及其组合的研究尚未深入展开。我们还处于“供应链管理的物流管理时代”。

二

根据上述思想，物流管理是供应链管理的有机组成部分和基础，供应链管理是物流管理的延伸和发展，它们是一个整体，可以用一套理论体系来概括和研究。本书的体系结构就是按上述思想安排的，将物流与供应链管理体系分为三个层次，如图 0－1 所示。

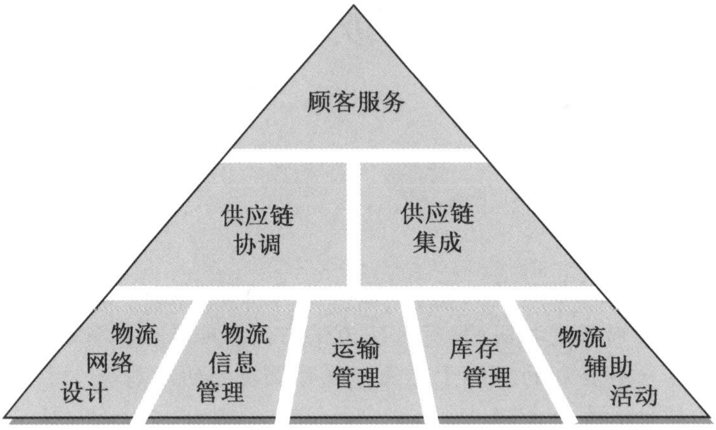

图 0－1　本书物流与供应链管理体系逻辑结构 Ⅰ

第一层次是顾客服务。满足顾客需求是实施物流与供应链管理的动力与目标，供应链中的所有企业必须以顾客服务为中心，以顾客满意为唯一标准，顾客服务目标的设定优先于其他目标。以顾客为中心的战略决策的出发点是满足消费者需求和偏好。基于最终消费者对成本、质量、交货速度、快速反应等多种要求及其重要性排序，建立整个供应链的共同目标和行动方案。

第二层次是供应链协调与供应链集成。供应链协调要求供应链上的每一个企业都考虑自身行为对其他企业的影响。供应链的失调有两种可能性：一种是供应链上不同企业的目标发生冲突；另一种则是信息在不同企业与部门传递过程中发生扭曲，产生牛鞭效应。我们将讨论如何运用管理杠杆克服供应链协调中的障碍因素。供应链集成主要研究供应链资源配置的集成和经济活动、流转要素（工作流、实物流、信息流及资金流）的集成，包括企业计划、业务流程重组与合作伙伴关系构建等。在这一层次，供应链协调是供应链集成的基础，只有在供应链成员企业目标一致的基础上才谈得上业务集成。因此，在叙述上我们先讲供应链协调，后讲供应链集成。

第三层次是物流基本活动。它是物流与供应链管理的基础与抓手，包括物流网络设计、物流信息管理、运输管理、库存管理及物流辅助活动。物流网络设计、物流信息管理、运输管理和库存管理这四项活动不仅是物流管理的核心内容，也是供应链管理与运营的驱动要素。这四个要素不但从反应能力和盈利水平两个方面决定供应链的运营模式，而且也是顾客服务战略、供应链集成与协调实施的基础。从逻辑上讲，这四项活动中，物流网络设计与物流信息管理是运输管理与库存管理活动的前提与基础，我们讨论运输管理与库存管理问题时，已假定是在一定的物流网络和一定的物流信息管理支撑水平下的运输管理与库存管理问题。在每一个活动（物流网络设计、物流信息管理、运输管理、库存管理）的具体叙述上，我们先讨论企业内的情况，再讨论供应链框架下的扩展问题。

由于物流与供应链管理的理论与实践发展非常快，很多内容还不能包含在这个体系内，我们特地在最后编写了“现代物流与供应链管理的发展”一章，试图概括这一领域的最新发展趋势。

我们可将本书的逻辑体系结构进一步细化，如图 0－2 所示。

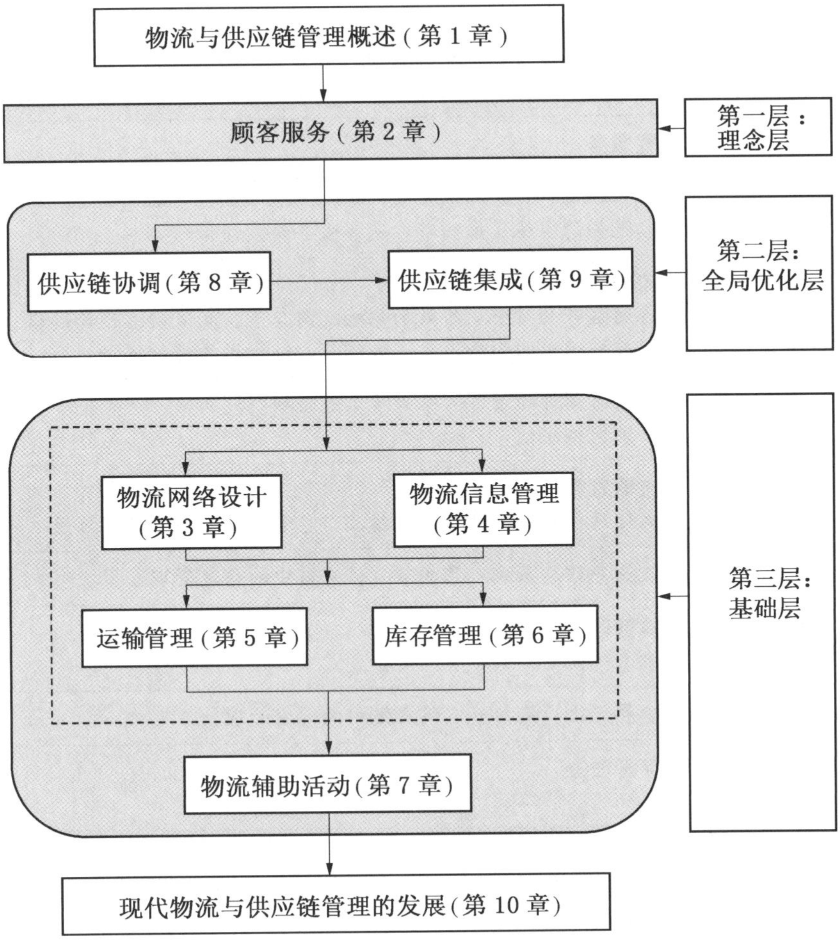

图 0－2　本书物流与供应链管理体系逻辑结构Ⅱ

考虑到学习知识的过程应先易后难，因此，我们在设计本书章节时，没有完全按照逻辑结构来进行，而是将第三层次的物流基本活动放在第二层次的供应链协调与集成之前讲，如图 0－2 所示的章节安排所示。

三

本书可以根据不同的学时安排进行不同的模块组合教学。54 学时可以讲完全书的内容。讲课进度可参考表 0－1。

如果对供应链管理的内容不作高的要求，仅讲授物流管理基础知识，可以采用 36 学时的教学模块，即讲授第 1、2、3、4、5、6、10 章内容，这 7 章内容自成体系，讲课进度可参考表 0－1。

本书也可以作为供应链管理的教材，采用 36 学时的教学模块，可讲授第 1、2、8、9、10 章的内容及第 3、4、5、6 章每章最后一节的内容。

表 0-1　本书教学进度安排表

周次	课时数	教　学　内　容
1	3	**第 1 章　物流与供应链管理概述** 第一节　物流与供应链管理产生的背景　第二节　物流与物流管理的概念 第三节　供应链与供应链管理的概念
2	3	**第 2 章　顾客服务** 第一节　顾客服务的概念　第二节　顾客服务战略
3	3	第三节　顾客服务的实施　第四节　顾客服务绩效评估
4	3	**第 3 章　物流网络设计** 第一节　物流网络布局对企业绩效的影响　第二节　物流网络设计过程 第三节　物流设施选址的影响因素　第四节　综合因素评价方法
5	3	第五节　物流网络设计的准备　第六节　选址模型 第七节　供应链网络规划
6	3	**第 4 章　物流信息管理** 第一节　物流信息化概论　第二节　物流信息管理基础技术及其应用
7	3	第三节　物流业务信息系统　第四节　供应链中的信息管理
8	3	**第 5 章　运输管理** 第一节　运输系统概述　第二节　运输方式
9	3	第三节　运输最优化　第四节　供应链中的运输管理
10	3	**第 6 章　库存管理** 第一节　库存概述　第二节　单周期产品的库存控制
11	3	第三节　经济订货批量　第四节　订货时点 第五节　需求预测　第六节　供应链环境下的库存管理
12	3	**第 7 章　物流辅助活动** 第一节　集装单元技术　第二节　包装及包装技术　第三节　装卸搬运技术 第四节　储存技术　第五节　流通加工技术
13	3	**第 8 章　供应链协调** 第一节　供应链失调及其牛鞭效应 第二节　供应链协调的障碍因素及其管理杠杆
14	3	第三节　目标不一致问题的协调
15	3	附录　啤酒游戏
16	3	**第 9 章　供应链集成** 第一节　供应链合作伙伴关系　第二节　供应链环境下的业务流程重组
17	3	第三节　供应链环境下的企业计划
18	3	**第 10 章　现代物流与供应链管理的发展** 第一节　绿色供应链管理　第二节　全球供应链管理 第三节　电子供应链管理

目　录

第1章　物流与供应链管理概述

随着市场供求关系从“卖方市场”到“买方市场”的转变和信息技术的快速发展，今天的企业更切实地感受到竞争的威胁，从而重新组织他们的经营方式，从而能快速应对市场需求变化并有效控制成本。要达到快速应对和有效控制这两个目的，科学的物流与供应链管理是关键因素，它们正越来越受到企业高层领导的重视。

第一节　物流与供应链管理产生的背景

一、物流管理产生的背景

物流（physical distribution）一词最早出现在美国，阿奇·萧（Arch W.Shaw）于1915年在 *Some Problems in Market Distribution*（《市场分销中的若干问题》）中首次提出了“physical distribution”的概念。在20世纪初，有些西方国家出现了生产大量过剩、需求严重不足的经济危机，因此，企业提出了销售和物流的问题，当时的物流指的是销售过程中的物流。第二次世界大战期间，围绕战争物资的供应问题，美国军事部门有两个创举：一是建立了“运筹学”（operation research）理论；二是建立了“后勤”（logistics）理论，并将其用于战争活动中。“后勤”是指将战时物资生产、采购、运输、配给等活动作为一个整体进行统一布置，以求战略物资补给的费用更低、速度更快、服务更好。后来“后勤”一词在企业中得到了广泛的应用，并出现了“商业后勤”“流通后勤”的提法。这时的“后勤”包含了生产过程和流通过程中的物流，因而是一个范畴更广的物流概念，以至于成立于1963年的全美物流管理协会（The National Council of Physical Distribution Management，NCPDM）于1985年更名为美国后勤管理协会（The Council of Logistics Management，CLM）。按照英国克兰菲尔德大学市场营销与物流系教授马丁·克里斯托弗的观点，物流的概念于1915年提出（称为“physical distribution”），现在这一概念已经得到了较全面和深刻的阐述。人们认为原来的“physical distribution”作为“物流”的概念已经不够确切。因为它只能描述分销物流，而实际上物流不仅包括分销物流，而且包括采购物流、生产（制造）物流、回收物流、废弃物流、再生物流等，应该是一个闭环的全过程，就像军事后勤管理（logistics management）所包含的内容一样广泛。人们逐渐认识到用“logistics”作为物流的概念更合适一些，于是，在20世纪80年代末到90年代初，人们开始正式把“logistics”作为物流的概念。此后，“logistics”逐渐取代“physical distribution”。

物流的概念主要通过两条途径从国外传入中国：一是在 20 世纪 80 年代初随市场营销理论的引入而从欧美传入，因为在欧美的所有市场营销教科书中，几乎毫无例外地都要介绍“physical distribution”，这两个单词直译成中文即为“实体分配”或“实物流通”；另一条途径是“physical distribution”从欧美传入日本，被译成日文“物流”，到 80 年代初，我国从日本直接引入“物流”这一词汇，并沿用至今。

这两条途径同源，产生的两个称呼虽叫法不同，但实为同一概念。由于“物流”比“实体分配”在叫法上更简约，因而更易被大家接受。

二、供应链管理产生的背景

供应链从古代人们开始分工合作与交换所需物品的时候就已经出现。举例来说，农民在土地上种出麦子，收获后卖给磨坊，磨坊把麦子加工成面粉，再将面粉卖给面包店，面包店再将面粉制成面包并在店内出售，最后面包被居民购买享用。将这些活动连接起来，就形成了一条供应链。

随着工业时代的到来，人们更多地强调效率与分工的重要性，因此，每个企业都追求效率化及单一化，人们普遍认为只要本企业可以达到效率、效益最大化，那么必然能够从中获利并具备竞争力，但由于过分强调工作切割及局部最优化，整体观念有所削弱。例如，企业为追求高生产效率，引进了许多高度自动化的生产机械设备及强调单一动作的生产管理方式。这些快速生产出来的标准化产品，在需求不足的情况下大量地在仓库堆积，为了把库存转换为现金，人们就不得不采用诸如买一送一、低价抛售等销售手段。在这样的情形下，零售店不会考虑制造商面临的问题，反过来也一样，从而造成销售和生产的脱节。此时的供应链可以说是纯粹以物流驱动为主导，缺乏供应链整体观念。

供应链管理思想被认为是从 20 世纪 50 年代后期开始的关于存货流入与流出管理的理论和实践中演化而来的。20 世纪 70 年代开始实践的物料需求管理(MRP)被认为是供应链管理实践的真正开端。而“供应链管理”一词由两位咨询人员 Oliver 和 Webber 于 1982 年首创，于 20 世纪 80 年代中期在一些物流文献中开始使用。当时，它的着眼点是在库产品的削减以及供给者与需求者之间的供需调整，特别是对于像零售业、食品行业等库存较多的产业，通过上游企业和下游企业的整合，集中管理整个流通渠道的物流，可以取得强大的竞争优势。此后，供应链管理的观点逐渐向其他产业延伸。

20 世纪 90 年代以来，全球经济发生了很大的变化，科学技术特别是信息技术不断进步，生产力快速发展，关税降低、贸易壁垒减少及经济区域化加强，使得市场竞争日益全球化。在全球化市场中，企业的潜在顾客数量大大增加，但同时，由于信息渠道通畅，既有的潜在客户都可能迅速被别的企业夺走。企业在有机会把产品销售到全世界的同时，也要面对来自全世界的竞争，从而使得企业生存的不确定性加大，遭遇的竞争更激烈。过去能够创造盈利的经营模式在将来可能只能赚取微薄的利润甚至亏本。消费者和企业客户从各种渠道寻找价格最低的产品和服务，价格战不仅在地区间展开，更在全世界范围内进行。在这种情形下，只有最佳的、拥有优势的企业才能生存下来。企业除了开发创造有特别价值的产品和服务外，也要获得价格比竞争对手更低的竞争优势。另一方面，由于消费者是最终的“付钞者”，随着消费水平的提高，他们的期望也越来越高，他们要求产品和服务具有更好的质量、更大的柔性、更多的选择、更高的价值和更低的价格。

在这种大环境下，企业逐渐认识到，产品和服务的竞争力并非由单个企业自身优化与否所决定，而是由从原材料到产品完成的整个过程所决定，因此，必须以协同的方式，把企业内部和外部的资源有效地整合在一起。这意味着企业之间的竞争正在演变为不同供应链之间的竞争，这种竞争模式已成为当前经济的重要特征。随着信息技术的发展，基于互联网的供应链系统和电子商务系统进一步推动了供应链网络的发展，改变了原有的工作流、物流、信息流和资金流的交互方式和实现手段。在此背景下，下游客户对上游企业提出了更高的要求，这就要求供应链上游的企业采用专门的技术来解决这些新的要求以满足顾客。电子供应链、绿色供应链、全球供应链应运而生。

第二节　物流与物流管理概述

从人类文明开始以来，物流活动就已经存在了，它算不上什么新生事物。在一年的 52 个周、一周的 7 天和一天的 24 个小时内，物流始终存在，从来也没有停止过。然而，对物流的系统研究却是第二次世界大战以后的事了，经过半个多世纪的发展，物流学科已成为当代最有影响的新学科之一。它以物的动态流转过程为主要研究对象，揭示了物流活动（包括运输、储存、包装、装卸搬运、流通加工等）的内在联系，使物流系统在经济活动中从潜隐状态显现出来，形成独立的研究领域和学科范围。

一、物流与物流管理的概念

物流概念中的“物”，从广义上讲，指的是一切有经济意义的物质实体，即商品生产、流通、消费的物质对象。它既包括有形的物，又包括无形的物；既包括生产过程中的物资，如原材料、零部件、半成品，又包括流通过程中的商品，还包括消费过程中的废弃物品。在实际工作中，一般根据具体的物流范围来确定和理解物的概念，这是狭义的“物”的概念。

物流概念中的“流”，指的是物质实体的定向移动，既包含其空间位移，又包含其时间延续，并且这里的“流”是一种经济活动。

简单地说，“物”和“流”合在一起形成物流概念。

目前物流的概念很多，各种概念强调的侧重点不同，如：

美国销售协会 1935 年给出的概念：物流是包含于销售之中的物质资料和服务从生产场所到消费场所的流动过程中所伴随的种种经济活动。

美国物流管理协会 2001 年给出的概念：物流是供应链流程的一部分，是为了满足客户需求而对商品、服务及相关信息从原产地到消费地的高效率、高效益的正向和反向流动及储存进行的计划、实施与控制过程。

欧洲物流协会 1994 年给出的概念：物流是一个在系统内对人员和商品的运输、安排及与此相关的支持活动的计划、执行与控制，以达到特定的目的。

日本东京大学教授、著名物流学者林因二给出的概念：物流是指克服时间和空间间隔、联结供给主体和需求主体包括废弃和还原在内的一切物料的物理性移动的经济活动。具体地说有运输、保管、包装、搬运等物资流通活动及与之相关的信息活动。

我国国家标准《物流术语》2006 年给出的概念：物流指物品从供应地向接收地的实体流动过程。根据实际需要，将运输、储存、装卸搬运、包装、流通加工、配送、信息处理等基本功能实现有机结合。

国际供应链管理专业协会（CSCMP）2020 年在其网站上给出的概念：物流是供应链管理的一部分，它以满足顾客的需求为目标，对产品、服务和相关信息在原产地和消费地之间有效且高效率地正向和逆向流动、存储，进行计划、实施和控制。

综上所述，对物流概念的描述包括以下要素：

（1）物流研究的对象是贯穿流通领域和生产领域的一切物料流及相关的信息流；

（2）物流的作用是将物料在由供给主体向需求主体转移（包含物料的废弃与还原）的过程中创造时间价值和空间价值，并且创造部分形质效果；

（3）物流研究是对物流过程进行规划、管理与控制，以达到在满足客户要求前提下物流总费用最小的目标；

（4）物流活动包括运输、保管、装卸搬运、包装、流通加工以及相关的信息等活动。

总之，物流管理是指将运输、储存、包装、装卸、配送、流通加工、信息处理等活动进行综合计划、执行和控制的集成式管理，以最低的综合成本提供给顾客所要求的服务。物流管理涉及所有类型的组织和机构，包括制造厂商、批发商、零售商、政府、医院、学校、金融机构等。

二、物流的分类

社会经济领域中物流活动无处不在，许多不同的领域都有具备自身特征的物流活动，虽然物流活动基本环节是共同的，但是由于物流对象不同、物流目的不同、物流范围不同，形成了不同类型的物流。既然有不同类型的物流，就必然产生与之相应的分类，以便能加以区别认识和研究。

按照王之泰教授的观点，物流研究对象从不同角度观察可分为：宏观物流和微观物流、社会物流和企业物流、国际物流和区域物流、一般物流和特殊物流、生产物流和生活物流。现分述如下：

（一）宏观物流和微观物流

宏观物流是指社会再生产总体的物流活动，即从社会再生产总体角度认识和研究的物流活动，其参与者包括构成社会总体的大产业、大集团。而消费者、生产者所从事的实际的、具体的物流活动属于微观物流。从空间范畴来看，在很大空间内存在的物流活动往往带有宏观性，在很小空间内存在的物流活动则往往带有微观性。另外，在整个物流活动中，物流的整体属于宏观物流，而其中一个局部、一个环节的具体物流活动则表现为微观物流。

宏观物流主要研究内容包括物流总体构成、物流与社会的关系、物流在社会中的地位、物流与经济发展的关系、社会物流系统和国际物流系统的建立和运作等。微观物流则包括企业物流和生活物流等，而企业物流又包括生产物流、供应物流、销售物流、回收物流、废弃物物流。

（二）社会物流和企业物流

社会物流指超过一家一户的以一个社会为范畴面向社会为目的的物流。社会物流研究国民经济、社会再生产过程中的物流体系结构和运行，带有综合性和广泛性。

企业物流是指从企业角度研究的与之相关的物流活动。它是具体的、微观的物流活动的典型领域。企业物流可以分为以下不同类型的具体物流：① 企业生产物流（指企业在生产工艺中的物流活动）；② 企业供应物流（指企业为了保证本身的生产活动，不断组织原材料、零部件、燃料、辅助材料的供应的物流活动）；③ 企业销售物流（指企业为了保证自身的经营效益，伴随着销售活动不断将产品所有权转给客户的物流活动）；④ 企业回收物流（指企业回收在生产、供应、销售的活动中所产生的各种边角余料和废料等的物流活动）；⑤ 企业废弃物物流（指对企业排放的无用物进行运输、装卸、处理等的物流活动）。

（三）国际物流和区域物流

国际物流是现代物流系统中发展很快、规模很大的一个物流领域，它是指伴随和支撑国际间经济交往、贸易活动和其他国际交流所发生的物流活动，是国际贸易的一个必要组成部分。

相对于国际物流而言，区域物流是一个国家、一个城市或一个地区内的物流活动，这样的物流处于同一法律、规章、制度、文化、科技水平下，具有独特的区域性特点。分析各个国家的物流，找出其区别和差异所在，找出其连接点和共同点，这是研究国际物流和区域物流的重要基础。

（四）一般物流和特殊物流

一般物流是指社会中常见的、普遍的、一般性的物流活动。它研究的着眼点在于物流的一般规律，包括建立具有普遍适用性的物流标准化系统、研究物流的共同功能、研究物流与其他系统的衔接与结合、研究物流信息系统及其管理体制等。

与一般物流相对的是特殊物流，指一定范围、专门领域、特殊行业的物流活动，它在遵循一般物流规律的基础上，还具有特殊的制约因素、特殊的应用领域、特殊的管理方式、特殊的劳动对象以及特殊的机械装备等特点。特殊物流活动是社会分工深化、物流活动合理化和精细化的产物。

（五）生产物流与生活物流

生产物流是企业物流中与生产工艺过程相关的物流活动，其主要作用在于支持和优化生产过程。

生活物流与生产物流相对，是指和人们日常生活、日常工作相关的物流。人们日常的生活和工作是社会这个大系统的缩影，运输问题、搬运装卸问题、储存问题等无一不在其中发生，生活和工作依靠物流系统支撑着。如果能够使生活、工作物流合理化，就会大大提高生活与工作的情趣、质量和效率。

需要指出的是，以上的分类方法是从不同角度出发的，彼此之间存在着很多交叉，例如，微观物流中包含着企业物流，而国际物流与特殊物流之间也有交叉，等等。本书的研究对象主要为企业物流。

三、物流活动的主要环节

从物流管理的概念可以知道，物流活动包括运输、库存、装卸搬运、包装、流通加工及相关的信息处理活动等。这些物流活动都是在一定的物流设施中进行的，一个结构良好的物流设施网络是整个物流作业的基础，是取得竞争优势的前提之一。因此，我们将物流设施网络（下称“物流网络”）的设计作为物流的主要活动环节来讨论。

(一) 物流网络设计

物流网络设计是指对物流设施的地理位置、规模以及网络节点运作模式的设计。典型的物流设施包括制造工厂、仓库、码头、零售商店以及它们之间的作业条件。网络设计就是要确定每一种设施的数量、地理位置以及各自承担的工作等。在有些情况下,物流设施及作业可以由有关专业服务公司承担,但不管是谁承担,都必须把所有的设施看作是本企业物流网络整体的一个组成部分来进行管理。

物流网络设计还必须确定每一种设施怎样进行存货作业、需要储备多少存货、设施安排在哪里以有利于向客户交货等。因此,物流设施的网络形成了一种进行物流作业的结构,这种网络结构融合了信息处理和运输能力,包括订货处理、维持存货以及物料搬运等相关具体工作。所以,网络设计包含了对其他具体物流工作的综合考虑。

以前在讨论物流问题时,往往忽视了对物流设施的地理位置和整个网络设计重要性的研究,总是假设物流设施的地理位置及由此产生的诸如运输成本等在竞争对手之间是无差异的。其实不然,物流作业的设施地点、数量及规模的不同直接影响向顾客提供服务的能力和成本。网络设计是整个企业物流作业的基础。本书第 3 章将专门讨论物流设施的网络设计问题。

(二) 运输管理

在既定的物流网络结构和信息处理能力的条件下,运输是指在不同的地域范围间(如两个城市、两个企业之间,或一个大企业内相距较远的两车间之间)以改变物流的空间位置为目的对物料进行空间位移的活动。从物流的观点来看,有三个因素对运输来讲是十分重要的,即运输的成本、速度和一致性。

(1) 运输成本是指为两个地理位置间的运输所支付的款项及与管理支出和维持运输中的存货有关的费用。物流系统设计的目标应该是把运输总成本降到最低。

(2) 运输速度是指完成特定运输所需的时间。运输速度与成本或效益之间的关系主要表现在以下两个方面:首先,能够提供更快服务的运输公司是要收取更高运费的;其次,运输服务越快,运输中的存货越少,无法利用的运输间隔时间就越短。因此,选择最佳的运输方式时,至关重要的问题就是如何平衡运输服务的速度与成本、效益之间的关系。

(3) 运输的一致性是指在若干次装运中履行某一特定的运次所需的时间与原定时间或与前几次运输所需时间的一致性。一致性反映了运输的可靠性,是高质量运输最重要的特征。如果给定的一项运输服务第一次花费两天,而第二次花费六天,这种意想不到的变化就会带来严重的物流作业问题。如果运输缺乏一致性,就需要安全储备存货,以防无法预料的服务故障。运输一致性问题会影响买卖双方的存货水平和有关的风险。

在物流系统的设计中,必须考虑到如何维持运输成本和服务质量之间的平衡。发掘并有效管理低成本、高质量的运输是物流的一项最基本的工作。本书第 4 章将专门讨论运输问题。

(三) 库存管理

一个企业的存货需求取决于网络结构和顾客服务的期望水平。企业虽然可以在物流网络中大量储备每一种销售的产品,以便更好地为每一位顾客服务,但是,这样做会增加总成本,几乎没有哪一家企业能承担得起如此存货的耗资。库存管理的目的是要以与最低总成本相一致的最低限度的存货量来实现所期望的顾客服务。虽然较高的存货可以用来弥补物流网络设计的不足，但在某种程度上却降低了物流管理的质量，最终将导致过高的物流总成本。

从物流企业的角度看，库存管理的基本目的是要在满足对顾客所承担的义务的前提下实现最低的物流成本。从综合物流的观点来看，库存策略至少要求考虑三个重要因素，即顾客细分化、产品分类化和运输一体化。

1. 顾客细分化

每一个将产品出售给顾客的企业都会面临交易收益率问题。从有些顾客那里可以获得高额利润并有进一步获得高收益的潜力，而从另外一些顾客那里却不一定能得到。与顾客交易的收益率主要取决于顾客所买产品的种类、销售量、价格以及所需的增值服务。库存策略就需要把精力集中在满足那些收益率高的核心顾客的需求上，采取有效的物流细分化策略，优先安排支持这些核心顾客的存货。

2. 产品分类化

依据帕雷托原则(Pareto principle)，企业全部利润的 80%以上是由其全部产品中不足 20%的产品所带来的，而其他 80%以上的产品所获利润只占全部利润的不到 20%。为避免出现由于企业为维持其全系列产品的声誉而产生高成本的情况，企业在选择其库存策略时必须仔细考虑各生产线的利润率，区分出哪些产品可获得高利润、哪些产品盈利性较低。企业要想方设法为购买高利润产品的核心顾客提供优质服务，不允许出现缺货现象。对于非核心顾客购买的低盈利性产品，则要避免承担高水平的存货和服务责任。

3. 运输一体化

在许多企业里，经常面临的一个问题是：面对广阔的市场，是在每一个销售区域设一个仓库以减少运输量，还是只设少数几个大仓库而用大量的运输来满足全部市场的需求。解决这一问题的正确思路是在满足顾客要求的前提下综合考虑库存和运输总费用，使总费用最小化。例如，沃尔玛公司的连锁店网络中只建有少数的中央配送中心，以便减少总库存水平，同时让自己的运输队伍高速运转并实行“越库(cross dock)”配送体系以保持高水平的反应能力。有关顾客服务和库存的相关内容分别见本书第 2 章和第 4 章。

(四) 物流信息管理

现代信息技术的高速发展，为物流作业信息化奠定了基础。企业物流从 20 世纪 80 年代初开始大量引入条形码技术来改善物流效率，使用电子数据交换系统(electronic data interchange, EDI)进行企业间商务数据的传输，大大减少了业务运作的时间和人事成本，实现了无纸贸易。随着各种类型的电子扫描方式和传输技术的普及，信息技术渗透到了整个物流作业。到了 20 世纪 90 年代，已有企业开始运用诸如全球定位系统(global positioning system，GPS)等卫星通信技术进行物流作业信息的实时跟踪。以美国联合速递公司(United Parcel Service，UPS)为例，它使用条形码和扫描仪能每周 7 天、每天 24 小时地跟踪和报告装运状况，顾客只须通过一个免费的电话号码，即可获得“地面跟踪”(ground trace)这样的增值服务。UPS 的递送员携带以数控笔技术为基础的笔记本电脑，按电脑排好顺序的线路递送，并且使用笔记本电脑储存顾客的签字，以提供收货核实记录，这样，既减少了差错又加快了递送速度。此外，已经受到广泛重视的射频识别(radio frequency identification，RFID)作为条形码的无线版本，具有条形码所不具备的诸多优点，如防水、防磁、耐高温、使用寿命长、读取距离大、标签上数据可以加密、储存数据容量更大、储存信息更改自如等，它现已广泛地应用于冷链物流、商品防伪和证件防伪、贵重物品的防盗、结算、售后保证以及实现智能化的仓库管理。例如，2005 年，法国葡萄酒协会对澳大利亚的葡萄酒供应商的葡萄酒的质量产生质疑，认为澳大利亚产葡萄酒的质量有问题，味道过酸。澳大利亚供应商为证明其葡萄酒质量没有问题，在葡萄酒包装里加入了带温度传感器的 RFID 标签。发现葡萄酒包装内的温度在货船经过赤道的一段时间内超过了 30℃，由此证明了葡萄酒酒味变酸是运输过程中发生的，不是酒本身的质量问题。此外，还有将物流识别、追踪定位技术与物流信息平台融合的地理信息系统（geography information system，GIS）。

这些快速、精确和全面的信息处理技术奠定了现代化物流技术中以时间为导向的物流作业基础。准时化策略（just-in-time，JIT）、快速反应策略（quick-response，QR）、连续补货策略（continuous replenishment，CR）以及自动化补货策略（automatic replenishment，AR）等物流技术均建立在现代化信息处理技术之上。与此同时，这些信息技术的发展也支持了以射频技术、红外技术、全球定位技术和激光扫描技术为基础的物联网的发展。

物流作业运用信息处理技术的最重要目标之一就是要平衡物流系统的各个组成部分，使总体效果达到最佳。例如，对一个企业来说，要想实现快速的交付，可能采用两种方法：① 在总部的销售部门积累一周的订单，把它们邮寄到各地区办事处，然后各办事处通过航空发送货物；② 通过 EDI，各办事处可随时取得订单，然后使用速度较慢的水运方式发送货物。两者相比，后者可实现在较低总成本下的更快顾客交付。

需求预测和订货管理是依赖于信息处理的两大物流工作。需求预测是估计未来的顾客需求，指导企业的存货策略，以满足预期的顾客需求。要准确预测，就必须掌握大量的顾客需求信息，而现代条码技术、扫描技术以及数据仓库技术为企业物流的精确预测提供了信息方面的保障。此外，企业可运用信息处理技术来达到主动控制物流作业的目的，运用诸如准时化、快速反应以及持续补货等策略能对顾客的需求作出快速反应，因而可能最大限度地克服预测的不精确性。

订货管理部门的工作涉及处理具体的顾客需求。顾客可以分为外部顾客和内部顾客。外部顾客就是那些消费产品或服务的顾客以及先购买产品或服务然后再出售的批发商。内部顾客是指企业内部需要物流支持以便能承担起指定工作的组织单位。订货管理的过程涉及从最初的接受订货到交付、开票以及托收等有关管理顾客的方方面面。以上所有的活动，在当今顾客全球化的趋势下，没有信息处理技术的支持是不可想象的。

信息技术是连接各项物流作业的纽带。通过信息纽带，各种物流作业被视作物流信息系统的各个组成部分。本书第 6 章将专门讨论物流信息技术。

（五）其他辅助性活动

物流的上述四个活动——物流网络设计、运输管理、库存管理、物流信息管理——可以被设计成各种不同的物流作业方案。在一定的总成本约束下，每一种方案都能实现一定水平的顾客服务。物流的另外一些活动——装卸和包装——都不具备上述的独立性质，它们只是每一种作业方案的辅助性组成部分。例如，在物流作业中，运输车辆需要通过材料搬运进行有效的装卸；各种产品只有打包装入运输纸板箱或其他类型的容器时，才能有效地进行装卸。把装卸和包装等作业融入企业的各种物流作业中，可以使企业的整个物流系统更高效地运行。

概括地讲，辅助性活动主要有包装、装卸搬运、流通加工以及储存。

1. 包装

通常认为，包装就是指为产品或商品等物质实体“穿上衣服”，只是对其中的物质实体起着美化作用。其实，物流系统中的包装功能的发挥是一种动态的过程，是生产过程向流通或消费领域的延伸。

包装首先起到的是保护作用，比如对冷暖、干湿或者碰撞和挤压等损害的预防或削弱；其次才是美化作用，在商品销售过程中，这种美化会因取悦顾客而起到促销作用。

另外，从本质上说，包装是其他物流功能乃至整个物流系统功能正常发挥的前提和保证。

2. 装卸搬运

如果说储存是静态的，运输与配送是平面的，那么，装卸搬运则是立体的，既有同一地域（一般是库、场区）内前后左右的搬与运，也有上上下下的装与卸。它一般出现在“动”与“静”“动”与“动”相结合的部分，起着承上启下的作用。

3. 流通加工

流通加工实际上就是发生在流通领域的生产过程，其主要作用就是直接地为流通，特别是为销售服务。流通加工的方式具有多样性，包括零部件的组合、形体上的分割或者各种标识的制作。其中有些只是为了各物流环节作业的便利。

4. 储存

储存是物流系统的一个重要组成部分，是从物流作业的角度出发强调运作过程的效率化。现代储存的功能已不仅仅关注物资的储藏性保管，同时还具有物资处理、流通加工和信息服务的功能。现代化的物流中心要充分考虑如何更好地为客户提供服务，如何实现经营效率最佳化。

第三节 供应链与供应链管理概述

20 世纪 90 年代以来，从美洲到亚洲，从欧洲到非洲，竞争日益激烈的全球化经济所产生的各种需求促使每个企业都在讨论什么是供应链以及如何更好地管理供应链。最先进的供应链管理不仅要探寻如何提高整个供应渠道中的成本抑制能力，还必须首先满足顾客对及时、高效的服务的日益增长的需求，并且考虑到技术领域的快速发展。对整条供应链进行管理的理念正在推动着世界主要制造商、贸易商和物流企业的业务模式发生根本性的变革。

一、供应链与供应链管理的概念

对于“供应链是什么”这一问题，许多学者与组织从不同的角度给出了很多不同的答案，到目前为止尚未有统一的概念。例如：

我国 2006 年国家标准《物流术语》给出的概念为：在生产及流通过程中，涉及将产品或服务提供给最终顾客活动的上游与下游组织所形成的网链结构。

国际供应链协会（Supply Chain Council，SCC）给出的概念为：供应链涵盖了从供应商的供应到消费者的消费、自生产到成品交货的各种工作努力。这些工作努力可以用计划、寻找资源、制造、交货和退回五种基本流程来表述。

美国运营管理协会(The Association for Operations Management)给出的概念为：① 供应链是自原材料供应直至最终产品消费、联系跨越供应商与客户的整个流程；② 供应链涵盖企业内部和外部的各项功能，这些功能形成了向消费者提供产品或服务的价值链。

美国市场和库存控制协会(APICS)给出如下概念：供应链包含了由企业内部和外部为顾客制造产品和提高服务的各职能所形成的价值链。

从各种不同的论述中，可以看出供应链的一些“共性”：

(1) 供应链上存在不同行为主体，如消费者、零售商、批发商、制造商及原材料供应商；

(2) 供应链是企业之间以及企业内各职能部门之间的互动与合作；

(3) 供应链具有特定的功能，如为顾客提供某类商品或服务；

(4) 供应链具有特定的结构特征，如有起始点和终结点、呈现出网状结构等；

(5) 供应链的业务过程和操作，可以从工作流程、实物流程、信息流程和资金流程四个方面进行分析。

供应链上的工作流程也有研究者称为商流，是指业务规则、交易规则及其操作流程；实物流程也即物流，主要是指从供应链上游到下游直至客户手中的物质转换流程和产品流；信息流包括产品需求、订单传递、交货状态、交易条件和库存等信息；资金流包括信用条件、支付方式以及委托与所有权契约等。供应链的一般构造如图 1－1 所示。

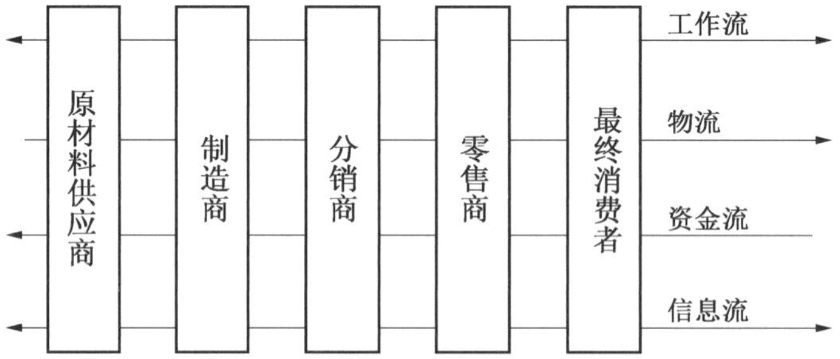

图 1－1　供应链的一般构造

供应链从简单到复杂可以依次分为内部供应链、基本供应链、段落供应链、最终供应链及互联网供应链。

(1) 内部供应链(inner supply chain)。从狭义上讲，“供应链”一词也用于大型企业内部工作流、实物流、资金流及信息流的协调。这些企业往往在多个国家设有分支，但整个企业有统一的高层管理部门，所以决策过程会相对容易些。

(2) 基本供应链(basic supply chain)。基本供应链由一家企业、该企业的直接供货商和直接客户组成，包括了供需的最小循环。它是供应链的最基本模式，每一个企业都是一个基本供应链的组成部分。

(3) 段落供应链(extended supply chain)。每个段落供应链均由若干基本供应链组成，每个段落供应链都提供不同的部件或服务，为产品增加附加值。

(4) 最终供应链(ultimate supply chain)。各个段落供应链联合起来则成为一条最终供应链，每一个最终消费者享用的产品或服务都是由一条最终供应链所提供的。目前也有很多学者提到全球供应链(global supply chain),即在全球范围内组成的供应链。全球供应链的概念是随着企业出于自身需要根据不同产品特性和经营环境将供应、生产、市场置于在全球范围内的最适合的地方,并在世界各地选取最有竞争力的合作伙伴结成全球供应链网络以实现该段供应链的最优化而形成的。事实上,全球供应链也是最终供应链的一种表现形式。

(5) 互联网供应链(Internet supply chain)。互联网供应链是电子商务意义下的新型供应链,也称作电子供应链。它利用互联网这个“工具”将现实世界中的供应链搬到网上进行。互联网供应链上的成员企业均是平等的,供应链随一个“项目”的启动而组成,随“项目”结束而解散。它克服了目前供应链中的许多结构性弊病,尽管现在还不成熟,但它是供应链未来发展的方向。

每一条供应链的目标都是使供应链整体价值最大化。一条供应链所创造的价值,就是最终产品对于顾客的价值与供应链为满足顾客的需求所付出的总成本之间的差额,即所谓“供应链盈利”。显然,整条供应链成功与否最终应体现为它的盈利程度,因此,一个自然的问题就是弄明白“供应链收入”与“供应链成本”的来源。

对于任何一条供应链来说,唯一的收入来源就是最终顾客。在一条供应链中,只有顾客才能带来正的现金流。例如,顾客从联华超市购买洗涤剂的行为才能给供应链带来正的现金流,其他的现金流只是在供应链中发生的资金转移,当联华超市付款给供应商的时候,它拿走了收到款项的一部分,同时将另一部分资金转移给它的供应商。

所有工作流、物流、信息流和资金流都将增加整条供应链的成本。因此,如何合理地管理工作流、物流、信息流和资金流,是供应链取得成功的关键。供应链管理是指在满足顾客需求的前提下,对供应链各环节内部和各环节之间的工作流、物流、信息流和资金流进行协调和集成管理,以实现供应链整体利润最大化。供应链管理的基本原则包括:① 以消费者为中心的原则;② 贸易伙伴之间密切合作、共享盈利和共担风险的原则;③ 促进信息充分流动与共享的原则。所有企业都要应用计算机与信息网络技术,按信息充分流动的原则,重新组织和安排业务流程,实现集成化管理。

二、供应链的分类

供应链是一个复杂的系统,由于功能、驱动模式等方面的差异,其存在形式的差别很大,下面将从不同的角度对供应链的类别进行归纳。

(一) 按供应链驱动模式分类

顾客需求的满足可能是主动取得的,也可能是被动取得的。对供应链而言,对市场上顾客需求把握的方式可能存在不同,按供应链驱动模式可以将供应链划分为生产推动型供应链和需求拉动型供应链。生产推动型供应链主要根据长期预测或销售订单进行生产决策,其主要形式为面向成品库存生产。一般地,制造商利用从零售商处接收到的订单来进行需求预测。需求拉动型供应链中的生产则根据实际消费需求而不是预测需求来开展计划和组织生产,其主要形式为面向订单生产。供应链通过使用快速的信息流机制将客户需求信息向上传递。

两种类型供应链的优缺点比较如表 1－1 所示。

表1-1　生产推动型与需求拉动型供应链优缺点比较

比较内容	生产推动型供应链	需求拉动型供应链
优　点	能够稳定供应链的生产负荷，提高机器设备利用率，缩短交货周期，增加交货可靠性	大大降低各类库存和流动资金占用，减少库存变质和失效的风险
缺　点	需要备有较多的原材料、在制品和制成品库存，库存占用的流动资金较大，当市场需求发生变化时，企业应变能力较弱	将面对能否及时获取资源和及时交货以满足市场需求的风险

（二）按供应链的主要功能分类

按供应链的主要功能，即物理功能和市场功能划分，可以把供应链划分为有效性供应链（Efficient Supply Chain）和反应性供应链（Responsive Supply Chain）。

有效性供应链，以实现供应链的物理性能、为顾客提供功能型商品为主要目标，即以最低的成本将原材料转化成零部件、在制品和成品，并最终运送至消费者手中。有效性供应链面对市场的需求，其所提供的产品和技术具有相对稳定性。因而，供应链上的各类企业可以关注与获取规模经济效益、提高设备利用率，以有效降低产品的成本。

反应性供应链，以实现供应链的市场功能为主要目标，即对市场需求变化做出快速反应。这类供应链所提供产品的主要特性是创新性，其市场需求有很大的不确定性，或者产品本身技术发展很快，产品生命周期较短，或者产品价格随着季节的不同而有很大变化。对于这类供应链，需要保持较高的市场应变能力，实现柔性生产，从而降低产品过时和失效的风险。

关于以上两种类型供应链的比较如表1-2所示。

表1-2　有效性供应链和反应性供应链的比较

比较内容	有效性供应链	反应性供应链
产品特征	功能型产品 产品技术和市场需求相对平稳	创新型产品 产品技术和市场需求变化很大
基本目标	以最低的成本供应可预测的需求、提高服务水准、减少缺货等	对不可预测的需求做出快速反应，使缺货、库存最小化
产品设计策略	获取规模经济和绩效最大化	模块化设计，尽可能扩大产品差异
提　前　期	在不增加成本前提下，缩短提前期	大量投资以缩短提前期
制造策略	保持较高的设备利用率	配置缓冲库存，柔性制造
库存策略	保持合理库存	部署零部件和成品的缓冲库存
选择供应商	以成本和质量为核心	以速度、柔性和质量为核心

（三）按供应链的最终消费者分类

按供应链的最终消费者来进行分类，可以将供应链划分为消费品供应链与生产物品供应链。消费品是最终客户为了使用而购买、并直接用于消费的商品。例如，各类日用品、服装、食品、家具、药品和家用建筑材料等。生产物品是指企业为生产商品而购入的物品，生产物品的价值在生产过程中发生转移,并成为最终产品内在价值的一部分。例如,各种原材料、半制成品、部件、机器设备、附属设备、工具和维修物品等。

通常,消费品的主要消费群体为个人、家庭或团体。消费者根据自身的实际需求选择和决定购买某种消费品。生产物品的主要消费群体为厂商或企业。这两种类型供应链的差异主要表现在流转物品、消费特征、需求变化、供应链运营形式和增值效应五个方面,如表1-3所示。

表1-3 消费品供应链与生产物品供应链的比较

比较方面	比较内容	消费品供应链	生产物品供应链
流转物品	主要流转物	消费品	生产物品
	举例	日用品、服装、食品、家电等	机器、设备、工具等
	商品的多样性	商品功能、款式、尺寸、颜色	产品功能、功率
消费特征	客户	最终消费者	生产厂商
	需求特性	直接需求	间接需求
	消费者分布	基于人口分布形态,面广量大	相对固定,数量较少
	购买方式	计划购买、即兴购买	计划性采购、技术性采购
需求变化	外部影响因素	收入、节假日、气候、流行色	经济增长和行业发展
供应链运营形式	核心驱动企业	销售商或生产厂商	生产厂商
	主要流通渠道	多渠道,零售商作用显著	渠道单一,技术服务作用大
	信息系统	收集即时动态消费信息	订单信息管理、需求预测
	主要经营策略	消费者有效反应、快速反应	技术创新,高质低价
	流通特殊要求	食品类具有保鲜保质要求	设备有防潮、防腐等要求
增值效应	主要增值效应	物品、时间、地点、服务等	物品、服务

此外,对于供应链的分类还可以按照其他的标准进行,例如按不同的行业可将其分为服装业供应链、汽车制造业供应链等;按组织形态可将其分为两阶段供应链、链式供应链和网状供应链;按区域分布可将其分为区域供应链、国内供应链和全球供应链。

三、供应链与供应链管理的特点

(一) 供应链的特点

1. 供应链是一个复杂的网络系统

首先,由于受到不同外部环境、不同行业、不同生产技术和不同产品的影响,供应链会产生不同形态结构、不同行为主体构成和采用不同控制方式;其次,同一供应链上的各种行为主体,如制造商、供应商、零售商等,也可能分别具有不同甚至是相互冲突的目标。由此,对于某一企业来说,找到最优的供应链发展战略其本身就是一项具有挑战性的工作。

2. 供应链上的供需匹配是一个持续性的难题

供应链上的消费需求和生产供应始终存在时间差和空间分隔。通常,在实现产品销售的数周或数月之前，制造商必须先期决定生产的款式和数量。这一策略直接影响到供应链系统的生产、仓储、配送等功能的容量设定以及相关的各种成本构成。因而，供应链上供需匹配隐含着巨大的财务和供应风险。

3. 供应链系统时刻处于动态变化当中

消费需求在不断变化，即使制造商和销售商能够通过各种手段和方法（例如各种合同与订单）较准确地得到某些消费信息，它们还需要面对消费季节性波动、消费趋势、广告、促销、竞争对手的定价策略等因素的不断变化，这些因素直接影响成本的构成和计划的制订。供应链管理的目标既要满足消费需求，又要实现系统成本最小化。然而，消费需求和成本结构参数都是随着时间不断变化的，这增加了供应链管理的难度。另外，供应链管理还受行业竞争的制约。最后，供应链中的原材料供应商、制造商、物流者和销售商等合作伙伴的组成结构和行为方式也需要不断优化组合。

4. 具有交叉性

对于产品而言，每种产品的供应链都由多个链条组成。对于企业而言，每个企业既可以是这个链条的成员，同时又是另一个链条的成员。众多的链条形成交叉结构，增加了供应链协调管理的难度。

5. 供应链上不断出现新的课题

许多产品的生命周期有不断缩短的趋势。某些产品的生命周期只有几个月，生产和销售厂商可能只有一次生产和销售机会，没有历史数据可供制造商用于判断和分析消费需求。此外，在这些行业中，产品获利性高，这使得消费需求变得更为难以判断和预测，许多产品上市以后，采用撇脂定价策略，而后产品价格不断下降，价格和消费成为互动的博弈关系。

（二）供应链管理的特点

供应链管理是一种新型的管理模式，主要致力于建立成员之间的合作关系，它主要具有以下特点：

1. 系统观念

它要求把供应链看成一个整体，而不是将供应链看成是由采购、制造、分销和销售等构成的一些分离的功能块。

2. 以顾客为中心的战略决策

战略决策的出发点是满足消费者的需求和偏好，基于最终消费者对成本、质量、交货速度、快速反应等多种要求及其重要性排序，建立整个供应链的共同目标和行动方案。

3. 动态管理

在供应链管理的具体实践中，应该始终关注对关键过程的管理和测评，对供应链的价值增殖过程和合作伙伴关系开展动态管理。同时，高度动态的市场环境要求企业管理层能够经常对供应链的运营状况实施规范的监控和评价，如果没有实现预期的管理目标，就必须考虑可能的替代供应链并做出适当的应变。

4. 强调协调机制，建立新型的企业伙伴关系

通过谨慎地选择业务伙伴、减少供应商数目，改变过去企业与企业之间的敌对关系，将其调整为紧密合作的业务伙伴关系。新型企业关系表现为信息共享以及有共同解决问题的协调机制等。

5. 开发核心竞争能力

供应链上的企业努力发展自身的核心竞争能力，即向专业化方向发展。企业自身核心竞争能力的形成，有助于保持和强化供应链上的合作伙伴关系。

6. 强调集成管理

物流更加关注组织内部的功能整合，而供应链管理认为仅有组织内部的一体化是远远不够的。供应链管理是一个高度互动和复杂的系统工程，需要同步考虑不同层次上相互关联的技术经济问题并进行成本效益权衡。

7. 依赖共同价值

如果说物流管理是为了提高产品面向客户的可行性，那么供应链管理则迫切需要解决供应链伙伴之间信息可靠性的问题，通过构筑信息平台在供应链伙伴之间形成一种相互信任、相互依赖、互惠互利和共同发展的价值观和依存关系。

拓展阅读1 与供应链管理相关的国际组织

目前国际上物流与供应链管理相关的学会和研究机构很多，主要有供应链协会（SCC）、供应链管理专业协会（CSCMP）、物流管理学会（CLM）、ATA 信息技术与物流协会（ATA ITLC）、美国运营管理协会（APICS）等（表1－4）。

表1－4 物流与供应链管理的相关国际组织

组织名称	简介
国际供应链协会（Supply Chain Council）	位于美国宾夕法尼亚州匹兹堡。一个由公司会员组成的全球性非营利同业协会。官网网址是 www.supply-chain.org
国际物流管理学会（Institut International de Management pour la Logisique）	位于瑞士洛桑。一个由公司会员组成的专业性组织。官网网址是 www.epfl.ch
美国运营管理协会（The Association for Operations Management）	位于美国弗吉尼亚州亚历山大。一个由个人与公司会员共同组成的专业性组织，为生产制造和服务部门提供种类齐全的具有高成本效益并且以成果为导向的培训选择方案，其中包括各类学术会议和研讨会、各种出版物以及职业认证项目等。官网网址是 www.apics.org
美国供应链管理专业协会（Council of Supply Chain Management Professionals）	位于美国伊利诺伊州奥克布鲁克。一个由个人会员组成的专业性组织，同时也是一个开放的、非营利性的自给型组织，强调质量并致力于与其他组织和机构展开广泛合作。官网网址是 www.cscmp.org
国际航空货运协会（International Air Cargo Association）	位于美国佛罗里达州迈阿密。一个由公司、同业联盟协会与个人会员共同组成的组织。是航空物流业中积极变革与公平执业的主要代言人和推动力量，并在通过航空配送拓展全球化商务进程中全力发挥关键性的领导作用。官网网址是 www.tiaca.org
ATA 信息技术与物流协会（ATA Information Technology & Logistics Council）	位于美国弗吉尼亚州亚历山大。一个由个人与公司会员组成的专业性组织。旨在促进行业发展，通过教育培训和宣传推广为会员创造价值。官网网址是 www.truckline.com

续 表

组织名称	简介
美国运输与物流学会(American Society of Transportation & Logistics)	位于美国康涅狄格州斯坦福。一个由个人会员组成的专业性组织。官网网址是 www.astl.org
中国物流与采购联合会(China Federation of Logistics & Puurchasing, CFLP)	是中国第一家物流与采购行业社团组织。由 1980 年成立的中国物资经济学会、1984 年成立的中国物流研究会、1995 年成立的中国物资流通协会经多次演变而来,2001 年 4 月更为现名。主要任务是推动中国物流业的发展,推动政府与企业采购事业的发展,推动生产资料流通领域的改革与发展,完成政府委托交办事项。政府授予其外事、科技、行业统计和标准制修订等职能。是亚太物流联盟和国际采购联盟的中国代表,并与许多国家的同行有着广泛联系与合作。官网网址是 www.chinawuliu.com.cn
海外华人学者管理科学与工程协会(Overseas Chinese Scholars Association in Management Science and Engineering,OCSAMSE)	成立于 2007 年末,其成员包括活跃在美国、加拿大、英国、新加坡、中国的优秀华人学者,关注中国管理理论与实践的非华人学者以及常驻中国的知名跨国企业的相关代表。旨在推动管理理论和实践在中国的发展,促进海内外管理领域学术界和工业界之间的交流,构筑海内外优秀管理与工程学者和杰出企业家领袖之间的对话平台,分享经验和新的研究成果。官网网址是 www.ocsamse.org
物流国际学会(Society of Logistics Engineers, SOLE)	是一家由个人组成的,以提高物流技术、教育和管理的艺术和科学为目标的非营示专业学会。在世界上 50 多个国家设有分会,提供三种认证项目:助理物流师认证(DL Program),国际物流运筹诊断师认证(PL),国际物流运筹顾问师认证(CML)。官网网址是 www.sole.org
国际物流与运输学会(Chartered Institute of Logistics and Transport, CILT)	是世界上最大和最具影响力的运输、物流和供应链领域人士的国际专业组织。在世界上 30 多个国家有分支机构,提供可反映教育成果和卓越实践经验的特许会员称号。官网网址是 www.ciltinternational.org
仓储教育和研究理事会(Warehousing Education and Research Council, WERC)	是一家仅专注于物流管理及其在供应链中角色的专业组织,强调教育和学习,强调对行业问题的研究和交流机会。官网网址是 www.werc.org

拓展阅读 2 部分与物流和供应链管理相关的优秀国际期刊

1. 管理科学(*Management Science*)
2. 运筹学(*Operations Research*)
3. 生产与运作管理(*Production and Operations Management*)
4. 海军物流(*Naval Logistics*)
5. 斯隆管理评论(*Sloan Management Review*)

6. 国际生产经济期刊(*International Journal of Production Economics*)
7. 欧洲运筹学期刊(*European Journal of Operation Research*)
8. 制造和服务运作管理(*Manufacturing & Service Operations Management*)
9. 全球化物流与供应链战略(*Global Logistics & Supply Chain Strategies*)
10. 国际供应链管理(*International Journal of Supply Chain Management*)
11. 物流与运输评论(*Logistics & Transportation Review*)
12. 供应链管理评论(*Supply Chain Management Review*)
13. 国际运作与生产管理期刊(*International Journal of Operation & Production Management*)
14. 物流管理(*Logistics Management*)
15. 供应链电子商务(*Supply Chain E Business*)
16. 采购(*Purchasing*)
17. 运输与配送(*Transportation & Distribution*)
18. 供应战略(*Supply Strategy*)
19. 供应链管理期刊(*Journal of Supply Chain Management*)
20. 采购与供应管理期刊(*Journal of Purchasing and Supply Management*)

拓展阅读3 部分国内外知名物流快递企业

一、国外知名物流企业

(一) UPS 快递

UPS 快递(United Parcel Service)在 1907 年作为一家信使公司成立于美国华盛顿州西雅图,是一家全球性的公司,其商标是世界上知名商标之一。是世界上最大的快递承运商与包裹递送公司,同时也是运输、物流、资本与电子商务服务的领导性的提供者。

(二) DHL 公司

DHL 是全球著名的邮递和物流集团 Deutsche Post DHL 旗下公司,主要包括以下几个业务部门: DHL Express、DHL Global Forwarding、Freight 和 DHL Supply Chain。在公司致力建立起一个崭新的、提供全球门到门速递服务的网络的构想下,20 世纪 70 年代中后期公司将航线扩展到南美洲、中东地区和非洲。

(三) Fedex 联邦快递

Fedex 联邦快递公司是全球最大的速递公司,成立于 1973 年,经过近五十年的发展,堪称世界运输业的领头羊,而其在中国近期的增长率更是引人瞩目。它是全球最具规模的快递运输公司,为全球超过 220 个国家及地区提供快捷、可靠的快递服务,为客户提供运输、电子商务和商业运作等系列的全面服务。

(四) Nippon Express 日本通运公司

日本通运公司是日本最具代表性的物流公司,其物资运送范围之广可以用“无所不运”来形容。从民用物资到军用物资、从原材料(如石油、矿产)到商品、从现钞到黄金珠宝等贵重物品……只要是法律允许运输的物品，就都是日通公司的运输对象。以家庭投递为主的“宅配便”业务是物流公司进入家庭的领域。

（五）Maersk 马士基物流

马士基集团成立于 1904 年，总部位于丹麦哥本哈根，在全球 135 个国家设有办事机构，拥有约 89 000 名员工，在集装箱运输、物流、码头运营、石油和天然气开采与生产，以及与航运和零售行业相关其他活动中，为客户提供一流的服务。它是全世界最大的集装箱运输公司。

（六）Royal Mail 皇家邮政

皇家邮政是一家英国快递公司，是国有企业。迄今为止，皇家邮政拥有约 176 000 名员工，是迄今为止最古老、最可靠的快递服务公司之一。

（七）Ryder System 莱德物流

Ryder 系统公司在全球范围内提供一系列的技术领先的物流、供应链和运输管理服务。该公司提供的产品范围包括全面服务租赁、商业租赁、机动车的维修以及一体化服务。此外还提供全面性的供应链方案、前沿的物流管理服务和电子商务解决方案，从输入原材料供应到产品的配送，致力于支援客户的整条供应链。从地区来看，美国业务占总收入的 82%，国际业务占 18%。从业务板块来看，运输服务占 57%，物流占 32%，其他占 11%。

（八）EXEL 英运物流

2000 年 7 月 26 日，Ocean Group 与 NFC 公司合并后更名为“EXEL”。EXEL 分为（消费品/零售/医疗）欧洲部、（消费品/零售/医疗）美洲部、开发部和自动化部、技术和全球管理部以及亚太部这几个业务部门。该公司全球网点达 1 300 个，拥有 50 000 多名员工。

（九）Expeditors International 康捷

美国康捷国际货运有限公司是一家致力于提供全球物流服务的公司。该公司向客户提供流畅的国际网络进行支持货物流通和策略应用，其服务包括综合运输或者空中和海洋转运。在每个美国本土及其他海外的办事处，该公司还扮演报关行的角色，并提供分配管理、整合供应、货运保险和订单管理。从业务类型来看，主要集中在空运、海运和货代方面，按照收入划分分别占 63%、25%和 12%。而从地区分布来看，主要集中在远东地区，占 56%，在美国、欧洲和中东、南美、澳大利亚的收入分别占 25%、15%、2%、1%。

（十）Panalpina 泛亚班拿

Panalpina 成立于 1935 年，总部设在瑞士巴塞尔，是世界上最大的货运和物流集团之一，在 65 个国家、地区拥有 312 个分支机构。Panalpina 的核心业务是综合运输业，它所提供的服务是一体化、适合客户的解决方案。通过一体化货运服务，将自身定位于标准化运输解决方案和传统托运公司之间。除了处理传统货运以外，该集团还专长于为跨国公司提供物流服务，尤其是汽车、电子、电信、石油及能源、化学制品等领域的公司。

二、国内知名物流企业

（一）顺丰速运

顺丰速运是物流领域中中国品牌的引领者，以其速度更快/安全系数高蜚声业内。顺丰速运创立于 1993 年，也归属于自营方式，营业网点遍布全国 34 个省级行政区，服务周到，全国各地统一服务热线。

（二）中国邮政速递

中国邮政速递（EMS）起源于1981年，是我国快递业的开辟者。以中国及国际速递/合同物流/快货等业务流程为主导，从属于中国邮政集团旗下。EMS网点强劲，全国有2 000多个直营营业网点，一切地域都能抵达。

（三）德邦快递

德邦快递创建于1996年，总部位于上海市青浦区。德邦快递致力成为以客户为中心，以大件快递为核心业务，是涉及快运、整车、仓储与供应链等多元业务的综合性快递、物流供应商，为跨行业的客户提供综合性的快递、物流选择，公司先后获得“守合同重信用企业”“十佳电子商务服务商”“中国物流杰出企业”等荣誉。

（四）菜鸟网络

菜鸟网络专注打造的中国智能物流骨干网通过自建、共建、合作、改造等多种模式，在全中国范围内形成一套开放的社会化仓储设施网络。同时利用先进的互联网技术，建立开放、透明、共享的数据应用平台，为电子商务企业、物流公司、仓储企业、第三方物流服务商、供应链服务商等各类企业提供优质服务，支持物流行业向高附加值领域发展和升级。最终促使建立社会化资源高效协同机制，提升中国社会化物流服务品质。

（五）安能物流

上海安能物流有限公司成立于2010年8月，注册资本为600万元人民币，总部在杭州萧山区通惠北路上。安能物流推出“MiNi电商系列”“小票零担系列”“大票零担系列”“定时达”等主营产品，同时提供代收货款、保价理赔、开箱清点、送货上楼等增值服务。

（六）苏宁物流

苏宁物流1990年即开始物流能力的建设，是国内首批从事仓储、运输、配送等供应链全流程服务的企业。苏宁物流形成了独特的仓储、运输、末端配送三张基础网络的资源优势，打造了“仓配、运输、城配、冷链、跨境、售后”六大专业化产品群，通过“数据＋无人”两大智能生态探索物流前沿科技。

（七）货拉拉

货拉拉于2013年创立，成长于粤港澳大湾区。是一家从事同城/跨城货运、企业版物流服务、搬场、零担、汽车租售及车后市场服务的互联网物流商城。货拉拉通过共享模式整合社会运力资源，完成海量运力储备，依托移动互联、大数据和人工智能技术，搭建“方便、科技、可靠”的货运平台，实现多种车型的即时智能调度，为个人、商户及企业提供高效的物流解决方案。截至2020年9月，货拉拉业务范围已覆盖352座中国大陆城市，中国台湾地区、中国香港地区，平台月活司机48万，月活用户达720万。

（八）中外运

中外运是国内航空货运代理行业第一家上市公司，核心业务包括航空货运代理、速递及综合物流，其中国际货运代理业务稳居国内行业第一，成立于1999年10月，并于2000年12月28日在上海证券交易所成功上市。中外运的产品和服务具体包括海运、空运、公路和铁路运输、船务代理、仓储及配送、码头服务等。

（九）佳吉快运

上海佳吉快运有限公司于1994年正式在上海注册成立，公司主营公路零担运输业务。佳吉快运是“AAAAA”级物流企业，是国内成立较早的网络型公路快运企业，拥有服务网点

2 500 多个，在上海、北京、天津、广州、武汉、杭州、沈阳、成都、郑州、西安、淮安等核心城市建立了 17 个大型转运中心，网络服务能力覆盖到大陆地区所有省级行政区。

（十）传化智联

传化智联股份有限公司成立于 2001 年，是传化集团旗下的上市子公司，总部位于中国杭州。传化智联是服务产业端的智能物流平台，主要为货主企业与物流企业提供系统化的智能物流服务，已建设形成“网络货（承）运”“智慧物流供应链”“科技金融”三大服务体系，以及遍布全国的公路港城市物流中心网。

复习思考题

1. 进一步查找资料，写一篇短文叙述物流与供应链管理产生与发展的背景。
2. 简述物流管理的概念和主要活动环节。
3. 简述供应链管理的概念及其分类。
4. 考察一下从一家便利店购买一瓶饮料的情形。描述这个供应链所涉及的不同企业以及所涉及的供应链流。

第2章　顾客服务

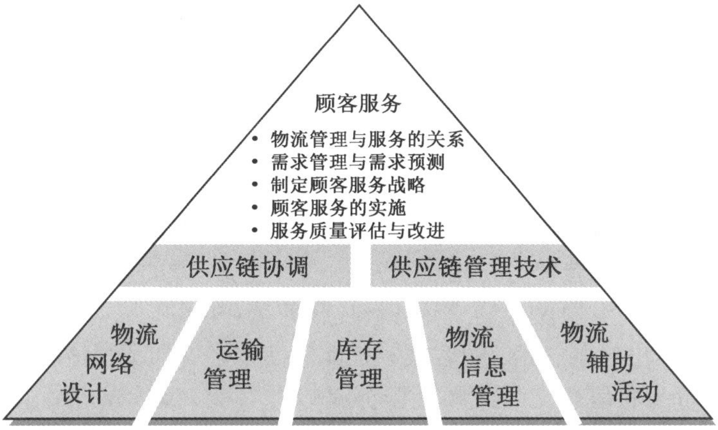

社会的物质财富是通过使自然资源增值的方式实现的。在现今社会里，有许多机构通过提取原材料，再加工使原材料增值，将中间材料与部件转化为成品，这种过程叫作生产。与生产过程不同，还有些机构专门为生产与分配提供条件，依靠其提供的各种无形资产为生活增添价值，后者的产出叫作服务。物流管理兼具了生产与服务的双重特征，并且随着社会经济的发展，无论是终端消费者还是中间顾客对物流供应商提供的“物流产品”提出了更多服务层面的需求。对一个制造商来说，它的顾客可能是另外一个生产制造商，可能是产品组装商，可能是批发商或分销商，可能是零售商，甚至可能是最终消费者。比如，戴尔公司将顾客分为两类：公司和个人消费者。顾客服务水平不仅决定了企业是否能留住现有的顾客，而且也决定了能有多少潜在顾客会变成现实顾客。因此，顾客服务对于企业及整个供应链的市场份额、物流总成本以及最终的盈利水平都有直接影响。

本章重点讨论物流与供应链管理与顾客服务的关系，从服务特性的角度思考物流管理策略。本章在全书的总逻辑结构中居第一层次，共分五节：第一节首先介绍服务的概念与基本特征，给出顾客服务的概念，并着重探讨物流管理中的服务特性及其服务特性引起的运营特点。第二节讨论了在服务特性影响下，物流企业如何借鉴其他服务行业进行需求管理与需求预测，并管理不可避免的排队需求。第三节给出制定顾客服务战略较为详细的方法。第四节介绍如何通过基本服务、完美订货、增值服务和应急服务建立起顾客物流服务体系。第五节介绍服务质量管理基础知识，并给出物流与供应链顾客服务绩效评估与改进的方法和步骤。

第一节 物流管理与服务的关系

一、顾客服务的概念

顾客服务的概念是随企业而变化的，不同的企业对顾客服务这一概念往往有不同的理解。例如，供应商和零售商对顾客服务的理解就有很大的不同。一般来说，顾客服务可以理解为衡量物流系统为某种商品或服务创造时间和空间效用的好坏的尺度，这包括从接受顾客订单开始到商品送到顾客手中为止而发生的所有服务活动。有时，还会以设备服务、保修或其他技术支持的形式继续传递下去。

在顾客眼中，任何企业的产出都可看成是价格、质量和服务的组合，而他们则进行购买。在顾客看来，顾客服务的含义很广，可以包括从产品的可得率到售后服务等众多因素。

目前对于顾客服务的概念很多，各种概念强调的重点不同。有三种较为权威的概念：

菲利普·科特勒(Philip Kotler)给出的概念是：服务是一方能够向另一方提供的基本上是无形的任何行为或绩效，并且不会导致任何所有权的产生，即服务可能以实体产品为依托，也可能只是一种技术或者智力付出；服务是一方向另一方的付出，这种付出可以使接受者获得满意；服务不会产生物权，但会产生债权，服务是有价的。

莱维特(Levit)给出的概念是：顾客服务是能够使顾客更加了解核心产品或服务的潜在价值的各种特色、行为和信息。因此顾客服务是以顾客为对象，以产品或服务为依托的行为；顾客服务的目标是挖掘和开发顾客的潜在价值；顾客服务的方式可以是具体行为，还可以是信息支持或是价值导向。

著名管理专家伯纳德(Bernard J. La Londe)和保罗(Paul Zinszer)给出的概念是：顾客服务是一种过程，它以费用低廉的方法给供应链提供了重大的增值利益。

竞争日益激烈的市场环境要求企业不断争取到顾客并留住他们，从而使企业长期盈利，获得投资回报。然而，许多企业仅仅注重赢得新顾客，片面地通过产品、价格、促销等策略来创造需求，忽视了市场组合中的地点要素以及与之相联系的顾客服务。顾客服务对市场需求有重要的影响，它在一定程度上决定着企业能否留住顾客。企业以盈利为目标，但在获得盈利之前，企业必须确定服务策略和方案以满足顾客的需要，并且以节省费用的方式来实现，这就是顾客服务。

二、服务的特性

近年来，大量学者总结了服务的特性，这些特性将服务与制造业产品区分开来，尽管物流与供应链活动不是百分百地完全表现出了这些特性，但还是会体现出其中的大部分，物流活动中的一些其他特性也是这些特性导致的结果。

(一) 无形性

大多数服务都是无形的。联想到产品的有形性，这一特性很容易理解。产品作为实体，可以被触摸、感知，有时可以闻到味道，如果是食物还可以被品尝。服务其本身并不是实体，但很多时候需要借助实体或通过实体体现出来。例如，软件由一组操作计算的指令组成，它由计算机语言写成，而其指令只能被计算机识别，这些指令通常记录在光盘或硬盘中。因此，软件工程师提供的服务通过实体（光盘或硬盘）来体现，而且使用时不能离开另外一个实体（计算机）。

大多数服务都是行为表现。一项服务如法律咨询通常包括给出建议和在法庭上代表委托人。这样的服务通常没有有形的产出，即便存在有形的产出，也不是服务本身，而是服务产出传递给顾客的媒介。例如，针对顾客的商业问题给出的解决方案报告（打印的纸质报告）并不是咨询服务的实际产出，报告所传递的解决问题的思路才是真正的产出。同样快递公司最后送到收件人手上的商品并不是快递服务的真正产出，而是以该产品为媒介，保证该产品在给定时间内的位置移动才是真正的产出。其他也有一些服务结合了无形产出和有形产出，如餐厅既出售实物也包含了就餐服务，快递既产生了物品的位移也提供了物品包装。

尽管制造也包括无形产出（诸如售后保证、技术情报、所有权的声誉），但其主要产出还是有形产品，服务则恰恰相反，因此，无形性最能简要地描绘出服务的独特性。

（二）伴随性

伴随性也称为不可分性，指多数服务的供应与消费过程是伴随在一起，不可分割的，它们只能在生产的时候被消费。对大部分物品而言，这两个过程在地点和时间上都是可分开的。例如，手机可以在一个地方的工厂生产，然后被运送到世界各地的批发商和零售商哪里，再在许多不同的地方被消费。手机的购买者不必立即使用它，它可以无限期地一直待在包装箱里。而物流服务的供应商在提供服务的同时就是顾客（发货人或收货人）在消费服务。

伴随性的第二种表现形式是服务传递过程与顾客的不可分性，也叫作顾客的参与性。也就是说当服务提供时顾客必须亲自参与，大多数服务不能存储起来以备将来使用。如手机生产不需要顾客亲自参与，但餐馆就餐，顾客则必须到场。另外诸如现场观看足球赛、演唱会，乘坐交通工具等都是体现这种伴随性的例子。

伴随性的第三种表现形式是某些服务的共同消费。一个服务动作是面向一大群顾客的，如戏剧、演唱会、旅行团等服务对象都是一个群体，物流配送中同一个配送批次中多个目的地的订单也是这种情况。虽然每个人在这一次服务中的体验各有不同，但是整个群体都可能受到同批次中个别不守规矩或者有意外事件打扰的顾客影响，因此，这些服务单个顾客的体验不能从整个群体的体验中分离出来。

（三）易逝性

因为多数服务的生产和消费是同步的，所以服务的供给容易消逝而不能存储。电话即时服务、酒店房间、航班或剧场的座位、医生或律师的一个小时咨询时间都不能存储回收以备以后之用。

从停车场出发的货车，其车厢内空余的空间随着汽车发动瞬间消逝，不能转移到下个车次多装载一些货物。物流服务的易逝性，加上大部分服务过程中面临高度变化的需求模式，需要管理者谨慎地分配服务能力并尝试积极地管理服务需求。

易逝性并不代表服务效应的瞬间消逝。尽管顾客不能把生产出来的服务带回家，但可以在购买服务后相当长的时间内享受服务的“效应”。例如，外科医生实施的一次心脏移植手术是一次服务，它带给病人的好处可以延续一生。即使一部电影，也可以被沉浸被回忆，或者提供的教育意义远远超出电影本身播放的时间。

（四）多变性

多数服务是人提供给人的，可能针对顾客的身体、心理或财产。无论哪种情形，顾客和服务提供者都需要互动。服务的结果取决于互动的结果和顾客对于服务的感知。当人们互动时，往往呈现高度的变化性，并且难以预测。美容院、定制服装设计公司、猎头公司所提供的服务随着顾客个体的变化而变化。

在一个层面上，这意味着即使是同一个人用同样的方式对几个顾客提供同一种服务，不同顾客的感知有可能有所差异，即体验到不同的服务满意水平。在另一个层面上，同一个人提供同样服务也可能难以做到每次表现都传递出完全相同的服务水平。服务提供者的身体和心理状态以及与顾客的互动结果都对服务传递有重要影响，而这些状态不可能每天都一样，甚至是同样的顾客，在同一个服务提供者的同一个服务面前，不同时间点下其感知也都是变化的。

服务提供者表现的多变性与顾客感知的多变性对服务管理者提出了重大挑战。这一挑战的重要结果是，服务的标准化尝试备受挑战。服务产出的标准化是很困难的，因为每一个顾客的需要与欲望在服务提供前和服务过程中都是变化的。在许多服务，服务的设计是由服务提供者决定的，如咨询顾问、房地产中介、医生等，服务提供者必须把服务和顾客的需要与欲望匹配起来。服务产出的多变性使得其质量控制和保证比较困难。最后，多变性使得生产过程中资源投入与组织成为极大的挑战。

（五）缺乏所有权

无形性对于多数服务带来的一个重要结果是：购买服务并不像购买产品那样可以获得所有权。例如，当顾客购买了一张音乐CD就成为其所有者，并且可以做很多事：可以多次地听音乐，可以将其作为礼物赠送给别人，可以用来和其他商品交换，可以卖掉它。而大多数服务的购买者却没有这些选择。例如，如果你购买了某个演唱会的票，你获得的是特定的日期和时间坐在观众席的权利，如果你观看了演出，那么就行使了权利，并且权利也随之消失。你无法要求再看一次演出，除非另外购票。换言之，演出过后你没有拥有任何有价值事务的所有权。

三、服务的挑战

跟其他服务行业的管理者一样，对于物流行业来说，保证需求与供给的相互匹配是运营管理人员面临的最大难题。供需匹配也是制造业管理人员的难题之一，但是他们多了一些工具和策略来应付这个问题，例如库存、加班、增加轮班或者延期交货等。这些常见于制造企业的供需匹配策略和工具在服务业中是不可行的，其原因有：

（一）服务大多有易逝性

服务在制造的过程中就被消费了。因此企业不可能提前进行服务生产以应对后来的需求高涨，这就使得库存这一工具无法用来管理大多数服务的需求波动或不确定性。当顾客愿意等待时，延期供货是可以采用的，例如一个购买汽车的顾客，如果他喜欢的车型在对应经销商的地区没有库存，他很可能会等待几周。然而，如果一个牙医休假，牙疼的患者可能不会等。当然有可能有例外，例如一项服务中的预约系统可以看作一种延期供货的形式。

（二）一些服务系统产能缺少灵活性

某些制造业系统的产能在短期内可以通过加班或者增加工人的轮班进行提升。一些服务也可以通过类似的延长营运时间来提升最大产能，就像游乐园在暑期的时候会延长营业时间，但不是所有的服务都可以这么做，例如对于酒店管理人员，如果房间都被订满了，他就无法通过加班或轮班来增加房间的数量。

一些服务系统产能缺少灵活性的另外一个理解是服务的不可存储性与多变性导致的，在制造业系统中，当供给不足且不能通过加班增加时，可以通过外购的方式引入外部资源，而对于服务系统来说，如何将外部资源很好地融入其原有的供给体系，再生产出标准化的“服务”产品是一个很大的挑战。

（三）服务需求的难预测性

与大多数实物产品的需求预测相比，许多服务的需求预测更加困难，而且需求的波动更加剧烈和频繁（波动会发生在更短的时间段内）。造成这个困难的一个原因是一些服务的消费决策，例如去餐馆吃饭、看电影、理发等通常是临时做出的，是由当天或那个星期的情况所影响的。换句话说，人们对于一些服务通常不做长期规划，或者即使做了规划也无法避免因为内在生理需求的存在无法做到没有约束的规划，例如每年双十一活动快递需求及每天用餐高峰外卖业务的需求。而另外还有一些服务需求，如急诊、货物的应急物流等更是无法规划的。

（四）服务时间的可变性

提供服务的类型多样，服务的个性化特征，以及每个顾客的需要和要求都变化不定，这些造成了为预期数量的顾客提供服务的总时间难以预测。例如，在银行里为一个顾客服务的时间取决于顾客办理的业务数量和类型。这就导致可能导致低估或高估所需的服务产能，这时服务产能的单位也会变得难以定义。例如，一家医院应该用什么定义其服务产能呢？应该用病床数量、病人数量、护士的人数或者医生的人数，还是以每种医疗水平下照顾患者的小时数作为服务产能的度量指标呢？

（五）大多数服务局限在一定的区域内

因为多数服务不能被运输，因此必须在合适的地点和时间获得服务产能。对于那些在多个地点提供服务的组织来说，一些地方可能由于顾客数量过多造成服务提供能力不足，而另一些地方却可能产生闲置。这种需求在地域上的不平衡在物流运输服务中是非常常见的，因此如何处理好过热的需求及返程时的空驶也是运输企业面临的关键挑战。当这种不平衡的情形发生在实体产业中，可以把货物从一个地点运输到另一个地点以缓解压力，然而服务的顾客不容易被运输，或者不愿意去另外一个地点接受服务。

上述的原因使得物流行业的管理者面对更复杂的供需匹配场景，除了利用后续章节中将要详细介绍的网络、运输、库存、信息技术、供应链集成等策略设计与布局更加合理化的供给能力外，还需要借鉴服务行业中尤其重要的需求管理方法，不但能更好地认识与理解顾客，而且能够引导与管理顾客。需求管理与预测一般方法在第二节介绍。

四、物流顾客服务要素

顾客服务作为供应链的输出，由供应链的结构决定。物流顾客服务战略是企业整个顾客服务战略的一个基本组成部分。市场营销通常将顾客服务描述为四个要素（4P）的组合，即产品、价格、促销和地点，其中地点要素最直接地代表了物流顾客服务要素。如图 2-1 所示可以了解物流顾客服务战略和公司战略以及供应链的关系。在本章接下来的篇幅中，主要针对公司顾客服务中的物流顾客服务进行讨论。

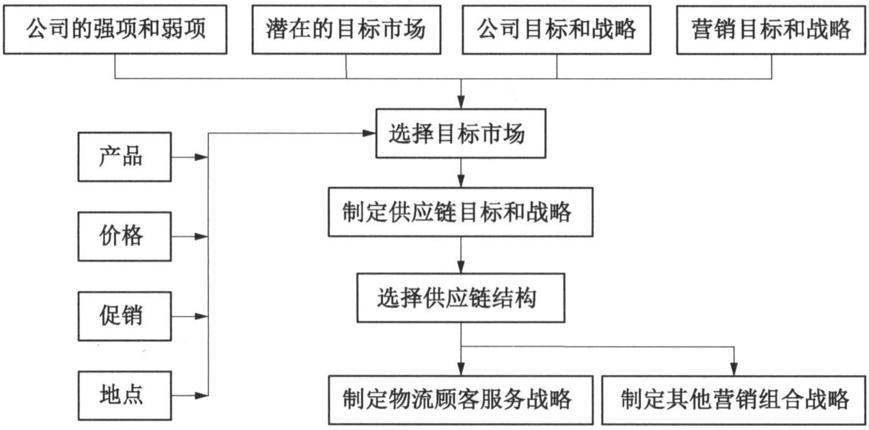

图 2-1　公司战略制定框架图

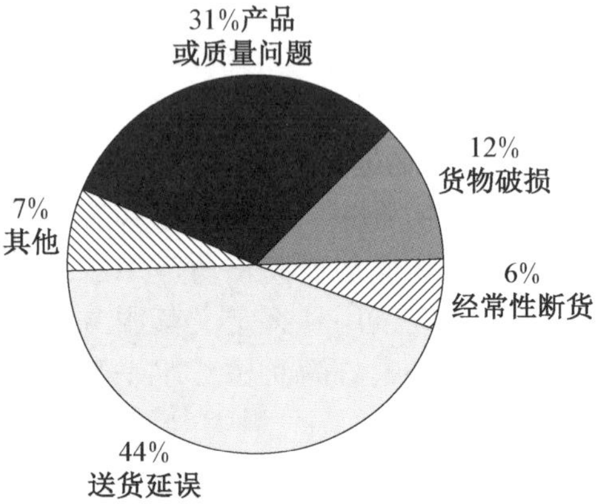

图 2-2　针对服务客户投诉的常见内容

夏康联合会（Shycon Associates）调查了美国许多行业的采购和分拨部门经理，请他们给供应商排名。如图 2-2 所示列出了针对客户服务投诉的常见内容。在所提到的服务缺陷之中，作为物流顾客服务要素之一的交付延误就占了一半左右，由此可见物流顾客服务要素的对于企业的重要性。

与市场营销中产品的售前、售中、售后服务活动相联系，以买方和卖方发生交易的时间为参照，物流顾客服务的组成要素可分为交易前要素、交易中要素和交易后要素三类，如图 2-3 所示。

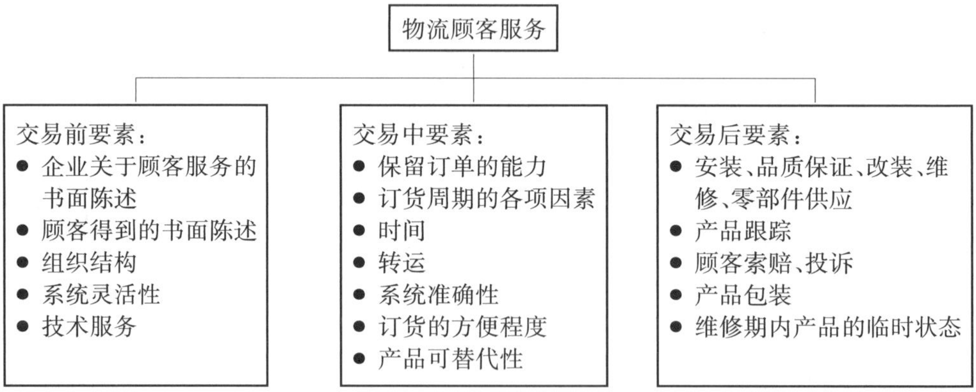

图 2-3　物流顾客服务的组成要素

（一）交易前要素

物流顾客服务在购买交易发生前就已经开始，是一种超前的顾客服务活动，它为其他顾客服务的顺利开展提供有利的环境。顾客对产品及其服务的印象和整体的满意度都与交易前因素密切相关。企业为稳步持久地开展物流顾客服务，必须先对交易前因素做好正式的规范化的准备。

（二）交易中要素

企业获得顾客的订单后，物流顾客服务进入满足和超越顾客需求的阶段，开始重点考虑交易中的服务要素。在交易过程中，顾客与企业的直接接触逐渐增多，这时应该是企业与顾客互动的最佳时机。

（三）交易后要素

物流顾客服务的交易后要素是企业对顾客在接受产品或服务之后继续提供的支持。售后服务对提高顾客满意度至关重要。良好的售后维修不仅可以减少顾客对产品的不满，更可以留住顾客。对于顾客的投诉，需要尽力地调查解决，以弥补企业形象的损坏，重建顾客对产品与服务的信心与忠诚度。这类要素曾经是顾客服务要素中经常被忽视的部分。

五、物流顾客服务的重要性

观察下面一组数据：

（1）一个企业顾客流失有很多原因，其中75%的原因与产品无关。

（2）顾客若对一个企业产生不满，有98%的顾客会用行为取代投诉，即不再购买该企业的产品。

（3）在不满的顾客中，有85%的顾客会将不满告诉9个人，13%的顾客会将不满告诉20个人。而顾客如果感到满意，他只会告诉5个人。

（4）在未来的6年中，一个企业将会流失80%的顾客，其中65%顾客的流失是由于企业的一些不恰当行为而导致的。

上面的数据充分显示了顾客服务的重要性，下面就从四个方面来具体分析这种重要性。

（一）物流顾客服务对于销售的影响

物流顾客服务是整个顾客服务的一部分，很难确切衡量销售与物流顾客服务之间的关系，甚至连买主自己也很难确切说明他们对物流顾客服务的要求。而且，营销组合中的各要素（产品、价格、促销和实物分拨）对市场份额的影响力并不是一样的。在顾客服务的各要素中，对顾客最重要的要素都具有物流属性，这些要素常常比产品价格、产品质量及其他与营销、财务和生产有关的要素更重要。

如果物流提供的适当服务能满足顾客需求，就可以直接增加收入，提高市场份额，最终增加利润，使企业得到发展。美国学者巴里兹（Baritz）和齐斯曼（Zissman）的研究表明，当顾客发现服务不周时，它们常会对负有责任的供应商采取惩罚性措施。这些措施将会影响供应商的成本和收益。图2-4举例说明了采购部门对供应商服务不周采取的惩罚性措施。研究人员强调，顾客服务的差异通常会带来5%～6%的销售差异，在工业品市场上，服务水平下降5%将导致现有的顾客购买量下降24%。

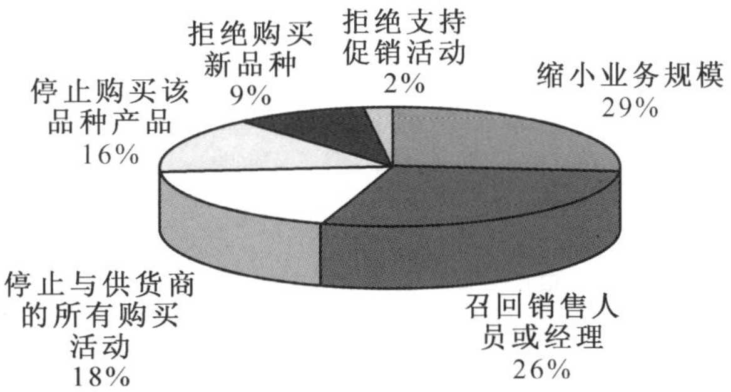

图2-4　采购部门对供应商服务不周采取的惩罚性措施

(二) 物流顾客服务对于竞争力的影响

对于营销组合四要素而言,产品和价格较容易被竞争对手模仿,促销的努力也可能被竞争者赶上。提供令顾客满意的物流服务和处理顾客投诉的高明手法则成为企业与竞争对手相区别的重要途径。在短期内,企业的物流顾客服务不容易被对手模仿,企业就能走在行业的前端,企业的竞争优势凸显。可见,物流顾客服务对于提高企业竞争力有举足轻重的影响。

从另一个角度来说,如果实体产品的质量出现问题,而作为无形力量的顾客服务如果能够弥补这样的缺陷,就会提高顾客对企业的满意度。正是因为服务具有“质量弥补”的特征,企业能够通过服务增强产品竞争力并向服务转型,获得新的价值来源。针对这种情况,西方学者们提出了“服务增强”的概念。现在的趋势是,失去生产和制造成本优势的西方公司将目光转向了具有高附加值的环节,如研发、设计、营销等,他们舍弃了利润率很低的实物产品,转而生产服务增强型“产品”,从而实现竞争力的增强。这些企业大多以服务和知识为基础范式,实施“产品服务增值战略”,重视基于服务的价值创新,遵循“服务化经营”的理念。对于当前我国物流业的服务差异化竞争来说,用顾客服务弥补实体产品质量的不足,是践行“服务增强”理念的方法之一。

(三) 物流顾客服务能够节约成本

根据专家的估计,企业65%左右的销售活动来自老顾客的购买行为,而发展一个新顾客所需的费用大约是保留一个老顾客所需费用的六倍。从财务角度分析,用于物流顾客服务的投资回报率要大大高于用于促销和其他发展新顾客的活动的投资回报率。好的顾客服务能够帮助企业节约成本,例如,戴尔公司将顾客服务重新定义为快速交付定制化的个人计算机。为与购买方建立起更加紧密的、个性化的联系,通过利用基于企业内联网和互联网基础上的通信连接,戴尔公司将不仅为非公司型顾客提供个性化网页,而且以网络才能实现的闪电般的速度来回答棘手的问题。对于戴尔公司来说,在网络上实现更多服务的好处是双重的,它能够成为不满意的顾客解除烦恼的一条重要途径,而且,据专家们估计,戴尔公司的在线服务业务节省了每周几千个电话带来的近千万的成本。如果有更多的顾客采用在线服务,那么,戴尔公司可以节省更多。

第二节 需求管理与需求预测

一、需求管理

需求管理一般会被归于营销管理,但是在服务组织中很多运营与营销管理的工作产生了重叠,并且常常是运营管理人员来执行这部分工作,因此在做这一部分工作时,既需要像运营人员很好地理解公司内部供给配置情况,也需要像营销人员一样理解外部市场的需求。需求管理的内容主要包括理解顾客及其需要、考察需求的性质和模式、掌握需求管理策略、收益管理、管理科学工具。

(一) 理解顾客及其需要

有效的需求管理,最简单也可能最重要的要求就是知道顾客是谁,并理解他们的需要。在需求管理中这常常是最简单但是被忽略的部分。一个服务组织必须收集其顾客的一些人口统计信息，如年龄、性别、收入、职业、生活方式等特点，他们的需要和要求，以及其他能够获得一些数据。还应该了解是什么驱动顾客来购买服务。收集这些方面的数据并不容易，成本也不低，然而在经济可行的前提下，无论能够收集到多少信息都比没有信息好。当前，随着大数据技术的发展，收集顾客在服务系统中的使用数据或者间接获取一些外部相关的数据也成为可能。

理解顾客和他们的需求，可以帮助一个服务组织在进行服务需求管理时更加有效地选择影响需求的策略和工具。例如，降低价格能够将高峰期的需求转移到低峰期。但是如果顾客的经济实力比较雄厚，对价格不太敏感，这个策略就不再有效了，更糟的是还有可能导致顾客产生服务质量降低的疑虑。

理解顾客和他们的需求也有助于鉴别和分离需求的不同类型。例如，医院或社区诊所的管理人员很久以前就发现提供的医疗服务可以分为急诊和门诊，为了更有效地满足这两部分患者的需求，医院分配了一些设备和医生护士到急诊部门，而其余的则继续留在门诊部门，可以清楚地看到，无论是时间上的响应度还是对就医环境的诉求，每个部分的患者都有不同的需求模式。因此一旦能进行需求的划分，就可以根据不同需求的特定要求进行专门化的服务设计及资源配备。

（二）考察需求的性质和模式

理解顾客和他们的需要虽然是必要的，但是想做到有效的需求管理仅做到这一步是不够的。因为很多因素，例如天气、社会、政治或者在该城市或社区的体育运动事件都会影响服务的需求，所以服务管理者必须研究需求的性质和模式。这些影响因素有些是常见的，有些是不常见的。发现需求的模式并理解需求行为需要数据支持，同样，收集数据也许并不容易或廉价，但是不了解需求的性质和模式就不可能进行有效的管理，了解需求的模式不仅有助于运营管理人员选用哪种策略影响需求，还有助于对服务的供给进行有效管理。

（三）掌握需求管理策略

服务需求并不受服务组织的直接控制，而是受到很多因素的影响，例如价格、竞争对手的供给与价格、潜在顾客的收入水平、服务的易得性等。服务行业已经有了一些较为有效和成型的管理策略，物流企业可以采用本部分讨论的一些策略来影响需求，但在制定策略的同时必须应该抱有批判性的思维，应该能加以改造修正，不能简单模仿。

1. 价格诱导

价格诱导应该是最直接的策略。对于多数服务来说，降低价格会提升需求，而提升价格会降低需求。一种常见的策略是短期降价，一些服务组织通过设定比平时低的价格把高峰期的需求转移到非高峰期。价格刺激也许能使一些消费者在需求较低的时候使用服务，这样可以缩小需求波动的幅度。这个策略在现实中的应用例子包括：夜间和周末的移动电话费率，夜间的民用电价，工作日白天的 KTV 和电影院价格，还有“红眼”航班的特价。

转移高峰期的需求对于充分利用人力、设备等资源非常重要，如果需求不能转移，服务组织要么建立足够的产能满足高峰需求，要么高峰期不能满足的需求就回流失。前者的后果是低效率的资源利用率，人力和设备在低谷期会出现低效使用的情况；而后者的结果可能导致组织的利润下降明显，甚至企业经营陷入困境。

2. 预约/预订

另一个服务组织在需求管理中常用的策略是通过预约或预订提供服务。这可以看作把服务需求转变为“库存”或者“存储”起来。这种方法对于那些比较稀缺但对顾客价值很高的服务比较适用。航班、旅馆、医疗机构、法律援助服务或者高端餐馆通过预约或预订提供服务，那些临时到达的顾客，不一定能够及时获得服务。预约/预订往往能够提供平稳的服务水平，并且保证了需求不会超出提前设定的产能限制，这种方法对于顾客也有益，最重要的好处在于能够确定在约定的时间获得服务，同时也有助于顾客节省时间，使他们不用再排队等候。预约的另一好处是消除了顾客的焦虑感，诸如是否或何时能获得服务，还要等候多长时间等。

预约/预订的一个缺点是顾客缺席现象，即顾客成功预约后，在约定的时间没有出现，如果不能及时找到其他顾客代替未出现的顾客，服务企业的收益必然会减少，这种问题也常常出现在航空公司或酒店行业，因为在短时间内找到一个新的顾客几乎是不可能的，就造成了服务资源的空置成本。于是，这些提供预约/预订服务的企业通常也会同时采用超额预订（超订）策略，即接受比产能更多的预约，这样就会减少由于缺席造成的空座或空房间现象。但是当出现的顾客多于供给座位或者房间数量时，造成的问题也很严重，一般会为无法获得服务的顾客提供赔偿。例如，赠送任一国内航班的免费机票并优先转到下一航班，如果是酒店顾客，则需要帮其免费提供附近其他酒店的房间或享受房间升级服务。由于超额预订引起的成本称为惩罚成本，该成本往往大于单位资源空置造成的机会成本。因此，一个优秀的超额预订策略需要平衡因为顾客不能出现造成的机会成本及过多顾客出现造成的惩罚成本。

3. 沟通交流

有的时候，为顾客提供一些简单的信息提示就有助于减少高峰期的需求。在公共交通、旅游景点、博物馆等，通过指示牌、广告和销售信息可以告知顾客在低谷期会有很多好处，包括较低的价格、不拥挤的服务环境、停车方便等。在淘宝、京东等网上购物平台上，我们也已经很习惯看到一些提示：在“双十一”或其他促销日前提前购买能够享受同样的低价，但是能够享受更有保障的物流服务。

4. 提供互补性服务

有些服务需求的管理引导极具挑战性，这些服务有明确的季节性而且无法依靠价格激励转移，预约或者沟通交流对于减轻高峰期的需求也往往无效，这些服务需求在淡季一般很低或者几乎没有。一种可能的补救措施是提供互补性服务，或者称为提供需求周期模式相反的服务，而且这些服务使用相同的设施和员工，但与原服务具有需求周期相反的特点。例如，在国外冬天时，很少有人需要修建草坪，草坪修建公司往往提供除雪服务。另一个例子是，我国的一些高山滑雪场，在夏季的时候用同样的酒店和缆车设备又提供滑草和山地车速降活动。

5. 提供辅助服务

为排队的顾客提供辅助服务，能够减少顾客的流失。在需求的高峰期，提供的这种服务能够增加顾客等待的耐心，并增加他们在系统中等待下去或者以后再来的可能性。因此，一条长凳或一间休息室有助于一家餐馆挽留很多顾客。面对一个因为过长的物流时间焦急等待收货的物流客户，如果商家能经常更新其货物状态，并提前提供货物到手后的培训，就能够缓解他们很多因为等待产生的负面情绪。本质上，辅助服务相当于在两阶段队列的第一阶段，第一阶段的服务可以延续相当长的时间，使顾客远离系统延迟。

6. 广告和促销

广告和促销是促进疲软需求的另外两种工具。促销能够在一定时期内为顾客提供额外的优惠（不一定是价格）或者价格优惠。在现实的例子中，旅游团增加额外的项目和深夜电影院提供抽奖来促销都是这一类别的策略。

（四）收益管理

收益管理（yield management）可以被看作收入管理（revenue management）中的一个专门领域。收益管理的主要目标是从易逝的库存（如一个航班上的座位）中获得最大收益或收入。

收益管理起源于航空业，但后来也应用于酒店、汽车租赁等行业，当前在物流中的海运、航空运输等领域也已经有了较广泛的应用。收益管理的原则可以概括为：对于像飞机座位或酒店房间这样的价值易逝的库存，要在正确的时间和正确的地点卖给正确的人。

具备以下条件时，可以考虑收益管理：① 企业的产能相对固定；② 需求可以被清晰地划分成不同类型；③ 库存是易逝的；④ 产品可以提前销售；⑤ 需求的波动幅度大；⑥ 边际销售成本和生产成本低，但改变产能的成本高。

例如，航空公司已经鉴别出不同的顾客类型，有不考虑价格的富裕的旅行者、忽然需要到达一个地方并立刻返回的商人、对价格比较敏感的休闲度假者、价格合适时走亲访友或游玩的人。航空公司为这些群体提供不同水平的服务产品，如头等舱、商务舱、经济舱、特惠舱等。因为所有这些不同水平的服务都是在同一架飞机上提供的，所以问题是如何将座位分配给这些不同的群体。显然，航空公司很希望飞机上能坐满头等舱或者付全额机票的商务乘客，但这种情况不太可能出现，而且飞机上会多出很多空座位。结果，航空公司会将剩下的座位作为经济舱或特惠舱以低价出售。这种做法是合理的，因为在有空座的情况下，飞机多载一位乘客的边际成本几乎为零。由于机票在起飞前就卖出去了，所以问题的重点是应该提前卖多少打折机票，从而留下合适的作为供给那些订票晚但是会付全价的旅客。

一个收益管理系统需要着眼四个基本问题来优化收益：不同类型的顾客或不同价格水平的需求模式、超额预订策略、需求弹性、信息系统。

收益管理不局限于航空业和酒店业。滴滴打车 APP 根据收益管理的原则，将智能手机、已经注册的司机、用户评价、结账和辅助系统连接在一起，根据不同时段打车需求与营运车辆的匹配情况，动态调整打车价格，引导需求和供给，增加平台的收益。不必惊奇，在其他领域收益管理也会得到更多的推广，例如闲置的办公资源、生产工具到物流行业的仓库、车辆甚至人员，都有可能进行合适的收益管理策略，获得更大的收益。

（五）管理科学工具

管理科学可以为服务运营管理者进行需求与供给的匹配提供很好的技术帮助。排队论与仿真技术对于需求与供给管理决策特别有用。在需求高峰期或需求超过产能的一段时间内，排队论模型可以反映出服务系统中等待队列的一些特点，排队论模型提供多种绩效指标，如顾客排队平均等待时间和在系统中逗留的平均时间，以及系统中的平均顾客数量、队列长度等。了解这些重要指标有助于管理人员针对需求和供给制定更智能的决策。计算机仿真也是经常和排队论一起使用的有力工具，仿真有助于管理者收集一些系统表现的重要信息，而且能告诉管理者如果进行系统修改，例如增加或减少产能，会产生什么样结果。

二、管理等待中的需求

在本章第一节，已经介绍物流服务等各类服务系统中的供需匹配比制造系统更加困难，即使采取前一节提到的各种需求管理策略，且这些策略也能产生一些积极的作用，但是这些策略不能完全消除供需之间的不匹配，如果没有有形的“库存”来平衡“不匹配”，在服务系统中，最后呈现出来的现象即是“排队”：排队现象既有收银台、售票处、收费站、银行柜台等有形队列，也有呼叫中心无休止的等待、“双十一”快递“爆仓”多日不到的订单、爆款商品长期缺货订货时间长等无形的队列。这些日常生活中常见的现象告诉我们，供需不匹配是无法避免的，即使是管理很好的服务设施前，仍然会形成等待队列。

等待带来诸多不利结果，其中之一是顾客放弃服务离开系统。这就造成一些顾客的短期流失，他们可能过一段时间还会回来；但也有一些顾客去了竞争对手那里可能再也不会回来，无论哪种情况都会造成服务组织的收益损失。

减少等待时间对于供需匹配管理是一项非常重要的任务。前一小节提到，可以通过需求管理帮助管理人员做相关的决策以减少等待时间及对顾客和企业造成的负面影响。与此同时，还可以采取一些非技术手段，让不得不等待的顾客和提供服务的人员都不再感到那么难熬，即管理等待中的需求，下面将介绍排队等待时顾客的心理特点，及如何利用这些特点提供针对性的管理策略。

(一) 空闲的时间比占用的时间感觉更长

很多服务组织都发现了这种现象，并且为顾客提供消遣来打发时间。一些餐馆为等位的顾客提供美甲、饮料等服务，顾客等候的时候可以喝点东西并与别人聊天；医生诊室提供报纸和杂志；银行大厅里的电视机，都有相同的目的——分散顾客对于等待的注意力。

(二) 服务前的等待时间比服务中的等待时间感觉更长

一旦服务开始了，等待的时间感觉会更短一些。等待服务开始的顾客会感到更加焦虑，他们害怕服务员忘记他们在等着，但是顾客一旦进入了系统而且服务的流程开始进行，这种感觉很容易就会消失。一些餐馆提前给那些等待的顾客菜单，让他们感觉自己已经进入到就餐流程，并且可以让他们不那么无聊。

(三) 焦虑的心情使得等待时间似乎变得更久

就像在前面的段落中提到的，“被遗忘”可能是焦虑的一个重要来源，还要等多久？服务会是什么水平？自己是否在对的队列里？或者对于一场体育赛事，排到自己是否卖完票了？各种的心理都是焦虑的来源。任何能够减轻顾客焦虑的管理措施都可以让顾客在等待过程中感觉时间更短并减少痛苦。

(四) 不确定的等待比已知确定的等待感觉时间更久

当不知道何时才会轮到自己时，顾客会感到等待的时间更久，而且会增加焦虑。为顾客提供大概的等待时间常常能帮助顾客冷静下来并接受现状。但是管理者需要尽量使预测的时间与实际时间接近，而且如果实际时间比预期等待时间短，反而会为顾客带来惊喜。例如，迪士尼乐园为每个游玩的项目提供了预期等待时间，而且往往高估等待时间。

(五) 无故的等待比有理由的等待感觉时间更久

如果等待的顾客被告知了等待的理由，他们会感觉相对平和而且容易理解，但是当他们不知道自己等待的理由，很可能感到失望。例如，护士如果能为等待的病人解释医生晚来一会，是因为刚刚处理了一个急诊病例，多数病人都会表示理解并觉得自己的等待是有原因的。当服务时间需要被延迟时，服务机构一定要诚实并积极向等待的顾客解释原因。

(六) 不公平的等待比公平的等待感觉时间更久

当看到有人插队，或者一些原因造成不公平的现象时，多数人会感到心烦。遗憾的是，这些情况在一些服务机构中会很常见，会破坏人们对公平服务的预期。这些情况不仅会让顾客生气，而且会让顾客感觉等待的时间更长。因此，在一些需要提供 VIP 服务的场景下，经常让优先服务的 VIP 顾客跟普通顾客区分开，不让普通顾客感知到服务的不公平性存在。

(七) 服务的价值越高，顾客愿意等待的时间就越长

顾客为获得服务而付出的非货币价值就包括了等待时间，因此，等待时间是削减顾客等待服务意愿的一部分，就像真实付出的货币价格一样，服务的价值越高，顾客愿意付出的非货币价值也就越高。管理人员必须清楚地了解服务对顾客的价值，以确保等待不会让顾客支付过高的价格。

(八) 单独的等待比一群人等待感觉时间更久

大多数情况下，顾客等待服务时有其他顾客的陪伴，因此，严格地说顾客不是一个人在等待。但是由于顾客之间往往不认识，他们可能觉得自己是独自等待，特别是当顾客之间没有交流或者没有消遣时。因此，服务管理人员应该在可能的情况下为顾客创造互相交流的机会，这就一定意义上将他们转变为一个群体并使他们分心以便感觉等待的时间更短。

一些研究还表明，对顾客影响的重要因素还包括：① 有趣程度——顾客在等待的时候有什么有趣的事情发生吗？② 顾客态度——顾客面临什么样的时间压力？③ 环境——等待的环境舒适吗？④ 服务的稀缺性——服务的价值对顾客多重要，是否在其他地方能够轻易获得？

三、需求预测

每一天，管理者都在不知道未来会发生什么的情况下做决策，对于物流与供应链的管理者，由于面对的是"产能较固定而需求大幅波动、某些资源不能存储"的服务系统，即使做了良好的需求管理，仍然需要更加高效地临时组织与调配资源，因此，精确科学的需求预测是各种物流管理决策的基础。但是一般而言，预测总是不准确的，并且预测期越长，误差越大。然而，预测仍是一个关键的工具。另外，预测也不仅仅用于物流与供应链管理决策，是否进入市场、是否能扩大产能，是否实施促销计划等决策，都能从有效预测中获得好处。在这一部分，我们将探讨不同的预测方法，这些方法可以单独或结合使用。当然，就预测的内容而言，甚至可以单独写一整本书。我们这里仅介绍几种不同的方法，以及如何选择合适的预测方法。

各种预测工具和方法可以大致分为四大类。

(1) 专家意见的收集和判断方法。

(2) 消费者行为的定性研究的市场研究。

(3) 通过过去的结果推测未来结果的数学方法，即时间序列法。

(4) 基于大量系统变量进行计算的数学方法，即因果方法。

(一) 判断方法

判断方法将不同专家的意见系统地组合起来。例如，由于销售人员(或经销商)更接近

市场,他们通常对预期的销售有更好的感觉。通过合理的方式结合每个销售人员的销售预期,就可以在判断方法中加入销售人员的意见汇集。

为了达成多数人的一致,可以考虑使用专家座谈法。这一方法认为通过沟通和公开地共享信息,能够达成一个较好的预测。这些专家可以是外来的专家,也可以是公司内部各职能领域的专家。

具体而言,可用的判断方法包括以下几种。

1. 德尔菲法

德尔菲法又称专家小组法,是一种结构化的技术,它能使一组专家达成一致,却不需要召集这些专家到一起,而是通过函询、电话或网络的方式,向一组专家进行问卷调查。调查结果被汇总并整理,然后每个成员根据整理后的调查结果,可以调整自己的意见。这个过程通过几次的反复,最后将达到一致。

运用集体讨论法时,常出现的一个问题是专家组中个别有很强影响力的人主导整个决策过程,其他人不敢表达自己的真实想法,德尔菲法则可避免这些情况的出现。德尔菲法隐去了参与预测研究的各成员的身份,使每个人的重要性都相同。其操作步骤如下:

(1) 选择参与的专家,专家组成员应包括具有不同知识背景的人。

(2) 通过问卷调查从各个参与预测的专家处获得预测信息(包括对预测所假设的前提和限制)。

(3) 汇总调查结果,附加适当的新问题后重新发给所有专家。

(4) 再次汇总,提炼预测结果和条件,再次形成新问题。

(5) 如有必要,重复步骤(4),将最终结果发给所有专家。

经过上述步骤预测后,通常能得到满意的结果。该方法所需的时间取决于专家组成员数目、进行预测所需的工作量以及各个专家的反馈速度。

2. 各部门主管集体讨论法

在进行需求预测时,召集与库存管理相关的计划、销售、采购、财务等部门的主管,集中各个职能管理部门的经验与信息,以形成对库存需求的集体预测和快速决策。其缺点在于占用职能管理部门的精力和时间,各职能管理部门对本位利益的追逐和意见的片面性,将会直接影响预测和决策的科学性。

3. 销售人员意见汇集法

在这种方法下,充分利用销售人员对本地区经济发展状况和市场需求的熟悉以及服务人员对市场需求变动的敏感,首先做出局部的估计,然后通过汇总各地区的预测值来形成对全国范围库存需求的总预测。

(二) 市场研究方法

市场研究方法包括市场测试和市场调查,对于预测是很有价值的工具,尤其对于新推出的产品。在市场测试中,通过测试几组潜在顾客对产品的反应,可以估算整个市场对产品的预期需求。市场调查涉及收集多种潜在顾客的数据,一般通过面谈、电话调查和问卷调查等方法来收集数据。但这种方法只有企业与客户有着友好关系时,信息的真实和客观才有保证。

(三) 时间序列法

时间序列法是使用大量过去的数据来估计未来的需求。将某一变量的数值(销售量、库存需求等)在一个给定的时期内按时固定时间间隔(1 周、1 季度、1 年)以时间的先后顺序排成一个序列，从而利用具有相对稳定关系的历史数据进行预测的统计方法。该技术常用于季节性变动、周期模式、趋势值的识别。常用的时间序列法有多种，每种方法都有不同的优点、缺点。下面介绍几种常用的时间序列法。

1. 移动平均法

如果我们假定在一段时间内服务需求相当稳定，移动平均法就会很有用。n 期移动平均值计算公式如下：

$$\tilde{x}_t = \frac{1}{n}(x_t + x_{t-1} + \cdots + x_{t-n+1}) \qquad (2-1)$$

时期选择最常用的是 1，2，3，4，12 期。如果采用 12 期（比如每个月），就是将前 12 期的平均数作为预测值。移动平均预测法的优点是便于计算且易于理解，但其缺陷在于赋予各期以相同的权重，因而只是在需求较稳定且对变化反应迟钝时才有效。所以使用移动平均法必须维持和更新大量的历史数据以使预测更加准确。这种方法的关键是选择多少个需求点进行处理，从而最小化不规则效应。

如果有长期趋势或模式，可以将简单移动平均法进行改进，对不同时间加以不同权重，一般越近的时间，加权的分量可以相对越重，这种方法叫作加权移动平均法：

$$\text{加权移动平均数} = \frac{\sum(\text{第}\ i\ \text{期的权重}) \times (\text{第}\ i\ \text{期的需求})}{\sum(\text{第}\ i\ \text{期的权重})}$$

2. 指数平滑法

指数平滑法是用上一期预测值加上时间序列该期实际与预测值差额的一定百分数即得到新的预测值。用如下公式表示：

$$\tilde{x}_t = \alpha x_t + (1-\alpha)\tilde{x}_{t-1} \qquad (2-2)$$

式中 α 称为平滑系数，其值满足 $0 < \alpha < 1$，具体的值一般根据经验给出，对于变化缓慢的序列，常取较小值，对于变化迅速的序列，常取较大的值。

指数平滑法预测是一个递归过程，因为式中的 $\tilde{x}_{t-1}$ 是上一期的预测数值，是由再前一次的实际值与预测值得到的，由此可以得到本期的预测值是：

$$\tilde{x}_t = \alpha x_t + \alpha(1-\alpha)x_{t-1} + \alpha(1-\alpha)^2 x_{t-2} + \cdots$$

指数平滑法本质上是一种更为精确的加权平均法，其优点在于可以快速计算新的预测，无须大量的历史数据和更新资料。

[例 2－1] 某公司 1—9 月份某产品的销量如表 2－1 所示。

表 2－1 某公司产品 1—9 月销量

月 份	1	2	3	4	5	6	7	8	9
销 量	550	560	540	570	600	580	620	610	630

已知该产品没有明显的季节特征，请用移动平均法和指数平滑法进行第 10 个月的销量预测。

(1) 移动平均法：

假设观察期为3个月。

10月份的销售量预测＝(620＋610＋630)/3＝620。

如果认为需求可能存在趋势性，可以对移动平均法进行修正：

上一个移动的平均值＝(580＋620＋610)/3＝603.33

所以趋势值＝620－603.33＝16.67

10月份的销售量预测＝620＋16.67＝636.67，取637。

(2) 加权移动平均法：

设三个月的权重分别为 $W_1=1$，$W_2=2$，$W_3=3$，则10月份的销售量预测值为

$$(620\times1+610\times2+630\times3)/(1+2+3)=621.67，取622。$$

或设权重 $W_1=0.2$，$W_2=0.3$，$W_3=0.5$，即 $\sum W_t=1$，则

$$10月份的销售量预测值=620\times0.2+610\times0.3+630\times0.5=622$$

(3) 指数平滑法：

若9月份实际销售量为630，原来预测9月份的销售量为608，取平滑指数 $\alpha=0.4$

10月份的销售量预测值＝0.4×630＋(1－0.4)×608＝616.8，取617。

也可以采用展开的指数平滑公式，10月份的销售量预测值 $=0.4\times630+0.4\times(1-0.4)\times610+0.4\times(1-0.4)^2\times620+\cdots=606.6$，取607。

简单的指数平滑法仅能用于没有很强的趋势性和周期性的需求预测场景，如果企业面对趋势性和周期性的影响，需要对指数平滑法进行修正，本章附录1给出了对简单指数平滑法进行趋势性和周期性修正的模型。这些修正后的平滑技术的主要特点在于，它们直接考虑趋势值和季节因素成分。但正因为如此，由于人们没有能力正确细分每一项预测成分(趋势或季节因素)，这种过于敏感的技术会产生预测精度的问题。

3. *回归模型*

回归模型最大的优点在于容易理解和应用，它通常将时间序列归于三类因素：周期性、趋势性和随机性。

当时间序列可以按年、月、周、日等单位进行测量时，它们通常包含周期性的变化。除去这些周期性变化的因素之外，序列还包含一个长期变化趋势，即趋势性，最后剩下的为随机项。因此，一个时间序列可以把趋势变化是作为这个序列的主要变化趋势，而周期性变化则是在短期内变化的主因，其他的变化归结于随机性。

通常时间序列的回归模型有加法和乘法两种模型，如下：

加法模型

$$x_t=T_t+S_t+\varepsilon_t \tag{2-3}$$

乘法模型

$$x_t=T_t\cdot S_t\cdot\varepsilon_t \tag{2-4}$$

其中：T_t 表示在时间 t 的趋势性决定因素，S_t 表示在时间 t 的周期性决定因素，ε_t 则表示在时间 t 的随机因素。

季节性因素可为给定的某个季节指数 $S_t = S'_t$；而趋势性因素 T_t 一般取为时间 t 的幂函数 $T_t = \beta_0 + \beta_1 t + \cdots + \beta_k t^k$，通常为 1 阶或 2 阶。例如取周期为 3，趋势性因素为 1 阶的 t 的幂函数的序列，如下：

$$x_t = S_{\text{mod}(t,\ 3)} + \beta_0 + \beta_1 t + \varepsilon_t$$

其中 mod(t, 3)表示 t 对 3 取模，$S_{\text{mod}(t,\ 3)}$ 即为序列在 t 时的周期项，$\beta_0 + \beta_1 t$ 为其趋势项。

(四) 因果方法

上面介绍的时间序列法，完全是基于要预测的数据的历史值。相反，因果方法预测所基于的数据不是将要预测数据的历史值。更具体而言，预测的数据是其他数据的函数。例如：用因果方法预测下一季度的销售，可能是基于通货膨胀、国民生产总值、失业率、天气，或其他销售以外的数据。也叫作回归分析技术，包括一元线性回归、多元线性回归等多种模型。

可以按照以下三种因素来选择合适的预测技术。

1. 预测目的

如果是预测总额，采用较为简单的技术可能是合适的，如果需要更详细的细节预测，则需要更高级的预测技术。

2. 所要预测的系统的动态性

系统如果对某些类型的经济数据有敏感性，那么因果预测将是合适的。需求若具有季节变化、上升或下降的趋势，那么外延平滑法将是合适的。这些因素都会影响预测工具的选择。

3. 过去对将来影响的重要程度

如果过去很重要，时间序列法就有意义。如果系统变化太显著使得过去的数据作用下降，则判断或市场研究方法更有效。

除以上三种因素外，在产品生命周期的不同阶段也需要不同的预测技术。在产品开发阶段，市场研究方法可以显示不同产品和设计的潜在销售预期。在产品试制阶段，额外的市场研究将有价值，判断方法可能对预测产品将来的需求有用。在快速成长阶段，时间序列数据可能最有价值。最后一旦产品变得成熟，时间序列方法和因果方法都可能有用，其中因果方法根据对经济数据的估计预测长期的销售成绩。

(五) 预测误差

只要未来不完全重复过去，对未来的需求预测就会有一定程度的误差。预测误差指预测和实际需求的接近程度，在统计上可以表示为平均绝对误差(MAE)、平均相对误差(MRE)、平均均方差(MSE)和预测的标准误差(S_F)，具体表达式是：

$$\text{MAE} = \frac{1}{n}\sum_{i=1}^{n}|\hat{y}_i - y_i|$$

$$\text{MRE} = \frac{1}{n}\sum_{i=1}^{n}\left|\frac{\hat{y}_i - y_i}{y_i}\right|$$

$$\text{MSE} = \frac{1}{n}\sqrt{\sum_{i=1}^{n}(\hat{y}_i - y_i)^2}$$

$$S_F = \sqrt{\frac{\sum_{i=1}^{n}(\hat{y}_i - y_i)^2}{n-1}}$$

其中 y_i 为第 i 期实际需求，$\hat{y}_i$ 为第 i 期的预测值，n 为预测期的数量。

在选定预测方法或预测参数时，经常需要通过方法与参数的比较，分别计算不同参数下是预测误差的大小，最后选择使误差最小的方法与参数。

第三节　制定顾客服务战略

不恰当的顾客服务战略会使一个企业的整体战略变得无效。反之，过分地强调顾客服务会提高顾客服务成本，这又会在一定程度上降低公司的盈利率。因此，公司必须采取一个基于顾客需要的、与企业总体战略相一致的并能够促进公司长期利润目标实现的物流顾客服务战略。

物流顾客服务战略解决的是如何应对顾客对物流服务的需求和预期，以求企业营利能力或企业价值的最大化。不同的企业有不同的强势和弱势，即使是同一个企业，在不同的时期，面对不同的市场环境，也会运用不同的方法制定物流顾客服务战略。下面提出一个在一般情况下都能够适用的物流顾客服务的制定方法及其步骤。

一、顾客细分

顾客细分是前提。顾客服务战略始于有效地细分企业顾客市场，只有有效地区分不同的顾客群体及其需求特征，才能制定相应的物流顾客服务战略。例如，一家加拿大的客运公司将乘客的个人特点细分为性别、年龄、职业、教育程度和收入，将乘客的旅行特点细分为起点到终点、对客运公司的选择、旅行目的、月旅行频率、对航班的选择等，并对它们进行深入分析，发现其中的相关性，从而指导顾客服务战略的制定。有很多技术和方法可以用来识别服务需求和预期，包括抽样调查、人口统计分析和大规模顾客信息数据库分析等，这个过程的输出是各相关顾客群体的服务需求和期望。

著名的“20－80”法则认为：在顶部的20%顾客带来了企业80%的利润。谢登(Sherden)把它修改为“20－80－30”，其含义是：在顶部的20%顾客带来了企业80%的利润，然而，其中的50%被在底部的30%非营利顾客损失掉了。这就是说，一个企业应该“剔除”其最差顾客以改进利润收入。

什么样的顾客才是有利可图的呢？一个有利可图的顾客就是指能使企业不断产生收入的个人、家庭或公司，其带来的收入应该超过企业吸引、销售和服务该顾客所花费的成本。必须注意的是，这里强调的是长期的收入和成本，而不是某一笔交易所产生的利润。解决非盈利顾客的两个办法是提高收费或减少服务支持。

当对顾客进行分析后，就有可能将顾客区分为不同的收益群：白金顾客(最盈利者)、黄金顾客(盈利者)、铁顾客(低盈利但有期望者)以及铅顾客(非盈利且非期望者)。企业的工作是把铁顾客改造为黄金顾客，把黄金顾客转化为白金顾客，同时提高服务质量，使铅顾客被企业吸引而转化为铁顾客或通过提价、降低服务成本来增加盈利。在高盈利区应该做更高的服务投资。图 2－5 显示了公司应该根据顾客价值分配投资资源。

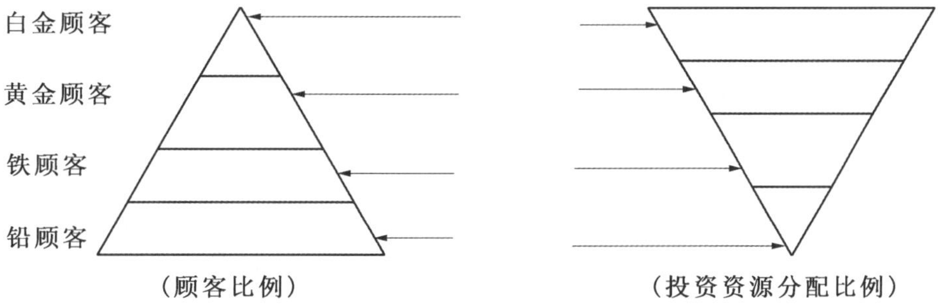

图 2－5 根据顾客价值分配投资资源

二、顾客服务供需匹配分析

顾客服务供需匹配分析是制定顾客服务战略前的准备工作，它可以评估稳定状态下企业顾客服务水平的高低，也可以在企业进行顾客服务战略调整时就绩效做出评价。顾客服务供需匹配分析的目标是：① 识别关键的顾客服务要素；② 识别这些要素的控制机制；③ 评估内部信息系统的质量和能力。

顾客服务供需匹配分析包括顾客服务需求分析和顾客服务供给分析。

（一）顾客服务需求分析

顾客服务需求分析是整个顾客服务供需匹配分析的起点，其主要目标是：① 识别顾客在做出购买决策时认为重要的顾客服务要素；② 确定本企业与主要的竞争对手为顾客提供服务的市场比例。

要确定哪些顾客服务要素是顾客真正重视的，主要工作是对顾客进行调查和访谈。例如，某种普通消费品的零售商在衡量其供应商服务时主要考虑以下顾客服务要素：订货周期的稳定性、订货周期的绝对时间、是否使用电子数据交换（EDI）、订单满足率、延期订货策略、单据处理时间程序和回收政策等。

确定了重要的顾客服务要素之后，下一步就是对企业的有代表性的和统计有效的顾客群体进行问卷调查。问卷调查可以确定顾客服务要素及其他市场组合要素的相对重要性，评估顾客对本企业及主要竞争对手各方面服务绩效的满意程度以及顾客的购买倾向。依据调查的结果，企业加强顾客重视的服务要素，并在考虑竞争对手的强势和不足的同时，发挥企业自身的优势和条件，发展与顾客细分相适应的顾客服务战略。此外，问卷还能反映出顾客对关键服务要素的服务水平的期望值。

问卷调查的结果能帮助管理层发现潜在的问题和市场机会。对大多数行业来说，下面这些服务要素都是极为重要的：按承诺日期送货的能力、按订单完备送货率、对送货延迟的提前通知、送货信息、稳定的提前期（订货周期的稳定性）、提前期的长短、产品的质量价格比、有竞争力的价格、销售队伍的促销活动。这些信息和上面提到的顾客真正重视的顾客服务要素就是顾客服务实施中的基本服务。相关内容将在下一节得到详细阐述。

企业在把握各服务要素重要性的同时，也要关注顾客对本企业及竞争对手提供的各项服务的横向比较。企业和顾客对服务有各自的评价标准，但在市场竞争中，只有顾客是永远正确的。有时候顾客尚未认识到企业某方面服务的努力，企业就有必要通过与顾客的交流来告知和引导顾客。

（二）顾客服务供给分析

顾客服务供给分析是审查企业当前服务业务的运作状况，为评估顾客服务水平发生变化时所产生的影响确立一个衡量标尺。

顾客服务供给分析的主要目的是检查企业的服务状况与顾客需求之间的差距。顾客实际感受到的企业顾客服务的水平也有必要加以测定，因为顾客的评价有时会偏离企业的实际运作状况。如果企业确实已经做得很出色，则应当通过引导和促销来改变顾客的看法，而不是进一步调整企业的服务状况。

顾客服务供给分析的另一个重要内容是考察顾客与企业及企业内部间的沟通渠道，包括服务业绩的评估和报告体系。沟通是理解与顾客服务有关问题的重要基础，缺乏良好的沟通，顾客服务就会流于事后控制和不断地处理随时发生的问题，而难以实现有效的事前控制。

顾客服务供给分析的主要信息来源是对管理层做访谈调查。访谈调查需涉及与物流活动有关的部门经理，相关部门具体包括：订货处理、存货管理、仓库、运输、顾客服务、财务会计、生产、物料管理、市场销售等。访谈有助于了解这些部门的管理人员如何看待顾客服务、如何与顾客沟通以及如何与其他部门合作。

管理层还必须对顾客服务考核和报告体系做出评估，以便明确顾客服务业绩的考核方法、考核部门、业务标准、当前的结果、每一项活动的控制部门、数据的来源、报告的格式和汇编的方法、报告的频度、报告的传递等。这还有助于明确顾客如何从企业获取信息。顾客服务供给分析应确定提供给顾客的信息类型、负责提供各类信息的部门与人员、顾客与这些部门及人员的沟通方法、对顾客询问的平均反应时间以及如何确保负责处理顾客询问的人员能获取充分的信息来答复顾客。

三、顾客服务战略的制定

顾客服务需求分析明确了企业在顾客服务和市场营销战略方面的问题，结合顾客服务供给分析，可以帮助管理层针对各个服务要素和细分市场制定顾客服务战略。

在制定顾客服务战略时，需要针对竞争对手做详细的对比分析。当顾客对本企业和主要竞争对手的服务绩效评价相比较时，竞争性的标杆显得更为重要。对于物流顾客服务来说，主要的竞争手段是完美订货。本节我们将从战略的角度，根据化工行业某细分市场的数据来说明进行竞争性对比分析的方法，完美订货的具体实施我们将在第四节中提到，本节只分析两家企业的情况，其产品为日用消费品，顾客特指零售商及其他中间商。该方法可以扩展到对多个细分市场或多家企业的分析。

（1）制作表格，给出顾客对每个变量的重要性评估值以及公司主要竞争对手的绩效评估值，如表 2－2 所示。为了简化本例的数据，我们将物流顾客服务的要素根据平均重要性等级（由顾客评价）分类，然后选择 10 个最重要的要素，从而保证分析和讨论是基于一系列能够代表顾客评价的重要性的要素。

表 2－2 部分物流顾客服务要素的重要性和公司主要竞争对手绩效评估值

序号	要 素	重要性	绩效评估		
			公司 A	公司 B	相对绩效
1	履行订单的准确率	6.42	5.54	5.65	－0.11
2	快速处理紧急订单的能力	6.25	4.98	5.23	－0.25
3	处理顾客抱怨的能力	6.07	4.82	5.18	－0.36
4	对顾客定制的产品按期供货的能力	5.92	4.53	4.73	－0.20
5	供货完备率	5.69	5.29	5.27	0.02
6	对单证错误的迅速纠正	5.34	4.64	4.90	－0.26
7	一揽子订货的可供率	4.55	5.03	4.15	0.88
8	交付的频率	4.29	5.07	5.03	0.04
9	订单处理人员分布在当地市场	3.58	5.33	5.21	0.12
10	订单处理计算机化	2.30	4.07	3.53	0.54

(2) 绘制竞争地位矩阵，矩阵包含重要性和相对绩效两个维度。相对绩效是通过计算发起公司的评估值减去主要竞争对手的评估值之间的差额来确定的。图 2－6 显示了基于表 2－2 数据的一个竞争地位矩阵。

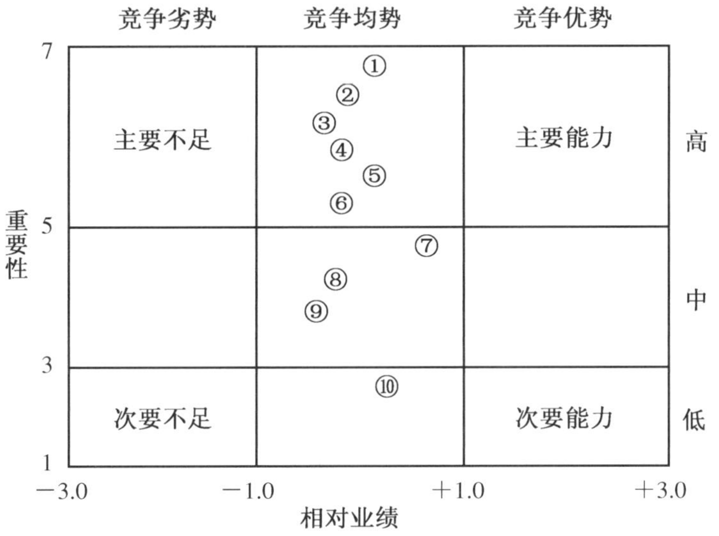

图 2－6 竞争地位矩阵

最重要的单元格为本公司主要能力(竞争优势)，在与顾客沟通时要强调本单元格的服务要素。重要的弱项代表本公司的主要不足(竞争劣势)，对其中的服务要素应加以改善，或使顾客确信这些要素是不重要的。次要能力表示本企业做得很好、但并不为顾客所重视的服务要素。企业要引导顾客相信这些要素很重要，或者减少在这方面的开支。

从竞争地位矩阵看出，公司 A 和公司 B 在绩效评估方面很相似，以七分制计算，最大和最小的差异分别为 0.88 和 0.02。有三个属性的评价值在统计上是有差异的。在顾客看来，主要的竞争对手的绩效实质上是完全相同的。此外，找不到基于地理、顾客类型或销售的绩效评估方面的任何在管理上的有用差异。

竞争均势一栏的最上部单元格表明，只要与实现改善相关的增量成本不大于通过实现改善所得的增量收入，那么就应该改善属性①、②、③、④、⑤和⑥的绩效。例如，在配送中心实施服务质量计划可能会提高订单履行的准确率，而这种绩效的获取可能是以相对低的成本或对公司来说没有产生净成本来实现的。另外，供应商为提高预测和执行定制产品的发货日期的准确性可能会需要新的预测软件包或生产计划模型，提高订单的完整率可能需要新的计算机或库存的明显增加。总之，有两个变量可以被操纵：首先，通过更好的执行，或者在如果可以利用公司内部的绩效数据说明顾客的感觉是不正确的情况下，通过改变顾客对公司绩效的感觉，可以提高顾客对公司的偏好。其次，通过向顾客证实为什么某个属性应该比顾客感觉的要更加重要或次要，可以改变属性的重要性。

(3) 绘制业绩评价矩阵，包括重要性和公司的绩效评估值两个维度，如图 2－7 所示。业绩评价矩阵表明，在顾客评价的重要性最高的六个变量中，公司 A 在四个方面没有满足顾客的期望。事实上，没有一个供应商在顾客评价的重要性高的所有变量方面都符合顾客的期望。但是，重要性或绩效评估值的较高标准偏差对确定是否存在细分市场很重要。如果细分市场确实存在，分析必须按照细分市场来进行。

图 2－7 所示意味着，如果市场营销资源能够以高效的方式进行分配，所有的数字应该落在对角线上。我们需要将顾客认为是高度重要的变量的评价值提高到重要性 5 或 5 以上，将顾客认为是中等重要的评价值保持在重要性 3 至 5 之间，等等。

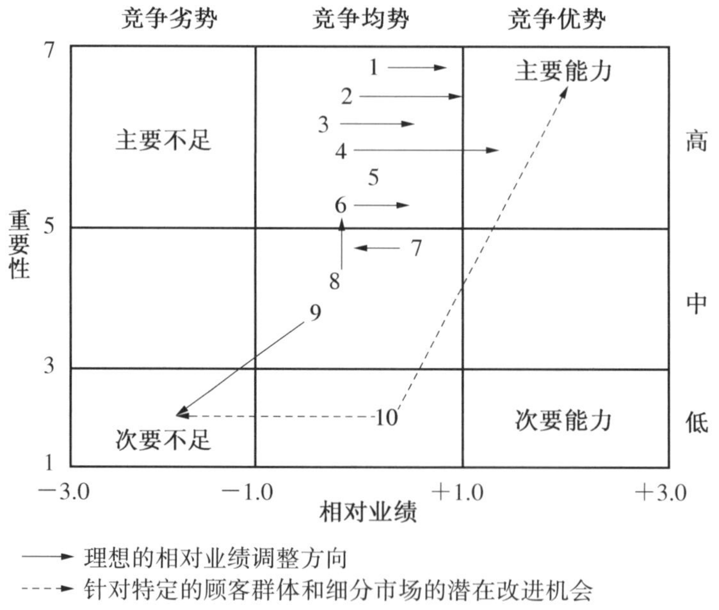

图 2－7 业绩评价矩阵

(4) 两个矩阵必须结合使用，因为孤立地使用竞争地位矩阵会导致产生有关改进领域不正确的结论。例如，竞争地位矩阵表明管理者应该增加在属性①、②、③、④、⑤和⑥上的支出，尽力使它们成为重要的强项。实际上，所有这六个属性表面上看来提供了同样的机会。然而，绩效评估矩阵表明属性②、③、④和⑥提供了建立竞争优势的最大的机会。因此，需要对绩效评估矩阵进行研究，找出能够提供最大改进机会的领域。在某些情况下，整个行业可能在某个属性上表现得都比较差，提高公司的绩效可能成为获取竞争优势的一个巨大的机会。例如，顾客觉得履行订单的准确率（属性①）是顾客服务的最重要的属性之一（以七分制计算，得分 6.4）。然而，公司与其主要的竞争对手对这一属性的评估值几乎在同一绩效水平上（分别为 5.5 和 5.7），而且存在着改进的绝对机会。同时考虑图 2－6 和 2－7，我们可以发现属性⑤并不与属性①、②、③、④和⑥体现出同样的改进潜力，这是因为公司 A 在属性⑤上的表现已接近顾客的期望（5.69）了。虽然图 2－6 表示公司能够减少在属性⑦、⑧、⑨和⑩上的支出，但图 2－7 表明对于属性⑧、⑨和⑩，企业应该谨慎行动，因为在这些属性上的开支的削减可能会导致相对的竞争弱势。例如，“订单处理计算机化”的总体重要性得分比较低。然而，这一属性对于少量的大顾客来说可能是至关重要的。对于大多数顾客来说，在卖方地安排员工接电话并利用具有在线能力的计算机将订单输入系统就足够了。然而，一些顾客可能会发觉用互联网来下订单具有很强的吸引力。在不显著影响购买决策的条件下，为了确定是否可以减少费用，还需要进行更多深入的研究。

（5）在通过改变什么方面的支出来实现竞争优势这一问题上，图 2－8 所示提供了较深刻的见解，因为它根据属性对顾客的重要性和公司相对于其主要竞争对手的绩效，列举了获得竞争优势的战略机会。图 2－8 表明，属性①、②、③、④或⑥能够变成相对竞争强项，属性②、③和④有潜力变成重要强项。为了使属性①、⑤和⑥变成重要的强项，首先必须使顾客相信这些属性对他们来说是重要的，否则，相对绩效大于 1.0 将要求公司 A 的绩效超过顾客的期望。公司应该减少对所有顾客对属性⑦的强调，除非存在某一个盈利的顾客细分市场认为这一属性的重要性很高。应该向顾客表明为什么“交付的频率”（属性⑧）的重要性比他们目前认为的要高。一般来说，当把多次分离运输合并成大型的、少频率的计划交付时，顾客会更喜欢这种服务，因为这种服务的一致性高，从而提高他们的计划能力。另外，还要说

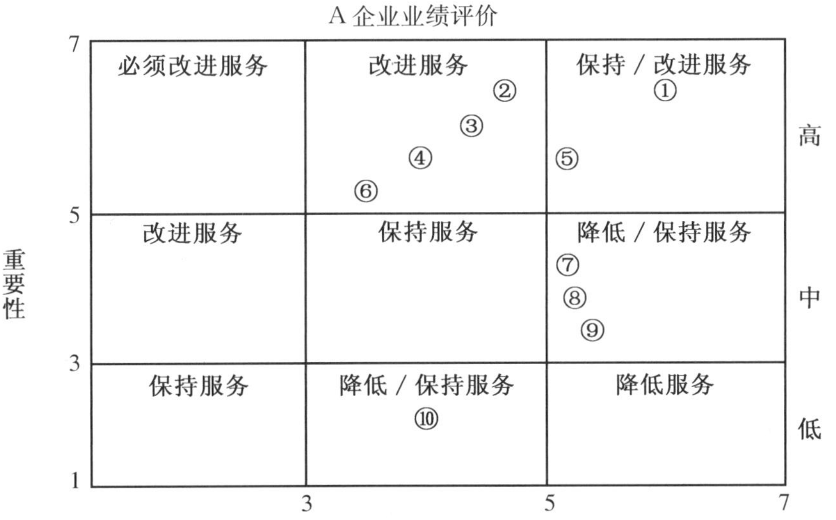

图 2－8　获取竞争优势的战略机会

服顾客没有必要在地方市场安排“订单处理人员”(属性⑨),应该减少地方市场的订单输入支出。集中订单处理人员的高水平的绩效将改变顾客需要地方市场订单处理人员的观念。细分市场分析揭示,属性⑩应该为盈利顾客移动到重要的强项类,而针对将订单处理计算机化能力的重要性评估较低的小型企业应该减少支出。

绩效评估矩阵和竞争地位矩阵可以结合使用,引导公司建立获取竞争优势的物流战略。同时,公司在制订物流战略时,要充分考虑公司的基本战略以及战略改变所需涉及的成本。在顾客服务组合中,加长对某些顾客的提前期是可能的,可利用额外的计划时间为这些顾客提供更高水平的供货可靠性和更加稳定一致的交付。这可以在不增加成本的条件下改进服务,从而提高盈利水平。如果服务水平的提高促进销售额的增加,那么利润会进一步增加。

如果公司的产品、服务或面对的顾客存在细分市场,那么必须对细分市场逐一制定物流顾客服务战略。表 2-3 给出了一个针对不同产品和顾客的物流顾客服务战略的模板。各个企业应该结合自身的实际情况制定相应的物流顾客服务战略。

表 2-3　物流顾客服务战略模板

顾客产品类别	订单满足率	反应时间/小时	退货政策	增值服务	最小订单量	合并送货
A-a	99%	24	100%	定制	无	定制
A-b	95%	24	100%	定制	无	定制
A-c	85%	48	100%	定制	无	定制
B-a	97%	24	50%	有限	1 000+	部分
B-b	90%	48	50%	有限	500+	部分
B-c	80%	72	0%	无	100+	部分
C-a	90%	48	50%	无	5 000+	部分
C-b	75%	72	0%	无	1 000+	部分
C-c	50%	96	0%	无	500+	部分

注:表格中 A、B、C 代表三类顾客;a、b、c 代表三类产品。

四、顾客服务的收益分析

运输、仓储、订单处理和信息系统、生产设备、采购以及库存管理等物流活动的费用总和可以被看成企业用于物流顾客服务的支出。收益分析是顾客对一定水准的服务做出行为上的反应、从而影响销售额以及盈利水平的决策过程。收益分析工具包括因子分析法、回归分析、动态聚类分析和其他多元统计分析技术。

对物流顾客服务收益分析的方法会随供应链类型的不同而有所不同。通常,对于有效性供应链(见第 1 章相关内容),会采取利润最大化的方法,如图 2-9 所示。而对于反应性供应链而言,它追求的是满足顾客的需求以及提高顾客满意度,所以在进行收益分析时,先确定满足顾客需求的服务水平,然后计算提高服务水平相关的成本与弥补额外成本所须增加的销售额。如果销售额的增加所产生的毛利不能弥补提高服务水平所产生的成本,则可能会根据企业的战略对该物流顾客服务水平做出适当的调整,反应性供应链收益分析如图 2－10 所示。然而，无论哪种供应链，有一点是相同的，即随着顾客服务水平的提高，相关的物流成本的总额将递增，而回报是递减的。

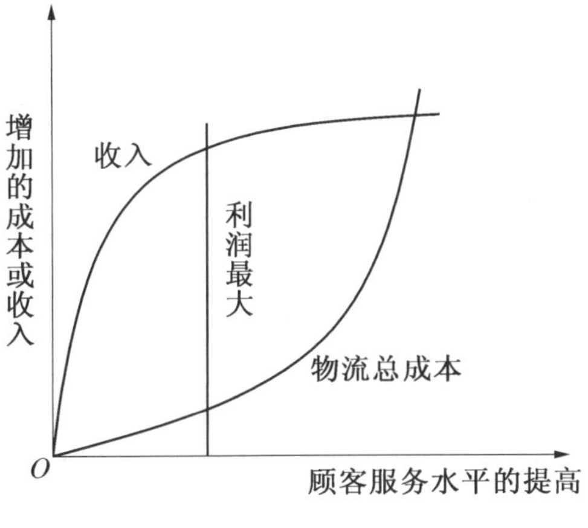

图 2－9　有效性供应链收益分析

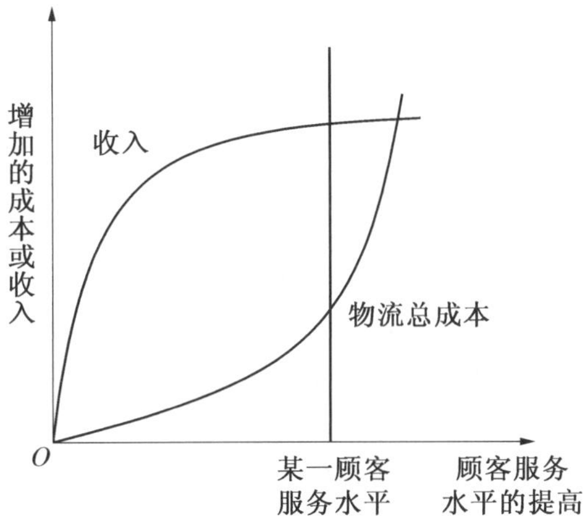

图 2－10　反应性供应链收益分析

例如，对于某个基于反应性供应链的公司来说，该公司目前提供 95％的顾客服务水平，如果销售管理者坚持认为，为了实现公司的市场渗透目标，顾客服务水平应该提高到 98％，那么，可以为新的服务目标计算最有效率的物流方法的成本，并与目前的成本进行比较。

假设 98％的顾客服务目标的最有效率的物流系统的成本比现有系统的成本高 200 万元。如果每增加 1 元的销售额对利润产生 25％的贡献，也就是说，为了实现 1 元的收入，公司要产生 0.75 元的实际支付的物流成本。那么，公司需要额外增加多少销售量才能弥补物流成本的增加？我们可以通过把增加的 200 万元的成本除以 0.25 元的边际贡献计算出公司在提高服务方面的收支平衡点。计算的结果是，公司需要每年增加 800 万元的销售额。

管理者在估算服务水平的变化对销售额的影响时，确定中间商如何对服务失败做出反应也是很重要的。因为很多制造商是通过如批发商和零售商等中间商接触消费者的，供应商的服务绩效记录会影响中间商寻找长期解决方案的决策，例如，削减专用于该产品的货架空间、拒绝参与制造商的促销活动，或者从目录上撤去该产品等。

管理者还可以运用收益管理进行敏感性分析得到最佳系统设计。这里的敏感性分析包括：改变服务内容的各因素水平，得到一系列不同服务水平组合下的系统成本，并估计该服务水平对销售和价格产生的影响。当改进服务所带来的销售额增长超过物流成本时，该方案就值得考虑。

第四节　顾客服务的实施

顾客服务能为整个供应链带来增值利益，企业需要一种基本服务能力，以平衡可得性、完成性和可靠性，从而处于优势地位。物流顾客服务分为基本服务、完美订货、增值服务、应急服务。基本服务是指向所有顾客提供支持的最低服务水平，一旦接受了顾客的订货，企业就有义务按照基本服务的承诺为顾客提供各种服务，对每位顾客一视同仁。完美订货的服务战略是指采取一切可行的办法满足关键顾客的需求，这需要投入大量的人力资源和财务资源。增值服务是指通过提供额外的和独特的服务来帮助顾客达到目的。应急服务是对突发事件所采取的应急措施，这项服务充分体现物流系统的柔性。

一、基本服务

一个物流系统究竟提供多少基本服务取决于企业的总体营销战略及对应营销组合中特定要素的相对重要性。如果企业在其物流能力上寻求差异化战略，那么，高水准的基本服务是必不可少的；如果其主要的竞争特征是价格优势，那么，出于对成本控制的要求，企业不可能愿意去完成高水准的物流绩效。但是，顾客的期望在不断增长，要确定究竟提供多少能力作为基本的顾客服务的组成部分，就需要仔细进行成本-效益分析。基本服务的确定和能力的提高有助于企业进行供需匹配分析。下面我们对基本服务的各项指标进行解释。

(一) 可得性

可得性是指企业在顾客需要存货时所拥有库存的能力。可得性可以通过多种方式实现。最普通的做法是按照预期的顾客订货进行存货准备。于是，仓库的数目、地点和储存等便成了物流系统设计的基本问题。存货储备计划通常是建立在需求预测的基础上的，而对特定产品的储备战略还要结合其是否畅销、该产品对整个产品线的重要性、收益率以及产品本身的价值等因素来考虑。

可得性的一个重要方面是企业的安全储备策略。安全储备的存在是为了调整预测误差，并在安全储备的补给期间对递送延迟进行缓冲。一般来说，防止缺货的期望越大，安全储备的需求也越大；安全储备的负荷越大，平均存货的数量也越大。在市场需求高度变化的情况下，安全储备的构成有可能占到企业平均存货的一半以上。

要高水准地实现存货可得性需要进行大量的工作，而不仅仅是在销售量预测的基础上给各个仓库分配库存，其关键是要对核心顾客实现高水准的存货可得性，同时使整个存货储备和仓库设施的保有水平维持在最低限度。显然，如此严格的物流表现需要所有的物流资源都实现一体化，并明确对特定顾客所承诺的可得性目标。可得性可以用以下三个物流绩效指标进行衡量：缺货频率、供应比率和订货完成率。这三个衡量指标可以确定一个企业满足特定顾客对存货需求的能力。

1. 缺货频率

缺货频率是指缺货情况发生的频率，该衡量指标用于表示一种产品是否可以按照需要交付给顾客。当需求超过产品可得性时就会缺货。缺货频率就是用于衡量一种特定的产品需求超过其可得性的次数。将全部产品所有发生缺货的次数汇总起来，就可以反映一个企业实现其基本服务承诺的状况。

2. 供应比率

供应比率用于衡量缺货的程度或影响的大小。因为一种产品缺货并不必然意味着其顾客的需求将得不到满足，在判断缺货是否影响到服务绩效以前，首先要弄清楚顾客的真实需求。因此，对企业来说，十分重要的是要确认该产品是否确实未能获得及其顾客究竟想要多少产品。要有效地衡量供应比率，一般在评估过程中还要包括在一段特定的时间内对各个顾客订货的完成情况进行衡量。因此，供应比率可以用于计算某个特定的顾客或任何顾客的组合，或所需业务部门的组合。

供应比率还可用来区别按特定产品提供的服务水准。如果所有产品都是至关重要的，那么 94%的供应比率有可能使顾客感到满意。顾客也许会接受延迟交货，甚至愿意对短缺的产品重新订货。显然，企业应该对至关重要的产品加以识别，并在顾客需求的基础上提高供应比例。因此，企业可以开发供应比率战略来满足顾客期望。

3. 订货完成率

订货完成率是衡量企业拥有一个顾客所预订的全部存货的指标。这是一种最严格的衡量，因为它把存货的充分可得性看作是一种可接受的完成指标。假定其他各方面的完成为零缺陷，则订货完成率就为顾客享受完美订货的服务提供了潜在时间。

将上述三种衡量可得性的方法结合在一起，就可以识别一个企业的存货战略满足顾客期望的程度。此外，它们还可以成为评估适当的可得性水平的基础，并被结合进企业的服务平台中去。

(二) 完成性

对于作业的衡量，可以通过速度、一致性和灵活性来具体说明所期望的完成周期。显然，作业完成涉及物流活动对期望的完成时间和可接受的变化所承担的义务。

1. 速度

完成周期的速度是指从一开始订货时起至货物装运实际抵达时止的这段时间。供应商对存货可得性和作业速度这两方面的最高承诺是顾客存货委托。在委托安排中，产品是按照顾客预期的业务需要进行储存的。虽然从顾客的角度来看，委托存货是一种理想方式，但对供应商来说却是一种花费高昂的经营方式。因此，供应商的存货委托安排一般仅限于一些至关重要的产品，诸如机器零件和急救医疗品等。与为顾客维持安全储备相比，存货委托的不同之处是，一个供应商是否愿意接受顾客的存货委托往往出于它与顾客在该业务关系中的力量对比。

比供应商的递送委托更具代表性的业务安排，是建立在顾客各种期望基础上的完成周期速度。在紧急情况下，供应商会通过当地仓库进行特别递送，或者通过通宵运行的、高度可靠的运输企业在几小时内完成所要求的递送服务。

如何确定完成周期的时间往往与存货需求有着直接关系。一般来说，计划的完成速度越快，顾客存货投资水平就越低。完成周期时间与顾客存货投资之间的这种关系居于以时间为基础的物流安排之首。

2. 一致性

虽然服务速度至关重要，但大多数物流企业更强调一致性。一致性是指企业在众多的完成周期中按时递送的能力。一般来说，可得性与一旦需要就可以进行产品装运的存货能力有关，完成周期的速度与持续的递送特定订货所必需的作业能力有关。而一致性则是指必须随时按照递送承诺加以履行的处理能力。由此看来，一致性的问题是物流作业最基本的问题。

3. 灵活性

作业灵活性是指处理异常的顾客服务需求的能力。需要企业灵活作业的典型事件包括：修改基本服务安排，如一次性改变装运交付的地点；支持独特的销售和营销方案；新产品引入；产品逐步停产；定制特殊市场或顾客服务层次；在物流系统中履行产品的修改或定制，如定价、组合或包装等。在许多情况下，物流优势的精华就存在于灵活性之中。一般来说，企业的整体物流能力取决于在适当满足核心顾客的需求时所拥有的“随机应变”的能力。

（三）可靠性

除了服务标准外，质量上的一致性还涉及能否并且是否乐意迅速提供有关物流作业和顾客订货情况的精确信息。研究表明，企业有无提供精确信息的能力是衡量其顾客服务能力最重要的一个方面。顾客通常讨厌意外调整，如果他们能够事前收到信息，就能够对缺货或延迟递送等意外情况作出调整。因此，越来越多的顾客表示，有关订货内容和时间的事前信息比完美订货的履行更重要。

二、完美订货

物流质量的最高境界就是正确地做每件事。如果顾客期望供应商能以及时的和无差错的方式提供100%的存货可得性，那么，这种服务就实现了所谓的“完美订货”。完美订货的观念就是指期望向顾客提供服务的能力在可得性和作业绩效方面，每次都应同步地实现既定的服务目标。这意味着存货可得性和作业绩效都得到了完美的实现，并且所有的支持活动，诸如准确无误的开票和恰如其分的产品介绍等，都必须严格地按照对顾客的承诺完美履行。

通常，完美订货可从交付准时、完整、无差错三方面来衡量。交付准时是根据协定的提前期来衡量的；完整是通过订单满足情况来衡量的；无差错包括避免开票方面的差错和在订单履行过程中的质量不合格等问题。在某一段时期内的服务绩效的总水平是由完美订货的各个分散要素的综合作用决定的，用公式表示就是：

完美订单实现水平＝准时性(%)×完整性(%)×无差错(%)

假设在过去的12个月中，满足某个顾客要求的实际绩效水平如下所示：

90%的准时交付率；

80%的完整订单比率；

70%的无差错和无损坏比率。

在该案例中，用完美订单实现来衡量的实际服务绩效水平应该是90%×80%×70%，约是50%。

完美订货的方案通常要涉及各种超出基本服务的活动，履行完美订货的承诺通常是建立在各种协议的基础上的，旨在发展供应商和核心顾客之间密切的业务关系。

3M公司属下的工业磁带企业为感谢其订货数量大的顾客或核心顾客的忠诚，把它们确定为“白金俱乐部”会员。这意味着3M公司向他们承诺，在预定提供服务时间内对它们订购的每一种产品都给予精确的数量保证。为了兑现这种完美订货的承诺，3M公司实行了各种意外事故保障措施，以便在主要供货地点缺货时能够获得所需的存货来完成“白金”顾客的订货任务。这些保障措施的范围包括从次要的储备地点将存货转移出来以及在世界范围内搜寻3M公司其他仓库设施中的储备商品，一旦上述应急措施就绪，立即利用溢价运输服务来安排直接递送。在特殊情况下，3M公司会“借用”早已出售给其他顾客的存货来满足“白金”顾客的订货需要，其目的是要做到绝不延交任何一个产品的订货，以此来充分表明3M公司说话算数，使完美服务对白金俱乐部会员来说成为一种现实。显而易见，这种完美订货的战略目标就是要建立顾客对3M公司的忠诚度，并将竞争对手拒之门外。

在很多情况下，完美订货的概念是物流质量的外延，但代价更为昂贵。因此，很少有企业会向所有的顾客承诺把零缺陷绩效作为其基本的服务战略。

在承诺背后驱使企业实现零缺陷作业绩效的力量是基于这样一种理解，即接受服务的顾客都会对优先向其提供有关产品的供应商做出反应。履行完美订货需要在管理上和作业上做出努力、耗费巨资，并且需要充分的信息支持。这种卓越的服务表现必须给予那些能够正确评价并愿意提高购买忠诚、能对企业的额外表现做出反应的顾客。顾客期望企业做出的约定每一次都能如实兑现。对顾客来说，只有当企业的承诺是真实可信的以及能被一致地实现时，这种物流绩效才能被认为是高效率的。

完美订货作为提高企业竞争力的手段，在制定顾客服务战略、进行竞争性对比分析时起到了举足轻重的作用。

三、增值服务

增值服务是指对具体的顾客提供独特的服务，是超出企业基本服务的各种延伸服务。当一个企业承诺要为其主要顾客开发独特的增值服务方案时，它便迅速地投入到为顾客定制或特制的物流活动中去。事实上，它所做的事情是要帮助特定的顾客实现它们的期望。例如，苹果公司能够生产符合顾客个性的页面调度程序，丰田公司能够按顾客要求的规格制造汽车并在一周内交付。

在增值服务过程中，企业可以提供产品包装、建立顾客标志、创建特定的批量封装、提供有助于购买的信息、在产品上标价、建立销售点展示等，以刺激业务量的增长。在一个纯粹的物流过程中，增值服务需要进行存货交付或安排在端点间的往返作业，或其他任何能对主要顾客产生持续价值的服务。绝大多数增值服务一般都可以从良好的渠道关系中观察到。在日常的物流活动中，买卖双方都会同意由专业服务机构来承担大量的增值服务项目，诸如承运人、仓储方以及在这类作业中有专长的公司。因为它们具有灵活性，能够把精力集中在所提供的服务上，同时使有关的营销公司可以把精力主要集中在关键的业务需求上。这种由外源机构负责承担的增值服务，正不断地得到强化，日趋成为物流服务行业发展背后的一种主要的动力。

使顾客满意的观念已促使企业的承诺超越了其基本服务的范围，并被结合进增值服务的方案中去。在适当的条件下，这种观念还包括完美订货的承诺。企业除了提供基本的服务外，还应该通过具体的努力提供增值服务，以突出取悦于核心顾客的重要性。超出顾客期望或取悦于顾客的想法是具有内在吸引力的。然而，这种额外的服务必须集中在战略上具有高额盈利潜力的顾客身上，且相关成本又被证明是合理的。

四、应急服务

一般而言，物流管理人员的规划和控制工作是为了保证物流系统在正常情况下的高效运作。同时，他们还要时刻准备处理可能导致系统瘫痪或引起系统运营在短时间内急剧变化的意外情况，如罢工、火灾、洪水或危险品事故等。两种较常见的意外事件是系统故障和产品召回。

（一）系统故障

没有哪一个物流系统可以永远毫无故障地运行。有些服务故障是不可避免的，物流管理人员可以不必对它们特别重视,也不需要专门制订应变计划,因为这些都是正常业务活动的组成部分。物流管理人员所要做的就是加快对积压订单的处理、应付季节性订货高峰或预备留用设备以防故障发生等。

应急计划则有所不同,它是正常计划程序以外的,是专门为应对意外事件而制订的计划。通常,意外事件具有以下特征:

(1) 发生的概率小于常规计划程序所包含的事件发生的概率;

(2) 这类事件若实际发生会导致严重损失,尤其是在没有得到尽快处理的情况下;

(3) 企业可以事先计划,以便事件发生时能够尽快得到处理。

其实,制订应急计划并没有什么特定的方法,它不过是对物流系统的关键要素提出“如果-怎样”的问题,假定事件在物流系统的重要部分发生,提出适当的行动方案。管理者一般希望保证顾客服务的目标水平,因此就更有必要制订这种计划。例如,某著名的办公复印设备制造商位于华东地区的仓库在某个星期五下午突然失火。该仓库存有办公复印机替换部件和一般办公用品,供应华东地区。由于业务的竞争性,大火可能带来的不幸后果是销售损失,企业的一部分分拨系统也因此瘫痪。幸运的是,企业的分拨管理人员已经预见到这种可能性,并制订了针对此类事件的应急方案。到第二周的周一,该公司就已空运了足量的存货到某个准备就绪的公共仓库。顾客服务与以前几乎毫无差别,使顾客对失火事件竟然毫不知晓。

(二) 产品召回

过去,人们认为商品只是从制造商流向顾客,这样的顾客服务反映的是供给客户、而不是服务客户的思想。但是现在,消费者权益保护意识和环保意识的加强引起了人们对售后服务的极大关注。因此,物流管理人员设计的产品流通渠道不仅需要满足顾客购买前的需要,还要满足购买后的服务要求。

产品召回计划涉及企业的方方面面。而那些负责物流活动的部门尤其会受到影响,他们负责管理产品回流可能经过的物流渠道。物流管理人员基本上以三种方式参与产品召回活动:主持产品召回工作组的工作、跟踪产品、设计产品回流渠道。

对未来的召回活动进行计划,或者面对已经发生的召回活动,首要的任务就是建立领导召回工作的工作组。因为该小组的首要职责是使产品返回到制造商处,所以物流经理很可能会成为工作组的组长。工作组也可能负责停止生产、开始召回行动、配合相关的管制机构采取必要措施等工作。

要想召回物流系统中不易定位的产品,运作成本会很高,如果可以避免,就不必召回。而对产品进行跟踪,有两种产品跟踪方法比较受欢迎:一种是根据产品的产地编码进行跟踪,这也是多年来企业一直在运用的;另一种是利用保修卡的信息。为更好地跟踪产品,可以要求所有的顾客都要在销售地填写一张顾客信息卡片。

设计产品回流渠道时,需要考虑产品特征、顾客特征、中间商特征、企业特征以及产品缺陷的性质、市场覆盖面、召回类型、所需的补救措施、现有的分拨系统、企业的财力等因素。尽管从表面上看,利用现有分拨渠道从分销商和顾客那里召回产品似乎是最好的办法,但这种做法可能并不明智。风险之一就是可能导致渠道中流动的好产品与被召回的产品混在一起。在这种情况下,召回产品的企业需要开辟单独的渠道(例如,利用公共仓库和受雇的卡车公司)来专门处理召回事宜。物流管理人员必须了解多种可行的渠道设计方案,而不应仅仅局限于利用现有分拨渠道召回产品。

第五节　服务质量评估与改进

无论是在物流行业还是其他服务行业，质量不再是少数企业所拥有的竞争优势，而变成了企业生存的前提条件，但是相比起制造行业，服务质量管理的难度更大，在发展历史上，服务企业远远落后于制造企业，服务质量管理更为困难的原因如下：

（1）服务的无形性，难以进行物理指标的测度。

（2）服务的伴随性，失去了检查与返工的机会。

（3）服务的多变性，使得质量标准统一成为难点。

（4）服务的多变性与参与性，使得质量成本成为无底洞。

尽管有更大的难度，但必须意识到，对物流企业来说，随着市场竞争的不断深入，服务质量是企业实现差异化，在市场中保有一定的市场份额和投资回报，乃至确立竞争优势的重要手段。

一、服务质量与顾客满意度

顾客的服务满意度是对服务质量的直接反映，顾客满意这一理念，在国外企业的经营管理，特别是质量管理中，占有相当重要的地位。1987 年在美国商务部设立的马尔科姆・鲍得里奇国家质量奖(Malcolm Baldrige National Quality Award)的评奖标准中，顾客满意度的指标比重占第一位，达 30%。该项指标又分为 8 个子项：

① 对顾客要求和期望的认识程度；② 顾客关系管理；③ 顾客服务标准；④ 对顾客的承诺；⑤ 对质量改进要求的解决；⑥ 顾客满意度的确认；⑦ 顾客满意效果；⑧ 顾客满意度比较。

在顾客评价公司实绩的某个方面时，公司应该认识到，不同的顾客在定义所谓的满意的送货时有不同的标准：它可能意味着较早的送到，或者准时送到，或者订货全部送到，等等。顾客满意指数解决了这个问题，用以测量消费者对不同公司、行业、经济部门和国家经济认识感觉的满意度。

为了描述服务质量，国外学者建立了一种质量模型，通常被称为“差距模型”(gaps model)，也被称为 PZB 模型。该模型基于顾客依据对五个质量维度的预期与其实际服务感知的差异，将服务质量概念化。如果存在“差异”，即被描述为“差距”。

服务质量差距模型非常有助于我们深入了解在提供优质服务的过程中所面临的挑战，其如图 2－11 所示。

差距 1：不了解顾客的期望——依据该模型，由于顾客预期与管理者对顾客期望的感知之间存在差异，形成了第一个差距。这一差距形成的主要原因是没有确定好市场调研方向，营销调研不充足，调研结果应用不充分，管理者与顾客之间缺乏沟通。此外，服务人员面向管理者的上行沟通不足以及服务人员与管理层之间层级设置过多也是重要原因。

差距 2：服务质量规范错误——管理者对顾客期望的感知与服务提供规范之间的差异形成第二个差距。导致这一差距的原因包括：为全力推进服务质量建设，对可行性认识不足，工作标准化程度较低以及未设定工作目标。

差距 3：服务绩效差距——实际提供的服务与服务规范不符形成第三种差距。通常情况下，如果员工不能或不愿意按照标准提供服务，便会导致这种差距产生。其产生原因多种

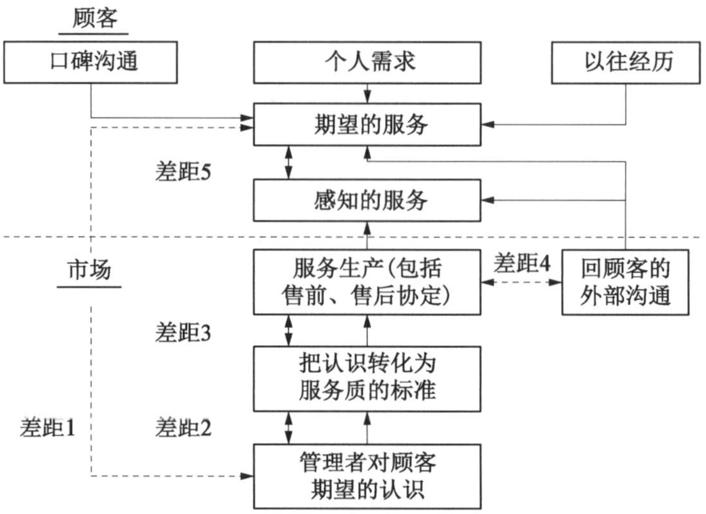

图 2-11 服务质量差距模型

多样,如职责不明、职责冲突、人岗匹配度差、技术与工作的适合度不佳、不当监督体系引发不恰当的评估和酬劳体系、员工缺乏纪律及缺乏团队合作精神。

差距 4:实际提供的服务与承诺不符——企业对外所做的服务承诺与其真正提供的服务之间的差异形成了这个差距。导致这一差距的两大原因是:企业运营、市场、人力资源之间以及跨部门协调不足;在与顾客的交流中,市场部门往往为了获得顾客倾向于过度承诺。

差距 5:服务期望与顾客服务感知之间的差距——这是由以上四种差距共同导致的第五种差距。顾客的该服务感知会受到诸多因素影响,其中包括顾客间的口碑沟通、个人需求、过往经历以及与服务组织的沟通。这一差距至关重要——如果服务感知低于预期水平,顾客会表现出失望和不满,相反如果服务感知超过预期水平,顾客便会感到满意和欣喜,但企业又不能陷入无限追求顾客感知水平的困境,因为如果企业仅仅单方面追求更高的感知水平,却不去管理顾客的期望水平,顾客的期望会持续提升,企业会陷入感知水平提升带来的成本黑洞。

二、顾客服务的评估

顾客服务战略必须转化为员工能够理解的操作细节,建立绩效评估体系。如果目标是在顾客服务的某个方面获得更好的绩效,那么需要确定为了实现目标必须改进哪些方面,并给出评估标准。

(一) SERVQUAL 量表

SERVQUAL 是"Service Quality"(服务质量)的缩写。在差距模型的基础上,国外学者经过反复的调查取样,利用因子分析方法,整理出具有良好信度、效度和重复性低的五个维度及 22 个项目作为服务质量的衡量指标。该模型广泛运用于服务性行业,用以理解目标顾客的服务需求和感知,并为企业提供了一套管理和量度服务质量的方法。在企业内部,用 SERVQUAL 模型来理解员工对服务质量的感知,从而达到改进服务的目的。

SERVQUAL 模型具体内容有两部分构成:第一部分包含 22 个小项目,记录了顾客对特定服务行业中优秀公司的期望。第二部分也包括 22 个项目,它度量消费者对这一行业中特定公司(即被评价的公司)的感受。然后把这两部分中得到的结果进行比较就得到五个维度的每一个“差距分值”。差距越小,服务质量的评价就越高。消费者的感受离期望的距离越大,服务质量的评价越低。相反,差距越大,服务质量的评价就越低。因此,SERVQUAL模型从五个服务质量维度来测量,顾客期望和感受问卷可以采用7分制,7表示完全同意,1表示完全不同意。量表的五个维度和22个项目具体介绍如下:

维度1:有形性

有形性包括实际设施、设备以及服务人员等,表示了该服务组织营造仪式感,增强体验的能力。其组成项目有:① 有现代化的服务设施;② 服务设施具有吸引力;③ 员工有整洁的服装和外套;④ 公司的设施与他们所提供的服务相匹配。

维度2:可靠性

可靠性是指可靠地、准确地履行服务承诺的能力。其组成项目有:⑤ 公司向顾客承诺的事情都能及时完成;⑥ 顾客遇到困难时,能表现出关心并帮助;⑦ 公司是可靠的;⑧ 能准时地提供所承诺的服务;⑨ 正确记录相关的服务。

维度3:响应性

响应性是指帮助顾客并迅速提高服务水平的意愿。其组成项目有:⑩ 告诉顾客提供服务的准时时间;⑪ 提供及时的服务;⑫ 员工总是愿意帮助顾客;⑬ 员工不会因为其他事情而忽略顾客。

维度4:保证性

保证性是指员工所具有的知识、礼节以及表达出自信与可信的能力。其组成项目有:⑭ 员工是值得信赖的;⑮ 在从事交易时,顾客会感到放心;⑯ 员工是礼貌的;⑰ 员工可以从公司得到适当的支持,以提供更好的服务。

维度5:移情性

移情性是指关心并为顾客提供个性服务。其组成项目有:⑱ 公司针对顾客提供个性化的服务;⑲ 员工会给予顾客个别的关心;⑳ 员工了解顾客的需求;㉑ 公司优先考虑顾客的利益;㉒ 公司提供的服务时间符合顾客的需求。

由于SERVQUAL量表是对于服务行业的普遍性问题提出的质量评价量表,因此在将其应用到物流管理企业的评价时,需要以之为基本框架,根据行业或企业的实际情况,对其中的某些项目进行修改或增删。本章附录2给出了一个应用实例,介绍了某咨询机构利用SERVQUAL量表为EMS快递公司设计问卷,调研顾客对其及竞争对手服务质量的评价。

(二) 其他顾客服务评估指标体系

前一节介绍了物流企业借鉴服务业中通用的SERVQUAL量表进行服务质量与绩效的评估,但毕竟物流与供应链有其特殊性,也可以选用一些其他更有行业特点的指标。图2－12给出了一个包含物流顾客服务绩效特点的评价指标。

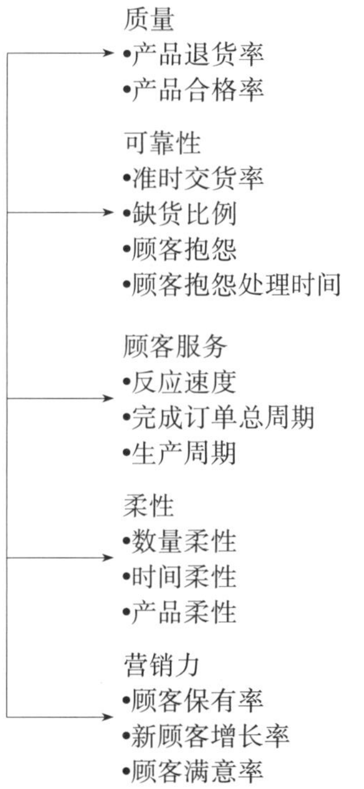

图2－12　顾客服务评价标准

企业必须针对细分市场将重点放在顾客认为是重要的各个要素上,并确定各个评价指标的权重。权重是以某种数量的形式,对比、权衡被评价事物总体中诸因素相对重要程度的量值。在多指标综合评价中,权重具有举足轻重的地位。关于权重确定的方法有很多。根据计算权重时原始数据来源的不同,大致可以分为两类:一类是主观赋权法,其原始数据主要由专家根据经验主观判断得到,如古林法、德尔菲法、层次分析法等;另一类为客观赋权法,其原始数据主要由各个指标在被评价单位中的实际数据形成,如离差量最大法、均方差法、主成分分析法等。与此同时,顾客服务的标准也应该反映顾客的真实需要,而不是管理者主观认为的顾客的需要。要提高诸如库存可得性、交货日期、订单状态、订单跟踪和延期订货等服务要素,需要制造商与其顾客之间建立良好的沟通。

需要注意的是,采用如准时交货率、缺货比例等标准指标对短期物流顾客服务的评估,并不足以进行对长期战略的评估,此时应该采用短期操作性评估与长期战略评估相结合的标准指标。同时,既要考虑硬的可以统计测量的参数,也要考虑软的较难测量的"满意",做到定量与定性方法相结合。

三、顾客服务的改进

在进行了服务质量评估后,紧跟的步骤是服务质量改进,尤其是针对评估中得分较低的指标,应该针对其现象挖掘造成结果的原因。

假设某物流企业的交货时间差错率如图 2-13 所示,我们使用平均差错率 P 和最大容许差错率 UCL 来描述其服务表现。

偏离上下限的观察值应该引起足够的重视,例如,图 2-13 中第 9 天和第 24 天的差错率超过了控制上限,应该及时查找原因。

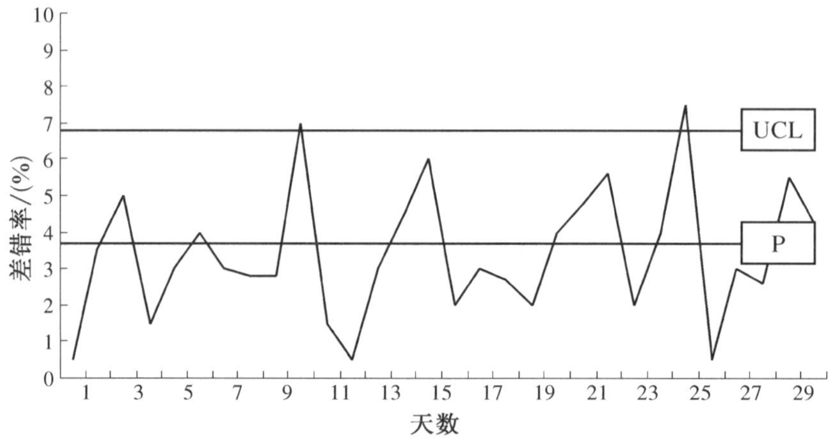

图 2-13 某企业交货时间差错率

注:UCL 是"upper control limit"的缩写;P 是"percentages"或者"proportions"的缩写。

通过研究那些没有满足顾客要求的实例就会发现,导致企业无法准时交付而使交易以失败告终的原因主要有以下几点:产品供不应求、承运商较差的绩效水平、提前期太短等。通过运用鱼刺图的因果分析方法,能够有助于找出服务过程中的关键故障源头。这种简单的方法基于"80-20"的概念,表明在任何过程中 80%的问题产生于 20%的原因。图 2-14 提供了一个简化的鱼刺图的例子。

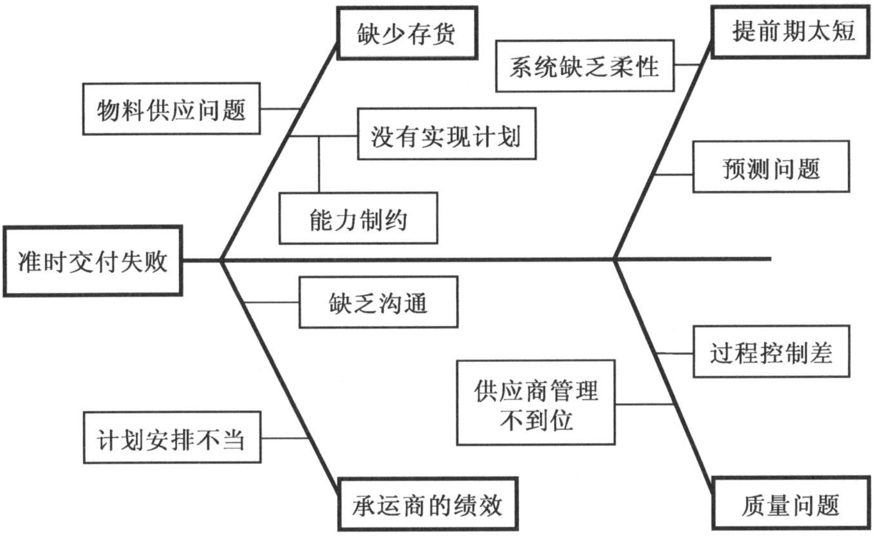

图 2-14　采用鱼刺图进行因果分析的例子

除了使用鱼骨图进行因果分析外，顾客服务质量改进的方法还有以下几种：

(1) 全面质量管理。想要持续地提高顾客服务质量，保持顾客满意，全面质量管理势在必行。

有价值的大顾客期望卖主有高标准的产品和服务。如今，经理们将改进产品和服务的质量视为头等大事。大多数顾客已不再接受或容忍质量平平的产品，如果公司想要在这场竞赛中站住脚并且赚钱，除了接受全面质量管理，别无选择。全面质量管理要求组织中的全体成员参与其中，对全过程进行质量管理；全面质量管理是一个组织对所有生产过程、产品和服务进行一种广泛、有组织的质量管理，以便不断地改进工作。全面质量管理是创造价值和顾客满意的关键。

(2) 建立标杆。标杆竞争已经成为广泛运用的并已经被大多数美国公司接受的一种战略。标杆被用来获取信息，用以评估和促进诸如新产品、顾客竞标、运输质量、生产成本、培训等职能。公司的竞争地位可以通过将各服务要素和它最直接的竞争对手一项一项地进行对比来确定。标杆竞争是获取和维持独特竞争能力并阻止盲目竞争的最佳工具。

(3) 服务保证。服务的无形性特征使得失败的服务不能像缺陷产品那样即时退换，而是必须选择接受新的服务。所以，顾客在接受服务时，通常要付出比接受实物交易更多的成本。因此，他们的目标通常是那些声誉良好的公司，因为这类公司能够在服务失败时做出合乎预期的补偿，增强了他们的信心。服务保证就是为了降低顾客的购买风险而提出的一种服务措施。这种服务措施不仅包括质量承诺，还包括补偿承诺。这就是说，公司保证提供合乎规范的服务，一旦服务失败顾客也无须担心，公司会对顾客进行补偿。这种服务质量承诺和补偿承诺相结合的方式被称作服务保证。这里，有一些案例：麦当劳公司的“您点的套餐只需一分钟，超过一分钟，您可得到半价优惠”；达美乐比萨店的“在一定范围内，顾客会在 30 分钟内收到所定的比萨饼，超过 30 分钟您就可免费享用”；Promous 酒店的“我们提供令顾客 100％满意的服务，不满意将不收取住宿费”等都是比较典型的服务保证制度。

服务保证是企业给予顾客的定心丸，它增强了顾客的购买意愿，增强了他们对公司的正面印象；服务保证促使管理者认真识别、掌握和减少服务运营中的潜在失误点，并实现有效的服务失败与补救管理。值得注意的是，公司在提出承诺时应该量力而行，确保承诺的真实性和可行性。

服务保证对提升员工的责任意识、提高顾客的满意度、改善整体服务质量、提升组织绩效方面具有积极作用。因此，有越来越多的国内外服务企业开始尝试设计和推出服务保证制度，所实施的范围也从快餐、酒店宾馆等少数行业扩展到银行、超市、咨询公司、旅游、航空、物流运输、互联网服务等大部分服务行业。

拓展阅读 带趋势修正与季节性修正的指数平滑法

一、Holt两参数指数平滑模型

Holt两参数指数平滑模型适用于对含有线性趋势的序列进行修匀。它的基本思想是序列有一个比较固定的线性趋势，由于随机因素的影响，趋势序列是一个随机序列$\{r_t\}$。因此对序列以及趋势序列都进行修匀，(Holt，1957)得到其平滑公式为：

$$\begin{cases}\tilde{x}_t=\alpha x_t+(1-\alpha)(\tilde{x}_{t-1}+r_{t-1})\\ r_t=\gamma(\tilde{x}_t-\tilde{x}_{t-1})+(1-\gamma)r_{t-1}\end{cases} \tag{2-5}$$

式中，α，γ分别为序列和趋势序列的平滑系数，满足条件$0<\alpha$，$\gamma<1$。

同样，此式是一个递归过程，需要确定其初值。平滑序列初始值$\tilde{x}_0$一般可以简单指定为$\tilde{x}_0=x_1$。对于趋势序列的初始值r_0，先指定一个区间长度n，然后取这段区间的平均趋势为趋势序列的初始值$r_0=\dfrac{x_{n+1}-x_1}{n}$。

二、Holt-winters指数平滑模型

前两种指数平滑法可以处理大多数序列，但是对于含有季节项的序列没有显示出的效果。Winters在Holt两参数指数平滑法的基础上增加了一个处理季节性的附加参数，称新模型为Holt-winters模型。它能对既有趋势性又有季节性的时间序列进行预测，得到其平滑公式如下：

$$\begin{cases}\tilde{x}_{t+k}=(m_t+kr_t)S_{t+k-l}\\ m_t=\alpha\dfrac{x_t}{S_{t-l}}+(1-\alpha)(m_{t-1}+r_{t-1})\\ r_t=\beta(m_t-m_{t-1})+(1-\beta)r_{t-1}\\ S_t=\gamma\dfrac{x_t}{m_t}+(1-\gamma)S_{t-1}\end{cases} \tag{2-6}$$

式中，l为季节长度，m是稳定成分，r为趋势成分，S为季节指数。α，β，γ分别为稳定成分，趋势成分以及季节成分的平滑系数，满足条件$0<\alpha$，β，$\gamma<1$。

同样，上式是一个递归过程，需要确定各初始值。平滑序列的初始值通过对部分数据分析获得，其步骤如下：

（1）取 h 个周期的数据，计算各个周期内序列的平均值。

$$V_i=\frac{1}{l}\sum_{k=(i-1)l+1}^{il}x_k,\ i=1,\ \cdots,\ h$$

（2）趋势项初始值 $r_0=\dfrac{V_h-V_1}{(h-1)l}$，稳定成分初始值 $m_0=V_1$。

（3）计算各周期内的季节因素 $f_{(i-1)l+j}=\dfrac{x_{(i-1)l+j}}{V_i-\left(\dfrac{l+1}{2}-j\right)r_0}$，$V_i$ 为对应周期内的序列平均值，j 为在对应周期内的时期。

（4）取季节因素在各周期的平均值 $f'_j=\dfrac{1}{h}\sum_{i=1}^{h}f_{(i-1)l+j}$，最后对 f'_j 标准化得到季节指数初始值 $S_j=lf'_j/\sum_{j=1}^{l}f'_j,\ j=1,\ \cdots,\ l$。

案例分析　SERVQUAL 量表在快递服务质量评价中的应用实例

中国邮政速递物流股份有限公司（简称中邮速递或 EMS）是经国务院批准，由中国邮政集团公司作为主要发起人，于 2010 年 6 月发起设立的股份制公司，是中国经营历史最悠久、规模最大、网络覆盖范围最广、业务品种最丰富的快递物流综合服务提供商。

为了能够持续提升快递业务的服务质量，更好地面对国内各民营股份制快递公司和国外快递公司的激烈市场竞争，中邮速递委托某咨询机构进行基于顾客感知的服务质量分析。

一、指标设计

根据 SERVQUAL 的 5 大维度和 22 个项目，咨询机构构建了基于 SERVQUAL 的中邮速递客户满意评价的 25 个指标，如表 2－4 所示。

表 2－4　基于 SERVQUAL 的中邮速递客户满意评价指标

有形性	1. 服务良好的快递企业应有明确的品牌标志
	2. 服务良好的快递员工应着装整洁
	3. 服务良好的快递员工应着企业统一制服
	4. 服务良好的快递企业应有规范的上门服务业务流程
	5. 服务良好的快递企业应有良好的服务设施设备
	6. 服务良好的快递企业应能向顾客提供便捷的预约方式
	7. 服务良好的快递企业应提供合理的服务价格

续 表

移情性	8. 服务良好的快递企业员工愿意响应顾客投递时间或地点的微调
	9. 服务良好的快递企业提供的服务时间能够符合所有顾客的需求
	10. 服务良好的快递企业应能为顾客提供个性化服务
	11. 服务良好的快递企业应能理解顾客,及时、准确地完成与顾客的互动
响应性	12. 服务良好的快递企业应有覆盖较广的业务网络,可寄递的目的地基本无限制
	13. 服务良好的快递企业应主动、准确地向顾客提供有关信息
可靠性	14. 服务良好的快递企业应迅速、及时地完成上门揽件服务
	15. 服务良好的快递企业应在承诺时间内及时完成快递服务
	16. 服务良好的快递企业应及时、准确地将物品送达指定地点
	17. 服务良好的快递企业应保证顾客物品的安全
	18. 服务良好的快递企业应具有可靠的信誉
	19. 服务良好的快递企业应能随时查询物品的当前物流信息
	20. 服务良好的快递企业的员工应具有熟练的专业技能,易于沟通
	21. 服务良好的快递企业应提供始终一致的、稳定的服务
保证性	22. 服务良好的快递企业应能及时地处理顾客投诉
	23. 服务良好的快递企业应有良好的声誉
	24. 服务良好的快递企业的员工应讲究信用、让人信任
	25. 服务良好的快递企业的员工应能乐于帮助顾客、态度礼貌热情

二、量表尺度(5度)

量表基本采纳SERVQUAL模型中所使用的方法,将25个评价指标分别分成期望与感知两个方面进行调研:

顾客对指标的预期重要程度设置为5度,即很不重要(1分)、较不重要(2分)、一般重要(3分)、比较重要(4分)、很重要(5分)。

在测量顾客对具体快递企业服务质量实际表现的评价方面,也采用了类似的方式:很差(1分)、较差(2分)、一般(3分)、较好(4分)、很好(5分)。

三、SERVQUAL量表改进

考虑到问卷中指标的不完备性,以及顾客满意的最终目标——顾客忠诚,增加了部分反映顾客忠诚的评价指标作为补充。这是对SERVQUAL模型的一个补充和完善,如表2-5所示。

表2-5 中邮速递客户忠诚度的评价指标

1. 总体来说,您对该快递企业的服务非常满意
2. 如无意外,您仍会使用该快递企业的服务

续　表

3. 如果涨价 10%，您会仍使用该快递企业
4. 您愿意向亲朋或合作伙伴推荐该快递企业
5. 基本没有其他快递企业能提供您做需要的路线服务
6. 出于速度、安全等考虑，只能使用该快递

指标“如无意外，您仍会使用该快递企业的服务”用以反映顾客的重购意愿，即顾客的行为意向，也就是服务质量及顾客满意度对顾客再次接受企业服务倾向性的影响程度。指标“您愿意向亲朋或合作伙伴推荐该快递企业”反映顾客的服务推荐意向。指标“基本没有其他快递企业能提供您做需要的路线服务”“出于速度、安全等考虑，只能使用该快递”是顾客满意度和忠诚度的逆向测试指标。

四、数据结果分析

在广泛发放问卷，并且进行了信度与效度分析后，该咨询机构通过对顾客对所使用的快递企业在 25 个指标上的期望和实际表现的打分进行分析，国内各快递企业的顾客满意度在各指标上的反映如图 2 - 15 所示，其中各指标满意度＝期望值－该企业的实际表现值。

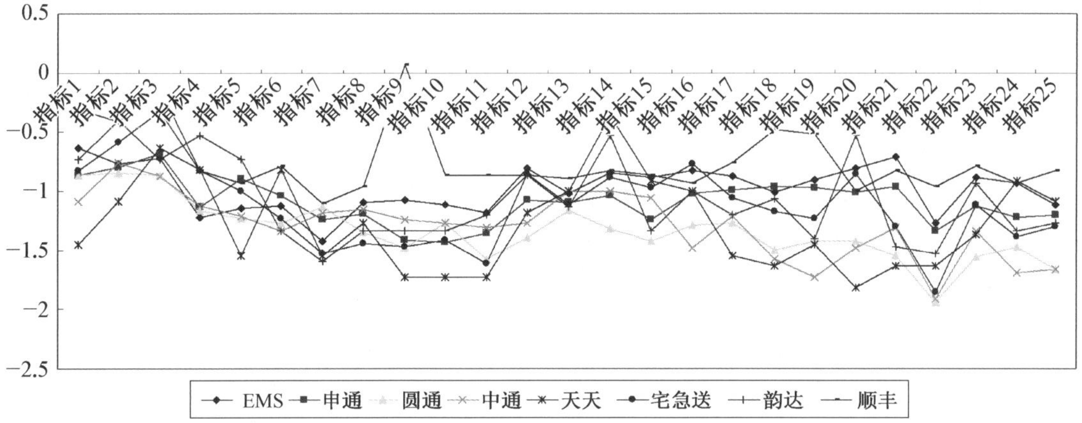

图 2 - 15　国内各快递企业的顾客满意度在各指标上的反映

调研同时也能得到在顾客心目中，每个指标下 EMS 在与其竞争对手的比较中，具体排名情况如图 2 - 16 所示。

以上数据说明，对于 EMS 而言：在有明确的品牌标志，迅速及时地完成上门揽件服务，在承诺时间内及时完成快递服务，及时准确地将物品送达指定地点，保证顾客物品的安全，具有可靠的信誉，提供始终一致的、稳定的服务，员工愿意响应顾客投递时间或地点的微调，服务时间能够符合所有顾客的需求，为顾客提供个性化服务，能理解顾客，及时、准确地完成与顾客的互动、有覆盖较广的业务网络，可寄递的目的地基本无限制，主动准确地向顾客提供有关信息，能及时地处理顾客投诉，有良好的声誉，员工讲究信用让人信任，员工应能乐于帮助顾客、态度礼貌热情等方面在同类企业中尚胜一筹。

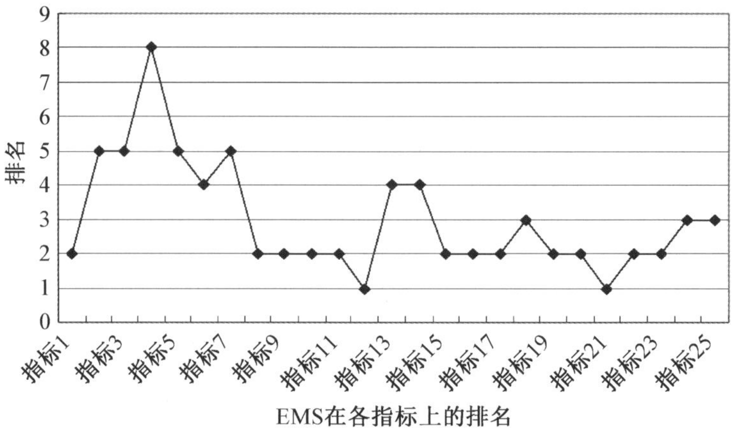

图 2-16 EMS 在各指标上的排名情况

在“有规范的上门服务业务流程”“快递员工应着装整洁”“快递员工应着企业统一制服”“良好的服务设施设备”“提供合理的服务价格”等方面尚需努力。

复习思考题

1. 简述顾客服务与顾客满意的概念。

2. 提供“适当”的顾客服务，应考虑哪些因素？

3. 请思考并讨论物流行业中的服务特性。你觉得哪些环节最容易造成供需不匹配的现象，造成这些现象的原因是什么？你觉得有哪些措施或策略可以采用来缓解供需不匹配？

4. 某卡车运输公司必须决定每周所需的卡车和司机的数量。通常的做法是司机在星期一出发去取货/送货，在周末的时候回到出发点。为了制订计划，必须提前一周知道货运量的有关数字。表 2-6 给出的是某卡车运输公司过去 10 周的货运量：

表 2-6 某卡车运输公司过去 10 周的货运量

周	货运量	周	货运量
10 周前	2 056	5 周前	2 268
9 周前	2 349	4	2 653
8 周前	1 895	3	2 039
7 周前	1 514	2	2 399
6 周前	1 194	1 周前(本周)	2 508

请用指数平滑法预测下一周的货运量。

提示：本例需要先找到最合适的指数平滑系数，可以利用最早的4周数据开始预测，以0.1的颗粒度寻找最合适的指数平滑系数。

5. 五年前，凌鼎公司引入一项计划，宣布其56种产品要由原来通常的1～12周送货改为“24小时送货”。服务水平改变前五年和后五年的销售数据被记录下来。因为只改善某些产品的服务，所以其他产品(102种)就被当作控制组进行比较。事前、事后的年销售量如表2-7所示：

表2-7　凌鼎公司事前、事后的年销售量

产　　品	服务改进前的年销售量		服务改进后的年销售量	
	5年的平均值	标准差	5年的平均值	标准差
测试组(24小时交货产品)	1 342	335	2 295	576
控制组(1～12周交货产品)	185	61	224	76

这组产品的平均价值是每单位0.95元，改进服务的增量成本是每单位2元，但企业不想将成本的上涨转移到价格上，而是希望通过销售量的增加以抵消成本的增长。当前销售利润是40%。问该企业是否应该继续保持优质服务计划?

6. 解释顾客细分如何用于改进顾客服务的效率。

7. 基本服务、完美订货、增值服务及应急服务的含义分别是什么？并试为每一个概念提供一个例子。

8. 如果由于下述原因导致物流系统瘫痪，简述物流管理人员分别能够采取的措施：

(1) 仓库失火；

(2) 卡车司机罢工；

(3) 订单处理和订单履行的工作人员短缺；

(4) 生产的主要原料短缺。

9. 试分析顾客服务的三类要素(交易前、交易中、交易后)对制定顾客服务绩效评估的重要性，并针对其中一类要素讨论具体的绩效评估指标。

第3章　物流网络设计

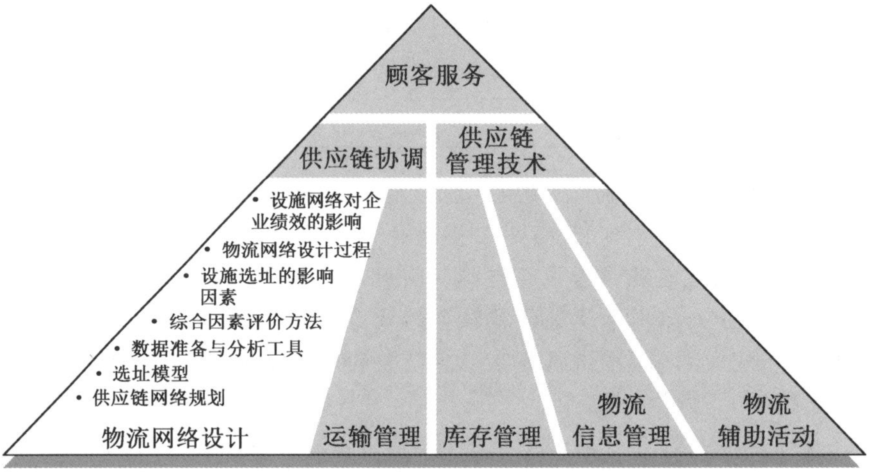

当管理者尝试重新设计物流系统时，他们会面临一个富有挑战性的任务，那就是通过高水平的物流流程整合，实现在向客户提供高水平服务的同时保持总成本最低。企业必须实现两种运作水平的融合。其一，在由仓储设施、制造工厂、零售网点所组成的网络中进行所有物流环节的整合。其二，从供应链关系出发，将整合扩展到单个企业以外。

网络节点包括供应商、仓库/物流中心和零售网点等设施，原材料、在制品和产成品通过一定的运输路线在各设施之间流动。为了填补供应、需求的时间差异和空间距离，从生产地向需求地运送货物就需要把空间分散的节点连接起来形成网络。由这些设施构成的网络是物流系统运作的基础，决定了整个物流系统的结构。

物流网络的配置会对企业运作产生长期影响，所以其属于战略性决策。物流网络设计的目标是在不同的服务水平要求下使系统的总成本最小化，包括库存成本、运输成本、设施成本(包括固定成本和可变成本)。不论是制造企业选择新的工厂、仓库的位置，还是在零售链中设立新的零售店，管理者都需要面对物流网络布局决策的挑战。随着人口、市场发展趋势和其他环境因素的变化，物流网络还需要不断进行调整，以保证能够应对环境的变化。

网络设计的一个核心问题就是网络中各类设施的选址问题。物流设施选址问题需要作出两方面决策：一是决定设施的位置、数量、容量；二是确定产品和客户在各设施之间的分派。

物流网络有平面和层次两种特性，平面特性如图3-1(a)所示，层次特性如图3-1(b)所示。从平面特性看，客户是按地区分布的，为了能够在规定的时间内把商品提供给某个地区的顾客，企业必须在市场范围内配置所需要的设施（生产工厂、仓库、零售网点等）。从层次特性看，物流各个阶段的设施在选址时有多种模型与方法，其适用性也各不相同。在供应链环境下，供应链成员企业的分布范围更广，供应链网络规划涉及多个企业，其复杂程度大大增加。

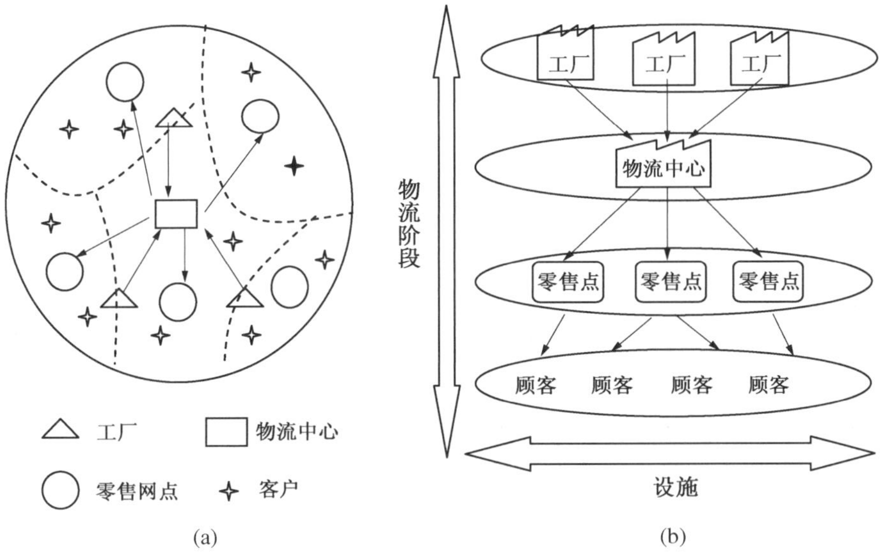

图 3-1 物流网络示意图

本章第一节将首先讨论设施网络对企业绩效的影响，在第二节会分析物流网络设计的一般过程。第三、四节围绕着网络设计过程的第二步设施位置初选展开，第三节先讨论物流设施选址时所要考虑的影响因素，第四节则介绍一种在选址时能将主观和客观因素一起考虑的综合因素评价方法。第五、六两节针对的是网络设计过程的第三步，第五节讨论物流网络设计建模前所需要准备的各种数据和分析工具，第六节探讨物流网络中各类设施选址时用到的模型。最后一节讨论在供应链环境下的网络规划问题。

第一节 设施网络对企业绩效的影响

设施网络将对企业的整体绩效产生影响，将直接影响企业对顾客需求的响应速度，同时还会影响库存成本、运输成本、设施和搬运成本。

如果企业的目标顾客能够容忍较长的响应时间，那么只需要很少的设施（如配送中心、门店），这些设施可能距离顾客较远。相反，如果企业重视对顾客需求的快速响应，则需要使设施尽量靠近顾客，这些企业必须拥有很多的设施。提高对顾客的响应速度（即缩短响应时间）将使得网络所需设施数目增加，响应时间与设施数目之间的关系如图 3-2 所示。

在物流网络的设计中，可以通过仓库合并或扩建来满足顾客服务需求和达成成本目标。平方根法则在库存合并中很有作用，假设库存管理规则是根据经济订购批量（EOQ）原则建立的，各存储点的需求相互独立并且相同，则系统内的安全库存总量与仓库数量为平方根关系。合并仓库能够降低系统内的安全库存总量，降低总体库存水平，从而降低库存成本。很多企业通过将货物聚集存放来降低库存成本，这会使得企业减少和限制他们供应链中设施的数目。而随着供应链中设施数目的增加，其库存量和相应的库存成本也会增加，设施数目与库存成本之间的关系如图 3－3 所示。

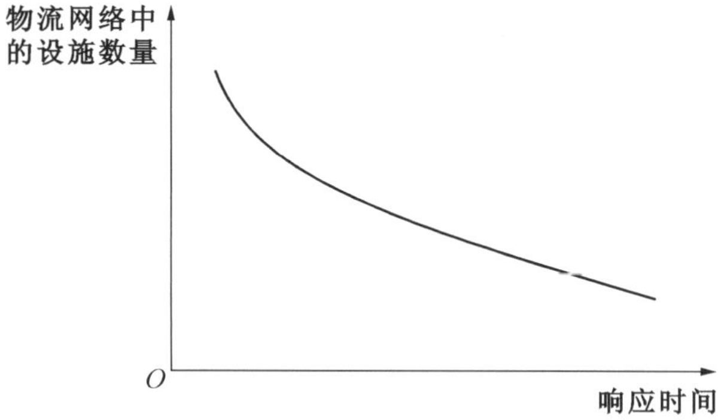

图 3－2 响应时间与设施数目之间的关系

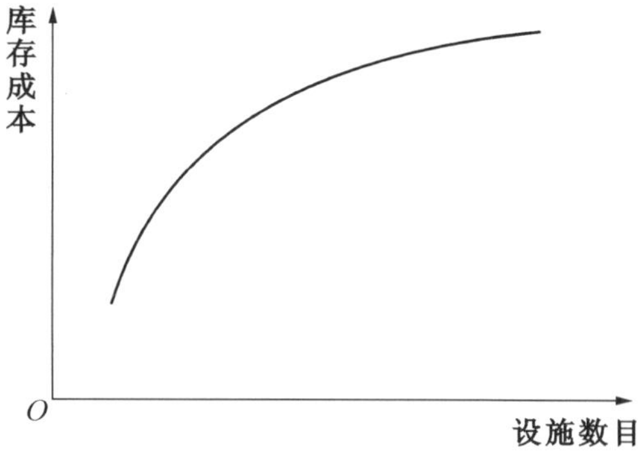

图 3－3 设施数目与库存成本之间的关系

网络布局方案还会影响运输成本。根据物料向设施流动的流向，运输成本可以分为内向运输成本和外向运输成本两部分。内向运输成本是指将物料送入一个设施所发生的成本，外向运输成本是指将物料从一个设施发出所发生的成本。物流网络中设施数量的增加可以缩短外向运输的平均距离，从而使得产品的外向运输距离占其整个行程的比例缩小。所以，只要在内向运输中存在规模经济效应，增加设施的数目就可以降低整个运输成本。然而，当设施的数目增加到一定数量时，会使得内向运输批量很小从而导致内向运输的规模经济效益显著丧失，此时，如果继续增加设施数目，将使整个运输成本增加。设施数目与运输成本之间的关系如图 3－4 所示。

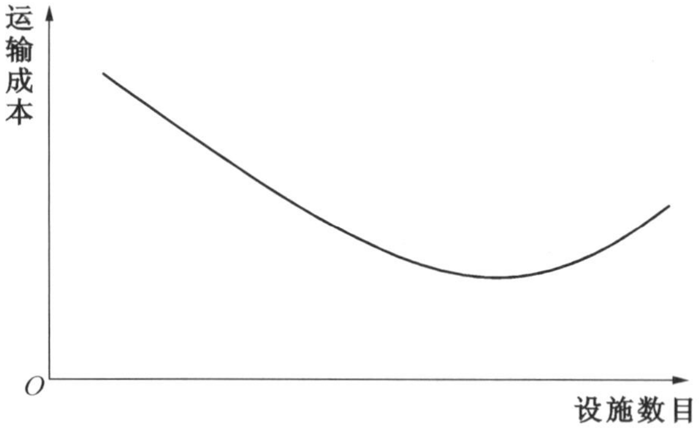

图 3－4 设施数目与运输成本之间的关系

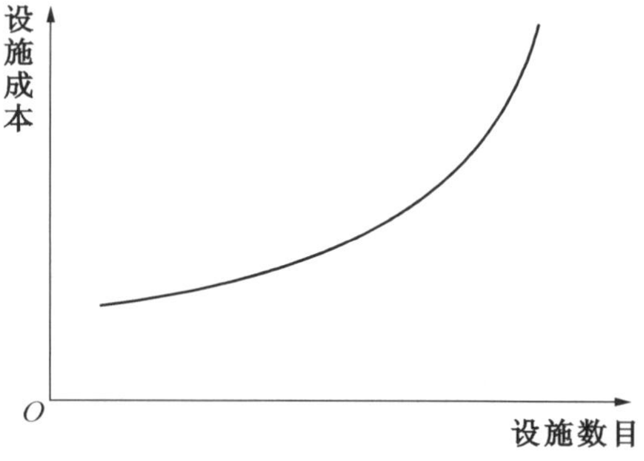

图 3－5 设施数目与设施成本之间的关系

随着网络内设施数目的减少，设施的建设成本、相关运营成本会降低。企业在设施内消耗的成本分为固定成本和可变成本两类。固定成本包括建设成本和土地成本，这两项成本与租赁成本在短时期内都可以看作固定成本，因为短期内它们并不随着流经设施货流量的改变而改变。而与生产或仓库运营相关的成本随产品加工数量的变化而变化，因此被看作可变成本。设施成本随着设施数量的减少而减少，因为设施合并能使企业在固定成本和可变成本两方面获取规模经济效益。设施数目与设施成本之间的关系如图 3－5 所示。

综上所述，在设计物流网络时，如果增加网络中的设施数量，可以产生以下效果：

(1) 减少到客户的距离，可以缩短对顾客需求的响应时间，改进服务水平；

(2) 为了保证满足顾客需求的不确定性而增加了安全库存，增加了库存成本；

(3) 减少了运出设施的距离，增加了运进设施的距离，会使得总运输成本先降低、后增加；

(4) 设施建设费用、管理费用增加。

企业在决定其物流网络布局时需要权衡总成本与对顾客的响应时间，在实现既定响应时间的前提下，确定使得物流总成本最小的设施数目。如果一个企业想缩短对顾客的响应时间，它可能需要增加设施的数目，从而超过使物流总成本最小化的点。一个企业只有当经营者确信由于响应速度提高所带来的收入增加大于因设施增加所导致的成本上升时，才应该增加设施数目并突破成本最小化的点。

第二节 物流网络设计过程

每个企业的供应商和客户都各不相同，其物流网络也不尽相同，但是物流网络设计过程却具有一般性。下面介绍物流网络设计的一般过程。

一、评价现有网络的业绩

如果企业已经有投入运作的物流网络，那么在重新设计物流网络时，肯定期望新的物流网络布局方案比现有网络布局能够更好地运作。因此，必须有一个比较。这时，就需要先评价现有物流网络中每个位置的运输成本、存货持有和仓储成本及反应时间。如果没有已投入运作的物流网络而是构建一个全新的物流网络，则可略过此步骤。

二、设施位置初选

物流网络设计的核心问题是各类设施的选址问题，如图 3－1(b)所示列出了物流系统中的工厂、物流中心、零售网点等几个层次，不同层次的设施其运作性质和范围各不相同，在选址时所考虑的因素也有不同的侧重点。先确定各类设施选址决策时需要考虑的影响因素，再在此基础上找出设立各种设施可供选择的地点。例如，很多地点都可以建立工厂，要先把这些能够建工厂的地点找出来，然后对这些可选地点进行初步评估、筛选，排除完全不可行的方案，剩下的地点我们称为设施的预选位置或潜在位置。

在设施位置初选时需要综合考虑多项因素，将在第三节讨论是哪些影响因素。当需要在多个备选位置选出一个合适位置时，如何评价各类因素的方法将在第四节讨论。

三、优化模型，确定物流网络设计方案

这一过程包括以下步骤：

(1) 收集网络设计所需要的数据。在物流网络设计中最耗时的步骤就是收集和处理各种参数、成本和约束条件，所需收集的数据详见本章第五节。

(2) 开发网络优化模型，包括确定优化目标和一系列约束条件。模型对数学的要求较

高,建模时需要很好地理解模型权衡的过程。

(3) 选择优化工具。由于网络优化的约束条件和目标之间互相关联,并且网络布局会有很多备选解决方案,而且通常规模较大,所以需要使用网络优化工具。这些工具可以实现自动计算、快速评估多个方案以及为网络建模提供用户友好的界面。在市场上有很多网络优化工具,选择时必须考虑其建模能力、结果演示能力和可用性。

(4) 得出物流网络设计方案。使用网络优化工具建立网络模型,可能会得出多个网络设计备选方案。

四、对得出的方案进行可行性评价

有时,优化方案可能会与企业的实际运作要求不符,这就需要评价方案的可行性,并进行适当调整。

五、计算出依据可行方案重新布置物流网络的成本和收益

将物流网络调整到一个新的布局可能会带来物流成本的降低,但同时也需要有成本的投入,并可能会对客户服务造成潜在的影响。

六、做出决策

至此,已经得出了物流网络布局的新方案,但这仅仅是建议,新方案是否实施取决于企业的高层管理者。

附录1给出了某卷烟厂仓储物流中心的选址过程,读者可以参照阅读。

第三节 设施选址的影响因素

许多因素会影响设施选址的决策。对于不同行业、不同企业而言,各种选址影响因素的权重不同。下面对几种主要因素进行说明。

一、原材料供应

在设施选址时,所选设施位置是远离或靠近原材料产地主要基于三方面考虑:必要性、易损性及运输成本。某些行业,如采矿业、林业、渔业等,必须选择在原材料供应地附近。对于从事易腐物品加工,如奶产品加工、罐头生产等行业的公司在选址时必须考虑原材料的易损性,尽量选择在供应地附近。韦伯曾研究过原材料和产成品运输对工厂选址的影响,他提出,有些生产过程是失重的,即原材料的重量之和大于成品的重量(如炼钢),这些生产过程应靠近原材料产地,以使运输成本最小;另一些生产过程则可能增重(如罐装饮料行业),这样的生产过程应该尽量靠近市场,以使运输成本最小;对于生产过程的原材料与产成品重量相同的情况(如装配线生产),其成品重量是装配过程中使用的所有零部件之和,这类生产过程既不必趋近原材料产地,也不必趋近市场,在原料地和市场之间的任何地点定位,企业内向运输和外向运输成本的总和都是一样的。

目前,工业企业对原料供应地的依赖性呈缩小趋势,主要原因包括:技术进步使得单位

原料消耗下降；原料精选使得单位原料用量、运费减少；工业专业化的发展使加工工业向成品消费地转移；运输条件的改善降低了单位产品运费等。尽管如此，采掘业、原料用量大或原料可运性小的加工工业仍以接近原料供应地为佳。

二、市场的位置

一个企业的竞争战略会对设施选址的决策产生重要影响。强调成本的企业，趋向于在成本最低的位置布局设施，即使这样做会远离市场。对于强调对客户需求快速响应的企业，则趋向于在市场附近布局设施。便利连锁店力求接近消费者，因此，便利店网络在一定区域范围内往往有很多家商店。

三、地理环境和气候

有些行业受到地理环境要求的限制。制造厂一般要求土地表面平坦，易于平整施工，如选择稍有坡度的地方，则可以利用斜面，便于搬运和建造排水系统。在地震断裂层地带、下沉性地带、地下有稀泥或流沙以及已开采过的矿坑的地区和有地下工程的区域应采取措施或慎重选址以保证土壤结构应能承受设施的全部载重。

气候对于产品和作业人员均会产生影响，气候过冷或过热都将增加气温调节的费用，潮湿多雨的地区则不适合棉纺产品、木器、纸张的加工。

四、当地政府的政策

有些地区鼓励在当地投资建厂，在当地划出工业区及各种经济开发区，低价出租或出售土地、厂房、仓库，并在税收、资本等方面提供优惠政策，同时，这些地区的基础设施情况往往很好，交通、通信、能源、用水均很便利。专门的工业区如高新技术开发区、服装纺织工业区还有利于行业信息的迅速传播，相互刺激发展。

五、社区情况

对于服务性行业来说，周围环境的客流量、购买力水平及人口密度将直接影响到设施选址问题。就制造行业而言，周围的文化娱乐设施、公用设施和服务网点的条件以及住房和教育情况将直接影响到职工的生活条件。

六、环境保护

环境保护问题日益受到重视，各国政府纷纷将环保问题纳入发展战略，相继制定出各种各样的保护生态环境的政策法规。同时，受污染危害的工人也对企业构成极大的压力。生产系统直接形成的污染包括空气污染、水污染、噪声污染、放射污染以及固体废物污染等。因此，在设施选址过程中应充分考虑到环境保护的因素，所选位置应便于进行污染处理。

七、动力、能源的供应和成本

对于一些动力能源消耗大的行业，如火力发电、有色金属冶炼、石油化工等行业，动力能源的消耗在生产成本中的比重可占到35%～60%。动力、能源的供应对于重型机器制造、水泥、玻璃、造纸等行业的影响也是举足轻重的。对于这一类企业来说，动力、能源的供应成本因素在选址时将占据重要地位。

八、劳动力

不同的产品和生产方法所要求的劳动力数量和质量是有区别的。技术密集型产业对劳动力的质量有较高的要求，而劳动密集型产业则对劳动力的数量有较大的需求。因此，在设施选址时，劳动力的供应状况是一个重要的条件。另外，不同地区的薪金水平不同，相应的劳动力成本也就不同。劳动力的成本因素也会对选址产生影响。

九、建筑成本和土地成本

不同的设施选址方案，在土地的征用、赔偿、拆迁、平整上所花费的费用是不同的。一般来说，应尽可能避免占用农业用地，尽量选取不适于耕作的土地作为设施的选址。同样，不同方案的建筑成本往往也不相同。建筑成本过高会增加产品成本中的固定成本部分，不利于竞争。

十、物流和设施成本

当物流网络中的设施数量、设施布局和生产能力配置变化时，物流和设施成本也会随之变化。进行物流网络设计时，企业必须权衡设施成本、库存成本和运输成本。

第四节　综合因素评价方法

上一节讨论的物流设施选址的影响因素，可以根据它们与成本的关系分为两大类：与成本有直接关系的因素，称为成本因素，也可称为客观因素，可以用货币单位来衡量；与成本无直接关系、但能间接影响产品成本和未来企业发展的因素称为非成本因素，也可称为主观因素。在选择潜在设施位置时，往往需要用综合因素评价方法综合评价客观因素和主观因素。位置量度法是综合因素评价方法的一种，该方法先分别评价客观因素和主观因素，然后将两类因素综合评价，步骤如下，如图 3－6 所示：

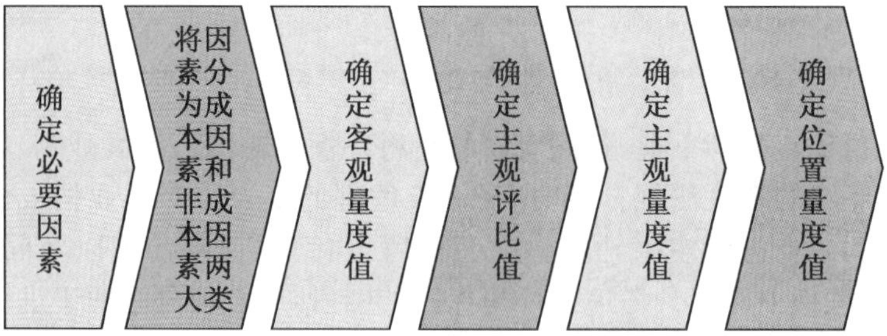

图 3－6　位置量度法步骤

第一步：确定必要因素。研究物流网络中的设施在选址时所要考虑的各种因素，确定必要因素。若某一处位置无法满足任意一项必要因素，则应将它从备选位置名单中删除。

第二步：将因素分为成本因素（客观因素）和非成本因素（主观因素）两大类。客观因素应能用货币来评价。主观因素相对而言是定性的，无法用货币单位表示。两类因素在位置评价时的影响权重会有差异，所以还需要确定在物流设施选址时主观因素与客观因素对选址决策影响的比重，以反映两类因素的相对重要性。主观因素与客观因素的比重值之和为1。如果主观因素和客观因素在物流设施选址决策时同样重要，则其比重均为0.5。若用数学符号表示，则：

$$x = \text{主观因素的比重值}$$

$$1-x = \text{客观因素的比重值}$$

其中：

$$0 \leqslant x \leqslant 1$$

若 x 接近于1，则说明主观因素比客观因素更为重要；反之，则客观因素比主观因素重要。x 值可以采用德尔菲法获得。

第三步：确定客观量度值（OM）。客观量度值OM的大小受该位置的各项成本大小的影响，其计算方法如下：

$$C_i = \sum_{j=1}^{M} C_{ij}$$

$$\mathrm{OM}_i = \left[C_i \cdot \sum_{i=1}^{N} (1/C_i) \right]^{-1} \qquad (3-1)$$

式中：C_{ij}—第 i 可行位置的第 j 项成本；

C_i—第 i 可行位置的总成本；

OM_i—第 i 可行位置的客观量度值；

$\sum (1/C_i)$—各可行位置的总成本的倒数之和；

M—客观因素数目；

N—为可行位置数。

若将各可行位置的量度值相加，总和必等于1，即 $\sum_{i=1}^{N} \mathrm{OM}_i = 1$。

第四步：确定主观评比值。由于各主观因素没有量化值可以做比较，所以我们利用强迫选择法来衡量各位置的优劣。强迫选择法是就各主观因素将每一可行位置与其他位置分别做成对的比较。较佳位置的比重值为1，较差位置的比重值为0，若优势对等，则其比重值为0.5。然后，依据各位置所得到的比重与总比重的比例来计算该位置的主观评比值（S_{ik}），如下式：

$$S_{ik} = \frac{W_{ik}}{\sum_{i=1}^{N} W_{ik}} \qquad (3-2)$$

式中：S_{ik}—i 位置对 k 因素的主观评比值；

W_{ik}—i 位置在 k 因素中的比重；

$\sum_{i=1}^{N} W_{ik}$—K 因素的总比重值。

主观评比值为数量化的比较值，可以利用此数值来比较可行位置的优劣。此数值的变化在0到1之间，愈接近于1，则说明该位置与其他位置相比愈佳。

第五步：确定主观量度值。主观因素可能不止一个，同时，各主观因素的重要性也可能有差异。首先，确定各主观因素的重要性指数（I_k），此指数也可用德尔菲法确定。然后，再以每个因素的主观评比值与该因素的重要性指数分别计算每一可行位置的主观量度值（SM_i）。

$$SM_i = \sum_{k=1}^{M}(I_k S_{ik}) \tag{3-3}$$

式中：SM_i—i 位置的主观量度值；

I_k—k 主观因素的重要指数；

S_{ik}—i 位置对于 k 因素的主观评比值；

M—主观因素的数目。

第六步：确定位置量度值。位置量度值（LM_i）为对某一处可行位置的整体评估，可按下式计算：

$$\mathrm{LM}_i = X \times (\mathrm{SM}_i) + (1 - X) \times (\mathrm{OM}_i) \tag{3-4}$$

式中：LM_i—i 位置的位置量度值；

X—主观比重值；

$(1-X)$—客观比重值；

SM_i—i 位置的主观量度值；

OM_i—i 位置的客观量度值。

位置量度值最大的为最佳选择方案。

下面结合一个例子来看一下位置量度法的具体计算过程。

［例3-1］　某公司筹建物流中心，合适的地点有甲、乙、丙三处。各种生产成本因地址的不同而有区别。各待选位置每年的成本归纳如表3-1所示：

表3-1　各待选位置每年的成本　　单位：千元

费用分类	成　本		
	甲	乙	丙
工　资	250	230	248
运输费	181	203	190
租　金	75	83	91
其他费用	17	9	22

在决定之前，该公司还考虑了三个主观因素：当地的竞争能力、气候条件和周围环境。就竞争能力来说，丙地最强，甲、乙两地相平；就气候条件来说，甲比乙好，丙地最好；就周围环境而言，乙地最优，其次为甲地、丙地。如果各主观因素的重要性指数依次为0.6、0.3和0.1，试以位置量度法找出一个合适的物流中心位置。

解答：

根据位置量度法，首先计算甲、乙、丙三处的位置量度值，然后再作比较。计算过程如下：

(1) 客观量度值(OM_i)的计算。$OM_i=\left[C_i\cdot\sum(1/C_i)\right]^{-1}$

表 3-2 各位置的费用支出

单位：千元

地 区	支 出 计 算	总 支 出
甲	250+181+75+17	523
乙	230+203+83+9	525
丙	248+190+91+22	551

根据表 3-2 的数据得：

$$\sum(1/C_i)=\frac{1}{523}+\frac{1}{525}+\frac{1}{551}=0.005\,632$$

$$OM_{甲}=(523\times0.005\,632)^{-1}=0.339\,5$$

$$OM_{乙}=(525\times0.005\,632)^{-1}=0.338\,2$$

$$OM_{丙}=(551\times0.005\,632)^{-1}=0.322\,3$$

(2) 主观评比值(S_{ik})的计算。

$$S_{ik}=\frac{W_{ik}}{\sum W_{ik}}$$

根据三个不同的主观因素，甲、乙、丙三处的主观评比值如表 3-3、表 3-4 和表 3-5 所示。的计算如下：

表 3-3 甲、乙、丙竞争能力的主观评比值

地 区	甲	乙	丙	比重 W_{i1}	主观评比值 S_{i1}
甲		0.5	0	0.5	0.17
乙	0.5		0	0.5	0.17
丙	1	1		2	0.66
总比重				3	1

表 3-4 甲、乙、丙气候条件的主观评比值

地 区	甲	乙	丙	比重 W_{i2}	主观评比值 S_{i2}
甲		1	0	1	0.33
乙	0		0	0	0
丙	1	1		2	0.67
总比重				3	1

表 3-5 甲、乙、丙周围环境的主观评比值

地 区	甲	乙	丙	比重 W_{i3}	主观评比值 S_{i3}
甲		0	1	1	033
乙	1		1	2	0.67
丙	0	0		0	0
总比重				3	1

(3) 主观量度值(SM_i)的计算。根据各主观因素的重要性指数(I_k)和各可行位置的主观评比值(S_{ik}),可以计算每一可行位置的主观量度值(SM_i)。

主观因素评比总结如表 3-6 所示。

表 3-6 甲、乙、丙主观因素评比值

因 素	甲	乙	丙	重要性
竞争能力	0.17	0.17	0.66	0.6
气候条件	0.33	0	0.67	0.3
周围环境	0.33	0.67	0	0.1

$$SM_{甲} = 0.6 \times 0.17 + 0.3 \times 0.33 + 0.1 \times 0.33 = 0.234$$

$$SM_{乙} = 0.6 \times 0.17 + 0.3 \times 0 + 0.1 \times 0.67 = 0.169$$

$$SM_{丙} = 0.6 \times 0.66 + 0.3 \times 0.67 + 0.1 \times 0 = 0.597$$

(4) 位置量度值。由于题中没有给出主观因素与客观因素的重要性比重,所以假设两者同等重要,即主观比重值 $x = 0.5$,客观因素比重值 $1 - x = 0.5$。

$$LM_i = x \cdot SM_i + (1 - x) \cdot OM_i$$

$$LM_{甲} = 0.5 \times 0.234 + 0.5 \times 0.339\ 5 = 0.287$$

$$LM_{乙} = 0.5 \times 0.169 + 0.5 \times 0.338\ 2 = 0.254$$

$$LM_{丙} = 0.5 \times 0.597 + 0.5 \times 0.322\ 3 = 0.459$$

(5) 决策。根据各位置量度值的大小比较,丙地的量度值在三者中最高,故选取丙地作为物流中心的位置。

第五节 数据准备与分析工具

一、物流网络设计数据准备

(一) 物流网络设计所需的数据

物流网络设计需要收集大量数据,主要包括:

(1) 物流网络中流动的所有产品的种类、数量；

(2) 顾客、零售商、现有仓库/物流中心、生产设施和供应商的位置；

(3) 每个位置的顾客对各种产品的需求量；

(4) 每种运输方式的运输费率或运输成本；

(5) 仓库成本，包括劳动力成本、仓库保管费和运营维护费；

(6) 顾客服务需要和目标；

(7) 设施和设备的处理能力及限制；

(8) 不同地点、不同产品的库存水平，控制库存的方法；

(9) 不同产品的运输批量；

(10) 未来需求；

(11) 采购与生产成本；

(12) 现有设施以及处理能力限制。

如果企业有规范的信息系统，那么以上数据可以较容易地收集到，否则，只能从企业内、外部的各种数据来源获取所需的数据。这些数据来源主要包括业务运作单据、财务报表、物流研究报告和公开发布的信息。销售、生产、采购、运输、储存和搬运是企业经常要做的基本活动，这些活动会产生相应的业务运作单据，物流管理人员可以利用这些单据得到企业物流活动的基本信息，并从中获得物流网络设计所需要的许多数据。财务报表是获得内部信息的重要来源。财务报表侧重于确定各项运作成本，包括物流活动的成本。尽管有些物流成本无法在财务报表中直接获取，但是财务报表仍是成本数据的主要来源。还有一些数据需要研究以后才能得出，如销售与服务的关系、运输费率与距离的关系，这些数据要通过研究机构的报告或成果才能得出。

(二) 客户需求数据汇总

企业的客户通常分散在各地，一般会集中于人口稠密地区，例如，一个饮料配送系统可能包含 10 000～12 000 个客户。从网络规划的角度来看，没有必要将每个客户单独考虑。如果成本估计的准确性没有明显降低，可以按地理位置采用网格或其他聚类技术将距离较近的客户集合起来。同一个单元格内或一个簇内的所有客户被看成位于单元格或簇中心的单一客户，由此将市场分为有限的群组。如果按照服务水平或交货频率对顾客分类，就要在每一类中单独进行客户需求数据汇总。

客户群组的划分会影响运输成本估计的准确性。划分客户群后，所计算的运输成本不是到达每个客户所在地的成本，而是到达客户群中心位置的成本，由于使用的不是实际距离而是平均距离，会导致一些误差，这是需求数据汇总带来的负面影响。遵循以下三个建议能够有效地控制这种误差：① 将需求点汇总为 150～200 个区域。如果客户按照服务水平或交货频率分类，则在每一类中汇总为 150～200 个区域；② 确保每个区域所汇总的需求量大致相同，这意味着每个区的面积可能不等；③ 以每个汇总区域的重心作为汇集点。

需求数据汇总能够降低物流网络设计问题的数据处理量，简化建模和求解过程，同时，使在汇总层次上的需求变动减少，能够更准确预测未来需求。

(三) 产品分组

企业的产品系列中可能含有成百上千种不同的产品。不仅产品型号和风格的不同会导致产品的多样性，同一种产品包装规格的不同也会造成影响。由于产品种类繁多，要按照所有产品数据进行物流网络分析是不现实的。可行的方法是将这些产品汇总为合理数量的产品组合。进行物流网络设计时,常常要求产品组别不超过 20 个。可以根据配送模式和产品类型将产品汇集为合理数量的产品组:

1. 配送模式

所有在一个供应源头分拣并送往一个顾客的产品集合成一类。有时,需要不仅按照配送模式、还要按照诸如重量和体积等物流特征进行汇集,也就是在具有同种配送模式的产品中,将单品库存的单位体积和重量相似的产品汇集为一个产品组。

2. 产品类型

在许多情况下,不同的产品可能仅仅在产品型号、款式或包装形式上有所不同,这些产品就可以汇集成一类。

(四) 运输费率

货物运输可能会采用公路、铁路或其他运输方式。在现代物流系统的运输体系下,企业的运输需求可以通过两种基本方式实现:第一,使用自营车队;第二,与专业运输公司或第三方物流企业签订运输服务合同。

企业自有卡车运输成本的估计相对简单,涉及每辆卡车的行驶里程、运量以及有效运力。有了这些信息就可以计算出每单位产品每公里的运输成本。

在模型中考虑外部车队的运输费率要复杂得多,因为可能有许多种不同的运输费率。例如,对于只有 2 类产品、5 种运输批量、200 个客户、5 座仓库、2 个工厂的小型网络而言,所有产品流组合的运输费率就可能有 2×5×200×5×2=20 000(种)。在这种情况下,就需要估计费率以加快计算过程。

(五) 里程估计

运输成本与运输距离基本呈线性关系,在运输费率估计出来后还需要确定运输里程,然后才能计算出运输起止点间的运输成本。有以下几种方法可以进行里程估计:

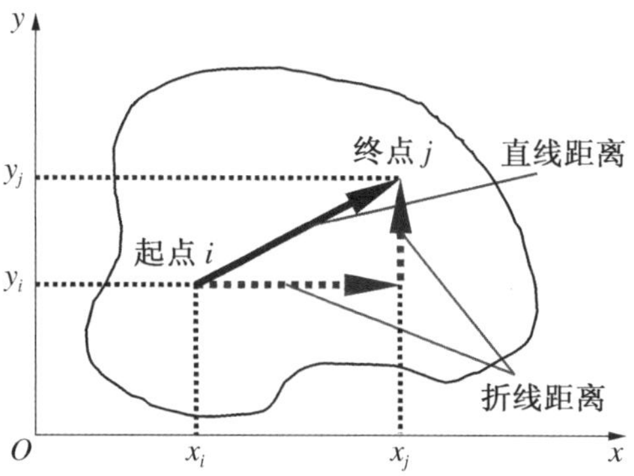

图 3-7　距离计算示意图

1. 直线距离

在一个平面上两个点之间的距离可以用欧几里得距离来计算。如果使用直角坐标,那么,如何根据地理位置得出点的直角坐标值也是应注意的问题。从理论上可以方便地确定出点的直角坐标值,但在实际应用中不会有一个已经建好的、可以用于参照的直角坐标系,因此应想办法得出点的坐标值。一种方法就是使用直线网格层叠在地图上,然后从水平方向、垂直方向划方格,建立直角坐标系,从而得出点的坐标值。假设,已知点 i 和点 j 的坐标,则两点间的直线距离为:

$$d_{ij}^{E}=\sqrt{(x_i-x_j)^2+(y_i-y_j)^2} \tag{3-5}$$

2. 折线距离

折线距离也叫城市距离,折线距离一般用于道路较规则的城市内的配送距离的计算,计算公式如下:

$$d_{ij}^{E}=|(x_i-x_j)|+|(y_i-y_j)| \tag{3-6}$$

3. 球面坐标

使用简单的直角坐标，可以方便地计算出两点间的欧几里得距离，但这种计算方法不一定准确。在地图的制作中都是将球体映射到平面上，这种映射必然引起变形，所以网格层叠法可能会导致计算误差，误差的大小取决于地图映射的方法以及在地图的什么位置计算距离。一种更可靠的技术是利用经纬度坐标和球面三角学距离公式，该公式能避免地图的偏差，而且考虑了地球的球面弯曲。球面三角学公式如下：

$$\begin{aligned}D_{A-B}=6\,374\{\arccos[&\sin(\mathrm{LAT}_A)\times\sin(\mathrm{LAT}_B)+\cos(\mathrm{LAT}_A)\\&\times\cos(\mathrm{LAT}_B)\times\cos|\mathrm{LONG}_B-\mathrm{LONG}_A|]\}\end{aligned} \tag{3-7}$$

式中：D_{A-B}—点 A、B 两点间的距离；

LAT_A—点 A 的纬度（弧度）；

LAT_B—点 B 的纬度（弧度）；

LONG_A—点 A 的经度（弧度）；

LONG_B—点 B 的经度（弧度）。

使用球面坐标有很多优点，首先，经纬度坐标全世界通用；其次，坐标数据来源广泛，人们对经纬度坐标系统普遍了解；最后，使用经纬度坐标计算准确性很高。

直角坐标公式和球面坐标公式可以计算出相当精确的距离，但是这两个公式计算出的距离总是小于实际的路程距离，因为运输工具不是直线行驶，而是在公路、铁路或水运航线的道路网络中穿行。因此，为了纠正这些误差，须用一个迂回系数调整计算出的距离。任意地区的迂回系数可以用下面的方法得出：抽取各点间距离的样本及各点间的实际距离；取计算距离与实际距离的比值；最后计算这些比值的平均值。

4. 地理信息系统

地理信息系统（GIS）是描述、存储、分析和输出空间信息的理论和方法的一门新兴交叉学科，是以地理空间数据库（geospatial database）为基础、采用地理模型分析方法、适时提供多种空间和动态的地理信息、为地理研究和地理决策服务的计算机技术。

GIS 把要处理的信息分为两类：第一类是反映事物地理空间位置的信息，从计算机的角度可称为空间位置数据，也称为地图数据、图形数据；第二类是与事物的地理位置有关、反映事物其他特征的信息，可称为属性信息或属性数据，也称文字数据、非图形数据。使用具有完备数据的地理信息系统可以方便地计算出两点之间的实际道路距离。

（六）设施成本

与设施相关的成本包括固定成本和可变成本。固定成本是指那些不随设施的经营活动水平变化而变化的成本，建设费、租金、折旧费都属于固定成本。固定成本通常与设施规模成比例，但不是线性比例，在一定范围的设施规模下，成本不变。可变成本是指那些随设施内存储货物数量变化而变化的成本，也就是说，如果某项成本随设施中库存保有水平增加或减少而变化，那么该项成本就可以归为可变成本。

（七）设施的生产能力

工厂、物流中心和供应商生产能力的限制可能对物流结构造成重大影响。在实践中，设施的生产能力并不是绝对的，可以通过采用使设施运营效率提高的方法来提高其生产能力。

在物流网络规划中，不要过于僵化地看待设施生产能力这个限制条件。虽然增加设施生产能力会增加成本，但可以采用诸如加班、增加班次或临时使用额外设备或仓储空间等办法增加设施的生产能力。

(八) 服务水平需求

定义服务水平有多种方式。例如，可能把客户到为其服务的设施的最大距离作为服务水平，保证仓库可以在合理的时间内为顾客服务。有时候我们必须认识到，对于某些客户，如那些偏远地区的客户，很难以同样的服务水平为其服务。在这种情况下，可以将服务水平定义为：到为其服务的设施的距离不超过规定值的客户数占所有此设施服务客户数的比例。例如，我们可以定义95%的客户服务水平为：有95%的客户离为其服务的仓库距离在200千米范围内。

(九) 其他因素和限制条件

(1) 未来需求。物流网络布局属于战略层次的决策，对企业运作有长期影响。决策所考虑的设施数量、位置和规模对公司的影响可能会有3～5年甚至更长。这意味着顾客需求在以后数年中的变化需要在网络设计时予以考虑。

(2) 资金限制。如可用于新设施的最高投资额。

(3) 政治和法律限制。例如，在评估某潜在选址点时，应避开某些区域。

(4) 人员限制。如现有的为新设施配套的人员的数量和质量。

二、物流网络设计分析工具

(一) 常用的物流网络设计模型与方法

在获得了所需的数据之后，就可以进行物流网络的设计，以找到最优的网络配置方案。物流网络的最优设计过程复杂，通常需要借助数学模型和计算机模型，以下为常用的分析模型。

1. 仿真模型

将一定的物流网络结构表示为仿真模型，然后提供与系统设计相关的经营成本和其他数据，对各种设计方案进行反复多次试验，得出能够对不同设计方案进行比较的统计数据。

仿真模型与数学模型不同。数学模型寻求的是最佳的设施数量、最佳的位置、设施的最佳规模，而仿真模型则试图在给定多个设施、多个分配方案的条件下反复模拟，通过对模拟结果的对比，找出最优的网络设计方案。

使用仿真模型有一定的局限性。仿真模型建立的基础是已经确定了物流网络的配置方案，即给定了制造商、物流中心、客户需求等的配置，然后才能够建立相应的仿真模型。通过模型的反复运行来估计该配置下的运作成本。如果要考虑不同的配置，就必须改变模型并重新运行。它对于分析特定网络配置的运作绩效很有用，但对于从大量可能的配置中确定最有效的配置用处不大。

2. 最优化模型

最优化模型通过精确的数学过程评价各种可选方案，且能保证得到的是针对该问题的数学最优解，即从数学上可以证明所得到的解是最优的。许多运筹学模型都属于此种类型。尽管最优化模型能够保证用户得到最优解，但是它也并不是没有缺点。最优化模型的主要缺点就是随着问题复杂程度的增加，无法在合理的计算时间内得出最优解。因此，常常需要在求解时间和精确性之间取得平衡。

3. 启发式模型

启发式模型对某些物流中难以解决的问题是一种很实用的办法。如果建模的目的是要找到最优答案，且利用优化法对问题求解要求的条件过多时，启发式模型会非常有用。启发式模型是围绕启发法的规则建立的。它可以解决相当广泛的问题，但无法保证获得最优解。下面通过一个实例比较最优化模型与启发式模型的效果和差异。

[例 3－2]　某物流系统中只有一种产品，该产品由两个制造厂制造，分别用 p_1 和 p_2 表示两个工厂。p_2 的产能为 60 000 单位。两个制造厂的生产成本相同。网络中有两个仓库 w_1 和 w_2，两个仓库的成本相同。有三个客户 c_1、c_2 和 c_3，需求分别是50 000、100 000 和 50 000。

表 3－7　单位配送成本

仓　库	p_1	p_2	c_1	c_2	c_3
w_1	0	4	3	4	5
w_2	5	2	2	1	2

确定此物流网络中产品和客户在各设施间的分配，在满足各客户需求的前提下，使得总成本最小。

解答：

(1) 启发式模型一。

启发规则：将每个客户指定给配送成本最低的仓库。对于仓库，再根据配送成本指定相应的工厂。因此，c_1、c_2 和 c_3 都将使用 w_2 来供货。然后，为这个仓库选择配送成本最低的制造厂。这样，将首先从 p_2 配送 60 000 单位，剩下的 140 000 单位由 p_1 供应。总成本是：

$$2\times 50\,000+1\times 100\,000+2\times 50\,000+2\times 60\,000+5\times 140\,000=1\,120\,000$$

(2) 启发式模型二。

对于每个市场，选择仓库，使经过该仓库的总配送成本最低，即考虑入库和出库配送成本。

表 3－8　总到岸成本

客　户	配送路径	单位产品配送成本
c_1	$p_1 \to w_1 \to c_1$	3
	$p_1 \to w_2 \to c_1$	7
	$p_2 \to w_1 \to c_1$	7
	$p_2 \to w_2 \to c_1$	4
c_2	$p_1 \to w_1 \to c_2$	4
	$p_1 \to w_2 \to c_2$	6
	$p_2 \to w_1 \to c_2$	8
	$p_2 \to w_2 \to c_2$	3

续　表

客　户	配送路径	单位产品配送成本
c_3	$p_1 \to w_1 \to c_3$	5
	$p_1 \to w_2 \to c_3$	7
	$p_2 \to w_1 \to c_3$	9
	$p_2 \to w_2 \to c_3$	4

根据总到岸成本，为 c_1 选择 w_1，为 c_2 选择 w_2，为 c_3 选择 w_2。这意味着仓库 w_1 需要交货共 50 000 单位，而 w_2 要交货共 150 000 单位。最好的入库配送模式是从制造厂 p_1 向仓库 w_1 供应 50 000 单位，从制造厂 p_2 向仓库 w_2 供应 60 000 单位，从制造厂 p_1 向仓库 w_2 供应 90 000 单位，该策略的总成本是 920 000。

(3) 最优化模型。

以上两种启发式模型都没有得出成本最小的策略。为了寻找最优策略，考虑最优化模型。此问题可以用线性规划模型建模。

模型变量：x_{ij}^{pw} =从工厂 i 流向仓库 j

x_{jk}^{wm} =从工厂 j 流向仓库 k

目标函数和约束条件为：

$$\min 0x_{1,1}^{pw}+5x_{1,2}^{pw}+4x_{2,1}^{pw}+2x_{2,2}^{pw}+3x_{1,1}^{wm}+4x_{1,2}^{wm}+5x_{1,3}^{wm}+2x_{2,1}^{wm}+x_{1,2}^{wm}+2x_{2,3}^{wm}$$

s.t.

$$x_{2,1}^{pw}+x_{2,2}^{pw}\leqslant 60\,000$$

$$x_{1,1}^{pw}+x_{2,1}^{pw}=x_{1,1}^{wm}+x_{1,2}^{wm}+x_{1,3}^{wm}$$

$$x_{1,2}^{pw}+x_{2,2}^{pw}=x_{2,1}^{wm}+x_{2,2}^{wm}+x_{2,3}^{wm}$$

$$x_{1,1}^{wm}+x_{2,1}^{wm}=50\,000$$

$$x_{1,2}^{wm}+x_{2,2}^{wm}=100\,000$$

$$x_{1,3}^{wm}+x_{2,2}^{wm}=50\,000$$

其中，所有变量非负。

可以用 Excel 建立这个模型并求解，表 3-9 为此问题的最优方案。

表 3-9　最优方案

仓　库	p_1	p_2	c_1	c_2	c_3
w_1	140 000	0	50 000	40 000	50 000
w_2	0	60 000	0	60 000	0

最优方案的总成本是：

$$140\,000\times 0+60\,000\times 2+50\,000\times 3+40\,000\times 4+60\,000\times 1+50\,000\times 5=740\,000$$

(二) 决策支持系统

决策支持系统通过使用户直接与数据库交互作用，将数据直接导入决策模型，以方便的描述分析来辅助决策过程。决策支持系统有四个子系统：① 交互系统，使用户和系统可以直接交流；② 数据管理系统，该系统能够从内部数据库和外部数据库获取必要的信息；③ 建模子系统，该系统允许用户通过输入参数、针对具体决策需要调整条件来实现与管理科学模型的交互作用；④ 输出系统，该系统具有图像功能，用户可以提出假定推测问题，并可以得到便于解释的输出形式。在物流和供应链网络设计方面有众多商业化的决策支持系统可以选用，如 LogicNet Plus 和 Supply chaim Guru 或者 CAST 等。这些决策支持系统为物流网络设计和规划过程提供了更为广泛的空间。

第六节　选 址 模 型

物流网络具有层次特性，在选择各层次设施时，有时需要先选出一些潜在的可行地点，这可以用前文的综合因素评价方法完成，更进一步的优化过程需要通过建立选址模型来完成。

各层次的设施在选址时有着不同的选址目标，进行工厂和物流中心的选址时，要更加关注成本问题；而在零售设施的选址时，则需要考虑竞争的因素，以吸引更多顾客、增加盈利为目标；而传递服务型的组织，如邮局、医疗设施等则要考虑有效地覆盖地理区域。也就是说，各类设施选址的驱动力不同。

另外，在选址中还有所选设施数量多少的不同。单一设施的选址不需要考虑多设施选址时必须考虑的设施之间需求的分配、集中库存的效果等问题。

本书将按单设施、多设施的分类对选址模型展开讨论。零售设施选址具有一定的特殊性，在研究中被称为竞争性设施选址（competitive facility location problem）。对于此类问题需要考虑竞争、市场、决策空间的特征，设施选址的目标一般为市场占有率最大化。本部分将对零售设施选址模型进行讨论，还将讨论传递服务型设施的选址模型。

一、单设施选址模型

单设施选址模型的代表是重心法。重心法用于在一个已定地区内设置一个服务中心的定位问题，目标是服务中心到各客户之间的运输费用为最小。设有几个客户，各客户的坐标为$(x_j, y_j)(j=1, 2, \cdots, n)$，服务中心的坐标为$(x_0, y_0)$。服务中心到客户 j 的运输费用为 C_j，总运输费用为 TC，则有：

$$\mathrm{TC}=\sum_{j=1}^{n} C_j \tag{3-8}$$

其中

$$C_j=h_j W_j d_j \tag{3-9}$$

式中：h_j—从服务中心到客户的运输费率；

W_j—向客户 j 的货物运输量；

d_j—从服务中心到客户 j 的直线距离。

d_j也可以写成如下形式：

$$d_j=\sqrt{(x_0-x_j)^2+(y_0-y_j)^2} \tag{3-10}$$

将式(3-9)代入式(3-8)中，可得：

$$\mathrm{TC}=\sum_{j=1}^{n}h_jW_jd_j \tag{3-11}$$

将(3-10)式代入(3-11)式，可得：

$$\mathrm{TC}=\sum_{j=1}^{n}h_jW_j\left[(x_0-x_j)^2+(y_0-y_j)^2\right]^{1/2} \tag{3-12}$$

为了求出使总运输费用最小的服务中心位置，将上式分别对x_0、y_0求偏导数，并令其等于零。

$$\frac{\partial \mathrm{TC}}{\partial x_0}=\sum_{j=1}^{n}h_jW_j(x_0-x_j)/d_j=0$$

$$\frac{\partial \mathrm{TC}}{\partial y_0}=\sum_{j=1}^{n}h_jW_j(y_0-y_j)/d_j=0$$

解这两个方程，可以得出服务中心的位置坐标，其精确重心的坐标值为：

$$x_0^*=\frac{\sum_{j=1}^{n}h_jW_jx_j/d_j}{\sum_{j=1}^{n}h_jW_j/d_j},\quad y_0^*=\frac{\sum_{j=1}^{n}h_jW_jy_j/d_j}{\sum_{j=1}^{n}h_jW_j/d_j} \tag{3-13}$$

因式(3-13)中还有d_j，即还含有未知数x_0、y_0，要从两式的右边完全消去x_0、y_0的计算相当复杂。因此，可以采用迭代法来求解，包含以下四个步骤：

(1) 给出服务中心的初始地点$(x_0^0,\ y_0^0)$；

(2) 用式(3-10)计算出服务中心到每一客户j的距离d_j；

(3) 使用式(3-13)，为服务中心求得一个新的位置$(x_0^1,\ y_0^1)$。

(4) 分别计算$(x_0^0,\ y_0^0)$与$(x_0^1,\ y_0^1)$相应的总费用，如果$\mathrm{TC}_0<\mathrm{TC}_1$，则设$(x_0^0,\ y_0^0)=(x_0^1,\ y_0^1)$，并返回步骤(2)重新计算。如果该迭代过程具有收敛性，那么经过无限次迭代后，可以得到一个最优解$(x_0^*,\ y_0^*)$，使得$\mathrm{TC}^*\geqslant \mathrm{TC}^0$，说明$(x_0^0,\ y_0^0)$是最优解。但在实际中，可以迭代的次数是有限的，所以在迭代过程中需要确定一个中止准则。设置中止准则有两个方法：① 根据经验和以前的试验结果，直接设置一个确定的迭代次数N；② 用每一次得到的迭代结果计算出总费用，跟前面一次的迭代结果计算得出的总费用作比较，如果两个费用值的变化小于某一阈值，则迭代过程结束。

下面举例说明重心法的应用。

[例3-3]　如表3-10所示，有四个客户和一个物流中心配送货物，四个客户的物资需求量和坐标均是已知的，现在用重心求解物流中心的最佳位置。

表 3-10 四个客户的数据

客 户	需求量	运输费率	坐 标	
			x_j	y_j
1	2	5	2	2
2	3	5	11	3
3	2.5	5	10	8
4	1	5	4	9

解答：可以使用上面的循环程序进行决策。

(1) 首先确定物流中心的初始位置，可以假定任意位置，或使用四个客户的重心作为初始位置。

$$x_0^0=\frac{2\times 2+3\times 11+2.5\times 10+1\times 4}{2+3+2.5+1}=7.8$$

$$y_0^0=\frac{2\times 2+3\times 3+2.5\times 8+1\times 9}{2+3+2.5+1}=4.9$$

(2) 用式(3-10)计算出到每一客户 j 的距离 d_j。

$$d_1=6.5\quad d_2=3.7\quad d_3=3.8\quad d_4=5.6$$

(3) 用式(3-13)计算出物流中心的新位置。

$$x_0^1=\frac{2\times 2/6.5+3\times 11/3.7+2.5\times 10/3.8+1\times 4/5.6}{2/6.5+3/3.7+2.5/3.8+1/5.6}=8.6$$

$$y_0^1=\frac{2\times 2/6.5+3\times 3/3.7+2.5\times 8/3.8+1\times 9/5.6}{2/6.5+3/3.7+2.5/3.8+1/5.6}=5.1$$

(4) 计算两次迭代结果相应的成本。

$$TC_0=196\qquad\qquad TC_1=191$$

因为 $TC_1<TC_0$，所以还要继续迭代过程。再经过一轮迭代后，得到新的物流中心位置为(9.0，5.2)，再计算费用值，可得 $TC_2=TC_1=191$，所以满足四个客户需求的物流中心的最佳地点为(8.6，5.1)。

上例经过两轮迭代就结束了，得出了最优解。在许多实际应用中，该方法可以计算出一个合理接近最优解的选址。该方法的优点在于对设施位置的选择不加特定限制，可自由选择。可是从另一方面看，重心法模型的自由度高也是一个缺点。因为迭代计算求得的最佳地点实际上很难找到，有的地点可能在自然条件不容许选用的地方。

二、多设施选址模型

多设施选址的典型模型是 P -中值模型。P -中值模型是指在一个给定数量和位置的需求集合和一个候选设施的集合下，分别为 P 个设施找到合适的位置并指派每个需求点到一个特定的设施，使之达到在工厂和需求点之间的运输费用最低。P-中值模型一般适用于工厂或者仓库的选址问题，例如要求在它们和需求点或者顾客之间的费用最小。

[例3-4] 同兴公司正地考虑在哪里建工厂满足5个市场区域的客户需求问题，一种方案是在每个销售区域建立一个工厂，这种方案的好处是可以降低运输成本。各供应区域的运输成本、固定成本、产能如表3-11所示。

表3-11　各供应区域的运输成本、固定成本、产能

供应区域	运输成本/(元/万件)					固定成本	产能
	A	B	C	D	E		
A	81	92	101	130	115	9 000	30
B	117	77	108	98	100	6 750	30
C	102	105	95	119	111	9 750	30
D	115	125	90	59	74	6 150	30
E	142	100	103	105	71	6 000	30
需求	12	8	14	16	7		

公司能够投资的资金有限，只能建设两个工厂，请问应建在哪里？

解答：该公司的目的是要做出使利润最大化的网络设计方案。为简化起见，假设所有需求都必须满足。此问题中能够建设的工厂数量为2。定义以下决策变量：

x_{ij}：从工厂i运送到市场j的数量

y_i：如果工厂设在i地就等于1，否则为0

该问题可以表述为以下整数规划问题：

$$\min\sum_{i=1}^{n} f_i y_i + \sum_{i=1}^{n}\sum_{j=1}^{m} c_{ij} x_{ij}$$

约束条件如下：

$$\sum_{i=1}^{n} x_{ij} \geqslant D_j \quad j=1,\ 2,\ \cdots,\ m \tag{3-14}$$

$$\sum_{j=1}^{m} x_{ij} \leqslant K_i y_i \quad i=1,\ 2,\ \cdots,\ n \tag{3-15}$$

$$\sum_{i=1}^{n} y_i = p \quad i=1,\ 2,\ \cdots,\ n \tag{3-16}$$

$$y_i \in \{0,\ 1\} \quad i=1,\ 2,\ \cdots,\ n \tag{3-17}$$

$$x_{ij} \geqslant 0 \tag{3-18}$$

目标函数是使包括运输成本和工厂建设成本在内的总成本最小化。约束条件(3-14)是指每个区域的需求必须满足。约束条件(3-15)是指每个工厂的供应不能超过其产能。约束条件(3-16)是指工厂数量等于2个。约束条件(3-17)是指要么在一个地区建厂

($y_i=1$)，要么不在这个地区建厂($y_i=0$)。约束条件(3－18)保证供应量非负。

该模型可以用 Excel 中的规划求解工具来求解。(注意，Excel 规划求解功能能够处理的可变单元格数量上限为 200 个，当问题规模大时，需要使用其他专业工具求解。)图 3－8 中给出了模型的数据表格。单元格 B14：F18 对应决策变量 x_{ij}，是从 i 地运送到 j 地的货物数量。单元格 B14：B18 对应决策变量 y_i。单元格 B22：B26 对应产能约束，即约束条件(3－15)。单元格 B28：F28 对应满足需求的约束，即约束条件(3－14)。单元格 B29 保证建厂数量为 2 个，即约束条件(3－17)。

	A	B	C	D	E	F	G	H
1	输入--成本 、产能、需求							
2		需求区域					固定成本	产能
3	供应区域	A	B	C	D	E		
4	A	81	92	101	130	115	9000	30
5	B	117	77	108	98	100	6750	30
6	C	102	105	95	119	111	9750	30
7	D	115	125	90	59	74	6150	30
8	E	142	100	103	105	71	6000	30
9	需求	12	8	14	16	7		
10								
11	决策变量							
12		需求区域					工厂(1=开工)	
13	供应区域	A	B	C	D	E		
14	A	0	0	0	0	0	0	
15	B	0	0	0	0	0	0	
16	C	0	0	0	0	0	0	
17	D	0	0	0	0	0	0	
18	E	0	0	0	0	0	0	
19								
20	约束							
21	供应区域	产能限制						
22	A	0						
23	B	0						
24	C	0						
25	D	0						
26	E	0						
27	满足需求	A	B	C	D	E		
28		-12	-8	-14	-16	-7		
29	建厂数量	0						
30								
31	目标函数							
32	成本	0						

图 3－8 约束条件和目标函数 Excel 数据表

各类约束条件和目标函数对应单元格的具体设置如下

单元格 B22：B26 单元格以 B22 为例，B22＝G14 ∗ H4－SUM(B14：F14)

单元格 B28：F28 单元格以 B28 为例，B28 ＝SUM(B14：B18)－B9

单元格 B29＝ SUM(G14：G18)

目标函数单元格

B32= =SUMPRODUCT(B4：F8,B14：F18)+SUMPRODUCT(G4：G8,G14：G18)

接下来用 Excel 的数据→分析工具→规划求解来调用规划求解功能求解，规划求解参数设置如图 3－9 所示。

图 3－9　规划求解参数设置

求解结果如图 3－10 所示。

决策变量						
	需求区域					工厂（1=开工）
供应区域	A	B	C	D	E	
A	0	0	0	0	0	0
B	0	0	0	0	0	0
C	0	0	0	0	0	0
D	12	0	2	16	0	1
E	0	8	12	0	7	1

图 3－10　求解结果

成本最低的选址方案是在市场区域 D 和 E 建厂。选址在 D 的工厂供应市场 A、C、D，选址在 E 的工厂供应市场 B、C。

三、零售设施选址模型

零售设施是物流网络中的最后储存点，对这些点的选址分析通常会对收入、可达性等因素高度敏感，而不像工厂和仓库选址那样更重视成本因素。是否接近竞争对手、人口构成、顾客交通模式、是否靠近互补性商店、是否方便停车、是否接近好的运输路线、社区对服务的接受程度等因素仅仅是影响零售设施选址众多因素中的一小部分。

重力模型是用来确定某位置吸引力或总体可取性的最常用的模型之一，所应用的就是零售引力法则，该法则与牛顿的万有引力定理极其相似。其基本思想是：对于两个相似的商店，顾客一般更倾向于去近的一家。其简单解释就是：在顾客 i 家周围的 n 家商店中，选择商店 j 的唯一原因是路上的时间 T_{ij}。所以对于邻近的几家相似的商店，一家商店 j 对顾客位于地区 i 的吸引力可 A_{ij}以表示：

$$A_{\mathrm{ij}}=\frac{S_{\mathrm{j}}}{T_{\mathrm{ij}}^{\lambda}} \tag{3-19}$$

式中，A_{ij}—商店 j 对消费者 i 的吸引力；

S_{j}—商店 j 的大小；

T_{ij}—消费者 i 到商店 j 的时间；

λ—一个用经验估计的参数，反映各种顾客行走时间的参数的效应(例如，一个大型购物中心其值为 2，而一个便利店的该值为 10 或更大一些)。

当考虑其他竞争商店的吸引时，引入一个比率 P_{ij}，假设有 n 家商店，P_{ij}表示来自 i 地区的消费者到商店 j 购物的可能性和概率。

$$P_{\mathrm{ij}}=\frac{A_{\mathrm{ij}}}{\sum_{\mathrm{i}=1}^{n}A_{\mathrm{ij}}} \tag{3-20}$$

用 E_{jk}表示所有消费者在商店 j 消费商品 k 的总和，则

$$E_{\mathrm{jk}}=\sum_{\mathrm{i}=1}^{m}(P_{\mathrm{ij}}C_{\mathrm{i}}B_{\mathrm{ik}}) \tag{3-21}$$

式中，P_{ij}—i 地区的消费者到j 商店消费的可能性；

C_{i}—地区 i 的顾客数量；

B_{ik}—地区 i 消费商品 k 的总预算数；

m—地区个数。

我们可以计算一个区域内，不同位置不同规模商场的预期利润，得到一系列某种规模的商场具有最大利润的潜在选址点。

［例 3－5］　有一个复印店选址位置在点 A($x=2$，$y=2$)。假设每个消费者订单的预算为 10 元。因为，便利对于消费者来说是一个非常重要的标准，假定 λ=2。如果我们希望在位置 B($x=3$，$y=2$)再开一家新的复印店，其作业能力相当于已有店的 2 倍，那么我们预期的市场份额有多大？已知周围共有四个顾客区域，顾客需求及与复印店距离如表 3－12所示。

表3-12 顾客需求及与复印店距离

选址点	顾客位置			
	1	2	3	4
新店(3,2)	2	2	3	2
老店(2,2)	1	1	4	3
需求(C_i)	7 000	2 000	3 000	5 000

解答：用式(3-19)计算两个复印店对四个区域的顾客的吸引力 A_{ij}，由于新店的工作能力是老店的2倍，所以设 $S_1=2$，$S_2=1$，用顾客与复印店距离表示顾客的到店时间。

老店对区域1的顾客的吸引力为 $A_{12}=\frac{S_2}{T_{12}^{\lambda}}=\frac{1}{1^2}=1$，所有吸引力如表3-13所示。

表3-13 复印店吸引力(A_{ij})

选址点	顾客位置			
	1	2	3	4
新店($S_1=2$)	0.5	0.5	0.222 2	0.5
老店($S_2=1$)	1	1	0.062 5	0.111
引力总计	1.5	1.5	0.284 7	0.611

接下来用式(3-20)计算四个地区的顾客到两个复印店的可能性。区域1的顾客到新店复印的可能性为

$$P_{11}=\frac{A_{11}}{\sum_{i=1}^{n}A_{i1}}=\frac{0.5}{0.5+1}=\frac{1}{3}$$

四个区域内的顾客到两个复印店的可能性如表3-14所示。

表3-14 顾客到两个复印店的可能性

选址点	顾客位置			
	1	2	3	4
新店($S_1=2$)	1/3	1/3	0.78	0.82
老店($S_2=1$)	2/3	2/3	0.22	0.18

接下来用式(3-21)计算每个区域的顾客到两个店的消费额。因为只有一种商品(复印)，所以 $k=1$。

区域1的顾客到新店的消费额为

$$P_{11}C_1B_{11}=1/3\times 7\ 000\times 10=2\ 333$$

所有顾客到两个店的消费额及两个店的市场份额如表3-15所示。

表 3－15 每月消费额(E_{jk})和市场份额(M_{jk})

选址点	顾客位置					
	1	2	3	4	每月合计	市场份额
新　店	2 333	333	2 340	4 100	9 106	57%
老　店	4 667	667	660	900	6 894	43%
总　计	7 000	1 000	3 000	5 000	16 000	100%

由以上计算结果可以发现，单从市场份额的角度看，大规模的商店进入社区会占有更高的市场份额。

四、传递服务型设施的选址模型

传递服务型设施选址的目标是用多点定点的方式来有效覆盖一定的地理区域。此类设施包括邮局、诊所、消防设施等。此类设施选址的决策步骤包括以下几步：

(1) 建立服务目标。这个目标要简单明了，例如，城市里的每个人都能在 10 分钟之内得到救护车的帮助。

(2) 用数学方法表示一个服务区域，根据普查区域、邮政编码、地区或者城市不同把顾客分组，从设施到顾客群的时间也必须知道。

(3) 确定各服务区的需求。对各顾客群的需求进行集中，然后合理安排各地区的服务产能。

(4) 列出潜在地址，确定地址和需求之间的关系。

传递服务设施的典型模型是覆盖模型，有两类覆盖模型，即集合覆盖模型和最大覆盖模型。覆盖模型可用于需求已知的需求点，能够确定满足这些需求点的需求的服务设施的最小数量和合适的位置。两类覆盖模型的区别是：集合覆盖模型要用最少数量的设施去覆盖所有的需求点；最大覆盖模型是在给定数量的设施下覆盖尽可能多的需求点。

(一) 集合覆盖模型

目标函数为：

$$\min \sum_{j \in N} x_j$$

约束条件为：

$\sum_{j \in B(i)} y_{ij} = 1,\ i \in N$；

$\sum_{j \in A(i)} d_i y_{ij} \leqslant C_j x_j,\ j \in N$；

$x_j \in \{0,\ 1\},\ j \in N$；

$y_{ij} \geqslant 0,\ i,\ j \in N$。

式中：N—$N\{1,\ 2,\ \cdots,\ n\}$，在研究对象中的 n 个需求点；

d_i—第 i 个节点的需求量；

C_j—设施节点 j 的容量；

$A(j)$—设施节点 j 所覆盖的需求节点的集合；

$B(i)=\{j \mid i \in A(j)\}$，可以覆盖需求节点 i 的设施节点 j 的集合；

$x_j=\begin{cases}1,\text{假如该设施位于节点 } j; \\ 0,\text{假如该设施不位于节点 } j;\end{cases}$

y_{ij}—节点 i 需求中被分配给节点 j 的部分。

（二）最大覆盖模型

目标函数为：

$$\max \sum_{j\in N}\sum_{i\in A(j)} d_i y_{ij}$$

约束条件为：

$\sum_{i\in B(j)} y_{ij} \leqslant 1,\ i\in N;$

$\sum_{i\in A(j)} d_i y_{ij} \leqslant C_j x_j,\ j\in N; x_j \in \{0,\ 1\},\ j\in N;$

$y_{ij} \geqslant 0,\ i,\ j\in N$。

式中：N—$N\{1,\ 2,\ \cdots,\ n\}$，在研究对象中的 n 个需求点；

d_i—第 i 个节点的需求量；

C_j—设施节点 j 的容量；

$A(j)$—可以被位于节点 j 的设施覆盖的所有节点的集合；

$B(i)$—$B(i)=\{j \mid i\in A(j)\}$，可以覆盖需求节点 i 的设施节点 j 的集合；

P—允许投建的设施数目；

$x_j=\begin{cases}1,\text{假如该设施位于节点 } j; \\ 0,\text{假如该设施不位于节点 } j;\end{cases}$

y_{ij}—节点 i 需求中被分配给节点 j 的部分；

第七节　供应链网络规划

一、供应链网络规划的困难

供应链网络规划通常有几个阶段，包括供应商、生产厂、仓库和市场。还可能存在像配送中心和转运点之类的中介设施。一个典型的供应链网络如图 3－11 所示。

供应链网络规划应该将有关国家、时期、产品、厂房、运输渠道、产品流量和库存的决策变量和限制条件联系在一起。目前，有三种因素导致全球供应链设计模型非常复杂，且难求出最优解。

首先，全球供应链模型中的税收、关税及本地化要求和法规、条例都使得供应链非常复杂。例如，实际利润可能由于税率的不同而有所差异，或者同一产品因其原产地不同而不同。如果建立全球供应链模型，那么模型中将需要更多的变量来表示产品。在短期内，企业只能通过改变供应链中的实物流或改变内部调拨价格来应对这些情况。使用调拨价格会导致非线性模型，这时的求解过程比相应的线性混合整数模型的求解过程更加困难。

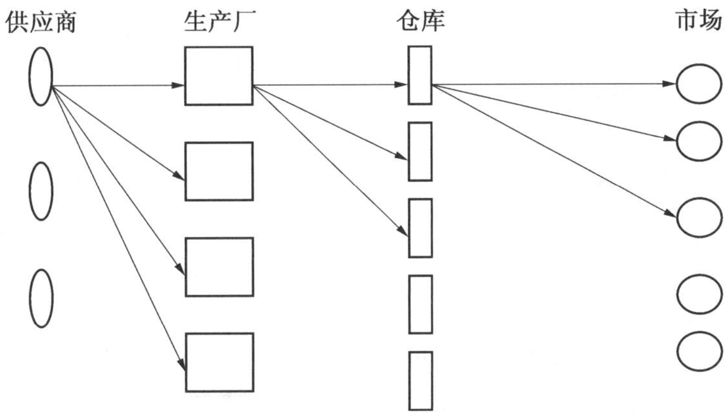

图 3－11　典型的供应链网络

其次，供应链中产品周转速度加快，生命周期缩短。由于全球供应链的范围更广，所涉及的距离和时间更长，所以上述情况导致模型的限制条件更加严格。某种产品从进入市场，经过成长、成熟阶段，到退出市场可能仅有几个月的时间。这意味着供应链模型必须缩短计划期长度，并且加入更多的策略型、甚至是运作型特征。其中，最重要的是将在途库存、经常性库存和安全库存结合在一起。典型的战略供应链模型将其自身限定为所谓的线性安全库存策略，即安全库存为平均需求的一定比例，比例数取决于客户服务水平的限制、需求的变化和补货提前期。供应链模型中包括到市场的时间（time-to-market）和总流程时间的最高值（maximum-total-flow-time）等，将供应链模型的公式从较普通的曲线表达式变为产地－目的地路径表达式，同时，大大增加了多层次供应链模型的变量数。

最后，全球供应链模型对跨越国界的各种经济条件都要同样有效，并且要有足够的灵活性和健壮性，能够应对突发的事件和改变，且能够适应不断变化的产品、客户和供应商。供应链中生产设施的寿命可能为 20 年，但是流经供应链的产品也许每几年就会彻底更新一次，所以物流基础设施不但要足以满足目前产品的需要，也要有一定通用性，以满足未来不同产品的需要。为确定最好的供应链，模型应作不同的假设，每个假设都包括各种各样的变量和限制条件，都具有一定的发生概率。

二、供应链网络规划的影响因素

供应链网络非常复杂，往往跨越了国家的界限，分布在更广的地理范围内。前文曾分析了很多影响设施选址的因素，在此不再赘述。除此之外，供应链网络规划还需要考虑到更多的影响因素，包括战略因素、技术因素、宏观经济因素、政治因素、对顾客需求的反应时间和地方性设施等，这些因素都会影响供应链的网络设计决策。下面我们详细讨论这些因素。

（一）战略因素

全球化的供应链网络，通过在不同国家布局不同职能的设施，能更好地支持其战略目标的实现。例如，耐克公司在亚洲的很多国家都有生产厂，在印度尼西亚的厂家注意成本节约，着眼于大批量的廉价产品的生产。相反，在韩国的厂家则注重反应能力，着眼于价格较高的新型号产品的生产。这些区别使耐克能够满足变化的市场需求并获得高额利润。

（二）技术因素

产品技术特征对网络设计有显著影响。如果生产技术能带来显著的规模经济效益，布局少数大容量的设施是最有效的。相反，如果设施建设的固定成本较低，就应该建立为数众多的地方性生产设施，因为这样有助于降低运输成本。

生产技术的灵活性影响到网络进行联合生产的集中程度。如果生产技术很稳定，而且不同国家对产品的要求不同，产品就必然在每一个国家建立地方性基地为该国的市场服务。相反，如果生产技术富有灵活性，就可以考虑在较少的几个大基地进行集中生产。

（三）宏观经济因素

宏观经济因素包括税收、关税、汇率和其他一些经济因素，这些因素是独立于单个企业的外部因素。随着贸易的增长和市场的全球化，宏观经济因素对供应链网络的成败产生了很大影响，迫使企业在进行网络设计决策时必须考虑这些因素。

1. 关税和税收减让

关税是指当产品或设备经过国界、州界和城市边界时必须支付的税收。关税对供应链网络的布局决策有很大影响。如果一个国家关税高，企业要么放弃这个国家的市场，要么在该国建设生产厂以规避关税。我国的彩电企业就是通过在海外建立工厂来规避欧盟的高额反倾销关税。高关税导供应链网络中的生产厂数量增加。随着世界贸易组织的成立和地区性协议的出现，关税已经下降，企业现在可以通过建立在一国以外的厂家向该国提供产品而无须支付高额的关税。因此，企业开始集中布局其生产和配送基地。对全球化企业来说，关税降低导致了生产基地的减少和每一基地生产能力的扩大。

税收减让是指国家或地区的关税或税收的削减，以鼓励企业在特定的区域布局。许多国家不同地区之间的税收减让不一样，以鼓励企业在发展水平较低的地区投资。对许多工厂来说，这种减让往往是布局决策的最终决定因素。

发展中国家通常建立自由贸易区，在自由贸易区里只要产品主要用于出口，就免收关税。这极大地吸引了全球化企业在这些国家建立工厂，以充分利用这里较为廉价的劳动力。

2. 汇率和需求风险

汇率波动对服务世界市场的供应链的利润有显著影响。一家公司若在美国销售其在日本生产的产品，生产的成本用日元衡量，而收益却用美元衡量，在这种情况下，该公司就面临着日元升值的风险。此时，日元升值将造成生产成本的增加，从而减少企业的利润。

企业可以运用金融工具化解汇率风险，因为金融工具可以限制或规避汇率波动带来的损失。然而，设计良好的供应链网络提供了利用汇率波动增加利润的机会。一个有效的方法是：在网络中多规划一部分生产能力，以使生产能力具有灵活性，从而能满足不同市场的需求。这种灵活性使企业可以在供应链中改变产品的流向，并且选择在当前汇率下成本较低的基地生产更多的商品。

（四）政治因素

政治稳定因素的考虑在布局中起着重要作用。企业倾向于将企业布局在政局稳定的国家，这些国家的经济贸易体系较为完善，拥有独立和明确的法制。这些因素都容易吸引企业在这些国家投资建厂。

（五）对顾客需求的反应时间和地方性设施

设计供应链网络时，企业必须考虑到客户要求的反应时间。企业的目标客户若能容忍较长的反应时间，那么企业就能集中力量扩大每一设施的生产能力。相反，如果企业的客户群认为较短的反应时间很重要，那么它就必须布局在离客户较近的地方。这类企业就应当设有许多生产基地，而每个基地的生产能力较小，由此来增加供应链设施的数量，缩短对客户需求的反应时间。

三、供应链网络规划框架

供应链的网络规划有三个特点：一是阶段多；二是参与者多；三是地理范围广。由于这三个特点，供应链网络规划的复杂性更高，前文的物流网络设计的一般程序在此不完全适用，需要一个全新规划框架的支持，如图 3－12 所示。这个规划框架可以分为以下四个步骤：

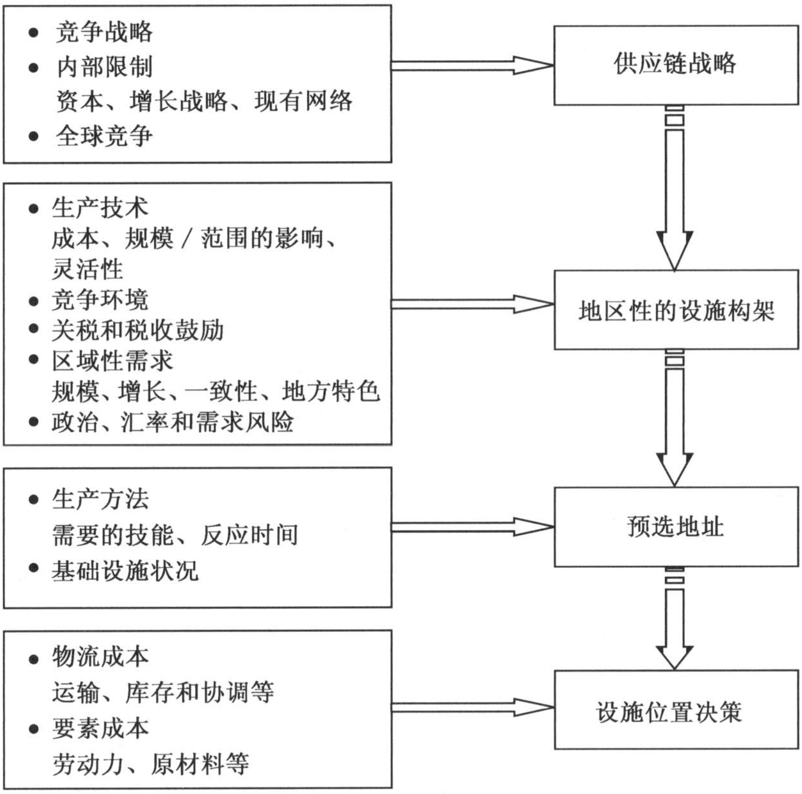

图 3－12　供应链网络规划框架

(一) 第一步：明确供应链战略

供应链网络规划第一步的目标是：明确企业的供应链战略以及供应链应该具备哪些功能，以支持企业竞争战略的实现。这从明确界定企业竞争战略开始。竞争战略是指供应链要满足的一系列顾客需求。接下来，管理者必须预测全球性竞争的变化趋势，还必须明白可用资本的限制以及企业是否可以通过利用现有设施或建设新设施来实现发展。

管理者必须在企业竞争战略、内部限制和全球竞争这些限制条件基础之上决定供应链战略，这样的供应链才会有效。

（二）第二步：明确地区性的设施架构

供应链网络规划第二步的目标是：选择设施布局的区域，明确设施的潜在作用及其最大容量。

第二步的分析从每个国家的需求预测开始。这种预测必须包含对需求规模的估计，并确定各个国家之间的顾客要求是否一致。一致的需求对集中布局设施有利，而不同国家的不同需求则适合较小的地区性设施的布局。

下面，决策者要弄清楚在当前生产技术下规模经济能否起作用。如果规模经济效益明显，用较少的设施满足较多的市场可能更好一些；如果规模经济和范围经济微不足道，那么，就比较适合使每一市场拥有自己的供应源。

然后，管理者要明确与不同地区市场相关的需求风险、汇率风险和政治风险，还必须清楚地区关税、地区对产品的特殊要求、税收减免以及各个市场的进出口限制。

管理者还必须弄清楚每一地区内的竞争者，并给出设施应当靠近或远离竞争者的理由，并明确每一市场的理想反应时间。

依据上述信息，管理者将能够勾勒出供应链网络中地区性设施的构架。这种地区性构架将决定网络中设施的数量和设施的布局区位，并决定哪个设施应当为哪个特定市场提供服务。

（三）第三步：选择合适的地点

供应链网络规划第三步的目标是在将要布局设施的区域范围内选择一系列的地点。理想的地点数量比将要建立的设施数量要多，以便第四步找出精确的区位。

地点的选择应当依据基础设施的状况进行，以便确保预想的生产方式能正常进行。基础设施包括硬件设施和软件设施。硬件设施包括供应商的存在、运输服务、通讯、公用事业以及仓储设施。软件设施包括可供雇佣的劳动力、劳动力转换以及当地社区对工商业的接受程度。

（四）第四步：设施位置决策

供应链网络规划最后一步的目标是选择精确的设施布局位置，并决定每个设施的容量。管理者应从第三步选出的一系列理想的地点中进行筛选，找出最优方案。

四、不确定环境下的全球供应链设计决策

全球化为供应链的发展提供了巨大的机会，也增加了风险。管理者在设计全球供应链网络时必须考虑长期的机会和不确定性。在一个供应链网络的生命周期内，企业会经历需求、价格、汇率和竞争环境等因素的变动。一个在目前环境下看起来不错的决定，当未来形势发生变化时可能会变得糟糕。在一个全球供应链中，需求、价格、汇率以及一些其他因素都是不确定的，并很可能在任何供应链决策的有效期内发生波动。在设计一个供应链网络时，管理者要做一些不同的决策，例如：

（1）企业应该选择一个本地的供应商还是选择一个海外供应商？

（2）应该签一个仓储空间的长期合约还是在需要时从现货市场获得空间？

（3）各种设施应该有多少产能？柔性产能比例应该有多大？

如果忽略不确定性，管理者将总是签比较便宜的长期合约，选择价格更低的固定生产能力。然而，如果未来需求或价格发生变化时，这样的选择可能会影响企业的绩效。我们可以

使用决策树方法将不确定性体现到网络设计过程中。

决策树是一种在不确定性环境下评价决策的图形方法，能够帮助我们评价当需求、价格、汇率和通货膨胀存在不确定性的环境下的供应链设计决策。决策树分析方法的步骤如下：

(1) 确定每个周期的长度(月、季度等)以及评价决策周期的数量 T。

(2) 确定在下 T 个周期需要考虑的波动因素，如需求、价格、汇率。

(3) 确定每个因素不确定性的表示形式，即用什么分布来描述不确定性。

(4) 确定每个周期的贴现率 k。

(5) 依据连续周期的状态之间的转移概率绘制决策树。

(6) 从周期 T 开始逐步返回到基期，在每个阶段上确定最优的决策以及期望的现金流。在某个周期中，每个状态的期望现金流在并入上一个周期时应折现。

[例 3-6]　同兴公司生产的某种游戏机产品在上海工厂生产，上海工厂的产能达到了每年 10 000 台。同兴公司正考虑两种增加产能的选择方案。第一种选择是再增加上海工厂 10 000 台产能，需要年固定成本 1 百万元加上每台游戏机产品的 50 元的劳动力成本。第二种选择是选择外包公司生产游戏机，同兴公司提供物料，由外包公司加工组装，每台收取的加工费为 200 元(不包括原材料成本)，每台游戏机的原材料成本为 800 元，同兴公司的售价为 1 500 元。同兴公司必须做出这个决策，并持续两年的时间跨度。在每一年中，游戏机的需求有 80%的概率较上一年增加 50%；有 20%的概率保持与上一年一样。外包公司的价格也可能变化，第一年固定，但是第二年有 50%的概率增加 20%，50%的概率保持不变。同兴公司使用的贴现率为 10%。请利用决策树来确定该公司应该增加上海工厂产能，还是应该使用外包公司？

解答：按照决策树分析方法的步骤解答本题。

(1) 此问题的周期长度是年，需要评价两个决策周期。

(2) 在接下来的两个周期中，需要考虑的波动因素有两个，一个是需求，一个是外包公司的价格。

(3) 两个不确定因素的变化情况如下

① 需求：有 80%的概率较上一年增加 50%；有 20%的概率保持与上一年一样。

② 外包公司的加工费第一年固定，第二年有 50%的概率增加 20%，50%的概率保持不变。

(4) 贴现率为 0.1。

(5) 绘制决策树如图 3-13 所示。

在周期 1，只有需求发生变化，外包公司的收费没有变化。周期 2，需求和外包公司收费都可能会发生变化。

(6) 确定最优决策。

同兴公司目前有两个备选方案，第一个备选方案是增加上海工厂产能 10 000 台，第二个方案是工厂产能不变化，使用外包工厂。

首先计算第一个方案的利润，在周期 2 时，若需求超过上海工厂的产能，则实际只能销售 20 000 台游戏机。增加上海工厂产能时周期 2 的计算结果如表 3-16 所示。

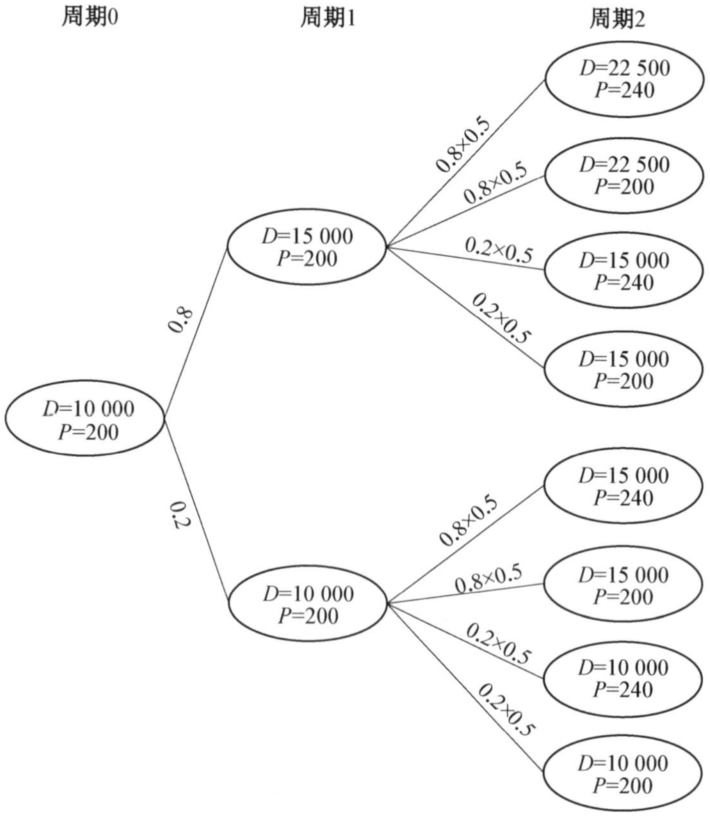

图 3-13　同兴公司的决策树

表 3-16　增加上海工厂产能时周期 2 的计算结果

节　　点	收　入	成　　本	利　润
$D=22\,500, P=240$	20 000×1 500	1 000 000+(800+50)×20 000	12 000 000
$D=22\,500, P=200$	20 000×1 500	1 000 000+(800+50)×20 000	12 000 000
$D=15\,000, P=240$	15 000×1 500	1 000 000+(800+50)×15 000	8 750 000
$D=15\,000, P=200$	15 000×1 500	1 000 000+(800+50)×15 000	8 750 000
$D=15\,000, P=200$	15 000×1 500	1 000 000+(800+50)×15 000	8 750 000
$D=15\,000, P=240$	10 000×1 500	1 000 000+(800+50)×15 000	8 750 000
$D=10\,000, P=200$	10 000×1 500	1 000 000+(800+50)×10 000	5 500 000
$D=10\,000, P=240$	10 000×1 500	1 000 000+(800+50)×10 000	5 500 000

当从周期 1 的第一个节点($D=15\,000, P=200, 1$)出发到第 2 个周期时，期望利润为：

$$\begin{aligned}&\mathrm{EP}(D=15\,000, P=200, 1)\\&=P(D=22\,500, P=240, 2)\times 0.4+P(D=22\,500, P=200, 2)\times 0.4+P(D=15\,000, P=240, 2)\times 0.1+P(D=15\,000, P=200, 2)\times 0.1=12\,000\,000\times 0.4+12\,000\,000\times 0.4+8\,750\,000\times 0.1+8\,750\,000\times 0.1=11\,850\,000\text{ 元}\end{aligned}$$

该期望利润在周期 1 中的现值为：

$$\begin{aligned}\mathrm{PVEP}(D=15\,000,P=200,1)&=EP(D=15\,000,P=200,1)/(1+k)\\&=11\,850\,000/1.1=10\,772\,727\end{aligned}$$

当从周期 1 的第二个节点（$D=10\,000$，$P=200$，1）出发到第 2 个周期时，期望利润为：

$$\begin{aligned}&\mathrm{EP}(D=10\,000,P=200,1)\\&=P(D=15\,000,P=200,2)\times0.4+P(D=15\,000,P=240,2)\times0.4+P(D=10\,000,\\&\quad P=200,2)\times0.1+P(D=10\,000,P=240,2)\times0.1=8\,750\,000\times0.4+8\,750\,000\times0.4+\\&\quad 5\,500\,000\times0.1+5\,500\,000\times0.1=8\,100\,000\text{ 元}\end{aligned}$$

该期望利润在周期 1 中的现值为

$$\begin{aligned}\mathrm{PVEP}(D=10\,000,P=200,1)&=EP(D=10\,000,P=200,1)/(1+k)\\&=8\,100\,000/1.1=7\,363\,636\end{aligned}$$

增加上海工厂产能时周期 1 的计算结果如表 3－17 所示。

表 3－17　增加上海工厂产能时周期 1 的计算结果

节　　点	收　入	成　　本	利　润
$D=15\,000$，$P=200$	15 000×1 500	1 000 000＋(800＋50)×15 000	8 750 000
$D=10\,000$，$P=200$	10 000×1 500	1 000 000＋(800＋50)×10 000	5 500 000

周期 1 中节点（$D=15\,000$，$P=200$）的总期望利润 $P(D=15\,000,P=200,1)$ 等于该节点在周期 1 中的期望利润与未来的期望利润的现值之和，即

$$\begin{aligned}P(D=15\,000,P=200,1)&=8\,750\,000+PVEP(D=10\,000,P=200,1)\\&=8\,750\,000+10\,772\,727=19\,522\,727\end{aligned}$$

周期 1 中节点（$D=0$，$P=200$）的总期望利润 $P(D=10\,000,P=200,1)$ 等于该节点在周期 1 中的期望利润与未来的期望利润的现值之和，即：

$$\begin{aligned}P(D=10\,000,P=200,1)&=5\,500\,000+PVEP(D=10\,000,P=200,1)\\&=5\,500\,000+7\,363\,636=12\,863\,636\end{aligned}$$

两个时期的总利润等于周期 1 中所有 2 个节点的期望利润现值之和，计算如下

$$\begin{aligned}&\mathrm{EP}(D=10\,000,P=200)\\&=0.8\times P(D=15\,000,P=200,1)+0.2\times P(D=10\,000,P=200,1)\\&=0.8\times19\,522\,727+0.2\times12\,863\,636=18\,190\,909\end{aligned}$$

其净值为 $\mathrm{PVEP}(D=10\,000,P=200)=18\,190\,909/(1+0.1)=16\,537\,190$

计算第二个方案的利润：当使用外包工厂时计算方法与方案一的计算过程类似，使用外包工厂时周期 2 的计算结果如表 3－18 所示。

表 3-18　使用外包工厂时周期 2 的计算结果

节　　点	收　入	成　　本	利　润
$D=22\,500, P=240$	22 500×1 500	(800+50)×10 000+(800+240)×12 500	12 750 000
$D=22\,500, P=200$	22 500×1 500	(800+50)×10 000+(800+200)×12 500	12 750 000
$D=15\,000, P=240$	15 000×1 500	(800+50)×10 000+(800+240)×5 000	8 800 000
$D=15\,000, P=200$	15 000×1 500	(800+50)×10 000+(800+200)×5 000	9 000 000
$D=15\,000, P=200$	15 000×1 500	(800+50)×10 000+(800+200)×5 000	9 000 000
$D=15\,000, P=240$	15 000×1 500	(800+50)×10 000+(800+240)×5 000	8 800 000
$D=10\,000, P=200$	10 000×1 500	(800+50)×10 000	6 500 000
$D=10\,000, P=240$	10 000×1 500	(800+50)×10 000	6 500 000

使用外包工厂时周期 1 的计算结果如表 3-19 所示。

表 3-19　使用外包工厂时周期 1 的计算结果

节　　点	收　入	成　　本	利　润
$D=15\,000, P=200$	15 000×1 500	(800+50)×10 000+(800+200)×5 000	9 000 000
$D=10\,000, P=200$	10 000×1 500	(800+50)×10 000	6 500 000

方案 2 的计算结果为

$$\begin{aligned}\mathrm{EP}(D=10\,000, P=200) &= 0.8\times P(D=15\,000, P=200, 1)+0.2\times P(D=10\,000,\\ &\quad P=200, 1)=0.8\times(11\,780\,000/1.1+9\,000\,000)+0.2\times\\ &\quad (8\,420\,000/1.1+6\,500\,000)=18\,598\,182\end{aligned}$$

其净值为 $\mathrm{PVEP}(D=10\,000, P=200)=18\,598\,182/(1+0.1)=16\,907\,438$
由计算结果可知，应选择方案二，使用外包生产商。

案例分析 1　某卷烟厂仓储物流中心的设施选址

一、项目背景和发展概况

(一) 企业简介

某卷烟厂创建于 1949 年 10 月，是全国 500 家最佳经济效益最大经营规模工业企业之一，也是全国烟草行业 36 家重点工业企业之一和杭州市重点培育发展的 26 家大企业大集团之一。现有职工 1 180 人，资产总额 50 亿元。近 10 年来销售收入一直保持 10%以上的快速增长。

近年来，某卷烟厂紧紧抓住提升品牌竞争能力这个主要抓手，面向市场，服务客户，遵循“高质量生产好每一支烟，对每一个顾客负责”的质量方针，坚持“以客户为中心、全员营销和持续改进”三大理念，以先进的技术、一流的设备、科学的管理、细致的服务为保障，产品深受消费者青睐，形成了四大系列分层次发展的产品格局。产品结构不断得到优化和提升。产品的知名度和信誉不断提高，形成了一个名牌群体。2003年销售收入71亿元，净利润8亿元，经济指标列全国百家烟草企业第5位，创造了历史最好水平。

现在工厂主厂区占地64 667平方米，具有综合办公楼16 631平方米，新建厂房44 676平方米，其中制丝、卷接包、成品烟自动输送堆垛系统和高架库，AGV自动车物流系统等专业设备分别从德国HUI/VI公司、意大利GD公司、荷兰STORK公司和瑞士SWISSLOG等公司引进，配套改造了众多的国产连接设备，并以引进为主改造了大部分公用工程，使总体装备水平达到了国际20世纪90年代末的水平。

“九五”技改后的某卷烟厂不但具有优良的生产和先进的装备，更重要的是获得了可观的经济效益和社会效益，仅以2003年来与1998年（技改末期）的比较来看，企业稳步发展，效益增长速度较快，如表3－20所示。

表3－20　某卷烟厂1998—2003年效益增加情况表

比　　较	1998年	2003年	增长率
产　　量	54.73万箱	72.58万箱	32.6%
销售收入	32.6亿元	71.05亿元	117.9%
税利总额	24.5亿元	51.8亿元	111.4%

（二）项目提出

某卷烟厂现有仓库六个，库存小，分散而不集中，对管理不利，调度不便，且设备落后，条件差，不适应卷烟生产要求，应该更新。从正常生产的要求，集中建设新仓库有必要。现有仓库情况如表3－21所示。

表3－21　现有仓库情况

序号	地　　址	用　途	占用面积/公顷	建筑面积/m^2	备　　注
1	杭州打铁关	烟叶辅料库	3.6	70 088	城市规划为居住区已要求拆迁
2	余杭九堡镇杨会村	烟叶	2.133	13 174	规划为居住区
3	杭州秋涛路503号	烟叶	1.18	4 592	规划居住区待拆迁
4	杭州万松岭路65号	烟比率	1	8 802	商贸旅游区
5	周浦上羊村	设备及废旧机件	2.78	9 156	旅游区
6	杭州石桥路211号	成品烟停料库	1.84	15 448	高速铁路线 位置
	合　计		12.533	121 260	

某卷烟厂生产实现了现代化，达到了国际先进水平，而仓储处于落后状态，从工厂生产系统工程、系统管理也要求仓储功能进行改造，要求新建工厂仓储物流中心与生产水平相适应。

杭州市加大旧城改造、规划大杭州的建设，要求某卷烟厂原有仓库迁建他地，从服从城市规划和改造的要求，也必须建设新的仓储物流中心，同时旧城改造迁拆项目还有一定赔偿，使工厂仓储物流中心建设从挑战化为机遇。

现代企业物流理念要求工厂进行物流再造，使生产过程转化为现代物流系统过程，推动企业现代化技术升级，所以这次仓库再造一定要立足于工厂仓储物流中心的基础上，立足物流系统全过程，全面提高某卷烟厂在市场中的地位。所以可行性研究报告中提出建物流中心的同时建设信息中心，因为现代物流与现代信息是不可分的。

综上所述，某卷烟厂建设工厂仓储物流中心及伴随的信息中心是必要的、必须的，也是紧迫的。

目前国内烟草行业仓储大都处于这种低标准状态，由于仓储条件差，烟叶受外界环境影响大，容易发生霉变、造碎、虫害等，造成损失十分大，复烤片烟、烟梗作为原料，很大程度上影响、决定着烟卷成品的产品质量和档次，国家烟草专卖局提出"三降一提高"工程(降低消耗，降低能耗，降低焦油，提高效益)。

设计和建设符合复烤烟梗、复烤片烟、卷烟成品及其他原辅材料合理贮存的仓库既是重要的降低消耗的有效手段之一，同时对片烟醇化的良好效果和其他元辅材料优质储存都是有益的。安全的仓储条件必将提高成品的质量，达到提高效益的目的。从改善仓储作业来说，很有必要更新建设新库以提高工厂竞争能力。

(三) 项目规模预算

针对工厂现状，对工厂现有仓储情况进行调查和了解，工厂现有六个仓库，共计占地12.533万平方米建筑面积121 260平方米，这些是原生产配套能力，由于城市规划都将搬迁，所以这些能力在新的仓储项目中必须补上，再加上租用的仓库近5万平方米。所以要维持目前的生产67万大箱卷烟能力就要建设约17万平方米的仓库面积。

工厂要发展，要前进，预测今后工厂生产产量要增长到100万大箱，这应当在建设的项目中予以考虑，库存面积应增减现有面积(包括租用的面积)的1.5倍，即25万平方米。这里面积要考虑到产量的增加，也要考虑到仓储条件的改善。

要建设25万平方米的建筑，按"卷烟厂设计规范"和一般工厂设计的要求建筑系数为30%～40%，如全单层按建筑指数42%，则需用地面积61.1525万平方米61.15公顷。

显然全部仓库均以单层建筑存储的方式是不合适的，对土地节约不利，现调整如下：

(1) 储量按生产100万大箱，烟叶储备2年(实际为3年)，烟梗储备1年，辅料储备2个月，成品储备1个月计算：

① 烟叶储备为132万担(按每箱用叶33 kg计算)。

② 烟梗储备为132万担(按每箱配梗4.95 kg计算)。

③ 辅料储备为4832吨(按每箱辅料用29 kg计算)。

④ 成品储量为8.9万大箱。

(2) 建筑系数按42%计算(绿化率18%)，所需土地面积如下：

① 烟叶和烟梗拟定为双层，按3包堆垛，需约土地24.3公顷。

② 辅料库房拟定为立体库，假定辅料库高度为24米，长150米，宽20米，面积为3 000平方米考虑，42%的建筑系数，则需征用约0.8公顷。

③ 成品库房拟定为立体库，假定成品库高度为24米，长150米，宽32米，面积为4 800

平方米考虑，42%的建筑系数，则需征用地约 1.3 公顷。

④ 假设办公楼占地 0.7 公顷；

⑤ 假设汽车队，拟定每一辆汽车所需面积 4 米×13 米，估计需汽车 80 辆，为 1.07 公顷；

⑥ 维修点及汽车场地等估算为 0.3 公顷。

综上各项所占用地块约 36.8 公顷，如表 3－22 所示。

根据城市规划部门的要求，绿化率要求 25%以上，从节约用地出发，调整部分仓库(原材料)为三层，用地控制在 33.3 公顷是适宜的。

某卷烟厂工厂仓储物流中心的规模定为配套 100 万大箱卷烟生产能力，用地 33.3 公顷，建筑面积 25 万平方米是可行的、必要的。

表 3－22　用地估算表

名　称	烟叶及烟梗	辅料库	成品库	汽车库及维修	办公楼及职工休息	道路、绿化等	全厂混合
库型(楼型)	双层库房	立体库	立体库	单层建筑	多层建筑	1	
需用土地/公顷	24.3	0.8	1.3	1.7	0.7	8	36.8

(四) 项目选址

项目选址后面有详细论述，这里将主要工作分列如下：

① 确定厂址选择原则；

② 对备选地块进行调查；

③ 重点堤地块行分析；

④ 做出选点报告；

⑤ 划定用地蓝线，签定有关协议。

二、市场分析与规模

(一) 市场分析

某卷烟厂在经营方面，纵向延伸，横向开拓，建立了销售信息网络，通过研究市场变化，加强市场预测，不断调整产品结构，注重产品的适销对路，搞好产品的转型换代。随着经济的发展，卷烟的消费水平日益提高，要求产品高档化、多样化。根据市场需求，某卷烟厂按照“精心选择，精心发酵，精心配方，精心加工”的原则和“少拍好，多品种，系列化”的方针进行卷烟生产和新产品的开发，提高了产品的知名度。也适应了不同层次消费的需求。

随着卷烟消费需求的变化，某卷烟厂多次展开了广泛的市场调研，“稳定发展高档烟，加快发展中档烟，调整发展低档烟，保持主骨干拍好健康成长”的基本方针指导下，开展了令新一轮产品改造开发，挖掘品牌潜力，提高产品技术含量和附加值，成功地改造了“利群”“雄师”“新安江”“杭州”“大红花”“西湖”等传统的品牌。使产品结构呈现了高、中、低多档次，系列化格局，三大规模板块均衡发展，提高了产品的市场覆盖率，增强了产品的市场竞争力。企业的生产规模进一步扩大，1999 年总产量首次突破 60 万箱，达到 60.47 万箱。

面对市场竞争的新形势，某卷烟厂加大了市场营销力度，制定了“送商联手，适度调拨”的营销策略，工商联手开展工作，组成利益共同体，使企业的产品优势和商业的市场信息优势有机结合起来，联手建设网点，搞好产品市场培育。厂调拨站制订了“两高两无”的挂钩方案，货源向市场培育好的地区倾料，运用名优产品，畅销牌号的产品供货量作为调控杠杆，推动了各级烟草公司经销杭产烟的积极性，某卷烟厂积极主动地掌握市场行情信息的第一手资料，深入全省各大烟市场了解商情信息，有关业务人员定期走访销售网点，向消费者和销售商了解杭产烟销售的动态情况。用准确、可靠的信息作为企业对市场采取灵敏调控，实现“以销定产”的依据。在全国卷烟产品的价格波动较大的情况下，某卷烟厂采用灵活的调控手段“价升扩量，价跌压量”，有效地防止了价格的大起大落。特别是高档牌号“利群”，在全国高档卷烟价格出现大面积滑坡的情况下，成功地实现了稳价阔量，带动了企业产品结构的优化和经济效益的快速提高，企业产销率一直保持在100%。

（二）规模确定

由于卷烟生产规模由烟草专卖局控制确定。2002年生产卷烟67万箱，产销率为100%，实现超过100%达70万箱，烟卷生产行业效益好的企业，也就是产销率好的企业，可以向效益差的企业购买生产指标，这也是卷烟市场竞争的法则，杭州卷烟是烟草行业的重点企业实际生产能力已达70万箱，奔逃仓储规模（生产纲要）按年产卷烟100万箱来确定是合理的，也是与时俱进的要求。

某卷烟厂实际生产规模也是逐年递增的，卷烟产量、产值、利税情况如表3-23所示。

表3-23　卷烟产量、产值、利税情况

年　　份	1998	1999	2000	2001	2002
产量/万箱	54.37	60.47	61.68	64.37	67
产值/亿元	32.6	38.9	43.6	45.6	56
利税/亿元	24.35	25	29.2	31.03	41.18

本配套仓储至少要适应10年后生产要求，所以建设工厂仓储物流中心的规模为适应某卷烟厂生产卷烟100万大箱能力是必要的，可行的。

（三）建设条件和选址

1. 选址

某卷烟厂工厂仓库物流中心选址除一般仓库选址所具备共同要求外，根据卷烟产生产及成品烟特点，对地块选点要求还有如下原则：

（1）地块集中，大约33.3公顷；与火车货运站距离近，货运站应具备货运房，且能够满足十多节火车车厢同时卸货的战线和站台；

（2）与高速或快速公路接近，便于货物向省各个县公司配送；

（3）与卷烟厂主厂近；

（4）运输道路尽量少红绿灯管制的交叉口，尽量少通过人多的繁华闹市。

选择七个备选地调查情况如下：

（1）杭州下沙区，因无此数量的土地供应而否定；

（2）杭州高新区之江科技园区，因仅剩3.3公顷地可供应，否定；

(3) 江干区经济开发区，虽同意入区建设，但要求与江干区民营企业合资生产 BOPP 卷烟辅料，地块以合资企业名义征用，厂房不能采用此种合作方式而否定；

(4) 萧山经济技术开发区(江东工业区)同意入区建设(萧山义蓬镇)，但该地块主厂区 35 公里(直线距离)，距勾庄铁路货运站约 38 公里，路途太远，基本否定；

(5) 萧山闻堰镇，土地供应存在问题，无法进入该镇工业园区；

(6) 萧山义桥镇，同意厂仓库进入镇工业园区；

(7) 余杭良渚镇，同意厂仓库进入镇工业园区。

2. 物流分析

重点分析比较萧山义桥镇和余杭良渚镇两块地，备选点物流情况比较如表 3－24 所示。

表 3－24　备选点物流情况比较

比较项目	萧山义桥镇	余　杭　良　渚　镇
地块位置	环城公路外沿，牌轩村和峡山头村	衢州路以东，运河以西
主厂区	16.72 公里	15.08 公里
库区通往主厂区道路情况	库区公路—快速通道—四桥—主厂区—道路宽敞	衢州路—石祥路—石桥路—高架路—厂区(高架路以后不能通行时，则只能走市区道路)要穿过整个市区，道路很复杂
拟选库区附近的货车站	① 临浦火车站 ② 萧山区火车站	① 勾庄火车站(规划中为杭州货运与危险品库区) ② 艮山门货运站(杭州市搬迁到杭钢以南地区，北站后面)
货运站距拟选库区距离(直线距离)	① 7.6 公里 ② 13.5 公里	① 约 3 公里 ② 约 5 公里
货运站通往库区道路情况	要通过义桥镇区道路，没有红绿灯	指通过城郊结合区，行人较少

3. 经济分析

从原辅材料运输、成品烟运输及两选点供应土地时的费用情况等三方面来分析：

(1) 原辅材料运输。

余杭方案：余杭良渚站(勾庄站)—余杭库点—厂内

萧山方案 1：萧山临浦站—萧山库点—厂内

萧山方案 2：余杭良渚站(勾庄站)—萧山库点—厂内

备选点原辅材料运费比较如表 3－25 所示。

表 3－25　备选点原辅材料运费比较

方　案	产量 60 万箱/万元	产量 100 万箱/万元	备　　注
余　杭	169.45	282.42	价格最小
萧山 1	212.74	354.56	价格适中
萧山 2	315.43	525.7	价格最大

从上表可看出，选点在最不利的萧山方案2情况下，即仓库在萧山，货运站在勾庄，以100万箱产量计算时，原辅材料的运输费用较余杭方案高约243万/年。

(2) 成品烟的运输。

余杭方案：厂内—余杭库点—省内配送

萧山方案：厂内—萧山义桥库点—省内配送

其中余杭方案较为不利，因为全省共有75个分县公司，其中65个分县公司必须经萧山向各有关的分县公司运输成品烟，当成品库存选址在余杭时，其成品运输费用必多无疑，具体如表3-26所示。

表3-26　备选点成品运输费用比较

方案	60万箱/万元	100万箱/万元	备　注
余杭	938.07	1 127.61	
萧山	694.53	833.69	有约87%的成品烟必须经萧山向省内配送

成品烟的运输费用余杭方案比萧山方案增加约294万元。

(3) 两选点供应土地时的费用情况。

余杭、萧山土地在购置时发生的费用比较：

余杭要求33.3公顷土地资源占用费每年为450万元，交付到土地购置期50年为止，其年金值(以2%年利率计算)为14 140万元。购置土地所需的费用余杭方案比萧山方案高10 465万元。

4. 选址结论

本次选点工作是以扩大视野，多址广选，逐步分析，逐步缩小选点范围的工作方法进行的，最终以两个地块作为重点，进行环境情况、经济情况分析。

在此基础上，我们认为从以下五个方面论证，可以得出最后结论：某卷烟厂工厂仓储物流中心定点选用萧山地块比选用余杭地块为优。五方面的分析如下：

(1) 萧山地块和余杭地块距主厂区直线距离仅差1.64公里，基本相同，可以认为两拟选址无远近之分。

(2) 从生产视角来分析，保证生产仍重中之重，即库区到主厂区道路畅通，应为选择仓库地址的首选条件，因为萧山地块到主厂区道路宽敞，红绿灯极少，行人也较少。因此仓库地址首选萧山地块是合理的。

(3) 从销售视角来分析，仓库地块到销售区的运输方便、价廉、安全是销售环节中的重要方面。由于省外客户来自四面八方，又以来车自提为主，仓库位置对宗运输量影响甚微；就省内客户而言，由于杭州地属浙北区域，我厂大量销售区域(约在省内总销售区域的86%)处于杭州之南，从萧山发货比较便利，不用穿越市内的繁杂道路，故从销售角度分析，仓库选址首选萧山也是合理的。

(4) 运输：以产量100万大箱/年为例，仓库选址在萧山比选在余杭可节省运输费用(包括原辅材料、成品烟运输)，即使在极端状况，也有52.7万元/年。

(5) 地价(包括地价、关税、配套费、拆迁辅助等)：选用萧山地块为：258.09万元/公顷，征33.3公顷，总计12 290万元；余杭地块每亩收取17.23万元外，还要求每年上缴土地资源费 450 万元，按年利率 2%计算，则年净现值为 14 140 万元，所以征余杭地块共需支付 22 755 万元，两者相差为 10 465 万元，显然萧山地块价格上占优势。

选用萧山地块唯一缺点就是火车货运站的问题，无论是临浦还是萧山站都太小，尤其是临浦站更差，临浦站还没有货站房，按目前情况是不能用的，但是作为杭州城内南部区域，扩大货站的可能性很大。在调研时也听到要扩建的消息（临浦站长助理语），如果目前不扩展，在短时间内仓库选址在萧山，货站在良渚（即极端情况下）亦比选在余杭要节省 52.7 万元/年，这还没有计算萧山与余杭地块费用的节省。

综合上述五方面的分析，某卷烟厂仓库的选址的结论应为萧山义桥牌轩村、峡山头村。

案例分析 2　智能快递柜：丰巢、菜鸟、e 栈三足鼎立

从 2016 年起，为了突破末端配送的"最后 100 米"，快递物流公司纷纷发力智能快递柜，丰巢、菜鸟驿站、e 栈……类型不一的快递柜被搬进小区、办公楼下，甚至学校里。顺丰、菜鸟、中国邮政在智能快递柜领域三足鼎立的局面基本形成，阵营分化日趋明显，快递物流企业可尝试打通数字化物流服务链，为消费者提供个性化的选择，并由此拓展增值服务，或许能减轻快速布点所背负的压力。

一、智能快递柜三足鼎立的局面形成

2016 年 6 月，顺丰、申通、中通、韵达、普洛斯中国宣布共同投资丰巢科技，致力于研发运营丰巢智能快递柜，拟通过 24 小时自助开放平台，解决快递"最后 100 米"的痛点。2017 年 1 月，丰巢得到由鼎晖领投，国开、钟鼎等跟投，原始股东追投的累计 25 亿元 A 轮融资。2018 年 1 月，申通和顺丰联合多家投资方再度向丰巢注资 20.7 亿元，不过这次战略融资中并未出现中通的名字。后有消息称，中通在 2018 年 3 月已经将持股比例减至 7.75%。

以中国邮政为主的融资重组变更结果显示，速递易 2017 年 7 月整合了中国邮政的 2.1 万组快递柜之后，柜体规模将增至 7.7 万组左右，市场份额飙升至 44%，达到接近一半的市场份额。截至 2018 年 5 月，中邮速递易智能快递柜规模已达到 8.4 万组；丰巢并购中集 e 栈后的公开数据显示，整合 e 栈的 2 万组柜体后，截至 2017 年 9 月，丰巢总体柜量约为 7.5 万组，仍少于中邮速递易；菜鸟以自有品牌入局智能快递柜，菜鸟驿站的设备将采取直营铺设模式，选择一线或有限的核心城市来布局。

二、智能快递柜整体盈利情况不理想

截至 2018 年 5 月 31 日，丰巢科技的资产总额为 63.11 亿元，负债总额为 17.32 亿元，净资产为 45.79 亿元；2018 年 1—5 月的营业收入为 2.88 亿元，净利润为−2.49 亿元。

除了丰巢外，智能快递柜公司都不好过。智能快递柜先行者速递易母公司三泰控股的财报显示，2016 年速递易的收入为 2.24 亿元，比 2015 年下降了 27.43%，并且亏损严重，2017 年一季度速递易的亏损近 3 000 万元。

从用户层面上看，智能快递柜的寄件价格不菲。以广州为例，丰巢柜寄件可选择的快递

公司包括顺丰、中通、申通以及韵达。丰巢寄件价格按规格划分，具体如下。顺丰快递小格口 20 元、中格口 36 元、大格口 52 元；中通快递小格口 10 元、中格口 20 元、大格口 30 元；申通快递小格口 15 元、中格口 25 元、大格口 35 元；韵达快递小格口 10 元、中格口 20 元、大格口 34 元。此外，丰巢内取件时间间隔超过 24 小时就得关注丰巢微信公众号并绑定手机号才能取件。从体验来看，智能快递柜实际上并没有实现“最后 100 米”的便捷。

三、末端配送需衍生智能化服务

智能快递柜市场发展前景巨大，从中长期来看，300 万～500 万组的市场容量才能满足用户需求，但从现有的快递柜市场来看，还没有一家超过 20 万组，快递末端投放快递柜的比例还很低，目前的铺设量无法满足正常的使用需求。

国金证券分析认为，虽然快递行业增速从 2016 年之前的逾 50%降至 30%左右，但市场空间为 4 000～5 000 亿元，且受到电商提振，快递需求有向三、四线城市下沉以及向西部城市蔓延的趋势。在此背景下，提供更好的终端服务，推动业务量的提高，成为快递企业的重要竞争领域。

中邮速递易执行副总裁周小夏曾透露要加大在末端物流的智能化投入，利用新零售浪潮打造智慧物流生态平台。据了解，丰巢的服务模式也将进一步更新升级，倾向于多样化创新化发展，可以进行社区洗衣服务、自助购彩服务、丰巢柜售货服务等。此外，丰巢通过有赞开设了“丰巢特惠商城”，目前生鲜水果为第一大品类，此外还有美妆、酒水与家居等。

顺丰、菜鸟、中国邮政在智能快递柜领域三足鼎立局面基本形成，阵营分化日趋明显，快递物流企业可尝试打通数字化物流服务链，为消费者提供一些个性化的选择，并由此拓展增值服务，或许能减轻快速布点所背负的压力。

复习思考题

1. 物流网络布局会如何影响企业绩效？

2. 请简述物流网络设计的过程。

3. 在一个组织内，谁会涉及网络设计项目（运营、销售、市场）？在哪些方面涉及？

4. 对于下列设施的选址，列出你认为重要的影响因素，给出你分配给各因素的权重并给出权重分配的理由。

① 汽车装配厂；② 餐厅；③ 消防站；④ 无偿献血中心。

5. 请你为一个食品供应公司选择一个新店面的位置。在直角坐标系中，潜在顾客的位置为(4,4)，(12,4)(2,7)，(11,11)(7,14)。需求的期望权重为：$w1=4$，$w2=3$，$w3=2$，$w4=4$ 和 $w5=1$。

(1) 用城市距离计算，推荐一个店面的地址，要求所有顾客到达新店面的总距离最短。

(2) 将(1)中的结果作为一个初始解，用欧几里得距离进行重新计算，推荐一个新的最优位置。

6. 采用仿真模型、最优化模型、启发式模型解决问题会有什么不同？

7. 多设施选址问题的相关成本有哪些？

8. 居民小区 A 的人们在当地服装店的花费是 10 万元，居民小区 B 的人们花费是 8 万元，居民小区 C 的人们花费是 20 万元，只考虑两家服装店——真彩服装店和衣恋服装店，表 3-27 是每个小区到每家服装店的出行时间。运用重力模型，确定各小区的居民在每家商店的花费。(两家商店规模相当，假定 $\lambda=2$)

表 3-27　三个居民小区到两家服装店分别需要的时间

商　　店	居民小区 A	居民小区 B	居民小区 C
真　　彩	10 分钟	30 分钟	10 分钟
衣　　恋	15 分钟	20 分钟	20 分钟

9. 进口关税和税率如何影响供应链中设施的位置决策？

10. 请简述供应链网络的规划框架。

11. 骏马公司是一家汽车零部件制造企业，目前正在选择 MRO 物料供应商。两家供应商的服务水平和提前期类似，但是费用结构不同。供应商 A 的费用结构是在产品销售价格基础上收取 5%公佣金。供应商 B 是先预收两年期的 1 000 万元订金，然后按每次交易的产品价格收取 1%佣金。骏马公司每年大约花费 1.5 亿元采购 MRO 物料，具体金额会随着它们的使用而变化。下一年有 75%的概率仍将花费 1.5 亿元，也有 25%的可能性将 MRO 物料开支下降 10%。第二年，有 50%的概率其 MRO 物料费用支出与第一年相同；有 50%的概率会下降 10%。骏马公司的贴现率为 20%。假设所有成本都发生在每年年初。请问该公司应从哪个供应商处采购 MRO 物料？

第4章 运输管理

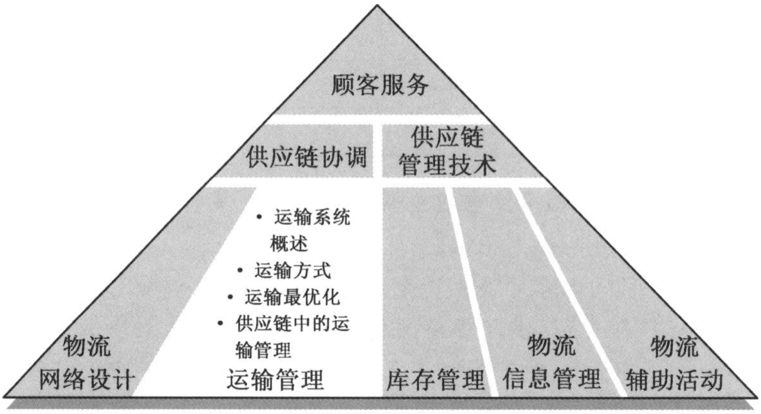

运输是物流系统中最直观的功能要素之一，也是物流过程中开支最大的环节，通常运输费用占企业物流费用的40%～50%。企业可以通过自营实现运输功能，也可以选择外购运输服务，许多物流管理者会将自营与外购两种方式结合。当企业外购运输服务时，供应商除了提供将货物从供应地转移到客户手中的运输服务外，还会提供多种多样的增值服务，如对产品进行分类、排序、改装、即时交付等。

在20世纪80年代以前，企业物流管理的目标主要是降低产品配送方面的出货运输成本和仓储成本，强调通过产品运输和仓储环节的整合降低物流总成本。在物流管理向供应链管理发展的过程中，管理的焦点延伸到整个供应链中的产品、信息、资金的流动中。如果无法实现高效的运输管理，那么采购、生产和客户服务等运作活动都无法达到预期的目标。运输的意义已远远超过了简单地把产品从一个地方运送到另一个地方。

运输借助运输工具，驶经一定的运输路径，实现物品的空间位移。运输工具、运输路径连接起运输活动的起点和终点，运输连接点、运输路径、运输手段构成了运输网络，如图4-1所示。运输连接点可能是车站、物流中心、港口、机场、货堆场等，通过一定的运输路径，如公路、水路、空路、铁路等，使用汽车、船舶、飞机、火车等运输手段，实现货物空间上的移动。运输系统把这些要素有组织地结合起来，更好地发挥运输的总体效率。运输管理的目标是在满足客户服务水平的前提下，用最低的运输成本连接供货地点和客户。

本章第一节将对运输系统进行概要阐述。第二节对基本运输方式的相关内容进行讨论，包括基本运输方式、多式联运和运输定价问题。第三节介绍了运输优化的模型与方法，

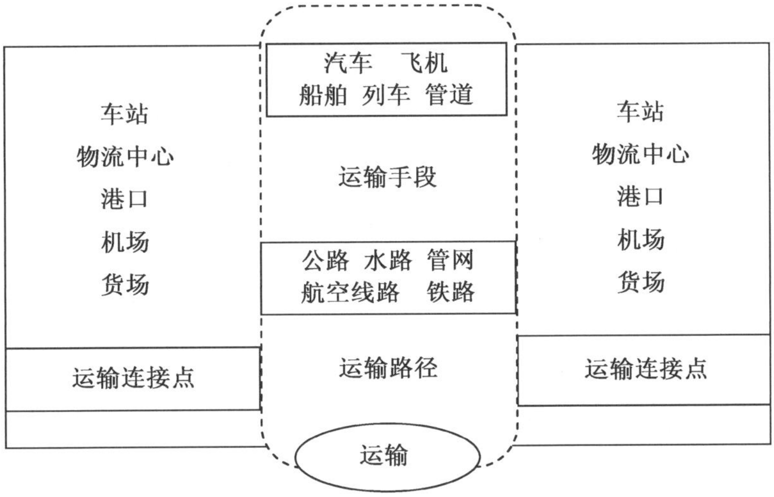

图 4-1 运输网络示意图

包括运输方式选择、货物运输调配、货物配载、运输路线优化和运输时刻表制定等。第四节讨论在供应链环境下的运输管理问题。

第一节 运输系统概述

一、运输系统的重要性

运输是物流的主要功能要素之一。运输不仅对物流活动有重要意义，而且对整个社会经济发展产生深远的影响。文明的发展与运输系统的发展直接相关。古埃及的强大说明了水运这种运输方式在当时的重要性。尼罗河把埃及的土地连在一起，它给埃及提供了运输物品的通路、通信的通路和士兵保卫国家的通路。像所有其他的运输方式一样，尼罗河也影响了社会政治和文化的发展。罗马帝国的成功部分是由于道路系统把遥远的地方连接起来，使通信、贸易和军事战争成为可能。

运输活动对人类文明有着重大却不易察觉的改变。首先，运输引发了地区生产专业化，使某地区不必具备生产各种产品的能力，只需要生产该地区最具优势的产品；使某地区能够运出过剩的产品，运进质量更高的产品。这也正是各国之间自由贸易形成的原因。其次，只要节省的生产成本高于运输成本，专业化水平就会不断提高，产品的产销不再受地域限制，大规模生产成为可能，这提高了社会的整体效率。最后，运输使得土地可以用在最适合的方面，直接提升了土地的价值。

二、现代运输的发展

运输作为社会生产力的有机组成部分，通过完成社会产品的流转发挥着作用。交通运输系统也保证了人们在各地之间、一个国家以至世界范围内，政治、经济等方面的联系。现代运输的发展，一般可划分为五个阶段：

（一）水运阶段

水运是古老而又现代化的运输方式。在18—19世纪，资本主义早期的工业发展，大多沿通航水道设立工厂，对水运的依赖性很大。

（二）铁路运输阶段

从19世纪初铁路投入使用后，工业发达国家相继建造铁路。铁路运输现已成为占货运量比重最大的运输方式。

（三）新运输方式的发展阶段

进入20世纪30年代，公路、航空、管道运输相继崛起，发展迅速。

（四）综合运输阶段

对综合运输问题的认识始于20世纪50年代。综合运输的核心在于调整铁路、公路、内河水运、管道运输的分工配合，形成均衡、衔接、协调的现代化运输体系。

（五）集装箱运输阶段

20世纪50年代，集装箱运输开始在海、陆出现并得到发展。特别是20世纪80年代后，集装箱运输发展得尤为迅速，这种现代运输方式由公路、铁路、水路推及航空领域。集装箱运输逐步形成了世界性的集装箱运输体系。

三、运输与可持续发展问题

运输是物流业的一个重要组成部分，其自身也是一项重要的产业。交通运输业是人类赖以生存和发展的重要产业部门，而且是经济全球化的重要推动力，其发展极大地促进了经济和社会的发展。但是，随着经济的增长和运输量的扩大，交通运输的社会成本也越来越大。这是因为交通运输的发展会占用土地、消耗大量资源，产生废气、噪声等环境污染，同时，还会造成交通拥挤、交通事故等，加大了间接社会成本。

（一）能源消耗

首先，交通运输业的基础设施建设会占用大量的土地资源。其次，交通运输对能源的依赖性很强，而我国是人均能源占有量相对较少的国家，能源问题日趋紧张。交通运输系统使用的能源主要是矿物燃料，如石油、天然气和煤，而矿物燃料正在以比它们的形成快10万倍的速度被消耗着。此外，交通运输系统的能源消耗还包括间接的能源消耗，如道路的建设和养护的能源消耗以及制造和维修运输车辆的能源消耗。

（二）环境污染

环境是与人类生存关系最密切的客观条件。随着汽车工业和道路事业的发展，机动车拥有量日益增加，道路网密度不断提高，致使道路交通所产生的某些不良现象如噪声、废气、振动、电磁波等相应增加，直接或间接地破坏了生态平衡，危及人们的生理、心理健康，严重影响了人们正常的工作与生活，成为一个不可忽视的公害问题。目前，我国城市的空气污染已经到了很严重的程度，其中，交通运输排放的废气是大气污染的主要来源。

交通运输需求的增加和交通运输业的发展势必给环境带来负面的影响。如何缓解交通运输对环境的负面影响是一个系统工程，也是物流业必须要面对的问题。在竞争越来越激烈的形势下，社会对运输服务的要求越来越高。从控制、降低运输成本、减少大气污染和交通阻塞等角度来说，需要使用新能源、新技术来提高运输效率和减少能耗，实现最佳的运输活动水平和环境友好型的交通运输方式，使其能满足社会经济发展的需要。

四、运输的参与者

运输决策主要受到以下五个方面因素的制约：① 发货人和收货人；② 承运人和代理人；③ 政府；④ 互联网；⑤ 公众。为了理解运输环境的复杂性，研究每一方面的作用和相互关系是很有必要的。

(一) 发货人和收货人

发货人和收货人有共同的目标，即在一定时间内以最低的成本把产品从起始地运往目的地。在此过程中，运输所提供的服务包括明确的提货和交货时间、预计的运输时间、零货物损失、零货物损坏、及时准确的信息交换以及运费结算等。

(二) 承运人和代理人

承运人是提供运输服务的商业机构。作为商业服务企业，承运人一方面希望尽可能多地向客户收取高额费用，另一方面努力将完成运输所需的人工、燃料、车辆等相关成本降到最低。为了实现上述目标，承运人会想方设法协调提货和发货时间，将不同发货人的产品集中在一起进行集拼运输。经纪人和货运代理公司都属于运输代理人，他们在货运公司和客户之间起到协调作用。

(三) 政府

由于交通运输对支撑和保障经济社会发展的重要作用，政府对运输活动颇为关注。为了支持经济增长，政府希望创造一个稳定高效的运输环境。同时政府也使用了一些手段促进承运业的发展，如支持研究工作以及提供公路、机场等运输必备设施。我国正力争建成普惠均等、便捷高效、智能智慧、安全可靠、绿色低碳的综合运输服务体系。

(四) 互联网

近年来运输业的一个变化就是出现了大量基于互联网的运输服务。利用互联网进行沟通可以使承运人与客户和供应商一起实时地共享信息。除了在物流运作中直接用互联网进行企业之间的沟通外，近年又出现了各种类型的网上公司。这些网上公司一般可以提供两种类型的市场：第一种是用于交换信息的市场，针对承运人的运输能力与现有货物进行匹配；第二种形式的信息交换与燃料、设备、部件和补给品的采购直接相关。通过互联网进行的信息交换使承运人能够将不同的采购订单合并在一起，在一大批潜在的卖主中寻找机会。

(五) 公众

运输体系中的最后一个参与者是公众，通过购买商品，公众间接地对运输提出了需求。公众的需求与运输的可得性、运输费用、运作效率以及环境和安全标准都有关系。虽然最低运输成本对于消费者而言十分重要，但同时也应该充分地考虑对环境的影响和安全问题。

运输参与者们会相互作用，因此，运输政策相当复杂。这种复杂性常常会导致发货人、收货人和承运人之间出现冲突或纠纷。保护公众的利益一直都是政府制定经济和社会规章的主要目的。

五、自营运输与外购

自营运输是指货主自己承担货物的运输，即自备车辆，自行承担运输责任，自行从事货物的运输活动。自营运输决策是一个典型的“自制”与“购买”的决策，一个公司必须决定自制(从事自营运输)和购买(使用受雇承运人)哪一个更合适。

最普遍的自营运输形式是自有货车运输，水路运输中也有一部分是自营运输，一些公司通过购买或租赁船舶，承担煤炭、矿石或石油的运输。铁路自营运输是指货主租赁或购买列车来完成货物的运输，因为设备投资高，自营运输并不普遍。在航空运输方面，一些快递公司为了保证运输速度也购买航空器，进行自营运输。

(一) 自营运输的优点

自营承运人不为公众提供服务，而是通过运输自己的原材料和产成品为自己服务。采用自营运输主要有以下两个优点。

1. 提升服务

自有运输车队可以使企业在运输上有更多的控制力和灵活性，能够及时对客户需求做出反应。反应能力的提高源于自有承运人对车辆派遣、路线选择和车队运送时间的直接控制。这种控制意味着自有承运人能够缩短到客户的运输时间、降低存货水平，甚至降低缺货的可能性。

有时企业采用自营运输是由于无法寻找到合适的承运人。有些企业运输货物需要特殊的设备，但是很难找到拥有这些设备的受雇承运人，这些企业不得不在业务中进行自营运输(例如，低温物品或液化气需要用密封加压的运输拖车)。另外，企业需运输易碎货物时，往往很难以一个合理的时间和价格找到一个受雇承运人愿意提供这一服务。企业最后只有转向自营运输。

2. 降低成本

有研究表明，自营运输满载率达到80%时才会比受雇运输便宜。因此，对于企业而言，只有运量很大时，自营运输服务会比外购服务更经济些。成本降低来自两个方面。一方面，自营运输排除了受雇承运人的利润，可以从一定程度上降低成本。另一方面，使用自有运输能够有更多的控制权和灵活性，可能会缩短运输时间，从而帮助企业和客户降低存货水平，节省成本，可能产生的成本节省依赖于存货的总价值。对于那些在货物起运地和目的地之间的两个方向上都有货物运输，而且产品价值很高的企业来说，自营运输的优点更明显。

(二) 自营运输的不足之处

1. 空车回程

若在货物起运地和目的地之间只有一方有货物，则运输车辆会空车返回。空车返回的成本也会计算在满载出货(进货)的成本中，这样货物运输的成本实际上是单程运输的两倍。这是自营运输成本较高的原因。

2. 缺乏专业货运管理技术

因为内部缺乏专业的管理者，企业出于管理好车队的目的必须从外部雇用管理者，这样就增加了管理成本。

3. 资金可用性低

资金可用性低也成为使用自有运输的企业的严重问题。那些投入卡车、拖车以及维护设施上的钱对于公司的主要业务来说就是不可用的。

4. 企业要承担货物丢失和损坏的风险

为防止可能的损失，自有承运人要购买货物保险。自有运输车队也存在着车辆事故导致的公共责任风险。随着自有运输运作范围的扩大，需要紧急服务的可能性也在增加。道路事故可能会降低服务水平，甚至对销售量和利润都产生影响。

虽然自营运输存在这些缺点，但实际上自有车队的存在也说明，对有些公司而言自营运输的优点大于缺点。企业对自营货运的成本效益分析不论在评价阶段还是在整个车队运作过程中都很关键。

六、运输服务的特征

运输是对使用者的一种服务，购买这种服务和购买产品的基本特点差不多。托运人以一定的成本从运输承运人那里可以购买到运输服务，能够以不同的价格从不同的承运人那里购买到不同方式的运输服务。如果托运人选择简单的运输方式，则价格也可能较低。然而，价格更高的运输服务可能是更好的选择，因为更快、更好的运输服务有可能降低其他方面（如库存）的成本。

货物托运人对运输提供者有不同的服务要求。可以将所有运输服务的基本特征归结为五点，即运输成本、运输时间和运输时间的可靠性、安全性、可达性以及受理能力。一些关于运输服务特性重要性程度的调查显示，运输成本、运输时间和运输时间的可靠性最为重要，是最受托运人关注的运输服务特征。

（一）运输成本

对托运人来说，运输服务的成本（价格）就是运输货物在途运费加上提供额外服务的所有附加费或运输端点费用。如果使用受雇运输，那么，运输服务的总成本就是货物在起止点之间运输收取的费用再加上所有附加费，如起点的拣货费、终点的送货费、保险等。如果是自营运输，那么，运输服务成本就是分摊到该次运输中的相关成本，包括燃油成本、人工成本、维修成本、设备折旧和管理成本等项目。

（二）运输时间和运输时间的可靠性

运输时间和运输时间的可靠性是影响库存持有成本和缺货水平的两个关键因素。运输时间越长，库存持有时间也越长，库存水平就越高。例如，若某地区的服装供应从生产商到零售店需要 45 天的运送时间，当这批服装在运送途中停留 45 天时，买方或卖方就要支付 45 天的在途存货成本。如果利用航空运输将运送时间缩减至 15 天，在途的存货资金成本就会减少 30 天。另外，货物运送时间越长，潜在的缺货成本越大。就上面提到的服装的例子来说，零售店内服装的缺货最长可能达到 45 天，在这段时间内会失去很多销售机会，会产生潜在的销售利润损失。较短的货物运送时间减少了潜在的缺货成本。

对于起止点相同、使用同种运输方式的货物每次运输的在途时间不一定相同，因为天气、交通情况、中途经停次数、合并运输所用的时间不同等都会影响在途时间。多次同样运输服务间出现的时间变化，称为运输时间的可靠性。如果运输时间的可靠性良好，集货和配送时间稳定，那么，托运人和收货人会更容易地优化存货水平并使缺货成本达到最小。不可靠的货物运送时间要求收货人增加存货量以防止缺货情况的发生。运输时间的可靠性是衡量运输服务不确定性的指标，它直接影响着对运输服务的需求，托运人将从不可靠的运输方式转向可靠的运输方式。同时，客户可能放弃不能提供可靠送货服务的供应商，而选择能够提供可靠送货服务的供应商。

（三）安全性

安全性反映了承运商提供运输服务的质量，可用货物到达目的地时的完好率来衡量。

如果货物到达时出现损坏或丢失现象，说明运输的安全性较低。货物在运输过程中损坏或丢失将产生间接运输服务成本，因为它会造成库存的不稳定性。如果买主通过增加存货来应对货物受损情况的发生，则会导致存货运输成本和库存成本的增加。

另外，当因运输安全性较低而造成货物损坏或丢失时，货主还会进行货物损坏索赔或采取法律行动，这也会消耗时间和费用。货主为避免货物在运输途中受损可能还需要支付保险费用。

(四) 可达性

可达性是指运输提供者从特定的起始点到终点运输货物的能力。如果一种运输方式在起始点到终点之间不能提供全程直达服务，则会导致托运人产生额外的成本和运送时间。例如，航空运输不能提供直达服务，需要卡车和火车的协助，增加了运送时间，类似的情况也会出现在铁路运输和水运中。汽车运输在可达性方面有着明显的优势。

为克服一种运输方式在提供特定地点之间的直达运输服务时的局限，需要借助另一种可达性更好的运输方式，这就产生了附加费用，即可达性成本。例如，汽车运输不仅用来完成出发地与目的地之间的直接运输，还经常用来实现其他运输方式的站点与发货人(或收货人)之间的直接运输服务，这就产生了附加运输(可达性)费用。

(五) 受理能力

运输能力的本质是承运人满足特殊运输服务要求的受理能力。基于货物的物理及销售特性，货主对运输设备、设施及通信系统有独特的要求，例如，要求对运输温度进行控制的产品必须使用备有冷冻设备的车辆，对时间要求严格的货物要求及时的通信系统以准确控制货物的位置和到达时间。

第二节 运输方式

一、基本运输方式

现代运输有五种基本方式，包括铁路运输、公路运输、航空运输、水路运输和管道运输。各种运输方式都有自己的经济技术特征和不同的适用范围。企业必须选择合适的运输方式实现商品实体的转移。

(一) 铁路运输

铁路运输是利用机车、车辆等技术设备沿铺设轨道运行的运输方式。铁路运输成本较低，对于运输距离长(经济里程一般在 200 km 以上)、体积大、重量大的货物来说，铁路运输有较大的吸引力。目前，我国铁路营业里程已近 15 万公里，覆盖约 99%的 20 万人口及以上城市。其中，高铁(含城际铁路)近 4 万公里，领跑世界。

铁路运输有以下特点：

1. 适应性强

依靠现代科学技术，铁路几乎可以在任何需要的地方修建，可以实现全年、全天候不间断运营，受地理和气候条件的限制很少。铁路运输具有较高的连续性和可靠性，而且适合长短途各类不同重量和体积货物的双向运输。

2. 承运能力大

铁路能承担大批量的大宗货物运输。铁路运输能力取决于列车重量(列车载运吨数)和昼夜线路通过的列车对数。如复线铁路每昼夜通过的货物列车可达百余对,其货物运输能力每年单方向可超过1亿吨。

3. 安全程度高

随着先进技术的发展和在铁路运输中的应用,铁路运输的安全程度越来越高。特别是许多国家的铁路广泛采用了电子计算机和自动控制等高新技术,安装了列车自动停车、列车自动控制、列车自动操纵、设备故障和道口故障报警、灾害防护报警等装置,有效地防止了列车运行事故。在各种现代化运输方式中,按所完成的货物吨公里计算的事故率,铁路运输是最低的。

4. 运送速度较高

常规铁路的列车运行速度一般为60～80公里/时,在少数常规铁路可高达140～160公里/时,高速铁路运行时速可达210～300公里/时,我国复兴号动车组时速已达350公里/时。

5. 能耗小、环境污染程度小

铁路运输轮轨之间的摩擦阻力小于汽车车辆和地面之间的摩擦力。铁路机车车辆单位功率所能牵引的重量约比汽车高10倍,其单位运量的能耗比公路运输少得多。在对空气和地表的污染方面,相比较公路运输,铁路运输的影响要小得多,特别是电气化铁路,影响更小。

6. 运输成本较低

铁路运输固定资产折旧费所占比重较大,而且与运输距离长短、运量的大小密切相关。运距越长,运量越大,单位成本越低。一般来说,铁路的单位运输成本比公路运输和航空运输要低得多,有的甚至低于内河航运。

铁路运输运输的缺点是基础设施投资大,建设周期长,需要消耗大量钢材、木材,占用土地,运输的灵活性差,短距离运输成本较高。铁路运输特别适合承担大宗货物的中长距离的运输任务。

铁路运输的基础设施可分为固定设备和活动设备。其中,固定设备主要包括线路、车站、通信信号设备、检修设备、给水设备和电气化铁路的供电设备等;活动设备主要有机车、客车、货车等。

(二) 公路运输

由于汽车是公路运输的主要运载工具,因此,现代公路运输主要指汽车运输。公路运输之所以发展如此迅速,是由于它与其他运输方式相比,具有以下优点:

1. 速度快

尽管航空运输速度很快,但是,航空运输需要使用汽车运送货物从发货站到飞机场和从飞机场到收货站,这增加了航空运输的总时间。另外,航空运输还受到航班安排的限制。另据国外资料统计,一般在短途运输中,公路运输的运送速度平均比铁路运输快4～6倍,比水路运输快10倍。

2. 可达性强

公路运输在区域可达性方面比其他运输方式有着明显的优势。汽车除了可以在公路网运行外，还可以深入工厂、矿山、车站、码头、农村、山区、城镇街道及居民区，空间活动范围大，这一特点是其他任何运输工具所不具备的。公路运输的可达性优势在市内集散货方面表现得尤其明显。可以提供门到门的直达运输服务。

3. 运输的平稳性强

公路运输比铁路运输和水路运输更加平稳，对货物的损耗也大大降低，相对低的货物损耗率降低了包装的必要性，从而降低了包装费用。

4. 灵活性好

公路运输的灵活性体现在两方面：一是时间上的灵活性，汽车能灵活制订运营时间，通常可实现即时运输，即根据货运的需求随时起运；二是运输批量上的灵活性，汽车的载重量可大可小，小者只有 0.25 吨，大者有几十吨、上百吨，公路运输的起运批量最小。

由于公路运输具有上述优点，更由于高速公路网的不断延伸，公路运输在世界范围内迅速发展，已超过铁路和其他运输方式。

但是公路运输也存在一些问题，主要是装载量少、运输成本高、燃料消耗大、环境污染比其他运输方式严重得多。

公路运输的固定成本是所有运输方式中最低的，因为承运人不拥有用于运营的公路，拖挂车也只是很小的经济单位，车站的运营也不需要昂贵的设备。而另一方面，公路运输的可变成本很高，因为公路建设和公路维护成本都以燃油税、公路收费等方式征收。公路运输成本主要可分为端点费用和线路费用。端点费用包括取货和送货成本、站台装卸成本、制单费和收费成本，约占卡车运输总成本的 15%～25%。

公路运输的低固定成本的特点，使得进入汽车运输行业不会受到太高的资金限制，因而公路运输从业者众多，从而导致公路运输业的内部竞争十分激烈。对于商业性公路运输公司而言，这种竞争既来自其他商业性公路运输公司，也来自企事业单位的自营运输系统。

（三）航空运输

虽然航空运输在整个运输量中所占份额微乎其微，但它所运送的对象（高价值的、珍贵的、紧急的人或物）使得它成为运输系统的重要组成部分。由于航空公司自身独特的优势，来自其他行业的竞争是有限的，而航空运输行业内部在运量和服务方面的竞争却非常激烈。

航空运输与其他运输方式相比较，有以下几个特征：

1. 速度快

航空运输的最大优势就是速度。现代喷气式客机，巡航速度为 800～900 千米/时，比汽车、火车快 5～10 倍，比轮船快 20～30 倍，距离越长，航空运输所能节约的时间越多，速度快的特点也越显著。对于短程运输来说，由于一定的装卸时间限制，航空运输的优势就不那么明显了。

2. 安全性高

随着科学技术的进步，在不断对飞机进行技术革新的同时，维修技术也得到了提高，这些都加强了航空运输的安全性。而航行支持设施如地面通信设施、航空导航系统、着陆系统以及保安监测设施的迅速改进与发展更提高了其安全性。尽管飞行事故中会出现机毁人亡（事故严重性最大），但按单位货运周转量或单位飞行时间损失率来衡量，航空运输的安全性是很高的。

3. 包装要求低

货物空运的包装要求通常比其他运输方式要低。飞机在空中飞行平稳，着陆时有减震系统，货物不会受到太大的外力，因此也降低了对包装的要求。在空运中，用一张塑料薄膜裹住托盘并不少见。

4. 受气候条件限制

因飞行条件要求很高，航空运输受到气候条件的限制，从而在一定程度上影响运输的准点性与正常性。

5. 可达性差

可达性是航空运输的软肋，人和货物上飞机之前，必须先到达机场。可达性的限制提高了航运服务的时间和成本。

航空运输与公路运输的成本特征相类似，包含高可变成本和低固定成本。航空运输的端点和空中通道一般不属航空公司所有。航空公司根据需要以燃油费、仓储费、场地租金和起降费的形式购买机场服务。如果我们将地面装卸、取货和送货服务包含在航空货运服务中，这些成本就成为空运端点成本的一部分。此外，航空公司需要支付运输设备成本，在设备经济寿命内对其进行折旧就是每年的固定使用费。

（四）水路运输

水路是大自然提供的交通干线。在运输方式中，水路运输是一种最古老、最经济的运输方式。水路运输按航行区域，大体上可以划分为海洋运输和内河运输两种类型。国内水运服务受限于内陆水运系统，要求托运人靠近水路或使用其他运输方式接应水运。

与其他运输方式相比，水运造成的货物灭失和损坏成本较低，因为货主对低价值散装货的破损不太关心，延迟带来的损失也不严重（买方经常囤积大量货物）。

水路运输的重要特点是利用天然水道，进行大吨位、长距离的运输，由于运量大、成本低，非常适合于运输大宗货物。与其他运输方式相比，水运对货物的载运和装卸要求不高，因而占地较少。新建 1 公里铁路需要占地 2～2.7 公顷，1 公里公路需要占地 1 公顷左右，而水运航道几乎不占用土地，港口、码头均建在海岸或江河岸边，这就节约了国家的土地资源。

对于海上运输而言，它的通航能力几乎不受限制。一般来说，水运系统的综合运输能力主要是由船队运输能力与港口通过能力所决定。

水路运输的缺点也显而易见：首先，水路运输速度慢，船舶平均航速较低，不能快速地将货物运达目的地；其次，水路运输受自然条件影响大，特别是受气候条件影响较大，例如，断流、台风就会对水运产生严重影响，因而呈现较大的波动性。

水路运输的竞争对手主要为铁路运输和管道运输。水路运输与铁路运输的竞争在于对散装干货的运输；水路运输与管道运输在液体货物运输上相互竞争。水路运输与汽车运输的竞争非常有限，在多数情况下，水路运输要靠汽车运输连接内陆地区与水路，以解决水路的局限性。

水运承运人主要将资金投放在运输设备和端点设施上。水路和港口都是公有的，由政府运营，只有少数项目向水运承运人收费。水运承运人预算中主要的固定成本都与端点作业有关，这些费用包括船只进入港口时的港口费和货物装卸费。水路不对使用者收费，水运的可变成本仅包括那些与运输设备相关的成本。由于端点站成本很高、线路费用很低，吨-公里成本随运距和运量的增长而急速下降。正因为如此，水运是最廉价的大宗货物运输方式之一，适合长距离、大批量的运输。

(五) 管道运输

管道是很独特的运输方式，它所能运送的货物种类很有限，主要通过管道运输的货物是：石油及成品油、天然气、煤、化学制品。

管道运输的一个主要优势是费用低。大直径、全负荷管道运输效率很高。管道提供的是地下的、全封闭的服务，因此，货损、货差率低。另外，因为管道运输速度很慢，还可以将管道作为仓库。也就是说，如果产品不是急用，缓慢的管道运输可以看作将货物存储在免费仓库。管道的另一个服务优势是它的可靠性。管道运输基本上不受天气影响，很少有机械故障。虽然运输时间长，但能准确估计交货时间，减少了安全库存的需要。

管道运输也有相对劣势：首先，管道线路是相对固定的，因此有地域灵活性或可达性的限制；其次，管道运输的产品有局限性，并且只能提供单向服务。

管道运输与铁路运输的成本特征一样。管道公司(或拥有管道的石油公司)拥有运输管道、泵站和气泵设备，他们可能拥有或租赁管道的使用权。这些固定成本加上其他成本使管道的固定成本与总成本的比例是所有运输方式中最高的。为提高竞争力，管道运输的运量必须非常大，以摊销高额固定成本。

表4－1归纳了以上五种运输方式的优缺点。

表4－1 五种运输方式的优缺点

运输方式	优　　点	缺　　点
铁路运输	● 大量货物一次高效运输 ● 对于运费负担能力小、货物批量大、运输距离长的货物运输，运费便宜 ● 轨道运输，安全系数大	● 近、中距离运输时，运费较高 ● 远距离运输，货车编组会延长时间 ● 因车辆需要调配，不能满足应变运输
公路运输	● 门到门直达，速度快 ● 对于近距离的中、小量货物，运费便宜 ● 运营时间灵活，运输伸缩性大	● 运输批量小，不适合大量运输 ● 长距离运输，运费高
航空运输	● 速度极快 ● 适于运费负担能力强，货运量小的中长距离运输 ● 运输中对货物的振动、冲击小	● 运费高，不适于低价商品运输和大批量运输 ● 除靠近机场的城市外，其他地区不便利用
水路运输	● 运费负担能力小的大量、长距离运输，比铁路节约运费 ● 散装原材料可利用专用船只运输，效率高	● 速度慢 ● 航行、装卸受天气制约 ● 港口装卸费时、费成本
管道运输	● 运费低、可靠性好	● 有限的应用范围

表4－2所示对比了五种运输方式的量化特征。

表4－2 不同运输方式的量化特征

项　目	铁路运输	公路运输	航空运输	水路运输	管道运输
成　本	中	中	高	低	很低
速　度	快	快	很快	慢	很慢

续　表

项　目	铁路运输	公路运输	航空运输	水路运输	管道运输
可靠性	很好	好	好	有限	很好
可用性	广泛	有限	有限	很有限	专业化

二、多式联运

多式联运指并非是一种运输方式，而是综合不同运输方式的系统模式。多式联运不仅仅是将水路、公路、铁路等运输方式整合在一起，更重要的是它能使每种运输方式发挥最大的效能。若货物在运输过程中使用多式运输方式，但是没有将这些运输方式进行整合，例如，托运商和货运公司及海运公司分别达成协议，但货运公司与海运公司的运输并未整合，这种方式一般称为多元运输。而多式联运的重点在于协调不同的运输方式。

集装箱的使用使多式联运成为可能，各种运输形式通过相互交换标准集装箱实现多式联运。多式联运货物价值一般比散装货物高，但是比空运低。多式联运中最常见的运输方式是公路运输、铁路运输和水运。多式联运在货物安全、劳动力安全、效率等方面很有优势。

从技术的角度来讲，协调式的货运或联运的运输完全可以在五种基本运输方式的基础上实现。那些具有描述性质的专业术语，如驮背运输、火车轮渡等已经成为运输专用词汇。

多式联运主要有以下特点。

(1) 由多式联运经营人承担或组织完成全线联运任务。多式联运承运人与单一运输承运人不同，多式联运承运人有条件和能力类完成和组织货物全程运输任务；是对全程联运货物负有法律责任的独立法人实体；既可以是“有船承运人”，也可以是无船承运人。

(2) 签订一个运输合同，对全程负责。多式联运经营人从发货人手中接收货物，应发货人的请求，签发一份“多式联运提单”，多式联运经营人开始对货物从发货到收货负有责任，不管他把这项任务交由哪一种运输方式来完成。

(3) 采用一次托运、一次付费、一单到底、统一理赔的运输业务方法，为货主简化办理货运手续提供了极大便利。

三、运输定价

(一) 运输定价的基础

定价是达成各种商业和管理目标的有力工具，它包括两项内容，即定价过程和定价结果——价格。运输价格是指运输费率，而运费则是指整个运输服务过程的总体费用。

由于联盟及合作伙伴关系发展趋势的增强，定价过程越来越复杂。运费不仅仅依据服务性质制定，而且要受整体伙伴关系的影响。为了加强托运商与承运商之间的合作及承诺，通常双方会签署服务协议。主要的定价标准有：按提供服务的成本定价；按服务对于客户的价值定价；按商品所能承受的运输费用定价；按总体经济环境定价；按供需状况定价；等等。

1. 按提供服务的成本定价

不同运输工具的成本结构是不同的，价格的制定要考虑提供运输服务的成本，定价为成本加合理利润。这种定价结构还会受到管制法规的影响。管理部门并不是直接制定价格，而是规定一个价格范围，企业必须证明其定价的合理性。例如，当一家企业的价格远远超出了其竞争者，管理部门并不会明确指出其价格不合理，而是质疑价格的合理性，并要求企业给出解释。

2. 按服务对于客户的价值定价

经济学的最基本法则是交换要在双方都有利可图的基础上才可能发生。换句话说，人们花钱购买东西是可以而且只在可以得到更多或至少等值的回报的时候。

3. 按商品所能承受的运输费用定价

商品的利润水平限制了其所能接受的运输成本，这使一些利润微薄的商品只能在一定距离内运输，商品的运价必须低于终到港与始发港所在地商品销售价格之差，而且如果运费降低，从一地输出的货物量会相对增加。

4. 按总体经济环境定价

总体经济环境通常会影响交易的数量。需求通常比供给更容易产生变化。例如，在经济衰退期，贸易量大幅度下滑而运输活动仍然持续，最终导致产能过剩。海运价格的高低变化往往能反映全球货物贸易的波动情况。

5. 按供需状况定价

供需状况包括市场中的承运商及运输设备的数量，运输需求指需要运输的货物总量。运输需求受经济和总体贸易情况的影响，竞争性运输服务也会影响运输需求，例如，大型运输机的使用可能会吸引一些海运的货源。贸易中，供需状况的持续变化与运输需求的变化之间存在着相互作用，一个因素的变化可能引起其他需求因素的变化，与此同时也会受其他因素的影响。例如，价格调整可以影响运输需求，而运输需求的变化又引起运输价格的涨落。

（二）货物运输费用的计算

1. 铁路货物运输费用

铁路货物运价，按其适用范围可分为普通运价、特定运价、优待运价、地方运价和国际联运运价；按货物运输种类可分为整车运价、零担运价和集装箱运价。在铁路货物运价中，既包括运输货物所应核收的运费，也包括与货物运输有关的各项辅助作业所应核收的杂费，一般统称货物运杂费。

《铁路货物运价规则》是计算铁路货物运输费用的依据，全国营业铁路的货物运输，除军运、水陆联运、国际铁路联运过境运输及未与铁路网办理直通的临时营业铁路运输另有规定外，都按这个“运价规则”计算货物运输费用。未与铁路网接通的营业铁路货物运价，由中国铁路总公司另行规定。

铁路货物运输费用的计算步骤如下。

(1) 按货物运价里程表确定出发站至到达站的运价里程。计算货物运价里程的方法是：出发站与到达站在同一线上的，用两站到本线起点或终点的里程相减，即可求得两站间的里程；出发站与到达站不在同一线上的，要先参照货物运价里程换算站和货物运价里程最短示意图，查出发站和到达站至换算站的最短径路，再求两站间的里程。

(2) 根据货物的名称查找货物运价分类表，确定适用的运价号。如规定有特定运价，则按特定运价办理。铁路运输的货物按其性质、特点分成不同的种类，不同种类的货物规定有不同的运价号。在计算铁路货物运费时，可从货物运价分类表中查出某种货物按整车运输或零担运输的运价号。一般整车货物分为10个运价号，编号分别为1～10；零担货物分为5个运价号，编号分别为21～25。

（3）根据铁路货物运价里程和运价号，在货物运价率表中查出应适用的运价率。

（4）确定货物计费重量。整车货物以吨为单位，吨以下四舍五入，整车货物除一些特殊情况外，一律按货车标重计算运费。

（5）计算运费。整车、零担和集装箱货物运费的计算公式如下：整车运费＝计费重量×整车运价率；零担运费＝计费重量/10×零担运价率；集装箱运费＝集装箱数×集装箱运价率。

铁路运输货物，除了核收运费之外，还要按规定核收各种杂费。杂费的计算是根据不同的应交杂费的项目所适用的杂费率乘以适用的计量数值得到的。目前铁路杂费主要有货物装卸费、货物过秤费、货物暂存费、货物保价费、货物运单和货签费、货车清扫费、货车消毒费、货车延期使用费、其他费用等。

2. 公路货物运输费用

公路运输有不同的运价种类，主要有如下几种。

（1）基本运价，是指以中型吨位普通车辆，采用整车运输形式在正常运营路线上从事长途运输一等货物的每吨千米运价。

（2）长途运价和短途运价。一般运距在25千米以上的为长途运输，长途运价执行基本运价；运距在25千米以下的为短途运输，短途运价按递近递增的原则，采用里程分段或基本运价加吨次费计算。

（3）整车运价和零担运价。一次托运的货物的重量达到3吨或3吨以上的，按整车运价计费；不足3吨的按零担运价计费。零担运价一般不得高于整车运价的50%。

（4）普通货物分等运价。根据《汽车运价规则》的规定：普通货物分为三等，以一等货物为基数，二等货物运价比一等货物的运价提高10%，三等货物比一等货物运价提高20%。

（5）特种货物分等运价。特种货物分为长大笨重、危险、贵重、鲜活四类。特种货物执行特种货物运价。长大笨重货物分为三级，危险货物分为两级。

（6）特种车辆运价和包车运价。

公路运输运费计算程序如下。

（1）确定计费重量。一般货物计费重量按实际重量计算。轻泡货物（指每立方米重量不足333千克）在运输时货物装载长、宽、高不得超过规定限度，计费重量按车辆标记吨位计算。

（2）确定计费里程。汽车货物运输的计费里程单位以千米为计算单位，货物运输的营运里程以省、自治区、直辖市的交通主管部门核定的为准，未经核定的营运里程，由承运双方协商确定。计费里程包括运输里程和装卸里程。运输里程是按装货点到卸货点的实际载货里程计算的。如是多点装卸，一般以第一个装货点到最后一个卸货点的载货里程计算。装卸里程是按汽车由车站到装货点加卸货点到附近车站的空驶里程50%计算。如果在同一个运输区间有两条或两条以上运输线路，以最短运输线路为计费里程。如果在运输过程中，必须绕道行驶时，以实际运输里程为计费里程。

（3）计算运费。除运费外，还应加上车辆通行费和杂费。杂费一般包括调车费、延滞费、装货落空费、停运费、车辆、货物处置费、装卸费、过渡费、保管费、手续费等。

3. 水路货物运输费用

水路货物运输包括船舶运输和港口作业两部分。这是两种不同的生产过程，具有不同的性质。因此，水运部门将水路货物运输费用划分为船舶货物运价和按港口费率计价两类。船舶货物运价根据运输形式，可划分为直达运价、联运运价和集装箱运价等。港口费率是指港口对船舶提供港口设备，对货物进行装卸作业和各项服务工作，而向货主或船方收取各种费用的标准。根据港口服务对象的不同，港口费率可划分为与船舶有关的港口费率和与货物有关的港口费率两类。

水路货物运输费用计算与铁路、公路运费计算类似。确定运输里程和计费重量，根据货物运价等级确定货物运价率，最后计算运费。港口费用的项目有很多，航线不同，港口不同，其港口费用项目也不同。一般可根据港口费用的发生性质划分为四大类：港务设施费、船舶作业费、货物作业费和其他劳务费。

4. 航空货物运输费用

航空货物运输费用也是由运费和杂费两部分组成的。航空货物运费的确定比较简单。它是采用航线基本运价形式，没有运价号，也没有里程表，只规定了不同航线的运价率。所以航空货物运费的计算公式为航空货物运费＝货物重量×运价率。航空货物运输杂费包括地面运费、保险费、退运手续费、保管费等。其收取方法按航空运输部门的有关规定执行。

5. 管道运输费用

液体管道运输单位费率一般为元/吨·km，气体管道运输单位费率一般为元/立方米·km。我国的管道运输费率由中央政府定价，管道运输费的调整程序一般如下：

(1) 管道运输企业向价格主管部门提出调价申请，包括运输成本、企业盈亏现状与趋势、调价方案、依据和相关材料。

(2) 价格主管部门就调价申请对企业的经营状况和用户对价格的承受能力进行调研。

(3) 价格主管部门就调价方案对用户的影响进行测算、分析、研讨和咨询后，初拟调价方案。

(4) 价格主管部门对拟调价方案征求各省市价格主管部门和有关用户意见。

(5) 价格主管部门提出最终调价方案并上报国务院批准后向社会公布实施。

第三节 运输最优化

在总的物流成本中，运输成本比任何其他物流活动的成本所占的比重都高。随着现代物流概念的提出，对物流运输技术水平提出了更高的要求，它要求在原有运输概念的基础上更加合理地组织货物运输，力求做到运力省、速度快、费用低，以实现物流运输合理化。运输合理化的实现主要依赖于三个方面：一是运输方式的选择，这是实现运输合理化的基础；二是承运人运输路线的选择；三是车辆路线安排。

一、运输合理化的判断

(一) 影响合理运输的因素

合理运输指的是选择运距短、运力省、速度快、运费低的最佳组合的运输方式。影响物流运输合理化的因素很多，起决定作用的有五个方面，称作合理运输的“五要素”。

1. 运输距离

在运输过程中，运输时间、运输费用等若干技术经济指标都与运距有一定比例关系，运距长短是运输是否合理的一个最基本的因素。

2. 运输环节

每增加一个运输环节，势必要增加运输的附属活动，如装卸、包装等，各项技术经济指标也会因此发生变化。因此，减少运输环节，将对合理运输有一定的促进作用。

3. 运输工具

各种运输工具都有其优势领域，对运输工具进行优化选择，最大限度地发挥运输工具的特点和作用，是运输合理化的重要一环。

4. 运输时间

在全部物流时间中，运输时间占绝大部分，尤其是远程运输。因此，运输时间的缩短对缩短整个流通时间有决定性的作用。此外，运输时间缩短还有利于加速运输工具的周转，充分发挥运力效能，提高运输线路的通过能力，不同程度地改善不合理运输。

5. 运输费用

运费在全部物流费用中占很大比重，运费高低在很大程度上决定了整个物流系统的竞争能力。实际上，运费的相对高低，无论对货主还是对物流企业都是运输合理化的一个重要标志。运费的高低也是各种合理化措施是否行之有效的最终判断依据之一。

（二）不合理运输

不合理的运输是指在产品运输过程中，违反运输规律，不按经济区域和产品自然流向组织产品调运，忽视运输工具的充分利用和合理分工，装载量低，周转环节多，从而浪费运力和加大运输费用的现象。不合理运输主要有以下几种类型。

1. 运输方式选择不当

运输方式选择不当是指可以选择更好的运输方式，如能整车运输而不采用，反而选择零担运输；应当采用直达运输却选择中转运输；在时效性要求高的情况下应当采用公路运输却采用了水路运输等，都属于运输方式选择不当。

2. 运力选择不当

没有发挥各种运输工具的优势，不正确地利用运输工具造成的不合理现象，常见形式包括：① 弃水走陆。在同时可以利用水运和陆运时，不利用成本较低的水运或水陆联运，而选择成本较高的铁路运输或公司运输。② 运输工具承载能力选择不当。没有正确计算承运货物数量、重量或体积，造成过载或运输浪费。

3. 过远运输

这是一种舍近求远的商品运输。原本就地或就近有某种物资供应，却舍近求远从外地或远处运来同种物资，造成运力浪费，增加了运输费用，还容易出现货损现象。

4. 迂回运输

由于道路网的纵横交错及车辆的机动、灵活性，在同一发站和到站之间，往往有不同的运输路径可供选择，本来可以选取短距离却选择路程比较长的路线进行运输。迂回运输本身具有一定的复杂性，不能简单处理。只有当物流作业计划不周、运输地理不熟、运输组织不当而发生的迂回情况，才属于不合理运输。假如以最短路程有交通阻塞、道路情况不好等特殊情况限制而不能使用时发生的迂回路径，不能称为不合理运输。

5. 重复运输

不合理的重复运输是指同一批货物由产地运抵目的地，没经任何加工和必要的作为，也不是为联运及中转的需要，又重新装运到别处。它是物资流通过程中多余的中转、倒装，虚耗装卸费用，造成车船非生产性停留，增加了车船、货物作业量，延缓了流通速度，增大了货损，增加了费用。

6. 倒流运输

倒流运输是指货物从销售地向生产地回流的一种运输形式。指同一批货物或同一批中的一部分货物，由发运站至目的站后，又从目的站发往发运站方向运输。

7. 返程或起程空驶

物流作业中返程或起程空驶空车无货载行驶，是不合理运输的常见形式。在实际物流运输组织中，有个别时候必须调运空车，不能将其看成不合理运输。例如，春运时急需物资的物流、客流的调运。但是，因调运不当、计划不周，不采用社会化的运输而形成的空驶，则是不合理运输的表现。

以上对不合理物流运输的描述，主要就形式本身而言，在实际中，必须将其放在物流系统中做综合判断。如从单一角度看，某一物流环节避免了不合理，做到了合理，但它的合理却可能会给其他物流环节带来不合理，即物流各环节的效益悖反现象。因此，必须分析其具体情况，从系统角度出发，进行综合判断。

二、基于物流总成本比较的运输方式选择

运输方式的选择既是战术性决策又是操作性决策。与某个承运商签订合同的决策属于战术性决策，而具体运输方式的选择则是操作性决策。对于两种决策来说，托运人都必须权衡总成本。由于物流各环节之间的“效益悖反”的存在，运输成本的降低会导致其他环节（如库存）成本的上升。一种运费最低的运输方式，并不一定使运输总成本最低。运输的时间和可靠性会影响托运人和收货方的库存水平（订货库存和安全库存）以及他们之间的在途库存水平。因此，应该以总成本分析为基础来选择运输方式。

运输对库存的影响有以下几点：

（1）较慢的运输模式会引起较多的中转或运输库存；

（2）较大运量的运输方式会出现订单量超过需求量的情况，从而增加库存；

（3）不可靠的运输模式会引起安全库存的提高。

在选择运输方式时，就需要考虑库存持有成本可能升高而抵消运输服务成本降低的情况。因此，选择运输方式时的最合理方案应该是既能满足顾客需求、又使总成本最低的服务，即最佳服务。所谓最佳服务，就是使某种运输服务的成本与该运输服务水平以及相关的库存成本之间达到平衡的运输服务。

［例 4-1］　某公司要将产品从位置 A 的工厂运往位置 B 的公司自有仓库，年运量 $D=700\,000$ 件，产品单价 $C=30$ 元，年库存持有成本 $I=30\%$。公司希望选择使总成本最小的运输方式。据估计，运输时间每减少 1 天，平均库存成本可以减少 1%。各种运输服务方式的有关参数见表 4-3。

表 4-3 各种运输服务的参数

运输服务方式	运输费率/(元/单位)	门到门运送时间 T/天	每年运输批次
铁路运输	0.1	21	10
汽车运输	0.2	5	20
航空运输	1.4	2	40

解答：在选择运输方式时要考虑总成本，包括：

(1) 运输成本。不同运输方式的运输成本不同，各种运输方式下的运输成本为年运输量与运输费率的乘积。

(2) 在途货物的库存成本。不同运输方式将影响货物的在途时间，在途库存的持有成本不同。在途库存成本为 $I \times C \times D \times T/365$。

(3) 分拨渠道两端的库存成本。分拨渠道两端的平均库存大约是 $Q/2$，其中，Q 是运输批量。每单位货物的库存成本为 $I \times C$，但产品价值 C 在分拨渠道的不同地点是不同的。在工厂，C 是产品的出厂价值；在仓库，C 是产品的出厂价值加上运输费率。

下面，计算各种运输方式下的总成本，如表 4-4 所示。

表 4-4 运输服务成本

成本类型	铁路运输	汽车运输	航空运输
运输成本	$0.1 \times 700\,000 = 70\,000$	$0.2 \times 700\,000 = 140\,000$	$1.4 \times 700\,000 = 980\,000$
在途库存	$0.3 \times 30 \times 700\,000 \times 21/365 = 362\,466$	$0.3 \times 30 \times 700\,000 \times 5/365 = 86\,301$	$0.3 \times 30 \times 700\,000 \times 2/365 = 34\,521$
工厂库存	$0.3 \times 30 \times 70\,000/2 = 315\,000$	$0.3 \times 30 \times 35\,000/2 \times 0.84 = 132\,300$	$0.3 \times 30 \times 17\,500/2 \times 0.81 = 63\,788$
仓库库存	$0.3 \times (30 + 0.1) \times 70\,000/2 = 316\,050$	$0.3 \times (30 + 0.2) \times 35\,000/2 \times 0.84 = 133\,182$	$0.3 \times (30 + 1.4) \times 17\,500/2 \times 0.81 = 66\,764$
合　计	1 063 516	491 783	1 145 073

由表 4-4 可以看出，虽然采用铁路运输时的运输费率最低，采用航空运输时的库存成本最低，但汽车运输的总成本最低。如果使用汽车运输，运输时间减少到 5 天，两个端点的库存水平比使用铁路运输大大减少。

本例中，库存持有成本很高，为 30%。对于这类产品，不能忽视库存成本对总成本的影响，加快库存周转是非常重要的。另外，各种运输方式的运输费率和运输时间也对运输方式的选择有重要的决定作用，尤其是在物流库存费率较高时，运输时间的缩短有利于库存快速周转，降低库存成本，使总成本降低。

三、货物运输调配

货物运输调配是指在多个供应地和多个需求地之间如何合理调配货物以实现在满足需

求的前提下使运输总成本最低的目标。这类问题在运筹学中称为运输问题。下面通过一个实例对该类问题进行说明。

[例4-2] 某公司下属三个仓库，供应四个客户，三个仓库的供应量和四个客户的需求量以及由各仓库到各客户的运输单价如表4-5所示。求运输费用最少的运输方案。

表4-5 运输单价

产地	销地				供应量
	客户1	客户2	客户3	客户4	
仓库A	3	11	3	10	700
仓库B	1	9	2	8	400
仓库C	7	4	10	5	900
需求量	300	600	500	600	2 000

多点间的运输调度问题，目前主要有两大类求解方法：一类是单纯形法；一类是表上作业法。由于运输问题的数学模型具有特殊结构，所以应用单纯形法求解时有许多冗余计算，该方法可以参照相关的运筹学专业书籍。

表上作业法适合于对相对简单的问题进行求解，求解过程方便直观，而且由于计算量不大，可以用手工直接完成。表上作业法步骤如下：

(一) 确定初始调运方案

确定初始方案的方法很多，一般常用的有西北角法、最小元素法等，这些方法在专业的运筹学书籍中都有详细介绍。这里介绍如何用最小元素法确定初始调运方案。

最小元素法是按运价表依次挑选运费小的供-需点组合、尽量优先安排运费最低组合的方法。具体做法是先找出所有运价中最小的运价。在表4-5中，仓库B到客户1的运价最低，B先尽可能满足客户1的需求，于是在表4-6中有(2, 1)=300。此时，由于客户1已全部满足，不再需要A、C仓库供应，运价表中的第一列数字已经不再起作用，因此，将运价表的第一列划去。

然后，在运价表尚未划去的行、列中，再选取一个最小值，即(2, 3)=2，让仓库B尽量满足客户3的需求。由于仓库B储备量400已供给客户1，所以最多只能供应客户3 100，于是，在单元格(2, 3)中填入100。相应地由于仓库B所储物资已全部供应完毕，因此，在运价表中与B在同一行的运价也已不再起作用，所以也将它们划去。直到所有的行列全部划去，就可得出初始调运方案。

一般情况下，初始方案在产销平衡表方格中填上数字的格子数目是“产地数+销地数-1”。但在按最小元素法做初始运输方案时，有时会遇到不需要或不能供给的情况，就在本应填数的单元格内加“0”，仍然计数。

表4-6中第一行单元格右侧的数字是其相应的运价，根据得到的初始调运方案，计算运输费用为：

$$1\times300+4\times600+3\times400+2\times100+10\times300+5\times300=8\,600(\text{元})$$

表 4－6 初始调运方案

产地	销地				供应量
	客户1（3，1，7）	客户2（11，9，4）	客户3（3，2，10）	客户4（10，8，5）	
仓库 A			400	300	700
仓库 B	300		100		400
仓库 C		600		300	900
需求量	300	600	500	600	

(二) 初始方案的检验

在制订了初始调运方案之后，需要对它进行检验，如果制订的初始调运方案不是最优方案，需要对其进行调整，直到获得最优调运方案。如何判断调运方案是不是最优呢？在此，引进最优方案的数字特征——检验数的概念。

首先介绍闭回路的概念。从理论上讲，对于表上作业法的初始方案来说，从调运方案表上的一个空格出发，存在一条且仅存在一条以该空格，用(i, j)或x_{ij}表示为起点，以其他填有数字的点为其他顶点的闭合回路，简称闭回路。这个闭回路有以下性质：

(1) 每个顶点都是转角点；

(2) 闭合回路是一条封闭折线，每一条边都是水平或垂直的；

(3) 每一行(列)若有闭合回路的顶点，则必有两个。

只有从空格出发，其余各转角点所对应的方格内均填写数字时，所构成的闭合回路才是我们所说的闭回路。过任一空格的闭合回路不仅是存在的，而且是唯一的。

下面以表 4－6 的初始调运方案为例，来说明闭回路的性质，表 4－7 给出了单元格(1，1)的闭回路：(1，1)—(1，3)—(2，3)—(2，1)—(1，1)，其他空格的闭回路与此同理。

在调运方案内的每个空格所形成的闭回路上作单位物资的运量调整，总可以计算出相应的运费是增加还是减少。我们把计算出来的每条闭回路上调整单位运量而使运输费用发生变化的增减值称为检验数。如果检验数小于 0，表示在该空格的闭回路上调整运量会使运费减少；相反，如果检验数大于 0，则会使运费增加。

表 4－7 初始调运方案

产地	销地				供应量
	客户 1	客户 2	客户 3	客户 4	
仓库 A			400	300	700
仓库 B	300		100		400
仓库 C		600		300	900
需求量	300	600	500	600	

用闭回路法求检验数时,需要给每一空格找一条闭回路。当产销点很多时,这种计算很烦琐,可以改用较为简便的“位势法”求解。

设 u_1, u_2, …, u_m; v_1, v_2, …, v_n,是对应运输问题的 $m+n$ 个约束条件的对偶变量。在初始调运方案中,x_{13}, x_{14}, x_{21}, x_{23}, x_{32}, x_{34}是基变量,这时,对应的检验数是:

基变量　检验数

x_{21}　$c_{21}-(u_2+v_1)=0$　　设 $v_1=0$,并且 $c_{21}=1$,所以 $u_2=1$

x_{23}　$c_{23}-(u_2+v_3)=0$　　$2-(u_2+v_3)=0$

x_{13}　$c_{13}-(u_1+v_3)=0$　　$3-(u_1+v_3)=0$

x_{14}　$c_{14}-(u_1+v_4)=0$　　$10-(u_1+v_4)=0$

x_{34}　$c_{34}-(u_3+v_4)=0$　　$5-(u_3+v_4)=0$

x_{32}　$c_{32}-(u_3+v_2)=0$　　$4-(u_3+v_2)=0$

通过这些方程可以求得:

$u_1=2$　$u_2=1$　$u_3=-3$　$v_1=0$　$v_2=7$　$v_3=1$　$v_4=8$

在初始调运方案中增加一行一列,在列中填入 u_i,在行中填入 v_i。接下来,按$\sigma_{ij}=c_{ij}-(u_i+v_j)$ 计算所有空格的检验数。完成后的表格如表 4-8 所示。

表 4-8　检验数表格

产地	销地 客户1 3 / 1 / 7	客户2 11 / 9 / 4	客户3 3 / 2 / 10	客户4 10 / 8 / 5	u_i
仓库 A	1	2	0	0	2
仓库 B	0	1	0	−1	1
仓库 C	10	0	12	0	−3
v_i	0	7	1	8	

(三) 方案调整

判定一个初始调运方案不是最优调运方案的标准,是在检验数表格中出现负值的检验数。如果检验数的负值不止 1 个时,一般选择负检验数绝对值最大的空格作为具体调整对象。

从表 4-8 可以发现,单元格 x_{24} 的检验数是负数,因此对其进行调整,具体过程如表 4-9所示。

表 4-9　调运方案调整表

x_{13} 400+100=500	x_{14} 300−100=200
x_{23} 100−100=0	x_{24} 0+100=100

从单元格 x_{24} 开始，沿闭回路在各奇数次转角点中挑选运量的最小数值作为调整量。在此将 x_{23} 单元格的 100 作为调整量，将两个数填入单元格 x_{24} 内，同时，调整该闭回路中其他转角点上的运量，使各行、列保持原来的供需平衡，这样就得到一个新的调运方案，如表 4 - 10 所示。

表 4 - 10　调整后的方案

	销　地				
产　地	客户1 [3] [1] [7]	客户2 [11] [9] [4]	客户3 [3] [2] [10]	客户4 [10] [8] [5]	供应量
仓库 A			500	200	700
仓库 B	300			100	400
仓库 C		600		300	900
需求量	300	600	500	600	

按新方案计算调运物资的运输费用为：

$$300 \times 1 + 3 \times 500 + 10 \times 200 + 8 \times 100 + 4 \times 600 + 5 \times 300 = 8\,500(\text{元})$$

新方案是否为最优方案，还需要再进行检验。经计算，该新方案的所有检验数都是非负数，说明该方案已经是最优方案了。

四、货物配载

货物的配载又称配装或装载，是指运输承运人充分利用运输工具的载重量和容积，采用先进的装载方法，合理安排货物的装载。配载问题是运输优化的一个重要领域，在飞机机舱装货决策、集装箱船装货决策、车厢装货决策等各方面都有广泛应用。货物配载问题的解决既需要定量数学模型进行决策支持，也需要经验丰富的工作人员进行现场灵活调配。

配载时应注意的几点原则：

(1) 根据运输工具的内径尺寸，计算出其最大容积量。

(2) 测量所载货物的尺寸重量，结合运输工具的尺寸，初步算出装载轻重货物的比例。

(3) 装车时注意货物摆放顺序、堆码时的方向，是横摆还是竖放，要最大限度地利用车厢的空间。

(4) 配载时不仅要考虑最大限度地利用车载量，还要具体情况具体分析，根据货物的价值进行搭配。

(5) 以单位运输工具能获取最大利润为配载总原则。

在定量数学规划决策中，一般将配载问题抽象为装箱问题。装箱问题是一个有广泛应用的经典组合优化问题。一般地，装箱问题可以描述为：设有许多最大载重量为 C 的箱子及重量为 w_i 的 n 件物品，要把这些物品全部装入箱中，怎样装才能使所用的箱子数量尽可能少？

假设预先准备的箱子总数为 n 个，即使每件物品单独装一个箱子也够用，用决策变量 $y_j=1$ 或 0 表示第 j 个箱子用还是不用，用变量 $x_{ij}=1$ 或 0 表示第 i 件物品是否放入第 j 个箱子中，建立 0—1 规划模型如下：

$$\min z = \sum_{j=1}^{n} y_j$$

$$s.t.\begin{cases}\sum_{i=1}^{n} w_i x_{ij} \leqslant C y_j,\ j=1,\ 2,\ \cdots,\ n \\ \sum_{j=1}^{n} x_{ij}=1,\ i=1,\ 2,\ \cdots,\ n \\ y_j=0 \text{ 或 } 1, j=1,\ 2,\ \cdots,\ n \\ x_{ij}=0 \text{ 或 } 1, i,\ j=1,\ 2,\ \cdots,\ n\end{cases}$$

[例 4-3]　已知有 30 个物品，其中 6 个重 0.51 吨，6 个重 0.27 吨，6 个重 0.26 吨，余下 12 个重 0.23 吨，箱子载重量为 1 吨。问最少需要多少个箱子才能把 30 个物品全部装完。

求解思路：本问题非常类似物流网络设计中提到的 P-中值模型，因此，可以使用 P-中值模型求解中介绍过的 Excel Solver 进行求解，在问题规模比较小的场景下甚至可以用手工拼凑的方法得到答案。但由于装箱问题是经典的 NP 难题，因此随着问题规模变大，Excel Solver 将无法在短时间内求得模型的最优解。为了扩展思路，本例介绍使用 LINGO 软件进行求解(关于 LINGO 软件的介绍及下载可以参考其官网 www.lindo.com)。LINGO 仅是能够进行数学规划求解的软件之一，针对不同特点的规划模型，还有其他适用的求解软件，有些规划模型甚至因为规模过于庞大，无法简单用通用软件进行求解，需要进行专门的算法设计。

本例的 LINGO 求解代码如下：

```
MODEL:
  SETS:
    WP/W1..W30/:W;
    XZ/V1..V30/:Y;
    LINKS(WP,XZ):X;
  ENDSETS
  DATA:
    ! 输入物品重量;
    W = 0.51,0.51,0.51,0.51,0.51,0.51,
      0.27,0.27,0.27,0.27,0.27,0.27,
      0.26,0.26,0.26,0.26,0.26,0.26,
      0.23,0.23,0.23,0.23,0.23,0.23,
      0.23,0.23,0.23,0.23,0.23,0.23;
    C = 1;! 输入箱子载重量;
  ENDDATA
  Min = @Sum(XZ(i):Y(i));  ! 目标函数,用箱子尽量少;
  @for(XZ(j):@sum(WP(i):W(i) * X(i,j))< = C * Y(j)); ! 不超过载重量限制;
  @for(WP(i):@sum(XZ(j):X(i,j)) = 1);  ! 所有物品只在箱子中出现 1 次;
  @for(XZ:@bin(y));  ! 限制 Y 是 0 - 1 变量;
  @for(LINKS:@bin(x));  ! 限制 x 是 0 - 1 变量;
    END
```

通过 LINGO 计算，可以得到本例的最优装箱方式如表 4－11 所示。

表 4－11 最优装箱方式

箱子载重	1 吨			合 计	个 数
物品重量	0.51	0.26	0.23	1	6
	0.27 * 2	0.23 * 2		1	3

例 4－3 仅介绍了最基础的配载问题，在更复杂的配载问题中，还需要根据实际情况，考虑货品的三维尺寸、货物的重量与长度关系、配载后运输工具的重心变化等。

五、运输线路的优化

运输路线的优化主要是对单一车辆从起点到终点间的行车路线进行设计和优化。优化的目标可以是行车时间最短、距离最短或运输费用最少，一般统称为最短路径问题。

（一）起、止点不同的单一路径规划

如果一批货物要从城市 A 运送到城市 B，从 A 市到 B 市的公路路网如图 4－2 所示。节点代表经过的城市或站点，连线表示两点间是连通的，线上的数字表示两点间的运输代价。运输代价可以是时间、距离，或是时间与距离的加权平均。现在，要确定从 A 市到终点 B 市的最佳运输路线。忽略其他因素，一般可认为路线最短是最经济的。

这类路径规划问题称为最短路问题。最短路径问题是线路优化模型理论中最为基础的问题之一。问题描述：假设有一 n 个节点和 m 条弧的连通图 G(Vn, Em)，并且图中的每条弧(i, j)都有一个长度 c_{ij}（或费用 c_{ij}），则最短路径问题为：在连通图中找到一条从节点 1 到节点 n 距离最短（或费用最低）的路径。求解此类最短路径问题，主要有以下几种算法：① Dijkstra 算法；② 逐次逼近法；③ Floyd 算法。下面通过一个实例对该类问题进行说明。

［例 4－4］ 某运输公司签订了一项运输合同，要把 A 市的一批货物运送到 B 市，该公司根据这两个城市之间可选择的行车路线的地图绘制了如图 4－2 所示的公路网络。图中，圆圈也称节点，代表起点、目的地或与行车路线相交的其他城市。链（线段）代表两个节点之间的公路，每一条公路都标明运输里程。

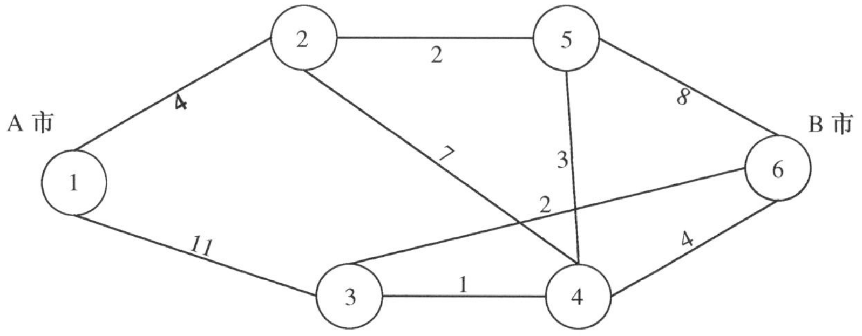

图 4－2 A、B 两地之间运输路线示意图

可以看出，从 A 市出发到 B 市，可以有很多条路线可以选择。但是如何选择运输路线才能使总路程的长度最短？以下是最短路径的计算方法：

解答：

(1) 找出第 n 个距起点最近的节点。对 $n=1, 2, \cdots$，重复此过程，直到所找出的最近节点是终点。

(2) 在前面的迭代过程中找出 $n-1$ 个距起点最近的节点及其距起点最短的路径和距离，这些节点和起点统称为已解节点，其余的称为未解节点。

(3) 每个已解节点和一个或多个未解节点相连接，就可以得出一个候选点——连接距离最短的未解节点。如果有多个距离相等的最短连接，则有多个候选点。

(4) 将每个已解节点与其候选点之间的距离累加到该已解节点与起点之间最短路径的距离上，所得出的总距离最短的候选点就是第 n 个最近的节点，其最短路径就是得出该距离的路径(若多个候选点都得出相等的最短距离，则都是已解节点)。具体计算步骤如表 4-12 所示。

表 4-12 最短路径法的计算步骤表

步骤	直接连接到未解节点的已解节点	与其直接连接的未解结点	相关总成本	第 n 个最近解点	最小成本	最新连接
1	1 1	2 3	4 11	2	4	1—2
2	1 2 2	3 4 5	11 4+7=11 4+2=6	5	6	2—5
3	1 2 5 5	3 4 4 6	11 4+7=11 6+3=9 6+8=14	4	9	5—4
4	1 4 4 5	3 3 6 6	11 9+1=10 9+4=13 6+8=14	3	10	4—3
5	3 4 5	6 6 6	10+2=12 9+4=13 6+8=14	6	12	3—6

通过上表的计算可知，最短路径为 1—2—5—4—3—6，最短距离为 12。

最短路径法适合利用计算机进行求解，把运输网络中的链和节点的资料都存入数据库中，选好起点和终点后，计算机可以很快地算出最短路径。

(二) 起点和终点相同的路径规划

当一辆货车从某点出发，为一定数量的顾客提供送货服务后，经常还必须返回原出发点以进行相关手续的交接。这种情况下的线路问题就是起止点重合的线路问题，此种情况下，一辆车的行走路线是一个闭回路。企业使用自有货车进行运输、从某配送中心送货到各零售点后再返回、流动售货车的行驶等，都会遇到行车路线如何设计的问题。起点和终点重合的路径问题一般被称为“流动推销员”问题(traveling salesman problem, TSP),是运筹学、图论和组合优化中的典型问题。

TSP问题一般描述如下：一个旅行者从出发地出发,经过所有要到达的城市后,返回到出发地,要求合理安排其旅行路线,使得总旅行距离(或旅行费用、旅行时间等)最短。人们已经提出不少方法来解决这类问题。如果某个问题中包含很多个点,要找到最优路径是不切实际的,因为许多现实问题的规模太大。启发式算法是求解这类问题的好办法。

六、行车路线及时刻表的制定

行车路线和时刻表的制定问题是运输路径问题的扩展,也称为车辆路线安排问题(vehicle routing problem, VRP)。在车辆路径的实际规划过程中,经常需要考虑一些实际的限制条件,例如,在客户需求点既有送货的要求,又有一定的取货要求;使用的多部车辆可能具有不同的容积和载重量;客户要求在特定的时间段送货或取货等。

VRP问题一般可以描述如下：对一系列装货点或(和)卸货点,组织适当、合理的行车路线,使车辆有序地通过它们,在满足一定的约束条件下(如货物需求量、发送量、交发货时间、车辆容量、数目限制、车辆行驶里程、时间限制等),达到一定的目标(如最短路程、最小费用、最短时间、最少车辆等)。该问题涉及了多辆交通工具的服务对象的选择和路径(服务顺序)确定两方面的问题。

VRP问题是组合优化领域著名的NP难题之一,求解方法一般相当复杂,通常的做法是应用相关技术问题分解或者转化为一个或多个已经研究过的基本问题(如旅行商问题、指派问题、最短路径问题等),再使用相对比较成熟的基本理论和方法进行求解。

运用VRP模型对实际问题进行研究时,一般需要考虑以下几个方面的问题：

(1) 仓库。仓库的级数,每级仓库的数量、地点和规模。

(2) 车辆。车辆的型号和数量,每种车辆的容积和运作费用,出发时间和返回时间,司机休息时间,最大的里程和时间限制。

(3) 时间窗口。由于各处的工作时间不同,每个站点每天只允许在特定的时间内取货或送货。

(4) 顾客。顾客需求,装载、卸载,所处的地理位置,分离需求,优先等级。

(5) 道路信息。车流密度,道路交通费用,距离或时间属性。

(6) 货物信息。货物的种类多少,兼容性,货物的保鲜。

(7) 运输规章。工人每天的工作时间,车辆的周期维护。

由于限制条件多,求解难度大,可以通过一些简化的原则来制定出合理的行车路线。这些原则包括：

(1) 安排车辆负责相互距离最接近的站点的货物运输。

(2) 安排车辆各日途经站点时,应注意使站点群更加紧凑。如果一周内各日服务的站点不同,就应该对一周内每天的路线和时刻表问题分别进行站点群划分。各日站点群的划分应避免重叠。

(3) 从距仓库最远的站点开始设计路线。

(4) 卡车的行车路线应呈水滴状。

(5) 尽可能使用最大的车辆进行运送,这样设计出的路线是最有效的。

(6) 取货、送货应该混合安排,不应该在完成全部送货任务之后再取货。

(7) 对过于遥远而无法归入群落的站点,可以采用其他配送方式。

(8) 避免时间窗口过短。

由于以上限制条件,行车路线和时刻表的最优解很难求得,有许多方法可以处理这类复杂的问题,如案例分析 3 中盒马鲜生案例中采用的遗传算法。在此主要介绍三种方法,扫描法、节约法和数学规划法。

(一) 扫描法

路线设计中的扫描法很简单,即使问题规模很大,也可以通过手工计算得出结果。扫描法可阐述如下:

(1) 在地图或方格图中确定所有站点(含仓库)的位置;

(2) 自仓库始沿任一方向向外画一条直线。沿顺时针或逆时针方向旋转该直线直到与某站点相交。考虑:如果在某线路上增加该站点,是否会超过车辆的载货能力?如果没有,继续旋转直线,直到与下一个站点相交。再次计算累计货运量是否超过车辆的运载能力(先使用最大的车辆)。如果超过,就剔除最后的那个站点,并确定路线。随后,从不包含在上一条路线中的站点开始,继续旋转直线以寻找新路线。继续该过程直到所有的站点都被安排到路线中;

(3) 排定各路线上每个站点的顺序使行车距离最短。排序时,可以使用"水滴"法或求解"流动推销员"问题的算法进行。

[例 4-5] 某公司用厢式货车从货主处取货,图 4-3(a)所示是一天的取货点分布和对应的取货量,单位是件。厢式货车的载货量是 10 000 件。完成所有取货任务需要一天时间。公司需要多少条运输路线(即多少部车)?每条路线上应该经过哪些站点?每条路线上的站点怎样排序?

解法:首先,向北画一条直线,进行逆时针方向"扫描"。这些都是随机决定的。逆时针旋转该直线,直到装载的货物能装上一辆载重 10 000 件的卡车,同时又不超载。一旦所有的站点都分派有车辆,就可以利用"水滴"法安排经过各站点的顺序,图 4-4(b)所示是所列出的最终的路线设计。

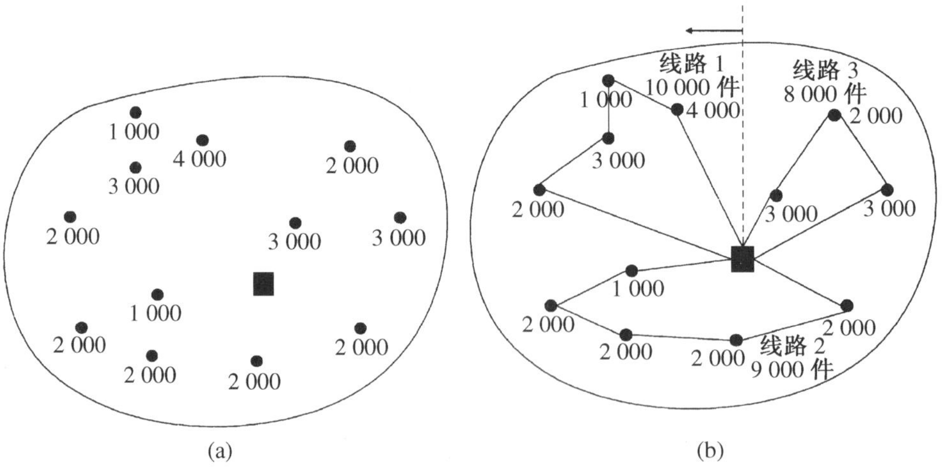

图 4-3 用扫描法设计行车路线

（二）节约法

节约法的目标是使所有车辆的行驶总里程最短，并且为所有站点提供服务的卡车数量最少。该方法先假设每一个站点都有一辆虚拟的车辆提供服务，随后返回仓库，如图4－4(a)所示，这时的路线里程最长。下一步，将两个站点合并到同一条行车路线上，减少一辆运输车，相应地缩短路线里程，选择节约距离最多的一对站点合并在一起，修订后的路线如图4－4(b)所示。

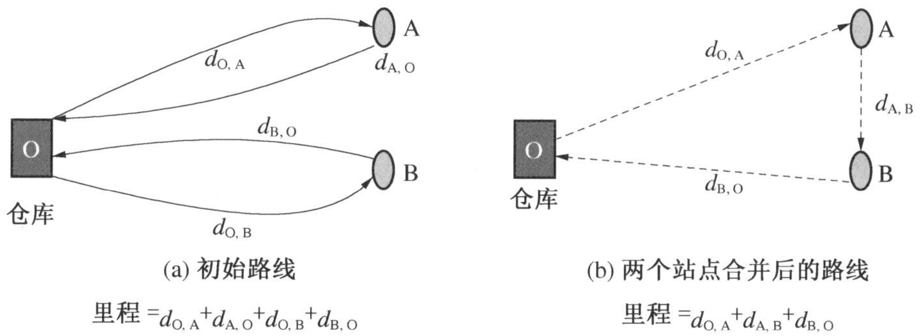

图4－4　节约法示意图

继续以上过程，除了将单个站点合并在一起外，还可以将某站点并入已经包含多个站点的路线上。每次合并都要计算所节约的距离，节约距离最多的站点就应该纳入现有路线。假如由于某些约束条件（如路线太长、无法满足时间窗口的要求或超过车辆的承载能力），节约距离最多的站点不能并入该路线，就要考虑节约距离次多的站点。重复该过程直到所有站点的路线设计完成。

（三）数学规划法

数学规划法是解决VRP问题的最经典及有力的工具。它是将现实的车辆调度与路线规划问题用数学模型进行描述，通过求解抽象后的数学模型得到最终的优化决策方案。

读者应该意识到虽然VRP的"V"原意是代表vehicle（车辆），但在进行模型抽象后可以代表任何一个运输工具，如货车、船舶、配送员等。为了有更广泛的代表，本部分后续的文字中，我们介绍使用数学规划法进行某船运公司的船舶航运路线规划，在附录中也将介绍如何用该工具优化盒马鲜生的配送路线。

1. 问题背景

考虑的船运路线规划问题如下：某一船运运输网络中有1个母港和 $n-1$ 个待服务的节点（顾客），分别以0和1，2，…，$n-1$ 表示，船运公司共有载重量与航速等指标完全相同的船 h 艘，每艘船舶都从母港出发，服务一定数量的节点后返回母港，其中每个节点均有需求的时间窗要求，需要设计总运输成本最小的船舶航线。基础模型只考虑母港装货，顾客节点卸货的简化情形。

本问题所需参数如下：

α：单位距离航行成本；

β：每使用一艘船的固定成本；

γ：船舶早于时间窗要求到达的惩罚成本；

δ：船舶晚于时间窗要求到达的惩罚成本；

Q：船舶最大载货量；

C_{ij}：港口 i 到港口 j 间的距离；

T_{ij}：从港口 i 驶向港口 j 的航行时间；

D_i：港口 i 的需求量；

un_i：港口 i 的卸载时间；

$[a_i, b_i]$：港口 i 的时间窗要求。

2. 需求时间窗

VRP 问题经常需要考虑需求时间窗，表示需求点在时间维度上对需求被满足的要求，时间窗有硬时间窗和软时间窗两种类型，硬时间窗表示需求必须在给定的时间段内被满足，而软时间窗要求需求最好能在给定的时间窗内满足，如果违反则需要产生惩罚成本，相对而言，软时间窗约束更有代表性。用 $M_i(s_{ik})$ 表示第 k 艘船在 i 码头产生的时间窗惩罚成本，其中 s_{ik} 表示第 k 艘船到达 i 码头的时间。

在软时间窗模式下，惩罚函数可以表示为：

$$\sum_{i}^{N} M_i(S_i) = \begin{cases} \gamma(a_i - s_i), & s_i < a_i \\ 0, & a_i < s_i < b_i \\ \delta(s_i - b_i), & b_i < s_i \end{cases} \tag{4-1}$$

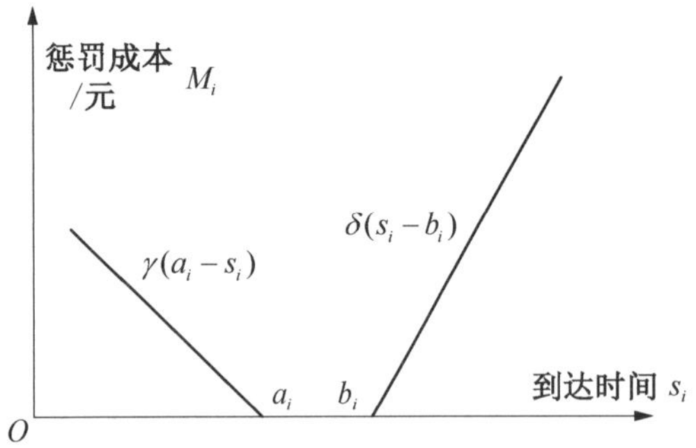

图 4-5 时间窗约束惩罚函数

其中 γ 和 δ 都是已知值，由目的港根据其实际情况确定。一般来说，值 γ 约等于船舶的单位时间机会成本，而值 δ 约等于所装载货物的缺货成本。其惩罚函数曲线如图 4-5 所示：

3. 模型构建

为构造数学模型，定义决策变量如下：

$$x_{ijk} = \begin{cases} 1 & (\text{船舶 } k \text{ 从港口 } i \text{ 行驶到港口 } j) \\ 0 & (\text{船舶 } k \text{ 不从港口 } i \text{ 行驶到港口 } j) \end{cases}$$

$$y_{ik} = \begin{cases} 1 & (\text{港口 } i \text{ 的任务由船舶 } k \text{ 完成}) \\ 0 & (\text{港口 } i \text{ 的任务不由船舶 } k \text{ 完成}) \end{cases}$$

目标函数：

$$\min Z = \alpha \sum_i \sum_j \sum_k c_{ij} x_{ijk} + \sum_i M_i(S_i) + \beta h \tag{4-2}$$

约束条件：

$$\sum_{i=1}^{n} x_{ijk} = \sum_{i=1}^{n} x_{jik} = 1 \quad \forall k, j = 1 \tag{4-3}$$

$$\sum_{j=1}^{n} x_{ijk} = \sum_{j=1}^{n} x_{jik} \quad \forall k, \forall i \tag{4-4}$$

$$\sum_{j=1}^{n} x_{ijk} \leqslant 1, \sum_{j=1}^{n} x_{jik} \leqslant 1 \quad \forall k, \forall i \tag{4-5}$$

$$\sum_{j=1}^{n} x_{ijk} = y_{ik}\ \forall k,\ \forall i \tag{4-6}$$

$$\sum_{k=1}^{n} y_{ik} \geqslant 1\ \forall i \tag{4-7}$$

$$\sum_{i=1}^{n} f_{ik} y_{ik} \leqslant Q\ \forall k \tag{4-8}$$

$$\sum_{k=1} f_{ik} y_{ik} = di\ \forall i \tag{4-9}$$

$$s_j = \sum_{i=1} x_{ijk}(s_i + w_i + un_i + t_{ij})\ \forall j,\ \forall k$$

$$w_i \geqslant 0,\ f_{ij} \geqslant 0 \tag{4-10}$$

目标函数(4-2)表示本模型将实现包括变动成本、固定成本及惩罚成本的总成本最低，其中惩罚成本的计算方式如(4-1)式；约束(4-3)保证每艘船舶都是始于母港，访问客户节点后，最后又回到母港；式(4-4)、(4-5)保证每艘船最多访问每个客户节点1次，且访问后必须离开；式(4-6)表示了2类决策变量 x_{ijk} 与 y_{ik} 之间的约束关系；式(4-7)表示每个节点至少被访问一次；式(4-8)引入了一个决策变量 f_{ik}，表示节点 i 由船舶 k 运输的量，该式确保船舶不超过最大载重量；式(4-9)保证每个节点的运输需求均被满足；式(4-10)引入了另一个中间变量 w_i，表示船舶 k 为了满足港口 i 的时间窗约束，在港口外的等待时间。

4. 模型计算

[例4-6] 某一个中心港(用0表示)要为8个港口进行配送。所有船舶从0时刻自港口0出发，最后回到该港口。已知 $\alpha=1$，$\beta=50$，时间窗惩罚系数 $\gamma=1$，$\delta=2$，船舶最大载重量 $Q=800$，其余数据如表4-13所示。

表4-13 例4-6已知参数

距离 航行时间	0	1	2	3	4	5	6	7	8
0	0	8	12	15	18	40	20	32	16
……	……	……	……	……	……	……	……	……	……
8	16	20	15	30	20	15	20	20	0
需求量		300	500	200	600	400	400	100	300
卸货时间		2	2	1	2.5	1.5	2	0.5	1.5
时间窗		[6, 9]	[6, 8]	[7, 9]	[8, 12]	[7, 11]	[7, 10]	[7, 10]	[9, 12]

本例的所有节点需求量之和＝2 800，因此最少船舶需求为4艘。使用LINGO软件进行求解，由于节点数不多，在20秒内找到可行解，并在1分钟左右时找到了局部最优解，但后续的收敛效果一般，尝试求解半个小时，仍未找到全局最优解。因为VRP问题的NP难特性，通用软件无法在短时间内得到最优解是非常常见的情况，因此对于大规模VRP问题经常需要设计启发式算法，常见的启发式算法有遗传算法、禁忌搜索算法、模拟退火算法、粒子群算法等。本例以局部最优解作为其最终解，结果如下：

$K=1$：0-4-5-0

$K=2$：0-2-7-0

$K=3$：0-3-8-0

$K=4$：0-2-6-9-0

总成本为412.5

第四节 供应链中的运输管理

一、供应链管理中的运输问题

运输是供应链的驱动要素之一，但是在供应链管理中却很少被提及，即使被提到也主要是单纯地从运输自身的角度来考虑节约成本，没有从运输与供应链其他环节的相互关系出发进行分析。运输是供应链运作必需的环节，有效的运输策略甚至可以使货物不进仓库而直接在车辆间进行交换，使运输设备成为流动的仓库。因此，面对全球经济一体化的形势，没有良好的运输作业基础，企业很难在市场竞争中立足。供应链运输决策应考虑的问题包括：

（一）运输部门的激励机制

进行运输决策时应确保运输战略对企业的发展战略起促进作用。如在决策时只考虑降低运输成本而不顾客户响应程度，将使企业总成本增加。所以，企业对运输部门的业绩考核应综合考虑运输成本、受运输决策影响的库存成本以及所达到的客户响应程度。

（二）在自营运输和外包运输之间做出权衡

自营运输、外包运输各有自己的优势。考虑使用自营运输、外包运输或二者兼而有之，应基于企业的运输管理能力和运输对企业发展战略的重要性。当运量较小、运输不是企业成功的关键因素时，可以将运输外包给第三方承担，以节约成本。然而，当运量大、客户响应程度重要时，运输对企业发展战略的成功影响非常大，企业应拥有自己的运输车队。

（三）运输网络的柔性

进行运输网络设计时应考虑需求的不确定性和运输的可利用性。忽视需求不确定性会导致大量采用廉价、非柔性的运输方式。如果运输计划不变，这种运输网络会执行得很好；然而，当运输计划改变时，该网络往往就很差劲。如果企业考虑了不确定性，在运输网络设计中采用一些柔性的运输方式，虽然会昂贵一些，但可以让企业以较低的成本提供高水平的客户响应。

（四）运输成本与其他相关成本

供应链中的运输决策必须考虑库存成本、设备和加工处理成本、供应链节点企业间的协作成本以及能够实现的客户的服务水平，对不同的运输配置进行评估，按不同的成本、收入以及协作的复杂性分成不同的等级，然后进行合适的运输决策。

1. 运输与库存成本

前文已经讨论过运输对库存成本的影响。在供应链环境下，这种影响更加重要。越廉价的运输方式提前期越长，装货量也越大，库存水平升高；装载量小的运输方式可降低库存水平，但相对昂贵。在供应链环境中，运输与库存成本间的权衡不仅包括运输方式的选择，还包括供应链中库存的集中。

供应链中可以通过将分散的库存集中起来来降低安全库存量。但是库存集中策略可能会增加运输成本。当库存、设备成本占供应链总成本的比例很高时，集中库存是一个可以考虑的办法。对价值与重量比值高且具有高度需求不确定性的货物采用集中库存也是有效的。

2. 运输成本与客户响应

供应链中运输成本与供应链提供的客户响应程度密切相关。如果企业的响应程度高，当天从客户接收到的订单当天完成，由于运量小、车辆利用率低，将导致很高的运输成本。反过来，如果降低响应程度，在发货前经过一段时间集中订单，将会因运量增大带来的规模经营而使运输成本降低，但集中订单因为耽搁了及时发货而使客户响应程度降低。

(五) 供应链中运输的不确定性

在供应链中运输是一个由多方共同参与的过程，它具有很强的不确定性。运输过程中出现的问题不仅会影响运输活动自身的正常进行，而且会降低供应链的整体绩效，甚至可能使供应链停止运作。如何避免运输不确定性带来的副作用是个值得关注的问题，只要有预见性和周密的规划，供应链中出现的运输问题大多可以成功解决。以下策略可供参考：

(1) 制定备选规划和具体的可选方案，使得遇到突发事件时能够从容应对，一旦运输出现问题，立即启动备选方案。

(2) 注意收集、更新有关数据，如燃料价格、承运商的经营状况等，通过对这些数据的分析，提高对运输问题的预见性。

(3) 选择承运商时，应进行全面、严格的考核分析，不能仅仅基于价格进行选择。

二、供应链运输网络

供应链环境下的运输网络可以有几种基本方案，下面我们将讨论供应链运输网络的设计方案。

(一) 供应链运输网络基本方案

1. 直接运输网络

对于零售供应链而言，在直接运输网络中，所有货物直接从供应商处运达零售店，每一次运输的线路都是指定的，供应链管理者只需要决定运输的数量并选择运输方式。

直接运输网络的主要优势在于无需中介仓库，而且在操作和协调上简单易行。运输决策只会对当次运输产生影响，不会影响别的货物运输。同时，由于每次运输都是直接的，从供应商到零售商的运输时间较短。

2. 循环取货路线的直接运输网络

循环取货路线是指一辆卡车将从一个供应商那里提取的货物送到多个零售店时所经历的线路，或者从多个供应商那里提取货物送至一个零售店时所经过的线路。在这种运输体系中，供应商通过一辆卡车直接向多个零售店供货，或者由一辆卡车从多个供应商那里装载要运送到一家零售店去的货物。一旦选择这种运输体系，供应链管理者就必须对每条循环取货路线进行规划，循环取货路线通过多家零售店在一辆卡车上的联合运输降低了运输成本。

3. 所有货物通过配送中心的运输网络

在这种运输系统中，供应商并不直接将货物运送到零售店，而是先运到配送中心，再运到零售店。零售供应链依据空间位置将零售店按区域划分，并在每个区域建立一个配送中心。供应商将货物送至配送中心，然后由配送中心选择合适的运输方式，再将货物送至零售店。

当供应商和零售店之间的距离较远、运费高昂时，配送中心（通过货物保存和转运）有利于减少供应链中的成本耗费。

如果商店的库存更新规模大到足以获取进货规模经济效益，配送中心就没有必要为其保有库存。在这种情形下，可采取货物对接的方式，即每一辆进货卡车上装有来自同一个供应商并将运送到多个零售店的产品，而每一辆送货卡车则装有来自不同供应商并将被送至同一家零售店的产品。货物对接的主要优势是：无需库存，加快了供应链中产品的流通速度，减少了处理成本。

4. 通过配送中心使用循环取货线路的运输网络

如果每家商店的进货规模较小，配送中心就可以使用循环取货路线向零售商送货了。循环取货通过联合的小批量运送减少了送货成本。

(二) 量身定做的运输网络

量身定做的运输网络是上述运输体系的综合利用。它在运输过程中综合利用货物对接、循环取货路线、满载和非满载承运，甚至在某些情况下使用包裹递送，目的是根据具体情况采用合适的运输方案。

这种运输体系的管理是很复杂的，因为大量不同的产品和商店要使用不同的运送程序。量身定做的运输网络的运营要求较多的信息基础设施及其引起的投资以便进行协调。但同时，这种运输网也可以有选择地使用进货方法，减少运输成本和库存成本。在供应链中可以建立各种类型的量身定做的运输网络。

1. 依据客户密度和距离量身定做

在设计运输网络的时候，企业必须考虑客户密度和客户到仓库的距离，依据客户密度量身定做理想的运输方案，如表 4－14 所示。

表 4－14 依据顾客密度和距离制订的运输方案

比较	短距离	中距离	长距离
高密度	采用循环取货路线的自营运输	采用循环取货路线的对接配送	采用循环取货路线的对接配送
中密度	采用循环取货路线的第三方运输	采用非满载承运商	采用非满载或包裹承运商
低密度	采用循环取货路线的第三方运输或非满载承运商	采用非满载或包裹承运商	采用包裹承运商

当密度较高、距离配送中心较近的顾客服务时，企业最好能拥有自己的卡车运输队伍，并采用循环取货路线来为顾客提供服务。如果客户虽然较密集但离仓库较远时，更好的选择是运用公共运输大卡车将货物运到离客户所在区域较近的对接中心，然后使用小卡车进行分装并使用循环取货路线送货。如果客户在空间上较分散，运用非满载运输方式或由第

三方来进行循环取货路线运送是更经济的选择。如果一个企业的客户离仓库较远，而且空间上非常分散，即使非满载可能也是不可行的，这种情况下，包裹运送也许是最佳选择。

2. 依据客户大小量身定做

大客户可以用满载运输进行供货，而小客户的供给则要用非满载运输或者循环取货方式运输。以相同的频率和相同的价格向大、小客户供货并非明智之举。企业的一种可行的方案是：向小客户的要价较高，而向大客户要价较低；另一种可行的方案是：设计一种特殊的循环取货线路，为大客户送货的频率较高，为小客户送货的频率较低。

3. 依据产品价值和需求量量身定做

价值高、需求量大的产品的补给周期库存是分散进行的，因为这样做能确保用便宜的运输方式补给订货；这类产品的安全库存则是集中进行的，因为这样做可以减少库存。对价值低、需求量大的产品来说，所有库存都必须分散进行，以接近客户并减少运输费用。对价值高、需求量小的产品，应集中所有库存以节约库存成本。对价值低、需求量小的产品来说，应将补给周期库存布局在接近客户的地方，把安全库存集中起来，以便在获取一定程度的集中优势的同时减少运输费用。其补给周期的库存更新采用廉价的运输方式，以节约运费。

案例分析 1　循环取货方式在上海通用汽车的实践和应用

循环取货方式（milkrun）的本意为送奶工给若干用户送奶并回收空奶瓶所经历的路线。其完整含义是指一辆卡车按照既定的路线和时间依次到不同的供应商处收取货物、同时卸下上一次收走货物的空容器、最终将所有货物送到需求点的一种公路运输方式。该运输方式适用于小批量、多频次的中短距离运输要求，其核心是设计循环取货的运输路线。

上海通用汽车有限公司成立于 1997 年 6 月 12 日，是由上海汽车工业（集团）总公司与美国通用汽车公司双方合资组建，总投资 15.2 亿美元，双方各占 50%股份。目前，上海通用拥有浦东金桥、烟台东岳、沈阳北盛三大生产基地，共 4 个整车生产厂、2 个动力总成厂，拥有别克、雪佛兰、凯迪拉克等品牌，覆盖了从顶级豪华车到经济型轿车各梯级的市场以及MPV、SUV 等细分市场。

一、采用循环取货方式之前的入厂物流状况

在采用循环取货方式之前，尽管上海通用汽车遵循市场拉动的方式组织安排生产，但是国内零部件供应商的供货方式主要还是依靠供应商自己供货。在 2003 年前后，为上海通用汽车直接配套的国内供应商有 150 多家，其供货方式有如下几种形式：

（1）大件供应商实施“门对门”的直接供货，如坐椅等；

（2）供应商把零部件从其工厂送到上海通用附近的仓库进行存储、排序，再送到上海通用，如车门外饰板等；

（3）绝大多数供应商先把零部件送到上海通用的第三方物流 RDC——零件再包装中心，然后由 RDC 配送到上海通用。

随着车型的增加、国产化率的提高以及供应商数量的增加，第三种供货方式的弊病突

显。首先，随着国内供应商数量的增加，RDC 及上海通用汽车公司接收零部件的过程更复杂。其次，尽管上海通用给了供应商拉动物料单，但是供应商实际还是采用推动式送货，供应商在均衡生产、库存、运输效率的考虑中，在可能情况下，会尽量地增加运量，从而增加整车厂的库存。再次，由于运输效率低，有些生产小零件的供应商在运输成本的压力下，会一次性生产产量大、运输成本最低、容积率高的零部件，其结果要么是库存高、要么是运输成本高。最后，在这种供货模式下，由于许多供应商把零部件的运输外包给社会运输单位，而这些运输单位由于在管理技术、服务方面的差距，不得不在价格方面恶性竞争，其结果是车况差、驾驶员素质差、安全运输差、及时性差，造成较大安全隐患。

二、循环取货方式在上海通用汽车公司的应用

根据循环取货方式的运输特点，该运输方式不仅能降低汽车整车企业的零部件库存，降低零部件供应商的物流风险，还能减少缺货甚至生产线中断的风险，从而使整车生产商及其供应商的综合物流成本下降。

循环取货是由一家(或几家)运输承运商根据预先设计的取货路线，按次序到供应商 A、B、C……取货，然后直接运送到主机厂或 RDC。

循环取货是一种非常优化的运作模式，其特点是：多频次、小批量、及时拉动。它把原先供应商送货的“推动”方式转变为上海通用委托的物流运输者取货的“拉动”方式。其优点包括：有利于空箱周转；有利于标准化作业，同一种零部件、同一条路线、同一时间可以按照小时计取货；有利于运输效率及容积率的提高，在相同产量下，运输总里程大大下降，容积率可以事先计划和在实施中尽量提高，从而运输成本将大大下降。

循环取货是由整车厂委托专业运输承包商进行运作，运输车辆的状态、驾驶员的素质和专业要求等因素得到保证，从而使安全供货得到保证。上海通用委托一家专业性物流咨询公司进行循环取货的路线和方案设计、更新和维护，委托另一家专业物流运输商进行循环取货运作。

上海通用汽车公司采用的循环取货方式如图 4-6 所示。

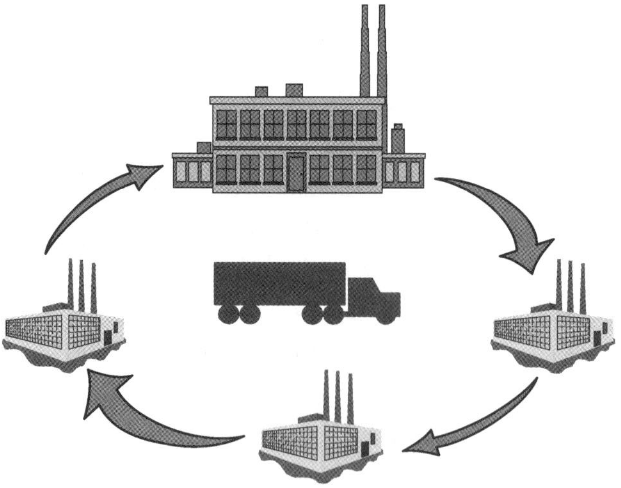

图 4-6 循环取货方式示意图

三、上海通用汽车公司循环取货的设计

(一) 分析

循环取货的方案设计是成功的关键。上海通用委托美国 RYDER 公司来承担物流策划管理的职责。

按照上海通用汽车公司 2003 年的统计，其国内供应商有 75 家位于上海，占供货比例的 80%；25 家分布在江苏，占供货比例的 16%；有 13 家分布在浙江，占供货比例的 3.01%。供应商集中在江、浙、沪一带，为循环取货的实施创造了有利条件。

进一步分析得知，46%的供应商同时向别克轿车、GL8 商务旅行车、赛欧家庭轿车以及赛欧休闲车 4 种平台供货，约 87%的供应商向 2 种以上平台供应零部件。

(二) 车辆参数确定

运输车辆的选定充分考虑了国内交通状况以及供应商的实际情况。在国外往往采用集装箱载货车来进行循环取货，但国内的送货平台都没有专门为集装箱载货车而设计的。经过讨论，公司选用 12 m、8 m 和 5 m 的载货车改装成的开启式厢式车，并采用侧面开启方式，以扩大装卸工作面，提高装卸效率。运输车辆参数见表 4 - 15。

表 4 - 15　运输车辆参数

车长/m	尺寸/m			最大容积	
	长	宽	高	m^2	kg
12	12	2.4	2.4	61	12 000
8	8	2.4	2.4	41	8 000
5	5	2	1.9	16	2 000

车辆平均设计时速为：市区 9 km/h，郊区 35 km/h，长途 90 km/h。

循环取货方案的其他要求包括：

(1) 主要工具为 8 m 和 12 m 载货车，但在上海市内使用 5 m 载货车；

(2) 限制供应商的业务操作时间；

(3) 每一站停留 30 分钟；

(4) 对于长途运输车辆设置两个驾驶员，对上海地区行驶的车辆设置一个驾驶员。

方案中不包括除上海、江苏及浙江以外的省市。

四、效果

上海通用汽车公司的财务分析显示，在完全实施循环取货方式后，每年可节约零部件运输成本 1 000 万元人民币。

从上海通用 2001 年 9 月开始试运行的 2 条路线、6 家供应商的情况来看，运输成本节约 30%，送货准时率、正确率都明显提高，没有因物料短缺的原因造成生产线停线。

资料来源：徐秋华.Milkrun 循环取货方式在上海通用汽车的实践和应用.汽车与配件，2003(3)：21 - 24.

案例分析 2 沃尔玛的运输管理

沃尔玛公司是世界上最大的商业零售企业，在物流运营过程中，尽可能地降低成本是其经营的哲学。

沃尔玛有时采用空运，有时采用船运，还有一些货物采用卡车公路运输。在中国，沃尔玛百分之百地采用公路运输，所以，如何降低卡车运输成本，是沃尔玛物流管理面临的一个重要问题，为此，他们主要采取了以下措施：

(1) 沃尔玛使用一种尽可能大的卡车，大约有 16 m 加长的货柜，比集装箱运输卡车更长或更高。沃尔玛把卡车装得非常满，产品从车厢的底部一直装到最高，这样非常有助于节约成本；

(2) 沃尔玛的车辆都是自有的。沃尔玛的车队大约有 5 000 名非司机员工和3 700多名司机，车队每周运输总里程 7 000～8 000 公里。沃尔玛知道，卡车运输是比较危险的，有可能会出交通事故。因此，对于运输车队来说，保证安全是节约成本最重要的环节。沃尔玛的口号是"安全第一，礼貌第一"，而不是"速度第一"。在运输过程中，卡车司机们都非常遵守交通规则。沃尔玛定期在公路上对运输车队进行调查，卡车上面都带有公司的号码，如果看到司机违章驾驶，调查人员就可以根据车上的号码报告，以便进行诫处。沃尔玛认为，卡车不出事故，就是节省公司的费用，就是最大限度地降低物流成本。由于狠抓了安全驾驶，运输车队已经创造了 300 万公里无事故的纪录；

(3) 沃尔玛采用全球定位系统对车辆进行定位，因此在任何时候，调度中心都可以知道车辆在什么地方、离商店有多远、还需要多少时间才能到商店，这种估算可以精确到小时。沃尔玛知道卡车在哪里、产品在哪里，就可以提高整个物流系统的效率，有助于降低成本；

(4) 沃尔玛的连锁商场的物流部门 24 小时进行工作，无论白天或晚上，都能为卡车及时卸货。另外，沃尔玛的运输车队还利用夜间进行运输，从而做到了当日下午进行集货，夜间进行异地运输，翌日上午即可送货上门，保证在 5～18 个小时内完成整个运输过程，这是沃尔玛在速度上取得优势的重要措施；

(5) 沃尔玛的卡车把产品运到商场后，商场可以把它整个地卸下来，而不用对每个产品逐个检查，这样就可以节省很多时间和精力，加快了沃尔玛物流的循环过程，从而降低了成本。这里有一个非常重要的先决条件，就是沃尔玛的物流系统能够确保商场所得到的产品是与发货单完全一致的产品；

(6) 沃尔玛的运输成本比供货厂商自己运输产品要低，所以厂商也使用沃尔玛的卡车来运输货物，从而做到了把产品从工厂直接运送到商场，大大节省了产品流通过程中的仓储成本和转运成本。

沃尔玛的集中配送中心把上述措施有机地组合在一起，作出了一个最经济合理的安排，从而使沃尔玛的运输车队能以最低的成本高效率地运行。

案例分析 3　新零售背景下盒马鲜生末端配送路径优化

盒马鲜生超市的主要目标客户为 80 后、90 后等年轻消费者，为消费者提供高品质的食品和快速服务。截至 2020 年 2 月，根据官网统计，盒马鲜生超市已经有 150 多家门店，遍布全国 21 个城市，主要分布在北上广深等发达一线城市及武汉、成都、杭州、西安等新一线城市，近年也逐渐向福州、海口、青岛等二线城市扩张。其业务范围包括线上和线下两个渠道，线下主要是利用以自营生鲜门店作为实体零售终端，为消费者提供高品质产品和优质体验服务，线上渠道主要是顾客通过线上 APP 下单，由门店配送员进行上门配送，新零售生鲜电商门店提供的末端配送服务是新零售生鲜电商为线上顾客提供产品服务的重要环节，是提高顾客消费体验的重要手段，其配送效果直接影响线上消费者的产品体验。

一、盒马鲜生物流配送作业流程

盒马鲜生门店后台系统在接收到顾客订单信息后的作业流程主要有处理订单信息、分拣、包装、配送员配送、客户确认收货以及售后处理。

（一）处理订单信息

客户通过手机 APP 查看是否在门店的配送范围内，以及选择购买的门店，其次挑选好需要的产品加入购物车，挑选完毕后统一结算，填写收货地址及收件人等信息，选择送达时间，服务时间为 07:45—21:15，付款方式为用盒马鲜生 APP 绑定的支付宝付款。在客户下单后，门店后台系统接收到订单并对订单进行处理。

（二）分拣

门店后台将订单信息发送到前店工作人员的手持终端上，由同一个工作人员通过摘果式的方式将订单上的所有物品全部拣选完毕后装入专用的保温拣选袋，并把拣选袋挂到悬挂链上输送到后台合流区，当前订单任务完成，继续进行下一订单任务。每一个拣货的工作人员每次仅处理一份订单，在当前订单全部拣选完毕后方可进行下一单任务。

（三）包装

后台合流区收到前店输送的拣货袋后对订单信息进行核实，核实无误后将所有物品进行包装，主要使用纸箱、泡沫箱等包装材料，并将打包好的箱子放入专用配送箱。在现实包装过程中可能会根据不同物品的特性加入特殊的包装材料来单独包装，而不是统一进行包装，如对温度要求较高的食物会加入保温或保湿袋。

（四）配送

配送员将打包好的箱子装入专用配送箱，根据订单要求的配送时间及配送地址进行上门配送，同一个门店的配送车辆一般都是同一型号两轮电动车。

二、建立模型

（一）模型描述

盒马的末端配送路径问题是典型的考虑时间窗的车辆路径问题（VRPTW），可以描述为：盒马鲜生门店有若干辆两轮电动车，需要向 N 个客户提供上门配送服务，配送车辆从门店出发，根据顾客要求的配送时间依次进行配送，最终返回门店进行下一次的配送。其中，顾客的地理位置已知，每辆车 K 的最大装载量为 Q_k，顾客点 i 到顾客点 j 的距离为 d_{ij}，顾客要求配送的最早和最晚时间分别为 ET_i 和 LT_i，配送服务车辆数为 K，需要服务的顾客数量为 N，顾客 i 的货物重量为 q_i，配送员为顾客 i 提供服务的时间为 λ_i，配送车辆从顾客点 i 到顾客点 j 的行驶时间为 t_{ij}，X_{ijk} 是 0—1 型变量，当 $X_{ijk}=1$ 时表示车辆 k 从顾客点 i 驶向顾客点 j，当 $X_{ijk}=0$ 时表示车辆 k 没有从顾客点 i 驶向顾客点 j，X_{ik} 是 0—1 变量，当 $X_{ik}=1$ 时表示车辆 k 为顾客点 i 提供服务，当 $X_{ik}=0$ 时表示车辆 k 没有为顾客点 i 提供服务。

模型假设：

(1) 假设门店仓库产品供应量大于出售数量，不存在缺货现象。

(2) 假设配送路径为门店—顾客间的单向配送，只涉及产品配送，不包括回收退货任务。

(3) 假设同一门店的配送车辆是统一规格的。

(4) 假设配送车辆在配送途中的行驶速度是不变的。

(5) 假设配送道路上不存在交通拥堵等情况。

(6) 配送员服务单个顾客的时间是一样的。

(二) 顾客满意度目标函数设计

将顾客满意度函数通过梯形函数来表示，顾客要求的配送时间窗为 $[ET_i, LT_i]$，大多数顾客可以接受配送时间点比要求的配送时间窗提前或推迟一点时间，设顾客可接受的配送时间窗为 $[et_i, lt_i]$，横坐标 t_i 表示配送时间，纵坐标 $f(t_i)$ 代表顾客满意度，顾客满意度与配送时间的关系图如图 4-7 所示。

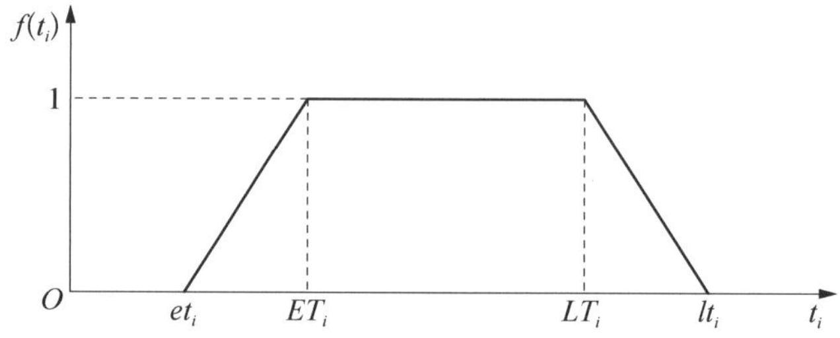

图 4-7 顾客满意度与时间的关系

(三) 建立模型

$$\min(MY)=\sum_{k=1}^{K}\sum_{i=1}^{N}\eta t_i X_{ik}$$

$$\min(LC)=\sum_{k=1}^{K}\sum_{i=0}^{N}\sum_{j=0}^{N}d_{ij}X_{ijk}$$

$$\sum_{i=1}^{N}X_{i0k}=1,\ i\in N,\ k\in K$$

$$\sum_{j=1}^{N}X_{0jk}=1,\ j\in N,\ k\in K$$

$$\sum_{i=0}^{N}\sum_{k=1}^{K}X_{ijk}=\sum_{j=0}^{N}\sum_{k=1}^{K}X_{ijk},\ i\in N,\ j\in N,\ k\in K,\ i\neq j$$

$$\sum_{i=0}^{N}\sum_{j=1}^{N}q_iX_{ijk}\leqslant Q_k,\ i\in N,\ j\in N,\ k\in K$$

$$et_i\leqslant t_{ik}\leqslant lt_i$$

$$t_{jk}=(t_{ik}+\lambda_i+t_{ijk})\sum_{i=0}^{N}\sum_{k=1}^{K}X_{ijk},\ i\in N,\ j\in N,\ k\in K$$

$$\sum_{i=0}^{N}\sum_{j=0}^{N}X_{ijk}=M-1,\ i\in N,\ j\in N,\ k\in K$$

三、算法设计

遗传算法采用概率搜索规则搜索方向，引导整个搜索过程向更优解空间移动，并且遗传算法具有可以并行执行、算法效率高、能够处理复杂问题、较高的全局搜索能力等优点，结合本书所建立的模型特点，选择遗传算法作为此模型的求解方法。

（一）确定编码方式

由于本书研究对象是路径规划，所以染色体的编码采用自然数编码方式，染色体中的基因顺序表示在一次配送路径中依次被配送的顺序，每一个基因代表一个顾客，其中0表示从盒马鲜生门店出来的配送员。例如，一个有10个顾客需要3辆配送车的路径优化问题，编码为[0，2，5，7，0，3，8，6，0，1，9，4，10，0]，表示三个配送子路径。

（二）种群初始化

随机生成初始种群是遗传算法最常用的策略，本书首先用随机顺序的方法得到初始的染色体，然后对初始种群进行映射，直到生成规模足够且均符合条件的初始种群。

（三）约束条件

同模型中列出的约束条件。

（四）适应度函数设计

原优化目标函数为配送里程最小和顾客满意度最高，并已将顾客满意度最高转化为最小化函数，现通过权重系数相加后得到新的目标函数表达式如下式所示：

$$\min Z=\alpha_1Z_1+\alpha_2Z_2$$

在适应度函数设计中，一般需要将极小化目标函数转化为极大化目标函数，因此，适应度函数可设计为：

$$\text{fit}(i)=\frac{1}{Z_i}$$

（五）设计遗传算子

在选择操作过程中可以使用锦标赛选择并结合精英保留策略，不仅能保持种群的多样性，又将适应度最好的个体保留到下一代群体中；根据模型的特点对交叉算子和变异算子进行改进。

（六）局部搜索

利用 2－Opt 算法对染色体的某些基因进行局部搜索。

四、优化效果

考虑某区域某日 9:15—11:45 之间在 APP 后台共获取 147 个订单，所有订单均在门店 3 公里配送范围内，部分订单信息处理后如表 4－16 所示。

表 4－16 处理后的订单信息

顾客编号	经 度	纬 度	所 属 小 区	要求的配送时间	可接受的配送时间	订单重量/kg
1	120.450 8	36.116 5	馨和小区	11:15—11:25	10.50—11.50	2.45
2	120.447 1	36.118 1	恒易慧山园	10:25—11:15	10:00—11:40	1.00
3	120.440 3	36.114 9	东盛花园北区	11:25—12:15	11:00—12:40	1.68
4	120.446 4	36.120 0	温哥华花园	11:25—12:15	11:00—12:40	1.54
5	120.447 0	36.122 0	青建橄榄城	10:15—10:25	09:50—10:50	2.37
6	120.442 5	36.106 4	鲁信长春花园	11:15—11:25	10:50—11:50	1.70
7	120.456 1	36.112 7	东方美景	11:25—12:15	11:00—12:40	1.05
8	120.443 7	36.124 2	世纪华庭	11:25—12:15	11:00—12:40	2.75
9	120.455 6	36.119 3	海韵花园	11:25—12:15	11:00—12:40	1.86
10	120.464 3	36.119 8	北海佳苑	10:25—11:15	10:00—11:40	1.50
11	120.441 7	36.114 8	利源国际公馆	11:25—12:15	11:00—12:40	2.55
12	120.439 8	36.110 4	青岛印象畔	11:15—11:25	10:50—11:50	1.78
13	120.446 1	36.112 0	金顶花园	11:25—12:15	11:00—12:40	1.23
14	120.456 4	36.113 7	同安家园	11:25—12:15	11:00—12:40	1.49
15	120.462 9	36.111 7	崂山国际花园	11:15—11:25	10:50—11:50	2.30
16	120.466 3	36.121 0	鸿泰雅园	10:25—11:15	10:00—11:40	1.90
17	120.441 9	36.113 3	东盛花园南区	11:25—12:15	11:00—12:40	2.05
18	120.446 4	36.115 0	海尔东城国际	11:25—12:15	11:00—12:40	1.72
19	120.445 1	36.121 9	蒙地卡罗	11:25—12:15	11:00—12:40	1.18
20	120.445 3	36.113 5	金泽国际人才公寓	11:25—12:15	11:00—12:40	1.55
21	120.443 3	36.122 6	北国之春七星花园	10:25—11:15	10:00—11:40	2.65
22	120.439 9	36.120 7	金光丽园	11:25—12:15	11:00—12:40	2.40
23	120.446 6	36.112 1	金顶花园	11:25—12:15	11:00—12:40	1.13
24	120.470 4	36.114 1	金岭新村	11:25—12:15	11:00—12:40	1.78
25	120.456 4	36.118 1	银盛泰新空间	10:25—11:15	10:00—11:40	1.45
26	120.440 8	36.120 9	金光丽园	10:15—10:25	09:50—10:50	1.90

续　表

顾客编号	经　度	纬　度	所属小区	要求的配送时间	可接受的配送时间	订单重量/kg
27	120.462 7	36.120 9	国际名都	11:25—12:15	11:00—12:40	1.35
28	120.455 1	36.113 2	奥林花园	11:15—11:25	10:50—11:50	2.23
29	120.440 8	36.113 0	东盛花园南区	11:25—12:15	11:00—12:40	2.58
30	120.467 3	36.113 6	丽海花园	11:25—12:15	11:00—12:40	1.04

配送车辆的具体参数如表 4－17 所示。

表 4－17　配送车辆具体参数

参 数 名 称	参 数 值
车辆额定载重量	25 千克
平均每个顾客的服务时长	3 分钟
行驶平均车速	30 公里/时

利用百度地图搜索确定门店到顾客点及顾客之间的距离信息。设置 $Z_1=0.4$，$Z_2=0.6$，种群规模 popsize＝50，交叉概率 $P_a=0.80$，变异概率 $P_b=0.15$，迭代次数为 1 000 次。

大概经过 230 次迭代后得出该门店用了 4 个配送员完成了 30 个订单的配送，并且每个配送员的任务数量分配得较合理。具体的配送线路如表 4－18 和 4－19 所示。

表 4－18　配送路线结果

配送员编号	配 送 路 径
1	0－23－14－27－30－7－13－29－3－0
2	0－24－28－18－11－22－20－0
3	0－1－2－25－6－15－12－17－4－19－8－9－0
4	0－26－5－21－16－10－0

表 4－19　各路径优化结果

配送路径	配送总里程/公里	配送总时长/分钟	配送总重量/kg	顾客满意度
1	11.29	47	11.55	0.096
2	9.94	38	12.23	1
3	16.39	66	20.06	1
4	8.54	32	10.32	1
总和	46.16	183	54.16	3.096

资料来源：李旭，刘兆惠.新零售背景下盒马鲜生末端配送路径优化研究[J].物流科技，2020，043(006)：10－14.

复习思考题

1. 运输系统为什么很重要？运输有哪些功能？

2. 简述运输中间商在运输过程中的作用。

3. 运输服务有哪些特征？

4. 五种基本运输方式各自有什么样的优、缺点？

5. 影响运输决策的因素有哪些？

6. 企业为什么要使用自营运输？

7. 运输定价决策有哪几种？请简述各种定价决策。

8. 运输合理化的表现形式有哪些？

9. 供应链环境下运输管理应该考虑哪些问题？

10. 请比较不同的供应链运输网络的特点。

11. 某电机公司按照到货价格为电器分拨公司供应电机，电机公司负责货物的运输。运输经理有三个送货方案可以选择，分别是铁路运输和公路运输，相关信息如表 4-20 所示。

表 4-20 三种运货方案

运输方式	运送时间/天	运价/(元/台)	运输批量/台
铁　　路	16	25	10 000
驮　　背	10	44	7 000
公　　路	4	88	5 000

电器分拨公司每年采购 50 000 台电机，合同规定的运到价格为 500 元/台，两家公司的库存持有成本都是 25%，电机公司该选择哪种运输方式？

12. 现有一家电生产公司，需要对附近的 11 个城市提供洗衣机、冰箱等。各个城市的需求量见表 4-21，表中同时也给出了城市的直角坐标系的坐标 x、y(原点为家电生产公司所在地，不在下面的 11 个城市中)，代表各个城市的相对位置。假设冰箱和洗衣机可以混装，需求为冰箱和洗衣机需求的总和，每趟车可以装载 16 个单位的货物。

表 4-21 需求量和坐标值

城市	1	2	3	4	5	6	7	8	9	10	11
需求	8	7	2	6	9	11	4	5	3	8	6
x	20	70	22	−20	−23	45	−32	35	40	20	44
y	50	−60	35	80	−55	−10	−30	35	20	−40	35

试求：在每辆车只能出一次车的条件下，最少需要几辆货车对下面几个城市进行配送？

提示：用扫描法求解。

13. 小张是某配送公司的司机，某天他接到当天的配送任务，需要送货到 4 个门店。4 个门店之间及与配送中心（DC）的距离由图 4－8 给出（单位：公里）。假设小张从配送中心出发，最后必须返回配送中心，且 4 个门店的货物能在 1 车内装载完。请建立模型实现总送货线路最短。

要求：模型需要明确给出决策变量，目标函数与约束条件，并解释其含义。

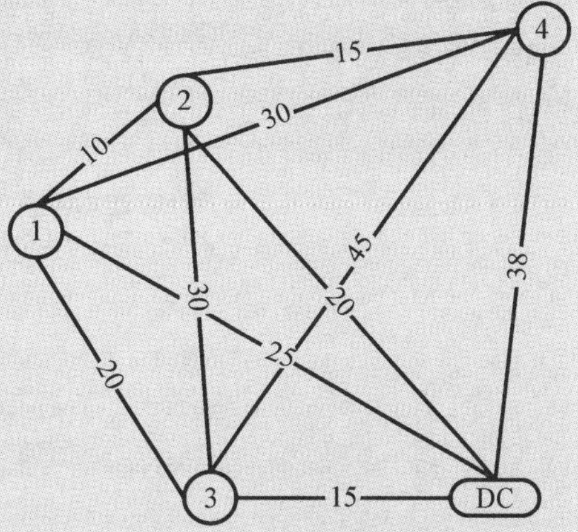

图 4－8　各点之间距离

14. 某物流中心要给客户送货，现有 4 种待装货物，每种货物的重量、体积、需求量如表 4－22 所示。现有 2 种送货车辆（每种车辆数量足够）：车辆 1 的容积为 25 m^3，载重量为 4 000 kg，使用成本为每车次 1 000 元；车辆 2 的容积为 20 m^3，载重量为 3 000 kg，使用成本为每车次 800 元。

请建立模型解答如何选择车辆，如何装载货物，实现运输成本最小。

表 4－22　货物需求量和属性

货物种类	单位重量/(kg/个)	单位体积/(m^3/个)	需求量/个
1	450	3	5
2	600	2	4
3	400	3	5
4	700	5	6

第5章 库 存 管 理

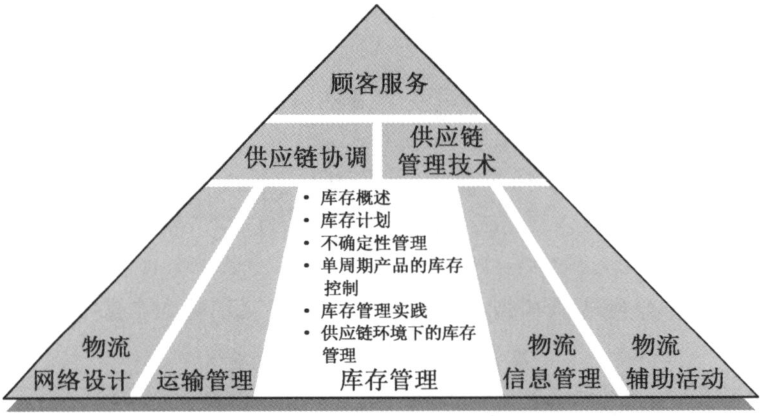

库存物品是物流和供应链运作的润滑剂，库存物品的计划、存储是所有物流活动的基础。对于企业物流和供应链系统的每一个环节而言，无论是原材料的采购、在制品的生产加工，还是产品的包装、装卸、运输、配送等，都离不开库存。库存物品可得性是客户服务中最重要的方面。原材料缺货会导致工厂停工、生产计划被迫调整、成本增加。产成品缺货会产生失销损失、引发客户不满。而持有过量存货则需要更多的存储空间、更多的流动资金，导致成本增加、利润降低，还会有更高的呆滞库存风险。库存相关的决策深刻影响着供应链的运行。供应渠道中的库存如图 5-1 所示。

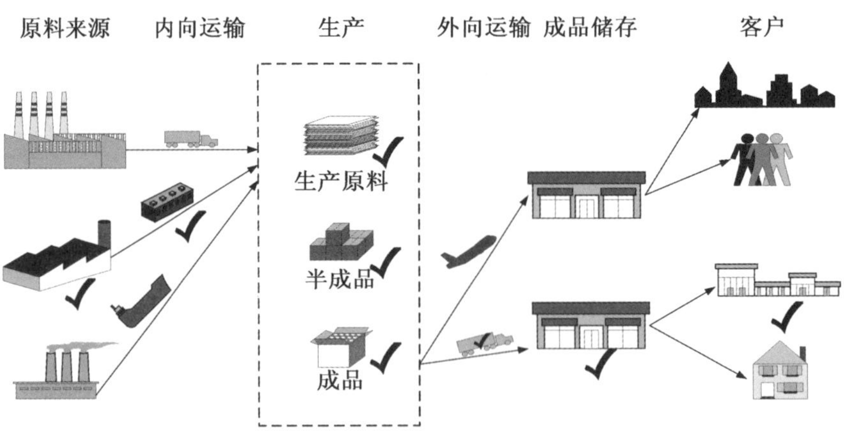

图 5-1 供应渠道中的库存

库存是一项巨大、昂贵的投资，需要支付高额的成本。努力减少库存并降低库存成本，同时提升客户服务水平是库存管理的核心任务。本章第一节将对库存的基本概念展开讨论。第二节分析库存计划。第三节讨论不确定性情况下的库存管理。第四节讨论企业库存管理实践中的问题。第五节分析单周期产品的库存控制问题。在供应链环境下，库存面临着新的挑战，第六节讨论供应链环境下的库存管理问题及应对策略。

第一节 库存概述

一、库存物品的作用

尽管库存物品涉及资金占用、仓储、安全、老化、丢失、保险、包装、管理等方面的成本和费用，使得持有库存物品成本很高，但是为了平衡供给和需求之间的矛盾，使企业的整体运作顺利进行，必须保有一定量的库存物品。此外，企业也可能会考虑利用生产和分销过程中的规模经济性，以持有库存为代价来降低成本。库存会在以下两方面影响企业运营。

（一）保证可得性、提高客户满意

客户总是希望在需要时能够买到商品，然而在订单完成过程中总是存在各种不确定因素，这就要求企业进行事先安排。如果企业能够准确知道客户需要产品的时间，就可以对生产进行计划，使得产品在需要的时候生产出来，不需要或仅需很少库存产品。但实际客户的需求在时间和数量上都有不确定性，这就需要企业通过持有库存产品来保证产品或服务的可得性。企业在安排生产时还可能会面临原材料供应的不确定性，供应商供货可能会因为各种不确定因素，如恶劣天气、突发事件等发生延误或因质量问题发生供货不足。此类问题也需要企业通过持有库存物品来应对。当在企业运营中出现以下问题时，可以通过持有存货来保证商品的可得性，提高服务水平和客户满意度。

库存物品能够解决供给和需求之间的变化和不确定性问题，在企业运作过程中出现下列问题时，可以保证存货可得性，从而提高服务水平和客户满意度。

（1）当需求大于预期时，或在未能预期的时间点有客户需求时；

（2）当供应商送货延迟或者到货数量低于预期时；

（3）当发生突发事件时。

（二）降低成本

在企业的运营中，持有库存会产生成本；在供应链中，持有库存的供应链成员可能会有更高的成本。但是库存有时却可以间接降低企业的其他方面运营成本，供应链上的成员也会受益于其他成员的库存储备。企业运营中有多个环节可能会存在规模效益。

（1）在生产过程中，尽管大批量生产会产生大量中间产品和产成品库存，但是大批量生产可以减少生产批次，使得生产具有一定的规模效益，从而降低生产成本。在采购过程中，采购部门可以通过大批量采购来争取价格折扣，大批量采购带来的成本可以被采购价格降低带来的收益所抵消。

（2）在运输过程中，由于存在着运输规模效益，可以通过增加运输批量降低运价、减少单位装卸成本来降低运输成本。但增加运输量会导致运输渠道两端的库存水平增加。如果运输成本的节约能够抵消库存持有成本的上升时，大批量运输是值得的。

当持有库存带来的成本增加与其他成本的节约相抵带来总成本的降低时，持有库存可能是更好的选择。在供应链上，成员企业可能会通过持有库存而保持上游供应商的订单稳定性，使得上游供应商能够更好地控制成本，增加供应链的整体价值。

二、库存的分类

（一）从生产过程的角度分类

从生产过程的角度来看，物料以原材料、零部件状态进入生产过程，经过生产加工制成在制品，最终变成产成品。按照在生产过程中的不同形态，库存可以分为原材料库存、在制品库存和制成品库存三类。原材料来自供应商，在企业内部进行存储，直至投入使用。在制品是企业内部各环节操作用的半成品。制成品是指制造完毕、准备发往客户的产品。

使用这种分类方式时要注意，一个企业的制成品对于另一个企业来说可能是原材料。有些企业只有制成品存货，如零售商和批发商；而有些企业则拥有所有上述存货。此外，一些物料无法被准确地归类于上述三类存货类型之中，包括企业生产中所使用的机械设备的零部件以及易耗品，如油料、纸制品、清洁剂等。这些物料被称为 MRO 物料（maintenance, repair, operations）这些物料在实际生产过程中不直接构成产品，是用于维护、维修、运行设备的物料。

（二）根据存货的用途分类

1. 周转库存

周转库存是指为了满足连续补货期间的平均需求而存储的必要库存。周转性库存很大程度上取决于订货与运输相关的固定成本、价格-数量折扣、库存持有成本等因素。例如，某仓库每周销售 2 个单位的货物，但是，它可能会选择每月进一次货，一次购进 8 个，来满足一定周期的产品需求。通过这种方法，来降低运输成本和采购费用，获得供应商的数量折扣。对这类库存的管理主要是处理订货批量、订货周期与储存成本、采购成本之间的优化。

2. 安全库存

安全库存是为了防止供应的意外情况与需求的不确定性而设立的一种库存。例如，为了防止供应商可能发生的事故、原材料运输不能按期到达等意外情况造成材料供应短缺，需要设立安全库存；产品销售的不可预测性，也要储存一定量的成品库存；为预防本企业发生的意外情况，需要设立半成品的安全库存量。在设置安全库存时需要权衡利弊。一方面，增加安全库存能够提高产品的可获得性，提高客户满意度；另一方面，提高安全库存会增加库存持有成本。

3. 在途库存

由于运输不会瞬时完成，因此，在存储点和运输途中就会存在库存，这类库存与物流系统的设计息息相关。生产加工过程中为了平衡设备产能所产生的生产库存（in-process inventory）与在途库存的性质类似。

4. 季节性库存

一些商品具有明显的季节性消费特征，如空调。当销售高峰期到来时，产品会供不应求；在其他季节，产品则会滞销。因此，需要在高峰季节来临之前开始生产，保持一定量的库存。这类库存管理需要考虑企业生产能力与季节库存量之间的优化。投资设备、扩大生产能力可以降低季节库存量。

5. 投机库存

投机库存是指为了避免因货物价格上涨造成损失或为了从商品价格上涨中获利而建立的库存。

上述各种库存有不同的作用和好处，如表 5－1 所示。

表 5－1 各类库存的作用和好处

库存类型	作 用	好 处
周转库存	在生产准备、采购、运输过程中实现单件订货无法实现的规模效应	获得采购折扣 减少准备次数 降低货运、物料搬运和管理成本
安全库存	防范需求意外过高或过低和提前期过长或过短	减少销售机会损失和缺货 提升客户服务水平 降低客户反应成本
在途库存	在设施之间或之内搬运或暂存	移动仓储
季节性库存	平衡生产	减少加班和分包 制造能力利用率更高
投机库存	回避价格上涨的风险	降低原材料成本

三、库存相关成本

在企业资产负债表中，库存被视为企业的资产，而且往往占资产总量的较大比例。因此，对物流管理人员而言，理解库存成本非常重要。较低的存货水平可以降低企业的成本，但是，当存货水平较低时又会造成缺货，使得整体运作中断，导致更大的机会成本。因此，在确定存货水平时必须进行权衡。企业在制定库存管理政策时应当综合考虑的库存成本主要分为三种，库存持有成本、订货成本和缺货成本。

（一）库存持有成本

库存持有成本是指一段时间内持有一个单位的某种产品所产生的成本。计算库存持有成本的时间段通常为一年。年库存持有成本常用百分率表示，用这个百分率乘以该库存的价值，就可以算出持有该库存物品一年后对应的库存成本（用元表示）。年库存持有成本比率的增、减会影响相关的库存费用。当库存持有成本比率增加时，企业希望持有较低水平的库存。因此，确定库存持有成本百分率对企业而言非常重要。然而，现实情况是许多企业并不知道它们实际的库存持有成本，而仅仅采用参考值（比如 25%）。其原因是库存持有成本由多个部分组成，包括资金成本、储存空间成本、存货损失成本、物料搬运成本、库存服务成本等。这些组成要素的重要性会因为产品不同而有差异，并且有些成本较难精确估算。

1. 资金成本

持有存货需要资金的投入。投入资金就使其他需要资金的地方丧失了使用这笔资金的机会，所以，资金成本也称为资金的机会成本。资金成本是主观性最强的一项成本，这部分成本往往难以估算。有些企业使用资金成本的平均值，也有些企业使用企业投资的平均回报率进行估算。

2. 储存空间成本

库存物品会占用储存建筑内的空间，需要支付相应的费用，这部分成本称为储存空间成本。如果使用租借空间，储存费用一般按一定时间内储存产品的量来计算。如果使用自有仓库，则空间成本取决于所分担的运营成本，这些运营成本都是与储存空间相关的，如取暖和照明的成本；同时，还取决于与储存量相关的固定成本，如建筑和储存设施的成本。有些产品有非常专业化的借存要求，比如雪糕的储存温度一般要低于－20℃。冷藏等专业化储存要求会导致更空的储存空间成本。

3. 存货损失成本

在库存物品的储存过程中，一部分存货可能由于损坏、损耗、被盗、变质、报废或其他原因不能再进行销售，从而产生存货损失成本。这部分成本可以用产品价值的直接损失来估算，也可以用重新生产产品或从备用仓库中供货的成本来估算。

4. 物料搬运成本

物料搬运成本包括一切物料的搬运、特殊包装、冷藏、堆码产生的成本。

5. 库存服务成本

库存服务成本包括存货的保险费用、税金和其他管理费用。根据产品的价值和类型以及丢失和破损的风险产生相应的保险费，并且保费和税金依产品不同而不同，在确定库存成本时必须考虑这一点。

(二) 订货成本

订货成本指的是对某种产品实施再次订货所产生的成本，包括发送/接收订单的相关费用、信用调查、检查原存可获性、将订单录入系统准备发货、收货费用以及订单跟进所产生的费用等。其中，需要劳动力的环节是订购过程中成本最高的环节，采购订单处理过程自动化通常能够大大减少劳动力成本并提高生产率。由于不是第一次采购的成本，所以不包括寻找供应商、检查产品质量和可靠性、询价、谈判等相关费用。在实践中，可以用采购部门的年采购总成本除以订单数量得出。

当企业自行生产某种产品的时候，再订货成本指的是批量开工成本，包括生产相关的文件档案成本、重新配置设备时的机会成本、操作人员闲置成本、试车时产生的测试物料的成本、试运行时生产效率较低所造成的机会成本等。

(三) 缺货成本

当客户下达订单，但所订货物无法供货时，就会产生缺货成本。如果出现缺货，不仅会在销售额上有损失，还会对企业的商誉、未来业务的开展等造成影响。对于生产来说，任何部件的缺货都会造成严重的运作中断，需要实施紧急应对方案，重新部署运作计划。缺货成本还包括一些应对缺货的相关费用，如发布紧急订单、支付特殊送货的费用以及采用更昂贵的替代品和供应商产生的额外费用等。缺货成本往往难以估算，因为缺货对生产和销售的影响很难量化，企业在通常情况下宁愿付出一定量的库存持有成本也不愿意出现缺货的情况。

四、库存管理的目标

(一) 企业经营中库存管理的目标

管理者希望在需要的时候取得物料，并且希望能够对成本进行控制。在不同的层面上，库存管理具有不同的目标。在供应链管理层面，库存管理应致力于整个供应链中物料的有效流动;在企业整体运作层面,以库存管理支持物流运作,从而促进企业整体目标的实现;在库存管理的职能层面,当有物料需求时,库存管理者要确保物料顺利到位。

对于库存在企业中的角色,企业中的不同部门有着不同的看法。库存管理部门力图保持最低的库存水平,以减少资金占用、节约成本。销售部门愿意维持较高的库存水平,从而避免发生缺货现象,提高客户满意度。采购部门为了降低单位购买价格,往往利用数量折扣的优惠通过一次采购大量的物资来实现最低的单位购买价格,这样做不可避免地会提高库存水平。制造部门愿意对同一产品进行长时间的大量生产,这样可以降低单位产品的固定费用,而这样又往往会增加库存水平。运输部门倾向于大批量运送,利用运量折扣来降低单位运输成本,这样会增加每次运输过程中的库存量。总之,库存管理部门和其他部门的目标存在冲突(图 5-2),为了实现最佳库存管理,需要协调和整合各个部门的活动,使每个部门不仅以实现本部门的功能为目标,更要以实现企业的整体效益为目标。

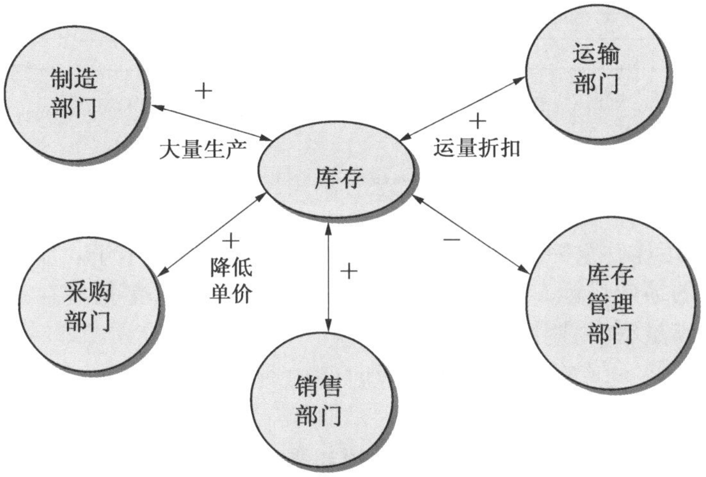

图 5-2 库存管理部门和其他部门的冲突

(二) 供应链中的库存管理

在复杂的供应链网络中,不同的管理者担负不同的管理任务,不同的供应链节点企业的库存,包括供应链输入端的原材料和供应链输出端的最终产品,都有复杂的关系。组成供应链的各企业之间的关系在过去是相互买卖交易关系,企业并不习惯通过相互交流信息、相互协调进行库存管理,更不用说在供应链水平上分享信息和协调进行库存管理。这样往往会形成不必要的大量库存,同时,也可能降低供应链的客户满意度。

供应链环境下的库存管理和传统的库存管理有许多不同之处,这些不同点体现出供应链管理思想对库存的影响。传统的库存管理侧重于优化单个企业的库存成本,从储存成本和订货成本出发确定经济订货量和订货点。从单一的库存管理角度看,这种管理方法有一定的适用性,但是从供应链整体的角度看,单一企业库存管理的方法是不够的。供应链的库存管理不是简单的需求预测与补给,而是要通过库存管理获得供应链客户服务与供应链整体利润的优化。

不论是对于单个企业还是对于供应链而言,库存管理的主要目标都是在提升客户服务水平的同时降低库存投资。在供应链中,可以通过五个要素的逐步改进(图5-3),实现供应链库存管理的目标。这五个要素分别为:① 提高预测准确度;② 减少每个供应链环节的时间;

③ 采购订单成本最小化；④ 增加库存透明度；⑤ 库存持有最小化。供应链是一个整体，需要协调成员企业各方的活动，才有可能实现上述五个要素的持续改进，才能取得最佳的运作效果。

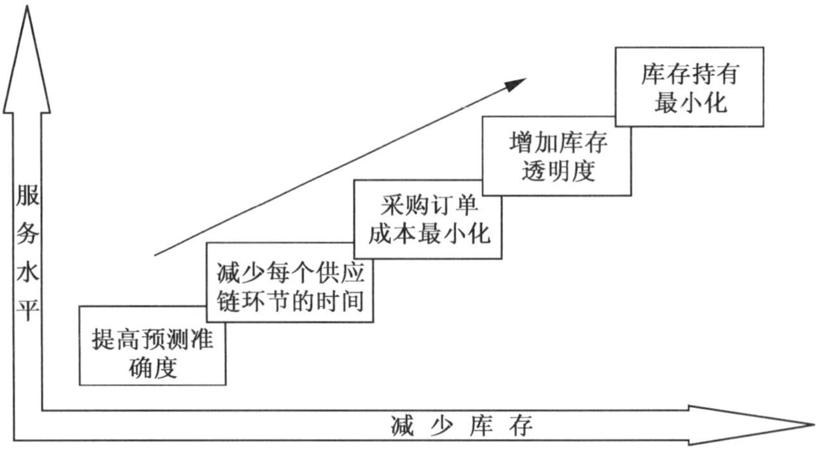

图 5-3 供应链库存控制的逐步改进

五、库存管理的基本问题及其解决方案

管理者们在制定库存策略时需要权衡库存相关成本和服务水平。服务水平由企业管理层制定，确定库存的绩效目标。库存管理相关的绩效指标通常包括库存投资、库存周转率、产品满足率、订单满足率、周期满足率。

(1) 库存投资。平均库存投资是指一段时间内所有库存物品的平均价值，可以表示为平均库存量和单位库存价值的乘积。

(2) 库存周转率。可以表示为年销售金额与平均库存投资的比值。例如，某种产品年销售额为 100 万元，平均库存投资为 25 万元，则其库存周转率为 4。也就是说，库存资金在一年内周转了 4 次。高的库存周转率往往意味着高的库存投资回报。

(3) 产品满足率。当顾客对某种产品提出购买需求时，企业备有存货，能够立刻满足顾客需求的百分比。例如，若顾客订购量为 100 件，而企业只有 95 件时，则产品满足率为 95%。

(4) 订单满足率。是指当顾客发出某个订单需求时，库存系统中有该订单中所有产品，且能立刻满足顾客需求的百分比。由于顾客订单往往会同时包括多种产品，因此，订单满足率常常会低于产品满足率。

(5) 周期满足率。是指顾客需求都得到满足的补货周期占所有补货周期的百分比。补货周期是指连续两次补充库存的时间间隔。

库存管理需要对有关存货的问题做出正确的决策。需要决策方面很多，仅库存控制，就需要针对以下三个问题做出决策：

(一) 在存货中应该包括哪些产品

由于库存物品会产生成本，所在企业要将客户服务保持在可以接受的水平上，同时使库存水平实现最小化。这就意味着要把现有产品的存货控制在合理的水平上，杜绝向库存中加入不必要的产品，把那些不再使用的产品从库存中清除出去。

除非实施严格控制，否则库存成本往往会上升。企业为了保证较好的可得率往往会准备较多存货。随着产品生命周期的缩短和新产品研发的加速，不断有新物料、新产品出现，库存中会加入新的存货品种，而那些过时的产品却往往保留在存货之中。在把新产品纳入存货之前，应该对持有该产品存货与不持有该种产品存货的成本和收益进行认真比较。只有证明持有该种产品的存货有明显好处时，这种产品才应该被纳入存货之中。同时，还应该对存货中产品的实际使用情况进行监控，一旦某种产品没有储存的必要时，就应该立即把它从存货中清除出去。尤其是对于已经在 12 个月中没有需求，变为呆滞库存的物品应尽快想办法处理，比如降价、捆绑销售、捐赠等方法。

(二) 应该在什么时候对供应商发出订单

企业可以用两种方式控制订单的发出时间：第一种方式是对库存状况进行连续监控，一旦存货下降到一定水平，企业立即实施固定数量的订货，每次发出固定批量的订单，需求的变化可以通过改变发布订单间隔时间来应对；第二种方式是按照固定的周期盘点库存，根据库存的实际存量发出批量规模不一的订单。

(三) 应该订购多少

每次发出订单都会产生相应的管理成本和送货成本。如果大批量、低频率订货，订货和送货的成本就可以被控制在较低的水平，但是存货水平和平均库存的价值会比较高；如果小批量、高频率订货，订货和送货的成本会比较高，但平均库存水平却会比较低。在通常情况下，需要在库存水平和订货、送货成本之间进行权衡，以实现总成本最小化。

一旦在订货的频率和数量方面作出了决策，就可以回答平均存货水平、成本、服务水平、出现缺货的可能性等一系列情况。

第二节 库 存 计 划

库存计划包括确定订货的时间和订货的数量。订货时间取决于产品需求的平均值、需求变化和补货计划等。订货数量则需要综合考虑各种成本的权衡。

一、订货时间

何时订货是库存管理中的一个关键问题。定量订货系统和定期订货系统在发出订货订单时有着不同的逻辑。

在定量订货系统中，需要有一个订货点(reorder point，ROP)，当库存水平下降到该点时就发出补货订单。在确定的环境下(顾客需求、订货提前期无变化)，订货点等于单位时间的平均需求量(d)乘以补货提前期(LT)，即 $ROP = LT \times d$。例如，假定平均每天的需求量为 50 件，补货周期为 4 天，则订货点为 50×4，也就是 200 件。当库存水平下降到 200 件时需要再订货。在确定性的市场环境中，订货提前期及相应的再订货水平如图 5-4 所示。当存货下降到再订货点时，发出补货订单。所订购货物在现有存货刚好用完的时候送达。

之所以有补货提前期主要有以下几个原因。

(1) 订单准备工作需要时间。当一个企业决定采购某种物品时，在最终形成订单并发送给供应商前需要一定的时间。

(2) 把订单准确送给供应商的相关部门需要时间。采用自动化订单处理系统和电子商

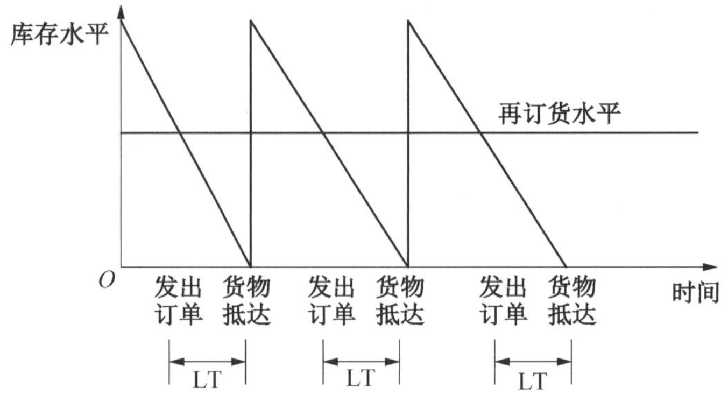

图 5-4 订货提前期及相应的再订货水平

务可以大大缩短这部分工作所需要的时间。

(3) 供应商需要时间来处理订单并准备所订购的货物。

(4) 从供应商处把物料送抵目的地需要时间。对于本地供应商可能只需要几个小时，而对于国际性的供应商来说，这段时间则可能是几周甚至长达几个月。在通常情况下，订货提前期是几天到几周。大家都希望提前期越短越好，客户希望他们所订购的货物尽早到货，供应商则希望保持高质量的服务水平，尽早交货给客户，不愿意积压大量存货。电子商务的出现简化了订货活动中的环节，降低了再订货成本，使得更小批量、更高频率订货成为可能。

如果产品的需求和补货周期中有一个或多个因素无法确定时，企业就需要用安全库存(ss)来消除这些不确定因素的影响，此时，再订货点公式就变为下式。本章后面将介绍如何在不确定的情况下计算安全库存。

$$\mathrm{ROP}=\mathrm{LT}\times d+\mathrm{ss}$$

在定期订货系统中，监控库存的频率要小得多，只有在计划订货时间之前才会检查库存，检查周期为 T，如一周或者一个月检查一次，然后发出订单。盘点后的订货量是设定的最大值 M 与盘点时所持有的库存量之差。在定期订货系统中有检查库存的时间间隔，一般会比连续监控库存状态的定量订货系统需要更多的平均库存量。但是由于可以在同一时间对多种产品的库存水平进行核查，从而可以联合订货，使用定期订货方法产生的持有成本上升可能会远低于管理成本的降低和订货成本的下降。

二、订货数量

订货数量的大小有助于实现库存维持成本与订货成本之间的平衡。订货量越大，平均库存也就越多，每年的库存维持成本也就相应越高。然而，订货量越大，每个计划时期内需要订货的次数就会越少，总的订货成本就会随之越低。在销售数量一定的条件下，可以计算出使年库存持有成本与订货成本总和最低时的订货量。如图 5-5 所示直观地说明了它们之间的关系。图 5-5 中订货成

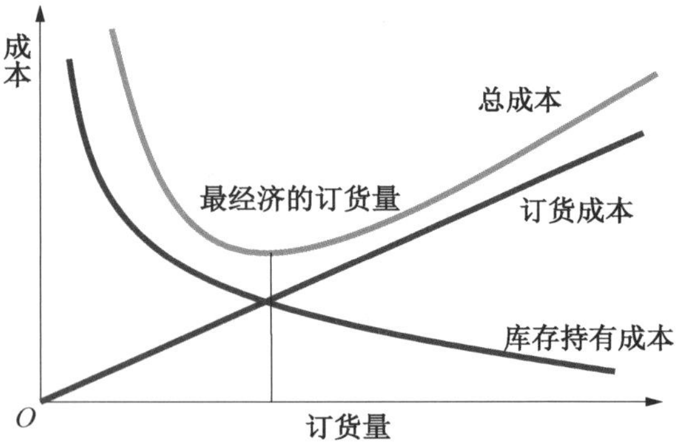

图 5-5 经济订货批量

本和库存持有成本之和的最低点代表了最低的总成本。简单来说，目标就是确定总成本最小时的订货量为多少。

计算订货数量的经典模型就是经济订货批量模型(economic order quantity, EOQ)。该模型由福特·哈里斯(Ford W. Harris)在1915年提出，尽管是一个简单的模型，但说明了库存持有成本和订货成本之间的权衡。这个模型中考虑一个存储单一产品的仓库，客户对该种产品的需求很稳定。仓库从供应商处订货，假定供应商有无穷数量的产品。模型的具体假设如下：

(1) 需求量已知、均匀且为常量；

(2) 订货提前期已知且为常量；

(3) 购买价格为常量，与订货批量大小无关；

(4) 所有需求均可满足，没有缺货；

(5) 仓库中只有一种物品，或库存物品间没有相互作用；

(6) 无限的计划期；

(7) 无限的可用资本。

仓库每次订货都会发生一个固定的订货成本 S。库存产品放在仓库中保管时会发生库存持有成本，库存产品的价值是 C，持有该产品的年库存持有成本比率是 h(%/年)。这是一个真实库存系统的简化版本。在上述假设条件下，库存状态的变化如图5-6所示。模型中的假设条件在现实中往往不能实现，比如长时期内需求是变化的，不会固定不变；订购价格也可能会随订货量变化。每次订货量均为固定批量也有一定限制性。但是从这个模型中得到的结论，有助于我们在更复杂的现实中有效地制定库存策略。

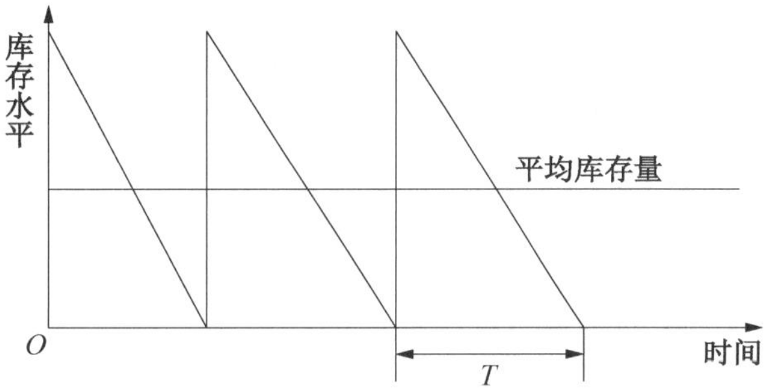

图5-6　随时间变化的库存水平

基本EOQ模型由总成本等式得来，总成本中包含了订货成本和库存持有成本。

$$总成本\ \mathrm{TC}=订货成本+库存持有成本=\frac{D}{Q}S+\frac{Q}{2}hC$$

式中，TC—每年的总成本；

Q—订货批量，单位为件数；

D—对库存产品的年需求量(件数)；

S—订货成本(元/订单)；

C—库存产品的价值(元/件)；

h—单位产品的年库存持有成本比率，即库存产品持有成本占产品价值的比率(%/年)。

D/Q 表示每年发出的补货订单的次数，$Q/2$ 是所持有的平均库存量。

应用微积分对上式求导，可以得出使成本最小所对应的订货量即最佳订货批量(Q^*)。这样就可以得出EOQ公式：

$$\mathrm{EOQ}=\sqrt{\frac{2DS}{hC}}$$

[例 5-1] 某企业对某种产品的年度需求量为 8 000 单位，每单位的价值为 10 元/件，订货费用为每次 30 元，库存持有成本为按库存货物价值的 30%计算，求该企业的经济订货批量(EOQ)。

解答：

$$\mathrm{EOQ}=\sqrt{\frac{2C_0D}{h}}=\sqrt{\frac{2\times30\times8\,000}{3}}=400(\text{件})$$

三、经济订货批量的调整

(一) 经济订货批量的敏感性分析

经济订货批量(EOQ)的假设条件使得其适用性大打折扣，当遇到以下问题时，需要对 EOQ 进行调整：

(1) 当 EOQ 计算得出的结果并不是整数单位时；

(2) 供应商不愿意在标准包装的基础上进行货物分拆；

(3) 送货时采用固定运输能力的车辆进行；

(4) 把订单近似到相邻的数字会更便于操作。

当出现以上情况时，我们必须知道，如果不使用 EOQ 成本将会如何变化？在此用例 5-2中的数据对订货量与总成本的关系进行敏感性分析。例 5-2 的经济订货批量为 400 件，计算订货批量为 EOQ 的 0.5～2 倍时总成本的变化及变化的百分率见表 5-2。

表 5-2 EOQ 的 0.5～2 倍时总成本的变化及变化的百分率

订货批量变化倍数	调整后的订货批量	总 成 本	总成本变化百分率
0.5	200	1 500.00	1.25
0.7	280	1 277.14	1.06
0.8	320	1 230.00	1.03
0.9	360	1 206.67	1.01
1	400	1 200.00	1.00
1.1	440	1 205.45	1.00
1.2	480	1 220.00	1.02
1.3	520	1 241.54	1.03
1.4	560	1 268.57	1.06
1.5	600	1 300.00	1.08
1.6	640	1 335.00	1.11
1.7	680	1 372.94	1.14

续 表

订货批量变化倍数	调整后的订货批量	总 成 本	总成本变化百分率
1.8	720	1 413.33	1.18
1.9	760	1 455.79	1.21
2	800	1 500.00	1.25

从表 5－2 中可以看出，订购批量是 EOQ 的一半时，总成本上升了 25%；当订购批量是 EOQ 的 2 倍时，总成本上升了 25%。在这个例子中，总成本在最小值附近相对稳定，所以在实践中，稍稍偏离 EOQ 值并不会引起成本的大幅提高。通过这个分析可以认识到，尽管经济订货批量公式是建立在假设条件的基础上的，但在实践中，如果订单批量在 EOQ 附近变动，那么，所产生的总成本相对于最小总成本变动幅度不大。

（二）经济订货批量的调整

通过敏感性分析，我们已经知道总成本对订货批量变化不敏感，而且有时通过对订货批量的调整，还能够带来一些好处。

1. 运输费率

前文的 EOQ 公式没有考虑运输成本对订货批量的影响。在供应商支付了从产地到目的地的运输费用时，这种忽略是可以的。但是，如果产品的所有权在产地已经发生转移，企业自己支付运费，那么，在确定订货批量时，就必须考虑运输费率对总成本的影响。

一般来说，一次订货的批量越大，单位运输成本就越低。在卡车运输和铁路运输中大批量装运存在运费折扣是很普遍的现象。于是，在其他条件都相同的情况下，企业希望以最为经济的运输批量来进行购买，此时的订货数量也许会大于用 EOQ 方法所确定的经济订货批量。

［例 5－2］ 某企业对某种产品的年度需求量＝2 400 单位；每单位成本＝5.00 元；

存货持有成本百分率＝20%；订货成本＝19 元；

小批量装运的费率＝1 元/单位；

大批量装运的费率＝0.75 元/单位。

下面对订货批量分别为 300 个和 480 个两种方案的成本进行比较（表 5－3）。

表 5－3 两种订货批量方案的成本比较

	方案 1 Q＝300（小批量运输）	方案 2 Q＝480（小批量运输）
存货持有成本	150	240
订货成本	152	95
运输成本	2 400	1 800
总 成 本	2 702	2 135
	年度节约 567 元	

2. 批量折扣

供应商为了吸引客户一次购买更多的商品，往往规定当购买数量达到或超过某一数量标准时，给予客户价格上的优惠，这就是批量折扣。

在定价方案中的数量有特定的分割点 $q_0, q_1, \cdots, q_r$，其中 $q_0=0$，当订货批量大于等于 q_i 而小于 q_{i+1} 时，则每单位产品的价格为 C_i。当有折扣优惠时，企业会以随订货数量变化的价格计算总成本。如果按照折扣数量订购所获得的成本降低足以弥补增加的库存成本时，那么批量折扣就是一个可行方案。

在批量折扣条件下，企业最佳的经济订货批量的选择可以按照以下步骤进行：第一步，用 EOQ 公式计算出每种价格 C_i 下的最优订货批量 Q_i。

第二步，选择每一价格 C_i 下的最优订货 Q_i^*。Q_i 有三种可能情况：① 处于该价格下的订货批量区间内；② 小于该价格批量区间下限；③ 大于该价格批量区间上限。第一种情况时，取 $Q_i^*=Q_i$。第二种情况时，以 Q_i 为批量则无法获得折扣价格，因此取 Q_i^* 等于区间下限。第三种情况时超过了批量区间上限，取 Q_i^* 等于区间上限。

第三步，计算出当订货量为 Q_i^* 时的年总成本，包括订货成本、库存持有成本和材料成本 $\mathrm{TC}_i=\left(\dfrac{D}{Q_i^*}\right)S+\dfrac{Q_i^*}{2}hC_i+DC_i$

第四步，选择使总成本最低的 Q_i^* 作为最优订货批量。

在存在多个数量折扣点时，可以使用基本的 EOQ 公式直接处理，如下例。

［例 5－3］ 某公司每年需要采购某种产品 750 件。该产品的订货成本为 45 元，年库存持有成本应为 30%，该产品的折扣策略如下表 5－4 所示。

表 5－4　产品折扣报价

订 货 范 围	单价/(元/件)
1～49	28
50～79	26
80～99	24
100 以上	22

本例中，管理者已知以下数据：

$q_0=0$，$q_1=50$ 件，$q_2=80$ 件，$q_3=100$ 件

$C_0=22$ 元 / 件，$C_1=20$ 元 / 件，$C_2=18$ 元 / 件，$C_3=17$ 元 / 件

$D=750$ 件 / 年，$S=45$ 元 / 订单，$h=0.3$

按上述计算步骤计算如下

第一步：将各批量范围的价格代入 EOQ 公式计算得出各价格下的订货批量。

$$Q_0=\sqrt{\frac{2DS}{hC_0}}=\sqrt{\frac{2\times750\times45}{0.3\times28}}\approx 90(\text{件})$$

$Q_1=93$ 件，$Q_2=97$ 件，$Q_3=101$ 件

第二步：忽略 $i=0$，因为 $Q_0=90$ 大于批量区间上限 49，取 $Q_0^*=49$ 件。同理取 $Q_1^*=79$ 件。对于 $i=2, 3$ 可以得出 $Q_2^*=97$ 件，$Q_3^*=101$ 件。

第三步：计算总成本。

$$TC_0=\left(\frac{D}{Q_0^*}\right)S+\frac{Q_0^*}{2}hC_0+DC_0=\left(\frac{750}{49}\right)\times 49+\frac{49}{2}\times 0.3\times 28+750\times 28=21\ 895\text{ 元}$$

$$TC_1=19\ 927\text{ 元，}TC_2=18\ 348\text{ 元，}TC_3=16\ 834\text{ 元}$$

当订货量为 101 件时总成本最低，此时每件的折扣价格是 22 元。

就运输费率和批量折扣两种情况可以看出，往往随着订购批量的增大，价格折扣会越多并获得运输规模效益。表面看来，订购批量大于 EOQ 时似乎更为有利，然而，订购批量的增大，意味着平均库存的增加。因此，我们在这两种情况下应用 EOQ 模型时，应该特别注意对产品过时的风险以及仓储成本进行合理估计。

3. EOQ 在其他方面的调整

EOQ 模型还要在其他诸如批量生产、多产品购买、有限的资本、单位化特征等方面进行相应的决策调整和批量修正。

(1) 批量生产——从制造角度来看，批量生产规模是指最经济的生产批量，当最经济的生产批量大于 EOQ 时，就要对 EOQ 进行调整，使库存计划服务于生产的合理要求；

(2) 多产品购买——当同时购买一种以上产品时，必须考虑数量折扣和运输折扣对产品的组合所产生的影响；

(3) 有限的资本——有限的资本使得存货的投资预算受到种种限制而无法按 EOQ 进行订货。所以，订货批量必须意识到存货投资需要在整个产品线上进行分配；

(4) 单位化特征——也称集装化特征，是指许多产品是按照装载或存放单元进行储备和运输的，如集装箱、拖盘、料箱等。这些标准化单元被设计用来适应运输工具和搬运工具。在确定订货批量时，应当综合考虑物流过程的经济性，适当调整 EOQ，使之与物流单元相协调。

第三节 不确定性管理

在制订库存计划时必须考虑到不确定性的影响。对于多周期库存模型，不确定性来自两个方面。一方面是需求的不确定性，是指在库存补货期间销售的变化情况。另一方面是供货提前期的不确定性，是指从订单发出到完成补货所用时间的变化。

一、需求的不确定性

为了防止实际需求高于预测值而造成缺货，企业需要在基本库存中加入安全库存。在需求不确定的情况下，平均库存等于订货量的一半与安全库存之和。确定安全库存有三个步骤：第一步，估计出现缺货的可能性；第二步，估计缺货期间的潜在需求量；第三步，在制定决策时，确定期望达到的缺货保护水平。表 5-5 记录了某企业 30 天的商品需求量，已知该企业的订货批量为 50 件，再订货点为 50 件，库存补货运作周期为 10 天。

表 5-5 需求历史记录

天数	需求量/件	天数	需求量/件	天数	需求量/件
1	9	11	0	21	5
2	2	12	6	22	5
3	1	13	5	23	4
4	3	14	7	24	3
5	7	15	10	25	4
6	5	16	7	26	1
7	4	17	6	27	2
8	8	18	9	28	8
9	6	19	缺货	29	3
10	5	20	缺货	30	4

从表 5-5 可以看到，每天的销售量在 0～10 件间波动，平均日销售量为 5 件。在 30 天内有 2 天出现了缺货。表 5-6 统计了 30 天需求的频率分布，有 11 天的实际需求量超过了平均值，有 12 天低于平均值。

表 5-6 需求的频率分布情况

日需求量/件	频率/天数	日需求量/件	频率/天数
缺货	2	5	5
0	1	6	3
1	2	7	3
2	2	8	2
3	3	9	2
4	4	10	1

用柱状图（图 5-7）来表示表 5-6 中的频率分布现象。以历史数据为基础，我们可以根据设定的缺货保护水平计算出安全库存。本例中除缺货天数外，样本大小只有 28 天。若要分析某一随机事件发生的概率，在实际应用中通常需要更大的样本量。

事件发生的概率表明了在某一中心值附近变化的趋势，这个中心值就是所有事件的平均值。在库存管理中可以使用多种频率分布，正态分布是一种最常见的分布形式。正态分布的特点是它的曲线呈对称的钟形分布，如图 5-8 所示。正态分布本质的特点是三个指标，平均值、中位数和众数的值是相等的。换言之，当这三个值近似相同时，频率的分布就呈正态分布。

当需求服从正态分布时，需要使用标准差 σ 来进行计算。标准差指的是对正态分布曲线中某一区域内事件的偏离程度。当应用于库存管理时，标准差反映了单位时间的销售量偏离平均销售水平的变化程度。对于正态分布而言，需求量围绕均值在 $\pm\sigma$ 范围内波动的概率为 68.27%，在 $\pm 2\sigma$ 范围内波动的概率为 95.45%，在 $\pm 3\sigma$ 范围内波动的概率为 99.73%。从库存管理角度看，标准差提供了一种估算安全库存的方法，这些安全库存能够在

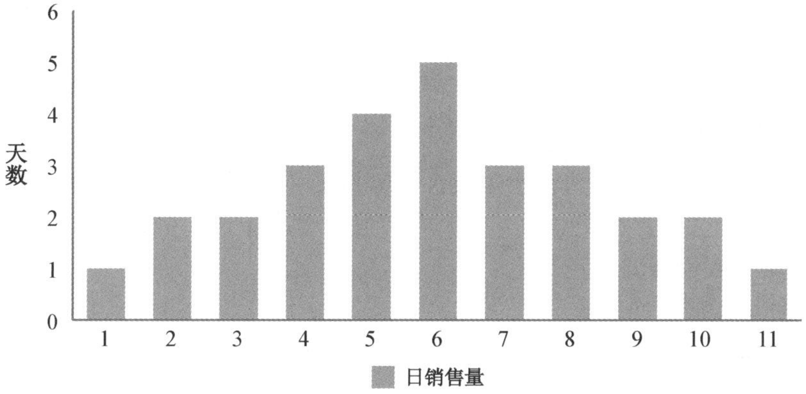

图 5－7　产品需求历史数据分析

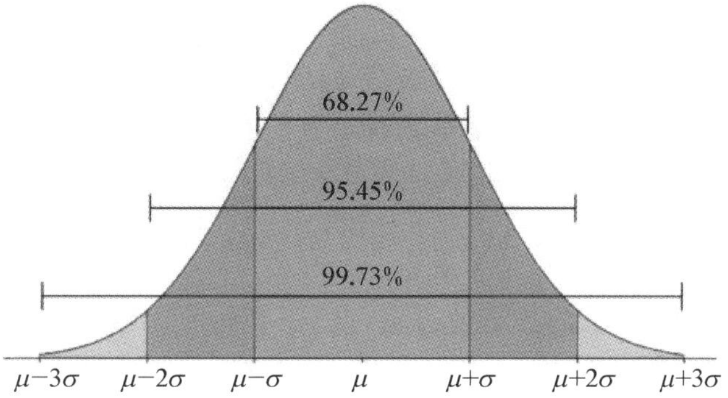

图 5－8　正态分布

一定程度上避免缺货。

要确定安全库存，首先要计算出标准差。大多数计算器和电子数据表都有此项功能，或使用标准差公式计算。此例中标准差约为 3 件。

二、供货提前期的不确定性

在补货的过程中，供货提前期可能会因为各种原因而发生波动，比如工厂机器故障、恶劣天气、收货速度慢等。计划人员应该预料到实际的供货提前期会在平均值附近波动，表 5－7 给出了一个供货提前期变动的例子。

表 5－7　供货提前期的频率分布

供货提前期/天	频　　次	供货提前期/天	频　　次
6	2	11	8
7	4	12	6
8	6	13	4
9	8	14	2
10	10		

表中的供货提前期变化范围是 6～14 天。如果提前期符合正态分布，那么提前期在 8～12 天的概率为 68.27%。

三、不确定条件下的再订货点

库存计划人员必须处理这两种不确定性带来的影响。补货提前期与单位时间的需求量相对独立，需要确定这两者对安全库存的影响。假设每个单位时间内的需求是相互独立的。为了描述库存策略我们需要以下信息：

d—单位时间需求量均值；

σ_d—单位时间需求量的标准差；

LT—补货提前期均值；

σ_{LT}—补货提前期的标准差；

α—周期服务水平，即订货周期缺货的概率为 $1-\alpha$。

(一) 需求不确定条件下的再订货点

ROP 由两部分组成，首先是提前期内的平均库存水平，它是单位时间的平均需求与提前期的乘积。这确保了当订单发出后，系统有足够的库存来满足提前期内的期望需求。提前期内的平均需求量为 $\mathrm{LT}\times d$。第二部分是安全库存 ss，是为了防止提前期内需求偏离平均值的库存量。

首先讨论当提前期稳定，而需求不确定时的情况。通常我们不能直接知道 d 和 σ_d，但通过汇总提前期内各单期需求的分布情况就可以很容易地计算出这两个值。例如，假设某产品每天的需求呈正态分布，均值为 $d=100$ 件，标准差为 $\sigma_d=10$ 件。提前期是 3 天。我们希望将每天需求分布集中成一个 3 天的提前期内的需求分布，则提前期内需求的均值为 $d'=d\times\mathrm{LT}=100\times3=300$。提前期内分布的方差可以通过每周需求分布方差的加总获得，标准差就是方差的平方根，即

$$\sigma'_d=\sigma_d\times\sqrt{\mathrm{LT}}=10\times\sqrt{3}=17.3$$

安全库存的计算可以用下式：

$$\mathrm{ss}=z\times\sigma'_d=z\times\sigma_d\times\sqrt{\mathrm{LT}}$$

式中，z 是与周期服务水平相关的值，可以称为安全系数。服务水平和安全系数的关系如表 5-8 所示。

表 5-8 服务水平和安全系数的关系

服务水平	90%	91%	92%	93%	94%	95%	96%	97%	98%	99%	99.9%
安全系数	1.29	1.34	1.41	1.48	1.56	1.65	1.75	1.88	2.05	2.33	3.08

在需求不确定条件下，订货点为

$$\mathrm{ROP}=\mathrm{LT}\times d+z\times\sigma'_d\times\sqrt{\mathrm{LT}}$$

(二) 供货提前期不确定条件下的再订货点

当供货提前期不确定时，定义平均提前期为 LT，提前期的标准差为 σ_{LT}，此时的安全库

存量为：$ss = z \times d \times \sigma_{LT}$，此时的再订货点为

$$ROP = LT \times d + z \times d \times \sigma_{LT}$$

(三) 需求和供货提前期不确定条件下的再订货点

可以通过将需求波动和提前期波动累加得出需求和供货提前期不确定条件下的标准差。

$$\sigma'_d = \sqrt{\sigma_d^2 \times LT + d^2 \times \sigma_{LT}^2}$$

此时，安全库存量为 $ss = z \cdot \sigma'_d$，再定货点为

$$ROP = LT \cdot d + z \cdot \sqrt{\sigma_d^2 \times LT + d^2 \times \sigma_{LT}^2}$$

从以上分析可以看出，影响安全库存量的两个关键因素是：期望的服务水平和不确定性。当期望的服务水平提高时，需要增加安全库存。当需求和供货提前期的不确定性越大时（标准差变大），需要准备的安全库存也会增加。

［例 5－4］ 某制造商销售一种零件，每天的平均需求为 100 件，供货提前期为 4 天假设需求呈正态分布，且每天的需求相互独立，期望的周期服务水平为 99%。

(1) 若供应商供货周期稳定，需求有一定波动性，需求的标准差为 30 件，其安全库存量应为多少？再订货点是多少？

(2) 若需求稳定，但是供货完成周期服从正态分布，并且其标准差为 4 天，该企业需要持有的安全库存量是多少，再订货点是多少？

(3) 当需求和供货提前期都有波动，且相关参数如问题(1)(2)所示，该企业需要持有的安全库存量是多少，再订货点是多少？

解答：

(1) $LT = 4$ 天，$\sigma_d = 30$ 件，$d = 100$ 件 / 天，服务水平为 99%。

查表 5－8 可得，当服务水平为 99% 时，$z = 2.33$

$$ss = z \cdot \sigma_d \cdot \sqrt{LT} = 2.33 \cdot 30 \cdot \sqrt{4} = 140(\text{件})$$

提前期的平均需求为 $LT \cdot d = 4 \cdot 100 = 400$(件)

所以 $ROP = LT \cdot d + ss = 540$(件)

(2) $ss = z \cdot d \cdot \sigma_{LT} = 2.33 \cdot 100 \cdot 4 = 932$。

所以 $ROP = LT \cdot d + ss = 400 + 932 = 1\,332$(件)

(3) 由于需求和供货提前期都具有不确定性，所以求联合标准差。

$$\sigma'_d = \sqrt{\sigma_d^2 \cdot LT + d^2 \cdot \sigma_{LT}^2} = \sqrt{30^2 \cdot 4 + 100^2 \cdot 4^2} = 404(\text{件})$$

此时，安全库存量为 $ss = z \cdot \sigma'_d = 2.33 \cdot 404 = 940$(件)

所以 $ROP = 400 + 940 = 1\,340$(件)

四、不确定环境下的周期盘点库存计划

周期盘点库存计划的订货时点是在预设的盘点周期到达时，所以对于周期盘点策略要设定合理的盘点周期。在需求不确定的情况下，定期盘点与再订货点非常相似，但也有不

同。再订货点中，若需求是不确定的，那么只有供货提前期内需求的波动对安全库存的计算产生影响，订货间隔期内需求的变化不会影响安全库存量的大小。定期盘点法则不同，要考虑订购间隔期和提前期内需求波动的影响，这就造成定期盘点模型比再订货点模型更复杂。对于这个问题，我们把近似解作为合理的答案。

定期盘点按照预定的周期(T)检查库存，盘点后的订货量就是最大值 M 与盘点时所持有的库存量之差。因此，就可以通过设定最佳盘点周期 T^* 和最大存货量 M^* 进行库存控制。

对最佳盘点周期的近似计算首先从最基本的经济订货批量 EOQ 开始：

$$Q^* = \sqrt{\frac{2DS}{hC}}$$

盘点周期 T^* =订购量 / 单位时间需求量 $=Q^*/D$

接下来求订货间隔时间与提前期时间之和，求出这段时间内的需求分布。在某一点上，该期间内的缺货率正好等于设定的服务水平，该点即为最高的库存水平点 M^*。

$$M^* = d \times (T^* + \mathrm{LT}) + z \times \sigma'_d$$

其中 $d \times (T^* + \mathrm{LT})$ 是订货间隔期加上提前期的需求的均值，d 是单位时间的需求量。σ'_d 是 $(T^* + \mathrm{LT})$ 时间内需求分布的标准差。可以用下式计算：

$$\sigma'_d = \sigma_d \sqrt{T^* + \mathrm{LT}}$$

此时的平均库存水平$= \dfrac{d \cdot T^*}{2} + z \cdot \sigma'_d$

[例 5 - 5]　仍用例 5 - 4 的数据，每天的平均需求为 100 件，订货提前期为 4 天，商品的年库存持有成本比率为 10%，订货成本为 $S=10$ 元/订单，每件产品的价值为 $C=10$ 元/件。请为该公司设计周期盘点策略，确定周期盘点的盘点周期 T^* 和最大库存量 M^*。

解答：用 EOQ 公式可以得出 $Q^*=854$ 件

则 T^* =订购量/单位时间需求量=854/100=8.54(天)≈9(天)

那么盘点周期加提前期内需求的标准差是

$$\sigma'_d = \sigma_d \times \sqrt{T^* + \mathrm{LT}} = 30 \times \sqrt{9+4} = 108$$

当服务水平为 99%时的最高库存水平为

$$M^* = d \times (T^* + \mathrm{LT}) + z \times \sigma'_d = 100 \times (9+4) + 2.33 \times 108 = 1\,552(\text{件})$$

所以该公司的周期盘点库存计划就是每 9 天盘点一次，每次补充订购量为 1552 件与所持库存之差。

第四节　单周期产品的库存控制

许多实际的库存问题都是与一次性需求产品相关的，如鲜花、水果、报纸等，这些产品的货架期(适于销售的时间)很短暂,当商品腐坏或过期后就无法销售。还有一些商品比如节庆装饰、为某场音乐会准备的宣传物料等,与鲜花、报纸具有类似的特点,即商品货架期很短,往往只订货一次,需求是一次性的。还有一些季节性商品,如游泳衣、滑雪服等,如果这些商品的供货提前期太长,则其货架期内也只能有一次订货机会,与鲜花、报纸的情况类似。对于此类商品而言,如果订货数量小于顾客需求量,则会因为产品缺货而无法满足需求,从而损失潜在的销售机会,产生欠储损失(订购数量小于需求)。若订购数量超过顾客需求时,则在销售季节结束时,每件未售出的商品会产生超储成本(订购数量大于需求)。

超储成本用 C_o 表示,是指在产品货架期结束时,每件未售出产品造成的损失。欠储成本用 C_u 表示,是指由于缺货而产生的丢失一单销售造成的边际损失。用 c 表示采购单价,p 表示销售单价,s 表示商品销售不掉进行处理时能够获得的残值。

$$C_o = \text{单位成本} - \text{单位残值} = c - s$$

$$C_u = \text{单位价格} - \text{单位成本} = p - c$$

单周期产品库存控制的关键是确定订货批量。在单周期产品的库存管理中,订货费用一次投入,视为沉没成本。库存费用也视为一种沉没成本,所以,只考虑超储成本和欠储成本。企业在确定订货量时,必须在商品未销售完时的成本损失(订购量超过需求)和丢失顾客的利润损失(订购量小于需求)之间进行权衡。可以用以下两种方法确定单周期产品的订货量。

一、期望利润最大法

在商品货架期结束时,每件未售完的商品会给公司带来损失,已售出的商品会给公司带来收益。售出的每件商品利润为 $p-c$,未售完的需处理的商品将使公司损失 $c-s$。由此可以得出订货量 Q 下的期望利润值,比较不同订货量下的期望利润,取期望利润最大的订货量作为最佳订货量。

$$\text{期望利润} = \sum_{d<Q}[C_u d - C_o(Q-d)]p(d) + \sum_{d>Q} C_u Q p(d)$$

[例 5-6] 某商店销售新年装饰套装,进价为 $c=50$ 元,售价为 $p=80$ 元。若一个月内卖不出,则每套按 $s=30$ 卖出。新年装饰套装的需求量概率见表 5-9。求该商店订购多少新年装饰套装。

表 5-9 新年装饰套装需求量概率

需求量	0	10	20	30	40	50
概 率	0.05	0.15	0.2	0.25	0.2	0.15

解答:欠储成本 C_u 也可以视作每件商品的获利

当 $d > Q$ 时,每套商品可赢利 $C_u = p - c = 80 - 50 = 30$ 元;

当 $d < Q$ 时,每套商品会损失 $C_o = c - s = 50 - 30 = 20$ 元;

计算每个订货量下的期望利润

当 $Q=10$ 时,期望利润$_{Q=10} = 10 \times 30 \times (1-0.05) - 20 \times (30-10) \times 0.05 = 275$(元)

当 $Q=20$ 时，期望利润$_{Q=20}=(-20\times20\times0.05)+(10\times30-10\times20)\times0.15+20\times30\times(1-0.05-0.15)=475$

期望利润$_{Q=30}=575$　期望利润$_{Q=40}=550$　期望利润$_{Q=50}=425$

当订货量为 30 时，期望利润最大为 575，所以最佳订货批量为 $Q^*=30$。

二、边际分析法

当售出下一单位产品的边际收益等于下一单位产品售不出去的边际损失时就得出 Q^* 点。追加 1 个单位的订货，会使得期望损失发生变化，如果 Q 为最佳订货量，则无论增加或减少订货都会使损失加大。

$$
\begin{aligned}
\Delta E_L(Q) &= E_L(Q+1)-E_L(Q)\\
&=[\sum_{d>Q}C_u(d-Q-1)p(d)+\sum_{d<Q}C_0(Q+1-d)p(d)]\\
&\quad-[\sum_{d>Q}C_u(d-Q)p(d)+\sum_{d<Q}C_0(Q-d)p(d)]\\
&=(C_u+C_0)\sum_{d=0}^{Q}p(d)-C_u\geqslant 0
\end{aligned}
$$

所以，若要使预期收益和预期损失平衡，则有：

$$\sum_{d=0}^{Q}p(d)=\frac{C_u}{C_u+C_0}$$

根据上式可以找到最佳订货批量。

对于例 5-6：

$$C_u/(C_u+C_0)=30/(30+20)=0.6$$

所以最佳订货量 $Q^*=30$。

第五节　库存管理实践

在企业管理实践中，需要确定在什么地方设置库存、何时补货和如何对库存进行分配，从而能够降低缺货的可能性又能够控制相关成本。具体而言可以分三步走：对产品和市场分类、制定分组管理策略和确定库存管理参数。

一、对产品和市场分类

对产品和市场进行分类的目的是集中和优化库存管理。常用的方法为 ABC 分类法，该方法在 1951 年由美国电气公司的迪克首先在库存管理中倡导和应用。该方法认为由于不同库存物品对企业的价值不一样，所以不能用一种方式管理企业所有库存。企业的库存物资种类繁多，确定每种物资的相对重要性对企业来说极具挑战。一个常用的经验法则是 80/20 法则。80/20 法则指出企业 80%的销售额来自 20%的产品。从管理的角度看，由于企业的资源有限，所以应将管理的重点放在能够产生 80%销售额的那 20%的产品上。这就是

ABC 分类方法的基本思想。

ABC 分类管理方法的分类指标有很多，最常见的有销售额、销售量、利润贡献、库存价值、产品特点等。按选定的指标判断产品/市场的重要性，分为特别重要的产品/市场（A 类）、一般重要的产品/市场（B 类）和不重要的产品/市场（C 类）三个等级，然后针对不同的级别分别进行管理和控制。ABC 方法面临的一个问题是如何确定 A、B、C 类物资分别在库存总体中所占的百分比，对于这个问题并没有标准答案。以下是以库存价值为指标对库存物品进行 A、B、C 分类的示例。

（1）将库存物品按其库存金额从大到小进行排序，并算出总库存额。

（2）计算累计库存额占总库存额的百分比。

（3）按累计库存百分比划分 A、B、C 类，如图 5－9 所示。一般而言，A 类库存品种占库存品种总数的 5%～20%，而其占用资金金额占库存总资金金额的 60%～70%。B 类库存品种约占库存品种总数的 20%～30%，其占用资金金额大约占库存资金总额的 20%左右。C 类库存品种约占库存品种的 60%～70%，而其占用资金金额占总库存金额的 15%以下。

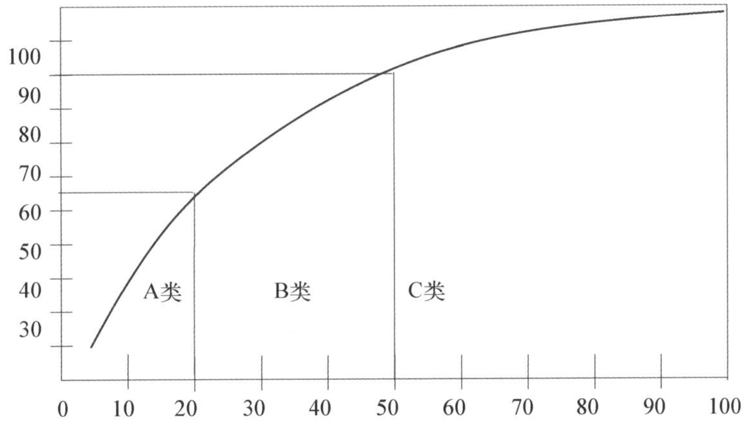

图 5－9　ABC 分类曲线图

在管理实践中，ABC 分类方法可根据实际情况调整，比如可以选用更多的分类标准，可以分为四类或五类等。将同种性质的产品进行归类，能够简化产品的管理过程，同时也有助于企业有针对性地为产品制定合适的库存策略。例如，畅销的、流通速度较快的产品通常要求高质量的服务，因此，企业就可以适当增加这类产品的库存量；相反，为了减少库存总量，企业可以减少流通速度较慢产品的安全库存，酌情降低该类产品服务水平。也可以采用更加综合的指标，比如可以将产品的总利润和对客户的重要性进行加权，得到一个综合指标，以该综合指标对产品进行分类，来代替原来的单一指标。产品或市场分组后，企业就可以对产品进行分组跟踪和管理，比管理单个产品的库存要容易得多。附录 1 给出了企业应用 ABC 方法管理库存的实例。

二、制定分组管理策略

分组管理策略包括多个方面，如服务目标、预测方法、管理技术以及检查周期等。在制定库存管理策略的过程中，企业需要认识到不同产品对于企业目标有不同的重要性，不同类产品对库存的响应性要求也不同。

下面通过一个例子来说明如何对产品分组进行库存管理，如表 5－10 所示。按产品销售的大小将产品分为 ABC 类。这个库存管理策略综合考虑了服务目标、预测方法、检查周期、库存计划和补货监控等因素。每个企业在库存管理过程中涉及的方面各不相同，尽管表 5－10 没有涵盖所有方面，但它列举了企业必须考虑的一些基本因素。

表 5－10　分组管理策略

分类	服务目标/%	预测方法	检查周期	库存计划	补货监控
A	98	CPFR（联合协同计划、预测与补充）	不间断	分销需求计划	每日
B	95	销售历史数据	每周	分销需求计划	每周
C	90	销售历史数据	每两周	再订货点	每两周

三、确定库存管理参数

库存管理中参数的设置需要考虑多种因素，如需求具有季节变化特点，需求不服从正态分布，库存管理参数也要不断监控并适时调整。

现实中，产品需求往往是季节性的，需求的均值和标准差在一年中会不断变化。库存计划中的参数 ROP 和订货量在淡季、旺季会差别较大。由于季节性波动的存在，根据全年的需求均值和标准差设定的库存参数就变得不合理。需求的均值和标准差必须不断调整以反映变化的需求，因此在一年之中的不同时期对 ROP、订货量和安全库存进行相应的调整。

如果需求不服从正态分布，可以在库存策略实施前利用计算机模拟对其进行测试和调整，以期达到所期望的服务水平。在模型过程中识别问题能帮助企业节省大量的时间和费用。模拟并不能发现库存策略实施过程中可能出现的所有问题。选定一个库存策略并通过模拟进行了测试，可以选定最有代表性的产品进行试点。通过试点许多问题都可以得到解决，能够为将来库存策略的推广、实施节约大量的时间和费用。

库存策略实施后，跟踪和监控其执行效果非常重要。通过跟踪和监控能够及时发现库存策略出现的问题，并在企业绩效受到严重影响之前对其进行调整。不仅监控库存水平，而且需要对出现的缺货进行跟踪。企业较难跟踪缺货，在一些情况下，判定缺货也非常困难。在网上购物中，估计缺货可能会更容易。网上购物时，缺货产品的点击次数很容易得到。假设已知点击转变成订单的比例和订单平均规模，就可以估算出缺货期间的需求量。

第六节　供应链环境下的库存管理

传统的企业库存管理都是站在单一企业的角度看待库存管理，从本企业的库存引发的存储成本和订货成本的问题角度出发确定经济订货量和订货点。在过去市场竞争不是很激烈、客户需求变化不频繁的情况下，这种库存管理方法有一定的适用性。在企业由过去的竞争关系变成现在的供应链合作伙伴关系的环境下，传统的库存管理方法会导致供应链整体绩效的低下。在供应链环境下逐渐发展出了多种库存管理方法，如供应商管理库存（VMI）、联合管理库存（JMI）、协同计划、预测与补充（CPFR）等方法，来实现供应链各阶段的库存协同与管理。本节将重点介绍 VMI 和 JMI 方法，CPFR 方法请参见第 9 章第一节。

一、供应链中的合作

在传统观念下，企业只关心自己的直接客户和供应商。但是，整个供应链的成功与否取决于供应链满足最终客户需求的能力强弱。供应链中的企业认识到，它们实际上拥有共同的总体目标，因此，它们不应该相互竞争，而是应该通过相互合作来满足最终客户的需求。下面通过一个例子来说明供应链中各个企业如果不进行合作将会产生什么样的后果。

[例 5－7]　一个供应链中有生产商、区域批发商和本地批发商、零售商和最终客户。这个供应链中的每一个企业自己都持有一个星期的库存以应对需求。每个企业都从各自上游的供应商处订购足够的物料，以确保在每周结束时的存货量等于这一时间段的需求。在这个供应链中，对于产品的需求是稳定的，每周为 10 个单位。然而，在某一周中，来自最终客户的需求上升了 20 个单位。假设送货速度足够快，可以即时到货。那么，需求的变化对这个供应链中的存货将会造成什么影响？

解答：对于供应链中的某一个环节而言，其具有以下特征：

（1）需求等于下一级客户采购的数量；

（2）一周之初的存货数量等于上一周结束时的存货数量；

（3）一周结束时的存货数量等于该周的需求数量；

（4）订购的数量等于需求和存货变化之和，即订购量＝需求量＋（周结束时的存货量－周初始时的存货量）。

如表 5－11 所示，在第一周中，供应链的需求为 10 件产品，在第二周，客户需求上升到 20 件。零售商就必须订购 20 件产品以满足客户的需求，并且要多订购 10 件，使得周结束时的存货量保持在 20 件产品的水平上。因此，零售商共从其上游供应商（本地批发商）处订购了 30 件产品，从而使它在周结束时的存货数量达到 30 件。因此，本地批发商一共需要从它上游的供应商（区域批发商）处订购 50 件产品。而对于区域批发商来说，首先，它要向本地批发商提供 50 件产品，其次，它还需要多订购 40 件产品，使自己的周结束时存货数量达到 50 个单位。因此，它一共需要从生产商处订购 90 件产品。

表 5－11　供应链中需求变化对存货的影响

周	1	2	3	4	5	6	7	8
				客户				
需　求	10	20	10	10	10	10	10	10
				零售商				
需　求	10	20	10	10	10	10	10	10
周初存货量	10	10	20	10	10	10	10	10
周末存货量	10	20	10	10	10	10	10	10
订购量	10	30	0	10	10	10	10	10

续 表

周	1	2	3	4	5	6	7	8
本地批发商								
需　求	10	30	0	10	10	10	10	10
周初存货量	10	10	30	30	20	10	10	10
周末存货量	10	30	0	10	10	10	10	10
订购量	10	50	0	0	0	10	10	10
区域批发商								
需　求	10	50	0	0	0	10	10	10
周初存货量	10	10	50	50	50	50	40	30
周末存货量	10	50	50	50	50	40	30	20
订购量	10	90	0	0	0	0	0	0
生产商								
需　求	10	90	0	0	0	0	0	0
周初存货量	10	10	90	90	90	90	90	90
周末存货量	10	90	90	90	90	90	90	90
订购量	10	170	0	0	0	0	0	0

第三周的市场需求又回到10件。这时，零售商把周结束时的存货量降到了10件，不需订货，仅用存货就可以满足需求。这样，其他层级供应商处的需求为零。但是，由于客户需求在前一周之内上涨了10件，这使得生产量上涨了160件，供应链的整体存货水平从40件上涨到190件。此时，要退回正常水平的话，则需要15周的时间。

供应链中的任何不确定性因素都会使得供应链的成员企业持有更多存货。因此，各成员企业在库存和物料流转方面进行紧密合作，能够给供应链中的组织带来好处。

为了解决供应链中的库存管理问题，从供应链的上游出发，出现了供应商管理库存(vendor managed inventor，VMI思想)。VMI思想更多的是应用于原材料紧缺、价格变动比较大的制造行业以及大量的以供应商为主导的零售业中。VMI要求供应商来参与管理客户的库存，供应商拥有和管理库存，下游企业只需要帮助供应商制订计划，从而使下游企业实现零库存，供应商的库存也大幅度减少。

随着企业信息化程度的提高以及供应链思想日益深入人心，库存管理的思想，从上游管理的VMI逐渐演化到了整个供应链的集成管理，出现了联合管理库存(jointly managed inventory，JMI)和协同计划、预测与补充(collaborative planning，forecasting and replenishment，CPFR)。库存管理的核心更贴近于消费者这个赢利中心，更加适合于供需的统一。同时，库存管理的难度和要求也提高了。

二、供应链库存管理存在的问题

(一) 协调机制问题

供应链是一个整体，需要协调各方活动才能取得最佳的运行效果。供应链中的不同成员存在着不同的、相互冲突的目标。例如,供应商希望制造商进行稳定数量的大量采购,交货期能够灵活可变。与供应商相反,制造商必须对顾客需求的变化做出反应。因此,供应商的目标与制造商的目标发生直接冲突,这些冲突会导致供应链的整体效率低下。

协调的目的是使整个供应链有共同一致的目标,能够根据客户的要求步调一致,形成更为合理的供需关系,以适应复杂多变的市场环境。如果企业间缺乏协调与合作,就会导致交货期的延迟和服务水平的下降,同时,库存水平也会因此而提高。在供应链库存管理中,组织障碍是库存增加的一个重要因素。不管是企业内部还是企业之间,相互的合作与协调是实现供应链无缝连接的关键。在供应链管理环境下,库存控制不再是一种运作问题,而是企业的战略性问题。要实现供应链管理的高效运行,必须增加企业的合作,建立有效的协调机制。

（二）信息传递问题

供应链企业之间的协调涉及更多的利益群体,组织之间存在的沟通障碍使供应链上的库存控制变得非常困难,导致企业不得不维持较高的安全库存。要进行有效的合作与协调,组织之间需要一种有效的激励机制。供应链各成员企业之间的需求预测、库存状态、生产计划等都是供应链管理的重要数据,这些数据分布在不同的供应链组织之间。要做到快速、高效地响应用户需求,就必须对供应链的信息系统模型做出相应的改变,通过系统集成的办法,使供应链中的库存数据能够实时、快速地传递。然而,目前许多企业的信息系统相容性较差,无法很好地集成起来,当供应商需要了解用户的需求信息时,常常得到的是延迟的信息和不准确的信息。由于延迟引起误差和影响库存量的精确度,短期生产计划的实施也会遇到困难。因此,如何有效传递供应链库存管理信息是提高供应链库存管理绩效亟待解决的问题。

（三）不确定性问题

供应链运作中存在诸多不确定因素,如订货提前期、货物运输状况、原材料的质量、生产过程的时间、运输时间、需求的变化等。随着供应链的扩展、成员企业的增加,供应链中的不确定性进一步增加。很多公司并没有认真研究和跟踪不确定性因素的来源和影响,错误估计供应链中物料的流动时间,造成有的物品库存增加,而有的物品库存不足。企业的计划无法顾及那些无法预知的因素,如市场变化引起的需求波动、供应商的意外变故导致的缺货以及企业内突发事件引起的生产中断等。这些不确定因素是形成库存的主要原因。不确定因素的作用对于库存及服务水平均有影响。在不确定性存在的情况下,高服务水平必然带来高库存。因而如何研究和追踪这种不确定性的变化是对供应链库存管理的又一挑战。

（四）绩效评价问题

近年来,对供应链管理绩效评价的研究已经取得了一些进展,而对供应链库存管理绩效评价的研究仍显不足。有些企业采用库存周转率作为供应链库存管理的绩效评价指标,但是没有考虑对用户的反应时间与服务水平,常常忽视一些服务指标,如订货周转时间、平均延迟时间、提前及延迟交货时间等。有的企业采用订货满足率作为评价指标,但它不能评价订货的延迟水平。此外,由于供应链各成员企业以及企业内部各部门都有各自不同的目标,不仅库存管理绩效评价尺度不同,而且使用的指标缺乏整体考虑。因此,科学、全面地分析和评价供应链库存管理绩效就成为一个非常重要的问题。

三、供应商管理库存策略

(一) 供应商管理库存的概念

供应商管理库存是由供应商来为客户管理库存,并为它们制定库存策略和补货计划。它是根据客户的销售信息和库存水平为客户进行补货的一种库存管理策略,是供应链上成员间达成紧密业务伙伴关系后的一种结果。

很久以来,供应商、制造商、批发商和零售商各自管理自己的库存,自行制定库存策略和补货计划。在 VMI 运作中,这种传统的运作关系发生了转变,变成由供应商代替客户去管理客户的库存,并决定何时购买、买多少等。

在传统模式下,一个分销商的库存水平低于安全库存量时,它需要向供应商发出订单,然后由供应商送货。

在 VMI 模式下,供应商从分销商处接收电子数据,这些数据代表了分销商销售和库存的真实信息(如 POS 和库存水平的信息等)。然后,供应商通过处理和分析这些信息,得知分销商仓库里每一种货物的情况和市场需求,就可以为分销商制订和维护库存计划。订单是由供应商生成的,而不是由分销商发出的。

(二) 供应商管理库存的原则

1. 合作性原则

在实施 VMI 时,相互信任与信息透明是很重要的,供应商和用户(零售商)都要有较好的合作精神,才能够保持较好的合作。

2. 互惠原则

VMI 不是关于成本如何分配或谁来支付的问题,而是关于减少成本的问题。该策略使双方的成本都得到降低。

3. 目标一致性原则

双方都明白各自的责任,观念上达成一致的目标。要明确库存放在哪里、什么时候支付、是否要管理费、要花费多少等问题,并且将其体现在框架协议中。

4. 连续改进原则

VMI 使供需双方能共享利益和消除浪费。

(三) 供应商管理库存的实施方法

实施 VMI,首先要改变订单处理的方式,建立基于标准的托付订单处理模式,这就要求供应商和分销商一起确定供应商的订单业务处理过程、所需要的信息和库存控制参数;然后,建立一种订单的标准处理模式,如 EDI 标准提出报文;最后,把订货、交货和票证处理各个业务功能都集成到供应商一方。

库存状态透明性(对供应商而言)是实施 VMI 的关键。供应商能够随时跟踪和检查分销商的库存状态,从而快速响应市场的需求变化,及时对生产、供应状态做出相应的调整。

VMI 的实施可以分为以下几个步骤:

1. 建立顾客情报信息系统

要有效地管理销售库存,供应商必须能够获得顾客的有关信息。通过建立顾客信息库,供应商能够掌握需求变化的有关情况,把由分销商进行的需求预测与分析功能集成到供应商的系统中来。

2. 建立销售网络管理系统

供应商要很好地管理库存,必须建立起完善的销售网络管理系统,保证自己的产品需求信息和物流畅通。为此,必须做到: ① 保证自己产品条码的可读性和唯一性; ② 解决产品分类、编码的标准化问题; ③ 解决商品存储运输过程中的识别问题。

3. 建立供应商与分销商的合作框架协议

供应商和分销商通过协商,确定处理订单的业务流程以及控制库存的有关参数(如再订货点、最低库存水平等)、库存信息的传递方式(如 EDI 或 Internet)等。

4. 组织机构的变革

因为 VMI 策略改变了供应商的组织模式。过去一般由会计经理处理与客户有关的事务,引入 VMI 策略后,在订货部门产生了一个新的职能,负责客户库存的控制,库存补给和服务水平。

(四) 实施供应商管理库存的好处

1. 供应商的收益

VMI 使得供应商能够通过多客户补货以及递送间的协调降低运输成本,改善服务水平,使得产品更新更加方便;供应商可以在多个分销商需求的基础上进行预测,避免了分销商订单对预测的误导,提高了预测准确性;降低了供需双方博弈的机会。

2. 分销商的收益

库存管理的效率更高,库存周转和顾客服务水平不确定性降低;可有效降低成本。

(五) 供应商管理库存的方式

(1) 供应商提供包括所有产品的软件,客户使用软件执行存货决策,客户拥有存货所有权并管理存货;

(2) 供应商在客户所在地,代表客户执行存货决策,管理存货,但是存货的所有权仍归客户;

(3) 供应商在客户所在地,代表客户执行存货决策并管理存货,拥有存货所有权;

(4) 供应商不在客户所在地,但定期派人代表客户执行存货决策并管理存货,拥有存货所有权。

四、联合管理库存策略

(一) 联合管理库存的概念

联合管理库存是指由供应商和客户联合管理库存。VMI 是一种供应链集成化运作的决策代理模式,由供应商代理分销商行使库存决策的权利。JMI 则是一种风险分担的库存管理模式,体现了战略联盟的新型企业合作关系,强调供需双方同时参与,共同制定库存计划,使供应链中的每个库存管理者都从相互之间的协调性出发,保持供应链相邻各节点需求的确定都是供需双方协调的结果。

(二) 联合管理库存的优、缺点

JMI 为实现供应链的同步化运作提供了条件和保证,减少了供应链中的需求扭曲现象,降低了库存的不确定性,提高了供应链的稳定性。库存作为供需双方的信息交流和协调的纽带,可以暴露供应链管理中的缺陷,为改进供应链管理水平提供依据。为实现零库存管理、准时采购以及精细供应链管理创造了条件,进一步体现了供应链管理的资源共享和风险分担的原则。

但是，JMI 的建立和协调成本较高，在现实过程中，双方很难建立一个协调中心，即使建立了也很难运作。

(三) 联合管理库存的实施策略

为了发挥 JMI 的作用，供需双方应本着合作的精神，建立协调管理机制，明确各自的责任和目标，建立合作沟通的渠道。主要应从以下方面入手：

1. 建立供需协调管理机制

① 通过协商建立共同的合作目标，如提高客户满意度、利润的共同增长和风险的减少；② 建立联合库存的协调控制方法，包括库存如何在多个需求商之间进行调节与分配、库存的最大量和最低库存水平、安全库存的确定、需求预测等；③ 建立信息沟通的渠道或系统，提高整个供应链需求信息的一致性和稳定性，减少由于多重预测导致的需求信息曲解，增加供应链各方获得需求信息的及时性和透明性；④ 建立利益的分配和激励机制，对参与的各个企业进行有效的激励。

2. 发挥两种资源计划系统的作用

为了发挥联合管理库存的作用，应充分利用目前比较成熟的两种资源管理系统：MRPII 和 DRP。原材料库存协调管理中心应采用制造资源计划系统 MRPII，而产品联合库存协调管理中心则应采用物资资源配送计划 DRP，在供应链系统中把两种资源计划系统很好地结合起来。

3. 建立快速响应系统

快速响应系统(QR)是一种供应链管理策略，目的在于减少供应链中从原材料到客户过程的时间和库存，最大限度地提高供应链的运作效率。快速响应系统需要供需双方的密切合作，库存协调管理中心的建立为快速响应系统发挥更大的作用创造了有利的条件。

4. 发挥第三方物流系统的作用

第三方物流系统起到了供应商和客户之间联系的桥梁作用，为企业获得诸多好处。面向协调中心的第三方物流系统使供应与需求双方都取消了各自独立的库存，增加了供应链的敏捷性和协调性，并且能够大大改善供应链的客户服务水平和运作效率。

案例分析 1　新华公司的库存管理

新华公司是一家专门经营进出口医疗用品的公司。对于新华公司这样的贸易公司而言，因为进出口产品交货期较长，库存占用资金大，所以库存管理就显得尤为重要。

新华公司按销售额的大小，将其经营的 28 个品种的产品排序，并划分为 ABC 三类。排序在前 3 位的产品占到总销售额的 97%，因此把它们归为 A 类产品；第 4～7 种产品每种产品的销售额在 0.1%～0.5%，把它们归为 B 类产品；其余的 21 种产品(共占销售额的 1%)，把它们归为 C 类产品。

对于 A 类的 3 种产品，新华公司实施了连续性检查策略，每天检查库存情况。随时掌握准确的库存信息并进行严格控制，在满足客户需要的前提下维持尽可能低的经常量和安全库存量。通过与国外供应商的协商，以及对运输时间的认真分析，算出了该类产品的订货提前期为 2 个月(也就是从下订单到货物由新华公司的仓库发运出去需要 2 个月的时间)。即如果预测在 6 月销售的产品,则应该在 4 月 1 日下订单给供应商,这样才能保证在 5 月 30 日可以出库。其订单流程如表 5-12 所示。

表 5-12　订单流程

4 月 1 日	4 月 22 日	5 月 2 日	5 月 20 日	5 月 30 日	6 月 30 日
下订单给供应商(按预测 6 月的销售量)	货物离开供应商仓库,开具发票,已经算作新华公司库存	船离开美国港口	船到达上海港口	货物进入新华公司的仓库,可以发货给客户	全部货物销售完毕

由于该公司的产品每个月的销售量不稳定,因此,每次要按照实际的预测数量进行订货。为了防止预测的不准确和工厂交货的不准确,还要保持一定的安全库存。该公司设定的安全库存量是下个月预测销售数量的 1/3。该公司对该类产品实行连续检查的库存管理,即每天对库存进行检查,一旦手中实际的存货数量加上在途的产品数量等于下两个月的销售预测数量加上安全库存就下订单订货,订货量为第三个月的预测数量。因其实际的销售量可能大于或小于预测值,所以每次订货的间隔时间也不相同。这样进行管理后,这 3 种 A 类产品库存的状况基本达到了预期的效果。由此可见,对于货值高的 A 类产品应采用连续检查的库存管理方法。

对于 B 类产品的库存管理,新华公司采用周期检查策略。每个月检查库存并订货一次,目标是仓库里存有满足以后两个月销售的货物量(其中一个月的用量视为安全库存),另外在途中还有一个月的预测量。每个月订货时,再根据当时剩余的实际库存数量决定需订货数量。这样,就会使 B 类产品的库存周转率低于 A 类。

对于 C 类产品的库存管理,新华公司采用了高低订货的方式。根据历史销售数据,以产品的半年销售量为该产品的最高库存量,并将其两个月的销售量作为最低库存。一旦库存量达到最低就订货,将其补货到最高库存量。这种方法比前两种更省时,但库存周转率低。

新华公司自实行产品库存的 ABC 管理以后,虽然 A 类产品占用了最多的时间、精力进行管理,但得到了满意的库存周转率。而 B 和 C 类产品虽然库存的周转率较慢,但相对于其很低的资金占用和很少的人力支出来说,不失为好的管理方法。

在对产品进行 ABC 分类以后,新华公司又按照购买量对其客户进行了分类。新华公司发现 69 个客户中,前 5 位的客户购买量占全部购买量的 75%。将这 5 个客户定为 A 类客户,到第 25 位客户时,其购买量已经达到 95%。因此,把 6～25 位的客户定为 B 类客户,其他的 26～69 位客户定为 C 类客户。对于 A 类客户,实行供应商管理库存方法,一直与他们保持密切的联系,随时掌握他们的库存状况。对于 B 类客户,基本上可以用历史购买记录做出他们的需求预测,以此作为订货的依据。对于 C 类客户,因为有的是新客户,有的一年才购买一次,因此只在每次订货数量上多加一些,或者用安全库存进行调节。这样既可以提高库存周转率,同时也可以提高对客户的服务水平。其中,A 类客户对此尤其满意。

通过新华公司的实例,可以看到将产品及客户分为 ABC 类后,再结合其他库存管理方法,如连续检查法、定期检查法、供应商管理库存等,就会收到很好的效果。

资料来源:锦程物流网,www.jctrans.com。

案例分析2 戴尔的“零库存”

一、库存过量的教训

戴尔公司刚成立四年多，就顺利地从资本市场筹集了资金，首期募集资金3 000万美元。对于靠1 000美元起家的公司来说，这笔资金的筹集使戴尔的管理者开始认为自己无所不能。因急于做大市场，戴尔动用巨资投资存储器，买进所有可能买到的存储器，实施存储器囤积计划，以谋求暴利和发展。然而一夜之间形势逆转，此后存储器价格就大幅度滑落。屋漏偏逢连夜雨，存储器的容量几乎在一夕之间就从256 K提升到1 MB，戴尔在技术层面也陷入了进退两难的窘况。结果戴尔不得不以低价摆脱存货，这大大降低了收益，其股价甚至暴跌到一整季的每股盈余只有一分钱的地步。

巨大的库存风险促使戴尔公司积极深刻地反省自己，同时也促使戴尔深思存货管理的价值。在IT这样波动剧烈的产业中，制约决策也很有价值。存货过量的风险是直接引导戴尔确立“摒弃存货”原则的基础：一是充分利用供应商库存，降低自身的库存风险；二是通过强化与供应商的合作关系，并利用充分的信息沟通降低存货风险。在经历风险之后，戴尔才深刻认识到库存周转的价值。在互联网技术出现之后，戴尔公司进一步完善了库存管理模式，并丰富了“信息代替存货”的价值内涵。

二、解读零库存

零库存并非意味着没有库存。像戴尔这样的组装企业，没有库存就意味着无法生存。戴尔所谓的要“摒弃库存”其实只是一种导向，绝对的零库存是不存在的。库存问题的实质是：既要千方百计地满足客户的产品需求，又要尽可能地保持较低的库存水平。只有在供应链居于领导地位的企业才能做得到，戴尔就是这样的企业。戴尔的库存很低，周转很快，并且善于利用供应商库存，所以其低库存被归纳为零库存。当然这只是管理学上导向性的概念，不是企业实际操作中的概念。

零库存的精髓是低库存，因此，戴尔不懈追求的目标是降低库存量。21世纪初期，戴尔公司的库存量相当于5天的出货量，康柏公司是26天，一般PC机厂商是2个月，当时中国IT巨头联想集团的是30天。

当客户把订单传至戴尔信息中心时，控制中心将订单分解为子任务，并通过互联网和企业间信息网分派给上游配件制造商。各制造商按电子订单进行配件生产组装，并按控制中心的时间表供货。戴尔只需在成品车间完成组装和系统测试，剩下的都是客户服务中心的事情。一旦获得由世界各地发来的源源不断的订单，生产就会循环不停、往复周转，形成规模化。在得州圆石镇，戴尔公司的托普弗制造中心巨大的厂房可以容纳5个足球场，而其零部件仓库却不超过一个普通卧室的大小。如此，工人们根据订单每三五分钟就能组装出一台新的台式PC。

三、如何形成零库存

戴尔的零库存优势是如何形成的呢？主要原因有三个。一是整合供应商工作做得好。

戴尔通过各种方式赢得了供应商的信任，以至于不少供应商在戴尔工厂附近建造自己的仓库，形成了“戴尔频繁要求订货，供应商勤快送货”的运作模式。二是形成了良好的沟通机制。戴尔与供应商形成了多层次的沟通机制，使其采购部门、生产部门、评估部门与供应商建立密切的业务协同。三是打造强势供应链运作机制。戴尔通过打造供应链运作机制，使供应商必须按照其意图来安排自己的经营计划。

（一）与供应商分享利益

戴尔零库存目标的实现主要依赖戴尔的强势品牌、供应商的配合以及合理的利润分配机制的整合等。戴尔要想与供应商建立良好的战略合作伙伴关系，就应在多方面照顾供应商的利益，支持供应商的发展。首先，在利润上，戴尔除了要补偿供应商的全部物流成本（包括运输、仓储、包装等费用）外，还要让其享受供货总额 3%～5%的利润，这样供应商才能有发展机会。其次，在业务上，要避免零库存导致采购成本上升，戴尔向供应商承诺长期合作，即一年内保证预定的采购额。一旦采购预测失误，戴尔就把消化不了的采购额转移到全球别的工厂，以尽可能地减轻供应商的压力，保证其利益。

（二）强化信息优势

通过强强合作，戴尔与供应商建立起合作伙伴关系，实现充分的信息共享。“由于戴尔采用直接经营模式，可以从市场得到第一手客户反馈和需求，然后生产等其他业务部门便可以及时将这些客户信息传达到戴尔原材料供应商和合作伙伴那里。”戴尔副总裁萨克斯说。戴尔打造信息沟通的基本工具是免费 800 电话、全球性强大的网络交易、订货、接单体系。戴尔与客户、供应商及其他合作伙伴之间通过网络进行沟通的时间界限非常模糊，戴尔与客户可以 24 小时进行即时沟通，突破了上班时间的限制；同时，戴尔与合作伙伴之间的空间界限也很模糊，戴尔在美国的供应商可以超越地域的局限，通过网络与设在厦门的工厂进行即时沟通，了解客户的订单情况。通过强化信息优势，戴尔整合了供应商库存协作关系，并在实践中成功地磨合出了供应商的送货能力。戴尔与供应商培植紧密的协作关系，以保证为客户提供精确的库存。

（三）强势供应链

戴尔的零库存是基于供应商零距离之上。戴尔要求供应商在其生产基地必须自建或租赁仓库，来保持一定的元器件库存量。供应商承担了戴尔公司的库存风险，而且还要求戴尔与供应商之间有及时、频繁的信息沟通与业务协调。

戴尔的基本优势是低库存，具有行业水准。在 IT 界，没有哪家竞争对手的库存水平能超越戴尔。这是因为，戴尔每天根据订单量来整合供应商资源。比如，戴尔可以对供应商说：“我们需要 600 万个显示器及 200 万个网络界面。”这对供应商来说是一个很大的机会。所以，供应商愿意按照戴尔的要求把自己的库存能力贡献出来为戴尔做配套，也尽量满足戴尔提出的“随时需要，随时送货”的要求。那么，戴尔是如何实现低库存的呢？主要是精确预测客户需求；评选出具有最佳专业、经验及品质的供应商；保持畅通、高效的信息系统；最关键的还是保持戴尔对供应商产生强势的影响力。这样，戴尔就能打破供给和需求不匹配的市场经济常态的限制，凸显自己的低库存优势。在戴尔，很少会出现某种配件的库存量相当于几个月出货量的情形。

因此，戴尔的零库存是建立在对供应商库存的使用或者精确配送能力的基础上，即通过对供应商库存的充分利用来降低自己的库存。在供应链管理中，戴尔作为链主，其主要分工是凝聚订单。供应商在戴尔的生产基地附近租赁仓库，并把零配件放到仓库中储备，当戴尔需要这些零配件时，则通知供应商送货。零配件的产权由供应商转移到戴尔。由于戴尔采取了以 VMI、CRM 等信息技术为基础的订单制度，因此在库存管理方面基本上实现了完全的零库存。

四、伯灵顿的例子

伯灵顿环球公司是一家环球运输及供应链管理企业。当戴尔公司将亚太区制造中心由马来西亚转移到厦门时，伯灵顿就以合作伙伴的身份一起到了厦门。以与戴尔的紧密合作关系做铺垫，伯灵顿在厦门的业务获得了快速的增长，且其内部系统和戴尔相连，采用托管代售/原材料托管模式。这种现代物流的实质，就是直到伯灵顿将货物发到客户(戴尔)之前，货权仍属于伯灵顿，戴尔并不用承担库存成本，而是根据生产线的情况及时订货，供应商提供及时供货(JIT)服务，结果双方的效率都有所提高，成本都得到降低。这就是 VMI 的具体操作模式。

在国际上合作广泛的伯灵顿随戴尔一同进驻中国，并承担起戴尔中国工厂原材料的物流供应，现在已经把即时供货的时间缩短到 90 分钟以内。供货时间之所以能这么短，一是能系统化地接收戴尔的生产计划，二是能通过自动库存管理保证货物的先进先出。伯灵顿在厦门为戴尔管理和运作 VMI，帮助戴尔(中国)实现了真正的零库存。这是伯灵顿成立 30 年以来，在全球 123 个国家遇到的第一个真正的零库存企业。

复习思考题

1. 请阐述库存物品会如何影响企业经营？

2. 从解决供需矛盾的角度看，库存物品如何分类？

3. 持有库存会产生成本，请简述库存相关成本有哪些？

4. 请简述库存管理的常用绩效指标有哪些。

5. 某电视机分销商针对仓库中某种型号的电视机制定库存策略，订货需求服从正态分布。假定无论何时，分销商发出电视机的订单，都需要支付一笔订货固定成本 4 500 元，这个成本与订货批量无关。分销商购买每台电视机的成本为 250 元，平均库存持有成本是产品成本的 18%。补货提前期为 2 个星期(每个月有 4 个星期)。表 5－13 是前 12 个月每个月的销售数据。

表 5－13 月销售数据

月份	1	2	3	4	5	6	7	8	9	10	11	12
销售量	200	152	100	22	287	176	151	198	246	309	98	156

分销商希望能够保证97%的服务水平，请问：

(1) 经济订货批量是多少？

(2) 再订货点应该为多少？

(3) 最大库存水平应该为多少？

(4) 平均库存水平是多少？

6. 某零售店从分销商处购入玩具进行销售。为了配合即将进行的促销活动，零售商需要确定一次性购买的最佳订货量。其中一种玩具的零售价是35元。零售商估计销售不同数量产品的概率如表5-14所示：

表5-14 销售不同数量产品的概率

数量	50	55	60	65	70	75
概率	0.1	0.2	0.2	0.3	0.15	0.05

从分销商处购买玩具的价格是25元，若产品未能售出，退回分销商处须支付的重新储存费用是购买价格的20%。零售商的采购量应为多少？

7. 供应链库存管理问题有哪些？

8. VMI 的基本思想是什么？如何实施 VMI？

第 6 章　物流信息管理

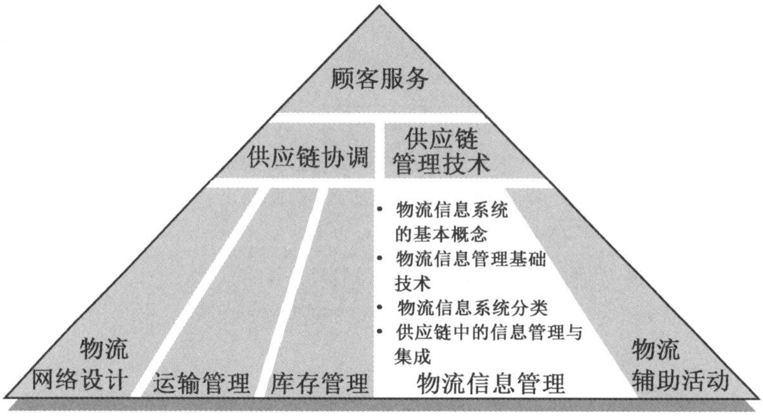

物流与供应链是一个集中产生大量信息的领域。物流信息伴随着物流活动而产生，是对各项物流活动过程和结果的反映。例如，运输过程中的运输量、运输距离、运输时间等数据，仓库中的存储数量、储位安排等信息，以及与物流活动相关联的商品销售信息、生产计划信息等。企业如果希望对物流活动进行有效的控制就必须及时掌握准确的物流信息。由于物流信息贯穿于物流活动的整个过程中，并通过其自身对整体物流活动进行有效的控制，因此，我们称物流信息为物流系统的中枢神经。

物流信息系统(logistics information system，LIS)作为企业信息系统中的一部分，可以理解为通过对物流相关信息的加工处理来达到对物流、资金流的有效控制和管理、并为企业提供信息分析和决策支持的人机系统。

本章第一节介绍物流信息系统的基本概念。在物流信息管理中涉及多种信息技术的综合运用，本章第二节对其中几种实现物流信息系统目标的主要支撑技术进行介绍。物流信息系统注重的是信息技术在物流中的应用，第三节首先讨论与物流相关的、企业普遍应用的系统，然后讨论两种物流专业业务系统。第四节讨论供应链中的信息管理与集成。

第一节　物流信息系统的基本概念

在物流和供应链管理中，信息技术和信息系统正在变得越来越重要。现代物流的发展得益于信息技术的使用，通过采购、运输、仓储、配送等环节实现信息化，让整个供应链实现信息共享；借助大数据、云计算等技术实现供应链的智能化和协同创新。

一、信息系统的特征

信息系统是一个管理数据采集、处理以及分配的系统。信息系统的首要问题是信息。在管理科学中，信息是指经过加工处理了的数据。数据是记录客观事物性质、形态和数量特征的抽象符号，并不能直接被管理者运用，需要经过加工处理后形成企业所需的报表、账册等信息，企业的战略和战术规划、日常运营都要以信息为基础。信息的有效和高效利用可以给物流和供应链管理带来以下益处：

（1）协调的物流信息系统可以简化订单处理流程并缩短提前期；

（2）更好地协调制造、营销和配送活动；

（3）利用 POS 数据可以更好地了解顾客需求，从而有助于改善计划并减少供应链中的变化；

（4）拥有更多的供应链知识和可视性，使信息取代库存成为可能。

信息系统由输入、输出、模型、信息技术、数据库和控制六个基本模块组成。输入和输出通常指数据的传入和传出。管理者根据加工处理后的输出信息做出决策。信息系统的模型指系统的结构，例如，企业内部信息由各部门传送给总部，再由总部反馈回来，或者所有部门都可以直接相互交流，就属于不同的信息系统模型。数据是信息系统最基本的模块，数据的形式会极大地影响整个系统的质量，数据库担负着管理庞大数据的责任。控制是进行信息系统管理的方式，是系统中非常重要但又棘手的部分，控制系统可以检查输入是否正确，从而提高输出的准确性。在六个模块中，信息技术像黏合剂一样将所有模块联系到一起。对于物流而言，数据库中会包含如图 6－1 所示的信息。

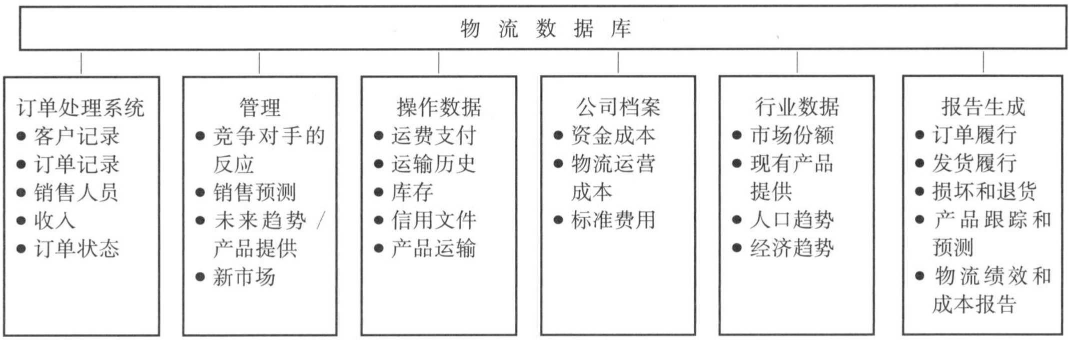

图 6－1　物流数据库

二、物流信息系统的目标

为了利用信息，我们需要收集信息、访问数据、分析数据，并且要能够与供应链上的合作伙伴分享这些信息。

（一）收集信息

零售商需要知道其订单所处的状态，供应商应该能够预测制造商将要下达的订单。因此，他们需要访问公司内部不同职能部门和地理位置的数据，可能还需要访问其他公司信息系统中的数据。供应链的各个参与方需要看到用他们的术语所定义的数据。

获取有关产品及物料状态的信息是决策的基础。仅仅跟踪供应链过程中的实物流是不够的,我们还需要与供应链成员企业互通信息,并根据获得的信息及时作出运作调整。例如,如果因为某次送货延迟而影响了生产进度,就必须将该信息在供应链上共享,其他成员企业获得该信息后可及时作出适当的调整,或者推迟生产进度,或者寻找替代资源。

(二) 访问数据

在访问数据的过程中,要求被访问的数据具有一致性。所有可获取的信息,不管是向顾客提供的信息还是内部要求的数据,不论查询的方式怎样(如电话、传真、互联网)以及查询者是谁,所得到的数据应该是一致的。事实上,这种要求是比较复杂的,因为要满足顾客的查询,我们就必须把散落在企业内部各处的信息收集起来,在供应链中,这个要求更难办到,因为需要整合几个企业的信息。

在许多企业中,按照公司内部职能划分的信息系统如同岛屿的分布一样零散。顾客服务使用一个系统,会计结算使用另一个系统,生产和分销系统相互独立。当需要跨系统传递一些重要的信息时,如果传递不是实时进行的,那么,各个系统之间就会出现不一致的数据,顾客服务代表收到订单时可能无法提供有关运输状态的信息,工厂也可能无法得到当前确切的订单信息。

(三) 分析数据

对数据进行分析的目的是利用这些数据找到最有效的方式来进行生产、装配、仓储和分销产品,即找出供应链运营的最佳方式。这就会涉及不同层次的决策,例如,从安排顾客订单的运作决策,到在仓库内储存什么商品或者未来三个月的生产计划等策略决策,再到仓库的选址以及将要开发或者生产什么产品的策略决策。要执行这些决策,就必须有一个具有足够弹性的系统来应对供应链战略的变化。为了获得这种弹性,系统需要有高度的柔性。

(四) 与供应链合作伙伴分享信息

由于在供应链中通过合作能够不断提高效率,因此,对供应链的分析就不能局限于企业自身。在供应链上,与合作伙伴的合作是极为重要的,合作的前提条件是信息的透明性,透明性只能通过集成的信息系统来完成,信息流的集成能力是物流中不可或缺的组成部分。与供应链伙伴合作的能力对于一个企业的发展是至关重要的。供应链管理的重要目标是以全局优化代替顺序优化和各自为政的过程,这不仅需要对信息系统进行复杂的调整,而且需要对业务流程进行整合。

三、物流信息系统的结构

物流信息系统(LIS)是物流过程中人员、设备以及控制相互作用的组织结构,由此产生了内、外部信息流,为物流决策提供依据。LIS应该是整个管理信息系统(MIS)的一部分,而不是与企业主体信息系统分离的系统。

所有物流信息中,一类信息是先于物流产生的,它控制着物流产生的时间、流动的方向和大小,如各种计划、决策等;另一类信息是与物流同步产生的,它们反映物流活动的状态,如运输信息、仓储信息等。第一类信息我们称之为计划信息,第二类信息我们称之为执行信息,如图6-2所示。

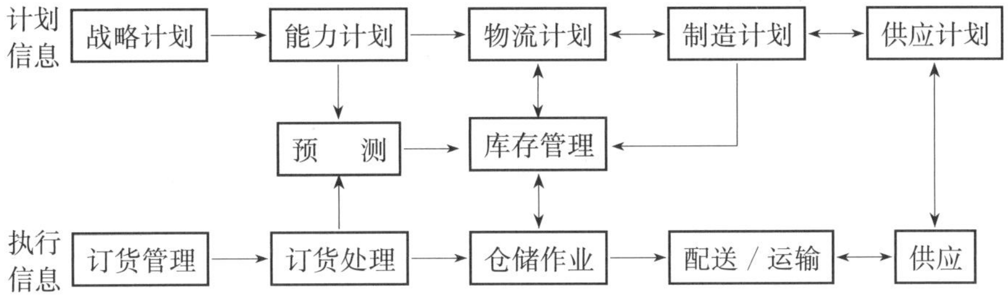

图 6-2　物流信息的结构

物流信息系统是包括基层作业层、数据处理层、计划控制层、管理决策层四个层次的“金字塔模型”，各层的主要功能如下。

（一）基层作业层

基层作业层负责完成物品的时间转移和空间转移，主要包括订单处理、采购、发货、储存、运输、装卸、包装、流通加工、配送作业、质量控制，以及相应信息的采集、传输和存储等。

（二）数据处理层

数据处理层主要负责物流信息资源的分析、统计和查询，并将处理结果反馈给计划控制层和管理决策层以支持中层管理和高层决策。

（三）计划控制层

计划控制层主要负责企业物流中短期计划方案，其作用是对物流流程进行计划、调度和控制，主要包括订货处理和顾客服务、用料管理、采购计划、仓储和库存计划、补货计划和运输计划的生成及与完成这些计划相联系的流程的管理等。

（四）管理决策层

管理决策层主要负责有关企业物流管理全局的重大战略性决策，是对总体上长期影响物流系统服务水平和总成本的因素进行规划和控制，包括物流网络拓扑、库存策略、补货模式、计划周期等，并对物流系统进行评估和改进，以形成有效的反馈约束和激励机制。

四、物流信息化的延伸

信息化是现代物流的发展趋势，随着科技的进步和经济社会的发展，物流信息化将不再局限在一个企业、一条供应链上，而且还会在多个方面延伸和拓展。

一是移动网络将代替宽带互联网，成为物流信息系统和平台无限拓展的基础。尤其是5G或更优性能的移动网络的广泛应用，必将极大地提升网上信息传输的质量和效率，大大降低网上信息交互的成本。

二是公共信息平台将打通分散的区域及企业物流管理与运营平台，成为物流数据交互的基础。公共物流信息平台（public logistic information platform，PLIP）的建立，能够实现物流各环节、参与各方信息的无缝衔接与充分共享，有利于全方位地提升物流服务能力，全面促进参与各方的合作共赢。

三是多场景联动将转变信息系统独立运行，成为物流运营管理资源共享化的基础。目前的物流运营管理系统和应用平台，都是针对某个区域/企业的特定应用需求，对物流管理或作业的某些环节进行管理和优化，从一定意义上讲这只是单个场景的应用。未来随着物联网、大数据的应用，以及物流进一步融入供应链系统或网络化供应链体系，物流信息系统及平台必将进行多场景、广区域、跨业态的互通与联动，实现资源共享。

第二节　物流信息管理基础技术

前文已经对物流信息系统的目标进行了描述，就是收集、访问、分析并共享数据，要实现这些目标需要一系列设备和技术的支持，它们是实现物流信息综合系统的支柱。下面介绍几种物流信息管理中主要的基础技术。最新的技术进展参见第10章。

一、数据采集技术

条形码技术和射频技术作为物流信息系统中的数据自动采集单元技术，是实现物流信息自动采集与输入的重要技术。

(一) 条形码技术

条形码技术(bar code technology，BCT)是在计算机的应用实践中产生和发展起来的一种自动识别技术。条形码技术通过利用光电扫描设备识读条形码符号来实现机器的自动识别，并快速、准确地把数据录入计算机进行数据处理。它是实现快速、准确而可靠地采集数据的有效手段。条形码技术的应用解决了数据录入和数据采集的瓶颈问题，为物流管理提供了有利的技术支持。条形码技术的应用主要涉及标准符号技术、自动识别技术、编码规则、印刷技术和应用系统设计五个部分。

条形码可以分为一维条形码和二维条形码。一维码只能在一个方向(一般是水平方向)上表达信息，而二维码在水平和垂直方向都可以存储信息。一维码只能由数字和字母组成，而二维码能存储汉字、数字和图片等信息。一维条形码所携带的信息量有限，如EAN-13码仅能表示13位的阿拉伯数字，更多的信息要依赖商品数据库的支持。这在一定程度上限制了一维条形码的应用范围。基于这个原因，在20世纪90年代出现了二维条形码。二维条形码能够携带大量信息，把过去使用一维条形码时存储于后台数据库中的信息包含在条形码中。并且二维条形码还有错误修正技术及防伪功能，增加了数据的安全性。

常用的一维条形码有EAN条形码、UPC条形码、Code39条形码、Code128条形码、交叉25条形码等。常见的二维条形码有QR Code、PDF417、Code 49、Code 16K、Code One等。

(1) EAN条形码是国际通用的符号体系，是一种长度固定、无含意的条形码，所表达的信息全部为数字，主要应用于商品标识。

(2) UPC条形码(统一产品代码)只能表示数字，有A、B、C、D、E五个版本，版本A-12位数字，版本E-7位数字，最后一位为校验位。主要在美国和加拿大使用。

(3) Code 39条形码和Code 128条形码为目前国内企业内部的自定义码制，可以根据需要确定条形码的长度和信息，它编码的信息可以是数字，也可以包含字母。

(4) 交叉25条形码只能表示数字0～9，长度可变，条形码呈连续性，所有条与空都表示代码，第一个数字由条开始，第二个数字由空组成，应用于商品批发、仓库、机场、生产(包装)识别、商业中，条形码的识读率高，在一维条形码中的密度最高。

(5) QR二维条形码于1994年由日本Denso-Wave公司发明，QR码的标准JIS X 0510在1999年1月发布，而其对应的ISO国际标准ISO/IEC18004，则在2000年6月获得批准。

(6) PDF417 二维条形码(简称 417 条形码)是 Symbol 科技公司于 1990 年研制的二维条形码产品。

(二) 无线射频识别(radio frequency identification,RFID)技术

RFID 技术是一种广受热议的供应链管理技术。这项技术越来越成熟,使用成本也大大降低。企业有机会使用这种技术来跟踪货盘、订单,甚至单件产品在供应链中(从制造商到终端用户)的流动。过去,射频识别技术被用于跟踪单个设施或公司内产品的流动,而现在,它开始被用于跟踪在全球各地延伸的供应链中产品的流动情况。

RFID 技术由 RFID 标签等硬件,以及使这些硬件设备相互贯通的射频扫描器和天线组成。RFID 标签有两种类型——主动式和被动式。主动式标签有自己的电源,并且能够连续地广播其信息。被动式标签本身没有内部供电电源。当被动式 RFID 标签经过某个射频扫描器时,来自射频扫描器的能量会激活无源标签,并诱导它们广播其数据,然后由数据读取器的天线拾取这些数据。扫描器在某些射频水平和某些功率水平下工作。RFID 标签(无论是主动式还是被动式)在某些频率下广播它们的信息。对于这些频率和功率水平,目前已有相关的标准,但该技术仍在改进,标准也在不断完善。

被动式标签是目前使用最广泛的 RFID 标签。这是因为它们的成本和复杂性远低于主动式标签。大型企业,尤其是消费品零售业中的大型企业(比如沃尔玛),强制其供应商在他们所出售的产品上使用被动式 RFID 标签。最初,这些标签只需要在托盘和箱子上使用。随着技术的成熟、人们使用经验的不断丰富以及价格的不断下降,RFID 标签将出现在每一件商品上。

RFID 技术的特点是利用无线电波来传送识别信息,不受空间限制,可快速地进行物品追踪和数据交换。工作时,RFID 标签与“识读器”的作用距离可达数十米甚至上百米。通过对多种状态下的远距离目标进行非接触式的信息采集,可对其进行自动识别和自动化管理。由于 RFID 技术免除了跟踪过程中的人工干预,在节省大量人力的同时可极大提高工作效率,所以对物流和供应链管理具有巨大的吸引力。这种系统可以大大简化物品的库存管理,满足信息流量不断增大和信息处理速度不断提高的需求。

RFID 技术的优点显而易见。它提供了一种低成本的方式来捕获有关产品及其在供应链中的流动情况的数据。捕获的数据不但准确,而且从集装箱到托盘,再到箱子,最后到单件商品,RFID 技术都可以捕捉到,这提高了供应链中库存和产品流动情况的可见性。更高的可见性意味着更高效的供应链运作和更低的成本。最终,由于数据被更高效地捕获和存储,供应链中的其他各方能够更便捷地共享这些数据,这使得供应链协作更有效,供应链的整体生产力得以提高。

当然,RFID 技术也存在着一些问题。该技术仍在改进,有时可能无法达到预期。随着越来越多的公司开始使用该技术,人们发现,设置 RFID 标签和射频扫描器系统,以便数据读取器具有足够高的读取率需要耗费大量时间。如果被动式 RFID 标签被金属或液体或其他标签阻挡,则数据读取器可能难以准确读取流经它们的所有 RFID 标签。首先,数据读取率可能非常低;其次,要达到 90%以上的读取率需要耗费时间,需要不断试验和纠错。表 6-1 对条形码技术和 RFID 技术进行了对比。

表6-1　条形码技术与RFID技术的比较

技术	信息载体	信息量	读写性	读取方式	保密性	智能化	抗干扰能力	寿命	成本
条形码	纸，塑料薄膜，金属表面	小	只读	激光束扫描	差	无	差	较短	较低
RFID	EEPROM(电可擦除ROM)	大	读/写	无线通信	好	有	很好	较长	较高

二、空间数据的管理技术

物流活动范围广，常处于运动和非常分散的状态，因此，空间数据的管理技术就变得非常重要。下面将对地理信息系统(GIS)和全球卫星导航系统这些能够对物品移动的空间数据进行有效管理的技术进行介绍。

(一) 地理信息系统

地理信息系统(geographic information system, GIS)是集计算机科学、地理学、信息科学等为一体的新兴边缘科学，可作为应用于多个领域的基础平台。这种集成是对信息的各种加工、处理过程的应用、融合和交叉渗透，并且实现各种信息的数字化的过程。

在GIS中，空间信息和属性信息是不可分割的整体，它们分别描述地理实体的两面，以地理实体为主线组织起来。空间信息还包括了空间要素之间的几何关系，使GIS能够支持一般管理信息系统所不能支持的空间查询和空间分析，以便制定规划和决策。现在，网络地理信息系统(WebGIS)的兴起更使其在越来越多的商业领域被用来作为一种信息查询和信息分析工具。凡是涉及地理分布的领域都可以应用GIS。

在物流与供应链管理中，供应商必须全面、准确、动态地掌握散布于各地的各个中转仓库、经销商、零售商以及各种运输环节之中的产品流动状况，并以此制订生产和销售计划，及时调整市场策略。把GIS融入物流控制配送的过程，就能更容易地处理物流中货物的运输、仓储、装卸、配送等各个环节，并对其中涉及的问题如运输路线的选择、仓库位置的选择、仓库容量的设置、合理装卸策略、运输车辆的调度和投递路线的选择等进行有效的管理和决策分析。

我们可以将GIS应用于物流分析，利用GIS强大的地理数据功能来完善物流分析技术。GIS可以应用于以下物流分析模型中：车辆路线模型、最短路径模型、网络物流模型、分配集合模型和设施定位模型等。将GIS集成到上述分析模型中，就能够将表格型数据(无论它来自数据库、电子表格文件或直接在程序中输入)转换为地理图形显示，然后对显示结果进行浏览、操作和分析。其显示范围可以从洲际地图到非常详细的街区地图，显示对象包括人口、销售情况、运输线路等。

(1) 车辆路线模型。该模型用于解决货物运输中的车辆路线及车辆调度问题。

(2) 设施定位模型。该模型用于解决物流网络设施的布局问题以及客户需求在设施间的分配问题，包括在既定区域内设立多少个仓库、每个仓库的位置、每个仓库的规模以及仓库之间的物流关系等问题，运用此模型均能很容易地得到解决。例如，将货物从N个仓库运往到M个商店，每个商店都有固定的需求量，因此需要确定由哪个仓库提货送给哪个商店所耗的运输代价最小。

(3) 分配集合模型。该模型可以根据各个要素的相似点把同一层上的所有或部分要素分为几个组，用以解决确定服务范围和销售市场范围等问题。例如，某一公司要设立多个分销点，要求这些分销点要覆盖某一地区，而且要使每个分销点的顾客数目大致相等。

(二) 全球卫星导航系统

全球卫星导航系统是全球性公共资源，多系统兼容与互操作已成为发展趋势。中国北斗卫星导航系统(BeiDou Navigation Satellite System，简称 BDS)是中国自行研制的全球卫星导航系统，也是继美国 GPS、俄罗斯 GLONASS之后的第三个成熟的卫星导航系统。

BDS 由空间段、地面段和用户段三部分组成。空间段由若干地球静止轨道卫星、倾斜地球同步轨道卫星和中圆地球轨道卫星组成。地面段包括主控站、时间同步/注入站和监测站等若干地面站，以及星间链路运行管理设施。用户段包括北斗及兼容其他卫星导航系统的芯片、模块、天线等基础产品，以及终端设备、应用系统与应用服务等。

BDS 可在全球范围内全天候、全天时为各类用户提供高精度、高可靠定位、导航、授时服务，并且具备短报文通信能力，已经具备区域导航、定位和授时能力，定位精度为分米、厘米级别，测速精度 0.2 米/秒，授时精度 10 纳秒。BDS 能对静态、动态对象进行动态空间信息的获取，快速、精度均匀、不受天气和时间的限制采集空间信息。

卫星导航技术备受关注的一个重要原因就是卫星导航的很多功能在物流领域的运用已被证明是卓有成效的，尤其在货物运输配送领域中。货物运输配送是实物的空间位置转移过程，其间涉及货物的运输、仓储、装卸等处理环节，这些环节都可以运用卫星导航技术的导航、车辆跟踪、信息查询等功能进行有效的管理。具体而言，卫星导航技术在货物运输配送中主要发挥如下作用。

1. 导航功能

三维导航是卫星导航的首要功能，也是它最基本的功能。其他功能都要在导航功能的基础上才能完全发挥。飞机、船舶、地面车辆以及步行者都可利用卫星导航接收器进行导航。卫星导航是由接收器接收导航卫星信号(3 颗以上)，得到该点的经纬度坐标、速度、时间等信息。为提高汽车导航定位的精度，通常采用差分技术。由卫星导航和自律导航所测到的汽车位置坐标、前进的方向都与实际行驶的路线轨迹存在一定误差，为修正这一误差，需采用地图匹配技术。

2. 车辆跟踪功能

卫星导航系统与 GIS、无线移动通信系统(GSM)及计算机车辆管理系统相结合，可以实现车辆跟踪功能。利用卫星导航和 GIS 可以实时显示出车辆的实际位置，并任意放大、缩小、还原、换图；可以随目标移动，使目标始终保持在屏幕上；还可以实现多窗口、多车辆、多屏幕同时跟踪，利用该功能可对重要车辆和货物进行运输跟踪管理。

目前，已开发出把卫星导航、GIS、GSM 结合起来对车辆进行实时定位、跟踪、报警、通信等的技术，能够满足掌握车辆基本信息、对车辆进行远程管理的需要，有效避免车辆的空载现象。同时客户也能通过互联网技术，了解自己货物在运输过程中的细节情况。

3. 紧急援助

通过卫星导航定位和监控系统可以对遇有险情或发生事故的车辆进行紧急援助。监控台的电子地图可以显示求助信息和报警目标，规划出最优援助方案。

三、电子数据交换

国际标准化组织1994年给出的电子数据交换（electronic data interchange，EDI）的概念是："根据商定的交易或电文数据的结构标准实施商业或行政交易从计算机到计算机的电子传输。"EDI的目的是通过建立企业间的数据交换网来实现票据处理、数据加工等事务性工作的自动化、省力化、及时化和正确化，同时，通过有关销售信息和库存信息的共享来实现经营活动的效率化。企业通过EDI交换的数据，一方面是交易数据，如订购、付款等；另一方面是处理数据，即对产品进行直接的信息交换，如技术绘图、生产模型数据等。也可以交换文本数据，如简讯、表格，或由文字、图片和表格组成的完备文件。

EDI最初由美国企业应用在企业间的订货业务活动中，其后，EDI的应用范围从订货业务向其他业务扩展，如POS销售信息传送业务、库存管理业务、发货送货信息和支付信息的传送业务等。近年来，EDI在物流中广泛应用，被称为物流EDI。所谓物流EDI，是指货主、承运业主以及其他相关的单位之间通过EDI系统进行物流数据交换、并以此为基础实施物流作业活动的方法。物流EDI参与单位有货主（如生产厂家、贸易商、批发商、零售商等）、承运业主（如独立的物流承运企业等）、实际运送货物的交通运输企业（如铁路企业、水运企业、航空企业、公路运输企业等）、协助单位（如政府有关部门、金融企业等）和其他的物流相关单位（如仓库业者、货运代理业者等）。

EDI与其他通信手段如传真、电报、电子邮件等比较，有着很大的区别，主要表现在以下几个方面：

（1）EDI传输的是格式化的标准文件，并具有格式校验功能：而传真、电报和电子邮件等传送的是自由格式的文件。

（2）EDI是实现计算机到计算机的自动传输和自动处理，其对象是计算机系统；而其他通信手段传递信息的对象是人，必须有人为干预或人工处理。

（3）EDI对于传送的文件具有跟踪、确认、防篡改、防冒领、电子签名等一系列安全保密功能；而其他通信手段没有这些功能。虽然电子信箱具有一些安全保密功能，但它比EDI的层次低。

（4）EDI是企业之间传输商业文件数据的一种形式，EDI的使用对象是有经常性业务联系的单位，EDI文本具有法律效力。

EDI的优势主要在于节省时间、提高质量和降低成本。在节省时间方面，相对于人工传送，EDI的传送时间明显缩短，已经可以忽略人工接收过程的时间了。由于EDI能够直接加工数据，不再需要安排人员进行连续的发送和接收，所以也降低了成本。EDI的过程自动进行，避免了接收的错误，从而提高了质量。

在物流中，EDI对缩短订单完成时间有显著的潜力，而较短的订单完成时间可以实现更低的库存量、更高的供货灵活性和更多的供货准备。准时供应（JIT）、质量管理（QC）和有效顾客反应（ECR）都已经把使用EDI作为基础。为了跟踪订单状态，EDI也可以在供应链中不同的节点企业之间进一步应用，使物流运作过程透明化。EDI能力在某些行业中已经成为选择供应商及物流服务者的重要标准。

第三节 物流信息系统分类

物流信息系统的规划、分析、设计、实施、运行与维护和管理信息系统的原理相同，可以参见管理信息系统的相关书籍，在此不再赘述。我们所关注的是信息系统在物流管理中的应用。本部分将首先探讨与企业物流和供应链管理密切相关的应用系统，然后介绍三个具有一定独立性的物流业务信息系统，分别是企业应用系统、仓库管理系统和运输管理系统。

一、企业应用系统

（一）企业资源计划系统

企业资源计划（ERP）系统集成同一个公司不同职能的数据。ERP 系统监控订单、生产计划、原材料采购和成品库存。它们支持不同职能部门的流程导向的业务视图。例如，ERP 系统可以查看整个订单履行过程并跟踪订单从材料采购到订单履行，再到成品交付的全过程。ERP 系统具有可以单独安装或与其他模块组合安装的模块。通常有财务、采购、制造、订单履行、人力资源和物流等模块。这些模块的重点是执行和监控每天的交易。ERP 系统通常缺乏优化这些交易的效率所需的分析能力。

（二）采购系统

采购系统侧重于公司与其供应商之间的采购活动。这类系统的作用是简化采购流程，提高效率。它们通常用产品数据库来替换供应商目录，数据库中包含公司所购买的产品的所有必要信息。它们还能跟踪零部件编号、价格、采购历史和供应商绩效。采购系统让企业能够比较不同供应商的价格和履约能力，以便筛选出最佳供应商，与这些供应商建立关系并协商价格。采购过程中发生的日常交易可实现高度自动化。

（三）高级计划与排程系统

高级计划与排程（APS）系统是高度分析型的应用，其作用是评估工厂产能、材料供应情况以及客户需求。接下来，系统会生成排程表，规定在哪个工厂和什么时间生产什么产品。APS 系统的计算基于从 ERP 系统或遗留事务处理系统中提取的事务级数据，然后，APS 系统使用线性规划方法和其他复杂的算法来创建建议排程表。

（四）运输计划系统

运输计划系统是计算应在什么时间将多少数量的材料运送到什么地点的系统。该系统使企业能够比较不同的运输方式、不同的路线和不同的运营商，然后根据比较结果制订运输计划。这类系统的软件由系统供应商销售。其他供应商（也叫“内容供应商”）提供这些系统所需的数据，例如里程、燃料成本和运费。

（五）需求计划系统

需求计划系统使用特殊方法和算法来帮助企业预测其需求。这类系统利用历史销售数据和有关促销计划的信息，以及其他可能影响客户需求的事件（如季节效应和市场趋势）来创建模型，以帮助预测未来的销量。

需求计划系统的另一个功能是收入管理。该功能使企业能够根据需求预测，为不同的产品制定不同的价格，目的是找到产品与价格的最佳组合，最大限度地提高企业的收入。旅游业中的公司（如航空公司、租车公司和酒店）已经开始使用收入管理技术。这些技术将传播到其他行业。

（六）客户关系管理系统与销售能力自动化系统

客户关系管理（CRM）系统可自动执行与服务现有客户和寻找新客户相关的许多任务。CRM系统跟踪客户的购买模式和历史。它们将与客户相关的数据合并到一个位置，客户服务代表和销售人员可以快速访问和使用这些数据，以更好地响应客户请求。

销售能力自动化（SFA）系统使公司能够更好地协调和监控其销售人员的活动。这些系统自动执行与安排销售拜访和随访相关的许多任务，并为客户和潜在客户提供报价和建议。

（七）供应链管理系统

供应链管理（SCM）系统是不同的供应链应用套件，像这里介绍的其他系统一样，它们彼此紧密集成。SCM系统可以是一个包含高级计划与排程、运输计划、需求计划和库存计划应用的集成套件。SCM系统依靠ERP相关的遗留系统为其提供数据，以支持其所做的分析和规划。这些系统具有强大的分析能力，可支持战略层面的决策。

（八）库存管理系统

库存管理系统支持第6章所述的活动，例如跟踪产品的历史需求模式、监控不同产品的库存水平以及计算每个产品应保持的经济订货批量和安全库存水平。这些活动是库存管理的一部分。此类系统帮助企业在库存持有成本和由于耗尽库存而损失的销售收入之间找到适当的平衡。

（九）制造执行系统

制造执行系统（MES）关注的焦点是工厂中的生产活动，其分析能力不如APS。它生成短期生产计划，并在单个制造工厂内分配原材料和生产资源。MES的关注焦点类似于ERP系统；MES软件经常由ERP软件供应商生产。

二、仓库管理系统

仓库的功能与过去相比发生了重大的变化，由过去的储藏型仓库向现在注重高效的流通加工、仓储管理、分拣和配送的仓库转变。从需求方的角度看，作为流通中心的仓库必须以最大的灵活性和及时性满足顾客的要求。仓库管理系统（warehouse management system，WMS）为仓库完成这些功能提供了支持和保证。

仓库管理系统由自动识别技术、无线通信技术、计算机系统和其他附属设备四个部分组成。将自动识别技术和无线通信技术结合在一起使用，能及时获得准确的信息，这是WMS成功的基础。

（一）建设WMS的目的

(1) 增加储存设备的利用率。通过建设WMS可以有效提高仓储作业效率与储存设备利用率，使仓储管理作业自动化，从而优化资源使用，降低运行成本。

(2) 增加周转率，减少人力成本。

(3) 增强库存控管能力，减少作业成本。通过计划库存管理功能，能够更精确地掌握供应情况，降低安全库存需求。通过标准化作业流程提高效率、缩短作业人员培训时间，降低操作错误率。

(4) 提高客户满意度。灵活的系统不但能降低作业时间，提供多元化的存货管理方式，还能针对每个客户或厂商的不同要求做好商品存货管理。

(二) WMS结构及功能

一般的WMS应具有如图6-3所示的功能模块。

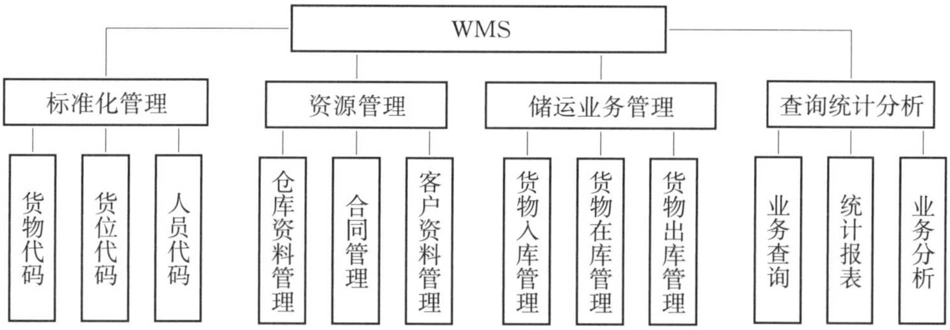

图6-3 WMS功能模块

1. 标准化管理模块

基础数据的规范化、标准化和可扩充性是系统应用的基础。WMS的标准化管理模块对货物、货位和人员进行标准化编码。货物代码管理是指整个系统使用统一的货物代码。对于仓库中出现的新品名或者不能确定的品名可先申请临时代码，等最终确认后，系统会进行临时代码审批和替换工作。货位代码管理是对仓库的原货位原始信息进行录入管理，可进行增加、修改、删除等操作。该模块还提供建立不同岗位人员简明人事档案的功能。除提供对这些档案的基本维护功能外，在人员换岗或离开企业时，该系统能更改其使用功能权限、数据权限和审批权限，主要包括对系统使用人员的代码管理、对业务岗位的代码管理以及对系统使用权限的分配与管理。

2. 资源管理模块

该模块包括仓库资料管理、合同管理和客户资料管理。仓库资料管理包括对各个仓库的基本信息进行增加、修改、删除和查询操作。当需要新增加经营单位或仓库时，可以按照既定的编码原则生成相应的编码，同时，分配系统功能使用权限和数据操作权限。合同是企业之间开展业务的依据，系统能够提供几类常用合同的管理功能，一个合同可以对应多件货物、多种规格的收费标准。客户资料管理是对客户的基础资料进行增加、修改、删除和查询操作，支持对大客户、集团客户的多级管理，对进行互联网查询的客户进行授权。

3. 储运业务管理模块

该模块包括货物入库管理、货物在库管理和货物出库管理。货物入库管理能处理不同形式和要求的入库指令，根据要求生成验收通知单，传递至相应岗位。由于客户要求的多样性，该系统应能提供特殊业务流程的入库管理，支持特殊业务的审批和授权。货物在库管理主要包括货物在库期间的日常管理、清查盘点、保管养护、存储时间和货物质量保质期检查以及为了便于管理货物和更有效地利用仓容而进行的并垛、移垛操作。货物出库管理可以按照多种原则设定出库形式，处理不同的出库指令，如货主直接提货或者货主委托提货，并自动产生通知单据给具体岗位，按时、按量安排备货，记录实际出库量。

4. 查询统计分析模块

该模块能够按照不同的管理权限提供有关的信息查询和统计功能。业务查询提供实时的查询功能，为管理决策提供及时、准确的数据信息，如到货验收情况查询、出库情况查询、库存情况查询、保质期检查、安全库存查询、发货明细查询、出入库明细查询等。统计报表及时提供相应范围内的货物吞吐量、库存情况、运输情况等方面的统计功能，并产生相应的日报表、月报表、季报表和年报表。业务分析能够提供预测、库存预警、管理指标统计等功能。

三、运输管理系统

运输成本占企业物流总成本的大部分。随着订单规模的改变和供应链速度的提高，运输成本呈上升趋势，这是因为需要采用代价更高的运输方式，如用零担运输代替整车运输。运输管理系统(transportation management system, TMS)通过一系列的优化计划、提高执行效率的能力，能够帮助企业更好地进行运输管理。

(一) TMS的结构与功能

一个典型的TMS应该包括四个功能模块，即标准化管理模块、资源管理模块、运输业务管理模块和查询统计分析模块。

1. 标准化管理模块

标准化管理模块主要是对基础信息代码进行管理，包括货物分类信息、货物代码、车辆的分类、城市信息、岗位人员信息、费用细分等。

2. 资源管理模块

在物流系统中，运输涉及客户、合同、承运人、车辆、司机、道路、货物、保险、运费等信息，TMS应对这些资源进行统一的管理。其中，合同管理主要包括合同输入、合同查询、合同审核、合同延期、合同预警等功能；车辆管理包括车辆基本信息输入查询、运费支出、车辆保险、车辆年审、车辆保养、交通事故记录、车辆报废等功能；司机管理包括司机基本信息输入与查询、违章记录、驾照年审等功能。

3. 运输业务管理模块

运输业务管理包括整个运输过程中各阶段的信息单据流转的管理，其中包括订单管理、货物保险管理、车辆调度管理、监控计划管理、出库管理、签收管理、结算管理和系统交互管理等功能。订单管理包括订单输入、订单查询、订单打印、订单变更、订单确认、订单配载等功能。货物保险管理包括投保单输入、投保单查询、投保单打印、投保单回复、出险记录、出险赔偿等功能。车辆调度管理包括派车方案选择、车辆分配、司机分配、派车单下达、汽车单查询等功能。车辆监控管理包括拟定监控计划、监控计划查询、在途车辆监控、出车情况分析、装载率统计等功能。出库管理包括出库单录入、出库单打印、出库单查询、运费计算等功能。货物签收管理包括签收单录入、签收单打印、签收单查询、缺损记录、费用明细、拒收处理、回单确认等功能。结算管理包括费用结算、结算单查询、费用预收、预收查询、欠款查询、费用补收、保证金查询等功能。系统交互包括用户留言、留言回复、留言查询等功能。

4. 查询统计分析模块

查询统计分析模块除支持一般的查询统计外，还可以根据客户个性化需求定制统计分析。

第四节　供应链中的信息管理与集成

一、供应链信息管理

(一) 供应链中信息的特点

信息是供应链成功的关键。在供应链中，企业既要面对来自上下游企业的纵向信息，也要面对来自企业内部的横向信息，还有来自宏观层面上的信息。如何传递和共享这些信息，将上下游企业的经济行为以及企业内部各部门、各岗位的职能行为协调起来，就是供应链信息管理所要解决的核心问题。与单个企业的情况相比，供应链作为一种扩展企业，其信息流动和获取方式表现出自己的特色。

1. 覆盖范围广

供应链中的信息流覆盖了从供应商、制造商到分销商，再到零售商等供应链中的所有环节。供应链中的信息从供应链层次结构的角度可以分为个人信息、工作组信息、企业信息和供应链信息。从供应链环节的角度，供应链中的信息可以分为以下几类：

(1) 供应源信息。供应源信息包括能在多长的订货供货期内供货、以什么样的价格购买、购买到什么产品、产品能被送到何处。供应源信息也包括订货状态更改以及支付安排。

(2) 生产信息。生产信息包括能生产什么样的产品、数量是多少、在哪些工厂进行生产、需要多长的供货期、需要进行哪些权衡、成本多少、订货批量多大。

(3) 配送和零售信息。配送和零售信息包括哪些货物需要运送到什么地方、数量多少、采用什么方式、价格如何、在每一地点的库存是多少、供货期多长。

(4) 需求信息。需求信息包括哪些人将购买什么货物、在哪里购买、数量多少、价格多少。需求信息还包括需求预测和需求分布的有关信息。当需求信息从需方向供方流动时，便引发物流。同时，供应信息又同物料一起沿着供应链从供方向需方流动。单个企业下的信息流则主要限定在企业内部。

2. 获取途径多

由于供应链中的企业是处于一种协作关系的利益共同体，因而供应链中的信息获取渠道众多，对于需求信息来说，既有来自顾客的，也有来自分销商和零售商的；供应信息则来自各供应商，这些信息通过供应链信息系统在所有的企业里流动与分享。对于单个企业情况来说，由于没有与上下游企业形成利益共同体，上下游企业也就没有为它提供信息的责任和动力，因此，单个企业的信息获取则完全倚赖于自己的收集。

3. 信息质量高

由于存在专业分工，供应链的中的信息质量要强于单个企业下的信息质量，例如，分销商和零售商可以专门负责收集需求信息，供应商则收集供应信息，生产厂商收集产品信息等。

(二) 供应链管理对信息系统的要求

供应链信息系统必须是能够随着企业供应链的调整而调整、随着供应链的变化而变化、随着供应链的发展而提升，能够支持多模式的柔性交易支持系统。可以说，这是供应链管理对信息系统外在的、客观的要求。但现实是，众多不通畅的系统横断在供应链成员企业之间，很多企业都拥有着各自的信息系统，许多企业建立了电子商务平台，系统本身的效率尚且不去讨论，但系统之间的协调运行却大多效率低下，能够实现交易的更是寥寥无几。资料表明，90%以上的系统协调不良。

"信息孤岛"不仅仅是企业内部的现象，更在企业间客观存在。企业需要从供应链视角上看待信息系统，而不仅仅将其视为为完成某项特定功能而生的工具。从供应链的角度，信息系统的特点应该是：方便的交易信息沟通、便捷交易的撮合以及交易执行监控。

通畅供应链的基础应该首先是供应链各成员企业自身的通畅，即企业内部的信息系统也应该是柔性的，能够适应供应链环境变化、支持便捷交易、快速交付的信息系统。所以，供应链管理信息系统应该具有两个条件：一是供应链成员企业应具有柔性、快捷、便于支持交易的信息系统；二是能够方便地进行企业间信息的沟通和交流。

(三) 企业间信息系统

面对供应链管理对信息系统的要求，企业间信息系统(inter-organizational information system, IOIS)显示出了它在供应链信息管理中的适用性。IOIS是两个或多个企业间形成一个整合的数据处理和数据通信系统，是跨企业的信息系统，有时也被称为跨组织系统(IOS)。IOS是企业与外界环境的其他组织如上下游厂商、相关企业甚至是竞争者一起合作、为获取竞争优势所共同发展的信息系统。这种合作系统突破了组织界限，与传统的企业信息系统有所不同。

一些学者认为，企业间有几种基本的、水平不同的信息系统，它们由一些不同级别的单一公司参与其中。信息系统的水平越高，其功能越全面，集成度越高，系统越完善，例如，级别2系统要比级别1系统的功能完善。公司的级别越高，其具有的信息系统越完善，在系统中信息交换和共享的程度也越高，例如，级别2的公司要比级别1的公司在信息系统中进行信息交换和共享的程度高。一般有远程企业间输入/输出节点、应用处理节点、多参与者交换节点、网络控制节点、集成的网络节点、企业间供应链信息系统等六种水平的IOIS。

二、集成供应链信息技术

(一) 信息技术在供应链中的应用

信息技术(IT)在供应链管理中的应用可以从两个方面理解：一是IT的功能对供应链管理的作用(如Internet、多媒体、EDI、CAD/CAM、ISDN等的应用)；二是IT技术本身所发挥的作用(如CD-ROM、ATM、光纤等的应用)。

IT在供应链管理涉及的主要领域有产品、生产、财务与成本、市场营销/销售、策略流程、支持服务、人力资源等多个方面，通过采用不同的IT，可以提高这些领域的运作绩效。

(二) 信息技术在供应链中的集成

在供应链管理中需要把各种信息技术集成在一起，这就需要分析信息技术的每一个组成部分对企业的贡献，然后再根据企业和行业的特殊要求来做投资计划。下面我们来看一下SAP公司提出的一个评价企业供应链信息技术发展阶段的"卓越的阶段"模型及其对供应链管理的影响。作为一个主要的供应链供应商，SAP公司开发的这一模型不仅告诉企业它目前所处的发展阶段，而且根据行业的特点为企业指出未来的发展方向。

SAP是ERP软件的主要销售商，它提供的供应链管理价值计算器能够根据企业从事的行业、发展阶段、收入和利润，得出企业能从不同的供应链系统投资中的受益。因此，此模型对于评估企业目前的发展、其他企业的走向以及未来竞争优势所在都是有用的。发展阶段分为四个水平阶段。任何时候，企业不同的部分可能处于不同的发展阶段。此模型定义了组织在不同阶段的信息技术能力。

第一阶段：分立系统。企业在这个阶段的表现是许多独立系统的扩张，交流的是手写的东西，效率不高，数学化数据只是企业内部数据。处于第一阶段的企业通常着眼于将已有的运作和任务进行自动化。企业在运作上是有组织的，但集成度低，没有利用网络。处于这个阶段的组织须着眼于内部流程的标准化，做好利用国际互联网的准备。这一阶段的特点包括：职能独立；无清晰、连续的供应链管理流程；无合格的供应链领导层；分立的系统；缺乏评估系统或缺乏与企业目标一致的评估系统。

第二阶段：内外部界面。在这个阶段，企业有组织地运作，集成度高，但没有利用网络。企业利用电子商务解决方案、分散的信息系统和功能数据流以及分散的外部连接，可通过互联网和贸易伙伴交换信息与互动。无论是作为买方还是卖方，这个阶段的组织的着眼点在于交易。这一阶段的特点包括：一些功能和信息得以集成，以减少库存，提高效率；文件处理；有供应链行业的领导者、有明确导向的数据提供者；互联的系统，通常能够提供货物所处地点的准确信息；在各部门内使用统一度量指标。

第三阶段：内部集成和有限外部集成效率。在这个阶段，企业各功能交错。企业内部使用集成的系统，但外部集成有限。企业与贸易伙伴一对一的互动已经建立。这个阶段的组织已经把自己的前端系统供应商和自己的后端系统买方连接起来。这一阶段的特点包括：供应商的计划产品到顾客的信息贯穿整个供应链；包括各组织在内的复杂流程；领导有远见并且具有专业水准；拥有能够将供应链信息提供给各相关部门的高效系统；能提供实时指导的复杂系统。

第四阶段：多企业集成。这一阶段包括多企业系统的流程、共同的企业目标、完美的信息共享、知识组织以及自动、互动的合作。在这个阶段，企业各功能交错。企业在内部使用集成的系统，外部集成也取得最大化。由于实现了端和端之间的集成，整个网络的价值是可见的。交易伙伴的合作使他们看上去就像一家企业一样。这一阶段的特点包括：供应链间的合作；供应链内部合作管理着眼于关键服务和实现财务目标；主管领导者们能预见影响供应链的运作和流程的技能，并事先发展这些技能；拥有能集成整个企业相关信息的系统；将供应链结果和企业目标挂钩的完全集成化的管理系统。

企业进行信息技术集成的最终目标是要在整个企业实现流程标准化，这样企业之间就能进行合作以降低成本并能够与更多的商业伙伴打交道。

三、电子商务和供应链的整合

互联网的普及和使用为企业带来了前所未有的机会。现在，企业可以便捷地连接到互联网，成本也相对较低。联网后，企业可以向与它们有生意往来的其他公司发送数据，也可以接收数据，而不用考虑不同的公司可能使用不同的计算机或软件来运行其内部操作。数据共享让企业有更多机会显著提高供应链效率，改善客户服务和增强响应性。这些都是更优化的供应链整合的结果。

电子商务包含了企业用于从更优化的供应链整合中获益所采用的一整套不断演变的原

则和实践内容。在斯坦福全球供应链管理论坛发表的一份题为《电子商务与供应链整合》的白皮书中阐述了电子商务对供应链整合的四个方面的影响。这四个方面的影响使供应链参与者之间实现更大程度的整合与协调,进而让企业能够以全新的方式开展业务。四个方面分别是:

(1) 信息共享,即供应链中的公司之间共享相关信息的能力。共享的数据包括:销售历史和需求预测、库存状态、生产计划、生产能力、促销活动和运输时间表。这些数据应通过互联网或专用网络以数字格式实时提供给需要它们的人。

(2) 计划同步,即供应链中的公司共同参与需求预测和库存补充调度。它还包括新产品的协作设计、开发与上市。

(3) 工作流协调,即“计划同步”的下一步。它指的是一个给定供应链中的公司正在进行的业务活动的精简和自动化,包括采购和产品设计等活动。

(4) 新的商业模式,即通过互联网实现的供应链整合的结果。供应链中公司的角色和责任可以重新设计,从而使每个公司都能真正专注于作为其核心竞争力的活动。非核心活动可以外包给其他公司。新的能力和效率将成为可能。

企业正在寻找方法,在诸如产品设计、需求预测、库存管理和客户服务等广泛的供应链运作中实现高效率。实现高效率的关键是供应链中的公司之间的信息共享。当前的许多电子商务开发都着眼于研究方法和标准,以实现多个公司间的信息共享。信息共享是基础,公司间的协调是实现效率的途径。一旦信息集成到位,剩下的三个方面——计划同步、工作流协调和新的商业模式——将会更快地实现。电子商务和供应链的发展才刚刚起步。

新技术正在对供应链管理产生巨大影响,其中一些正在改变企业管理供应链的方式,比如 RFID、BPM、BI 和模拟建模。这些技术不能替代旧系统,而是建立在现有系统(如 ERP、CRM 和 MES)功能的基础之上。这些新技术的组合效应使企业能够密切监控供应链运作,并以符合成本效益的方式对其快速做出调整。

互联网使供应链中的公司能够以电子方式彼此连通,以便交换产品信息。这样的连接还使公司在执行各种推动供应链的活动时,能够彼此密切协调。随着这样的电子连接变得越来越广泛和普遍,全新的合作将成为可能,业务效率和反应性也将随之提高。

案例分析 1 看得见的供应链

“在数字经济的大时代,企业要走向数字化经营,就需要一个全数字化的供应链管理系统。”菜鸟副总裁王文彬表示。

2019 年 2 月 21 日,在菜鸟智能供应链大脑启动仪式上,菜鸟方宣布:菜鸟智能供应链大脑在雀巢大中华区总部正式上线。并表示,这是业内第一个让供应链“看得见”的可视化算法系统,帮助品牌通过数据进行便捷的供应链智能管理,看一眼即可决策下一步。

据了解,菜鸟智能供应链大脑最大的特点是可视化、智能化,通过智能供应链大脑可以打通品牌商在多个平台的数据,并进行实时监控与分析,为品牌打造看得见的供应链。

针对“菜鸟智能供应链大脑”的启动发布,菜鸟首席数据科学家丁弘伟在接受媒体采访时表示,物流工业是一个时间比较长的行业,但今天的时代和过去相比很快、很不一样,菜鸟通过互联网与电商相结合去获取更快捷、更全面、更准确的数据，包括消费者端的数据、物流引擎端的数据、供应商的数据，所以在今天这个时代获得了很不一样的竞争优势机会。

菜鸟国内供应链行业及解决方案总经理孙建希望菜鸟智能供应链大脑运用后，可以让供应链变得更加生动，让数据显得更加“性感”，而不仅仅完成一些很枯燥的事情。通过菜鸟智能供应链大脑，以前需要调配大量人力进行数据获取分析的工作，现在每天起床后拿出手机，全盘供应链信息一览无余。哪些货好卖，哪里库存需要补充，调拨数量是多少，吃个早餐的工夫就能解决这些问题。

对多渠道销售的品牌商来说，供应链管理是生意的命脉所在。传统的供应链方式，品牌商需要根据不同的销售渠道，设置不同的专人对接管理，互相之间信息割裂。“传统的供应链管理成本较高，要通盘获取全渠道、全链路数据需要不同的部门进行汇总，再从各处需求进行分析调配，需要花费数小时甚至更长的时间。”雀巢大中华区供应链高级副总裁 Tony Domingo 表示。

Tony Domingo 还表示，在新零售时代，运用供应链，要去看怎么帮助企业成长，以及如何去应用大数据，让它成为商业的一个助力是雀巢的机会点，也是一个巨大的挑战。雀巢与菜鸟合作，运用智慧供应链大脑使得数据可视化、反应速度，可以很直观地看到物品的缺货、补货以及仓库货物状态、消费者需求等情况。希望通过智慧供应链大脑，让新零售的基础设施供应链能够成为助力于雀巢发展以及品牌在中国发展的一个重要引擎。

雀巢大中华区电商副总裁王雷认为，从整个电商来看供应链的重要性，尤其是对于食品而言，食品行业的供应链是非常重要的基础。供应链可以整合多渠道数据，将割裂的数据连通，实现关键信息可视化；帮助信息使用者在线实现数据的监控、分析与反馈，为品牌实现“看得见的供应链”，并驱动数据能源转变为有价值的商业决策。王雷表示，在现在数字化供应链的趋势下，雀巢与菜鸟的合作在过去三四年里一起经历很多的供应链项目和创新，包括从之前的一盘货到现在 DSCC 数字化的供应链。供应链在数据上对业务的整合和支持，可以效率更高、耗材更低，更好地获取消费者信息。消费者也可以拿到更新鲜及时满意的产品。

传统 ERP 更多的是对企业内部的人、财、物的管理，是企业内部管理系统，注重企业内部整个生产流程的管理和思维的驯化，ERP 系统没有外部的数据做支撑。菜鸟供应链做的是全渠道、全链路，并且供应链包括企业内部和运输。从供应链的角度来讲，它提供的是原材料提供商的协同，这种跨企业、跨供应链端上端下的协同，是很不一样的地方。菜鸟供应链突出的优势在于全渠道、全链路，而且是实时的一整套监控管理体系。未来，菜鸟希望智能供应链能给我们的客户去赋能，不光是提升物流履行的时效，而且还可进一步提供库存能力和消费者的服务能力等。

菜鸟智能供应链大脑的创新主要表现在三个方面：

（1）本身数据的处理。ERP 里面典型的是 T+1，即今天的数据到第二天通过离线数据处理之后才能获得，但是菜鸟的整套系统融合了实时数据和无线数据，能够实时采集和更新数据。

（2）数据分析本身。需要和客户融合在一起。海量的数据之后，很多的企业如果没有数据分析的能力就会被淹没在数据的海洋里，而并不能通过数据获取洞见。

（3）由数据分析，可以感知到、识别到机会。一方面，如何调整供应链能力，对此，通过大量的数据分析模型、优化模型、人工智能模型，去支持更加优化的决策。再比如仓库应该设在哪里，不同层级的仓库之间怎么协作等。另一方面，可视化本身是一种挑战，也很有价值。“看见”已经是一件很不容易的事情；供应链管理人员的智慧和能力使得他们在“看见”后可以做很多的决策。

采访的最后，Tony Domingo 表示，智能供应链大脑只是一个开始，在数字化道路上我们可以看到传统供应链更多是起推力作用，推力是指我们曾经把这个货品从生产推到渠道推到消费者，并不是用消费者去引领生产。智能供应链其实更多是拉力，这个拉力是从消费者需求开始到生产。整个智能供应链更多是以消费者为核心的供应链，而不是以生产商为核心的供应链。

资料来源：亿欧供应链，https://www.iyiou.com/news/2019022593346。

案例分析 2　中铁物流：TMS 核心业务系统上云

一、企业概况

中铁物流集团成立于 1993 年 3 月，是国内知名的大型现代综合物流企业，业务涵盖电商服务、仓储、整车、零担、公路、铁路、金融、冷链、代理报关报检、贸易、国际快件等。集团于 2002 年形成全国地级市以上的配送网络，上线货物查询信息系统，2008 年圆满完成奥运会指定物流服务工作，成为商务部“商业特许经营”注册登记物流企业。2014 年，集团确定以仓配一体化的综合解决方案为核心产品，打造现代综合物流运营商，推出仓储加盟模式，组建了国内首个仓储连锁平台并购重组“搜沃电商”，建成宁波保税库，加速对跨境电商物流服务体系的完善。2015 年，中铁物流通过复审再次获“国家 AAAAA 级物流企业”称号，被评为全国交通运输行业先进物流企业。2016 年，中铁物流集团被评为菜鸟网络家装物流年度优秀供应商，当选年度中国物流杰出企业。

集团旗下拥有快运、快线、仓储园区、公路港等多张全国性实体网络，为打造多平台联动的产品服务提供了基础支撑，全力推动网络化、平台化、产品化的战略布局。集团以物流整体解决方案为前提，根据不同属性客户的需求，通过分仓、专线、仓配、仓运、运配模块化组合方式，为客户提供适配的仓配产品和解决方案。

截至 2017 年，中铁物流全网营业网点 5 000 多个，运营车辆 11 000 多台，从业员工 4 万多，仓储管理面积超过千万平方米。在美国、加拿大、英国、韩国、尼泊尔、印度尼西亚、中国香港等多个国家及地区设有境外分支机构和海外仓，为全球客户提供方便、快捷、安全的物流综合服务。

二、企业面临的主要问题

中铁物流集团的核心业务系统包括 TMS、PDA、TMS 网站和 API 平台等，以前这些业务系统主要部署在线下的 IDC 机房。

根据中铁物流集团目前的业务量以及对未来业务的预期，现有 IT 系统实际上已经无法满足业务高速增长的需求，特别是数据容量方面。当前的数据总量已经接近 2TB，每日新增数据上万条，每年的数据增量达到 TB 级别，传统的关系型数据库在 IO 性能和容量方面已经很难适应当前的业务场景，所以需要更优质的解决方案介入。

另外，考虑到建设成本等因素，当前业务系统主要采用集中式部署，一旦业务量突增，系统的弹性扩展能力就会受到限制，数据备份与容灾能力也将成为未来的瓶颈，因而急需突破。

三、菜鸟物流云“两地三中心”解决方案

经过全面的调研、测试和对应用系统的改造，菜鸟物流云在本次业务系统上云的过程中，为中铁物流集团业务系统特别策划并实施了“两地三中心”的解决方案。依托于阿里云的底层优势，借助于阿里遍布全球的数据中心、服务器和网络资源等方面的优势，此解决方案在保证中铁物流集团现有业务不受影响的同时，为未来业务的预期提供了足够优秀的应用场景。

一是多地部署，系统高可用。菜鸟将中铁物流集团生产系统部署在上海地区的两个数据中心内，利用云上负载均衡（SLB）和云上数据库（RDS）等产品支持多地部署的特性，客户以极低的成本实现了 IT 系统的高可用，整体 SLA 达到了 99.95%以上，有效控制了各类有计划及无计划的宕机。

二是提升预警，实现数据零丢失、零中断。菜鸟将灾备系统部署在华北区域的专属数据中心内，通过高速通道与生产系统环境连通，利用数据传输工具（DTS）实现数据级别的同步。当生产系统发生计划外停机时，业务系统可以在数分钟内切换到灾备系统，这表示 RTO 已达到分钟级，整体 RPO 控制在秒级，即短时间内就可以恢复几秒之前的数据，从而确保数据的完整性。

（一）数据分层存储

面对新业务场景的产生和数据容量几何式增长的现状，传统架构的数据库逐渐暴露出密量小、备份慢、性能差、可用性与扩展性不好等弊端。菜鸟物流云现在采用的主要解决方案有：建构新型数据库、对数据库分库分表、数据分层存储等。

（1）建构新型数据库。为解决传统数据库一致性、扩展性、可用性方面的问题，有针对性地采用一些新型架构的数据库，比如 Spanner、OceanBase、TiDB、CockroachDB。虽然部分解决了上述问题，但是在对传统数据库的兼容性方面并不完美。另外，还有 Aurora 和 PolarDB 等 cloud native 架构的数据库，是通过计算存储分离以及对存储提供扩展性解决读扩展以及可用性问题。

（2）对数据库分库分表。当单台物理服务器的性能无法满足数据库的性能要求时，一般会通过分库分表的方式将数据量较大的数据表水平拆分到后端的每个数据库中。这些拆分出来的数据库被称为分库，分库中的表称为分表。

（3）数据分层存储。对数据做冷热分离，一般来说，时间较近、访问频率较高的数据称为热数据，而时间较远、访问频率较低的数据称为冷数据。将热数据单独剥离出来存储在系统数据库，把冷数据等历史数据保存在数据仓库等分析型数据库里。这样的方式既保证了热数据的读写性能，又兼顾了成本。

上述对数据存储的三种方案各有优劣，经过严密的论证和测试后，最终采用了“数据分层存储”的方案来部署上云系统。因为客户目前数据库系统主要采用 MS SQL Server，新型

数据库支持较少，同时客户也计划未来建设数据仓库和大数据平台来对历史数据进行分析和挖掘，所以此选择为最佳方案。

（二）数据备份

应用服务器的备份通过云服务器（ECS）自带的快照功能保留某个时间点上的磁盘数据状态，数据的备份则使用云数据库（RDS）自带的备份功能来实现，以全量备份—增量备份—增量备份为循环周期按天进行备份。相比于原来的线下备份方式，降低了数据备份的频率，减少了对计算资源和存储资源的消耗，同时在物流云上的资源也保证了整体系统99.95%的可用性。

（三）云上安全方案

本次云上系统采用云盾做了全方位的安全保障，云盾是阿里巴巴集团多年来安全技术研究积累的成果，结合云计算平台强大的数据分析能力，提供了诸如安全漏洞检测、网页木马检测以及面向云服务器用户的主机入侵检测、防DDOS攻击等一站式安全服务，并可以提供效益分析与评估。

四、效益分析与评估

（一）经济收益

借助菜鸟物流云集群资源的规模优势，中铁物流的核心业务系统以较低的成本获得了99.95%的可用性，并且实现了“两地三中心”的可靠性保障。同时，中铁物流在进行上云迁移时，充分考察并吸收了互联网企业在云计算架构方面的优势，对原有系统进行了分布式改造，通过虚拟化、云化的方式提高了服务器的使用效率；另外，数据存储方面也通过冷、热数据分离，将热数据保存在性能较好、价格较高的存储系统，将冷数据存放在性能略差、价格低廉的存储系统，从而达到大大节约成本的效果。

（二）运维收益

中铁物流原有系统部署在自有数据中心，硬件、软件、网络的运维工作都需要亲力亲为，随着企业业务的不断壮大，给运维团队带来巨大的压力。本次将业务系统迁移到云上以后，从硬件、系统软件、网络环境到云上产品的运维工作都由云服务来提供，整体上提供了99.95%的SLA保障。同时菜鸟物流云提供了完善的企业级支持服务，包括售后支持钉钉群、企业至尊快速服务通道、专家代运维服务等内容，为客户提供了7×24小时的支持保障。

（三）生态收益

菜鸟物流云为客户提供了公有云资源服务，使得客户可以按需使用阿里集团在云计算、大数据、数据库、人工智能、安全等方面的多种技术红利，通过公有云租赁的方式，以较低的成本解决了技术难题。此外，菜鸟物流云还对外提供物流业务组件产品，例如货运导航、行业数据池、智能路径规划等能力，来帮助客户提升自身的能力，提高在行业中的竞争力。

科技是第一生产力，未来物流行业信息化，需要依赖更多的云服务、大数据等互联网平台与物流业务组件等技术服务，只有这样企业自身才能快速地提高基础设施的建设能力与技术能力，才能提高自身以及物流行业的整体能力，从而更好地为消费者服务。

资料来源：中国物流与采购网，http://www.chinawuliu.com.cn/xsyj/201807/26/333232.shtml。

复习思考题

1. 信息的有效和高效利用可以给物流和供应链管理带来什么益处?

2. 物流信息系统四个层次的主要功能分别是什么?

3. 物流信息系统的目标是什么?

4. 列举几种物流管理中的信息技术,并举例说明其应用。

5. 请简述仓库管理系统和运输管理系统的功能模块。

6. 供应链中信息的特点是什么?

7. 供应链中信息技术的集成有哪几个发展阶段,各阶段有什么特征?

8. 电子商务对供应链整合有什么影响?

9. 选择一家电商平台,尝试分析和讨论其数据采集、访问、分析和信息共享采用的技术和方法。

第 7 章　物流辅助活动

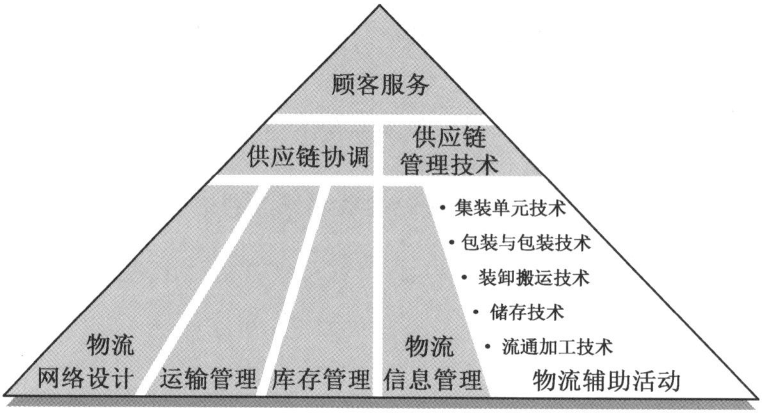

物流要能够保证正确的商品、按正确的数量、以正确的方式、在正确的时间供应到正确的地点。高效的物流运作需要有优秀的战略规划，同时也需要高效物流操作的支持。在所有物流活动中，储存、包装、装卸搬运、流通加工属于辅助性的物流活动，这些活动会对整个物流顺畅进行产生重要影响。

这些活动中，除部分流通加工活动能够增加产品价值、属于增值型活动外，像储存、包装、装卸搬运等都属于成本消耗型活动，这些活动不会增加产品的任何价值，只会带来成本的消耗。它们对物流成本也会产生影响，值得进行认真、细致的管理，最新发展请见第10 章。

本章将对这些活动中所用到的各种操作性的物流技术分别进行讨论。第一节讨论对物流系统运作效率有很大影响的集装单元技术；第二节对包装及包装技术进行分析；第三节研究装卸搬运技术；第四节讨论储存技术；第五节对流通加工技术进行论述。

第一节　集装单元技术

物料搬运过程中，货物的规模越大，储存一定量的货物所需要搬运的次数越少，运作就越经济。搬运次数直接关系到搬运货物所需的工时，也关系到物料搬运设备的使用时间。物料的大小、形状是千变万化的，可以把各式各样的物料通过一定的技术措施组合成规格相同、重量相近的集装单元，以集装单元为基础来进行装卸、运输、保管等作业。

有人称集装单元化是物料搬运、物流作业的革命性改革。集装单元化器具不能单纯地看作一个容器，它是物料的载体，更是物流机械化、自动化作业的基础。标准化后的单元化容器也是物流设备、物流设施、物流系统设计的基础，是高效联运、多式联运的必要条件。

一、集装单元技术的发展

杂散货物的组合方式，是随着科学技术的进步而发展的。在科学不太发达，起重、装卸机具没有普遍采用，装卸工作全要依靠人力进行的时代，杂散货物的组合包装程度主要受两个因素制约：一是包装材料，包装材料的强度和材料的自重制约了包装体的大型化；二是人力装卸能力，包装的体能消耗必须限制在人的最大体能范围之内。因此，那时的组合体，重量一般在 50 kg 以下。

集装是材料科学和装卸技术两个方面有了突破进展之后才出现的。用大单元实现组合是整个包装技术的一大进展。从运输的角度来看，集装所形成的组合体又正好是一个装卸运输单位，便于运输和装卸，因此，在运输领域把集装主要看成一个运输体，称为单元组合货载或集装货载。

集装系统是以集装方式进行物流活动，贯穿物流全过程并对此过程进行综合、全面管理的物流形式。集装既是一种包装形式，又超出了包装的范畴；既是一种运输或储存形式，又不完全只起运输和储存的作用。在集装系统中，首要的问题是将货物形成集装形态，将零散货物集中成单元货物。

二、集装单元技术的优势

(一) 减少货物破损

当前，货物在装卸、搬运、运输过程中发生货损、货差的情况相当严重，其重要原因之一是货物包装材质不良、包装方法原始落后。例如，平板玻璃的平均破损率为 8%，有时高达 40%～50%，而采用集装架装运平板玻璃，破损率可降至 1.7%。可见，集装单元技术对减少货物损失、保证货物质量起到了极为重要的作用。

(二) 节省包装材料

当货物数量多、单位重量小时，使用包装材料就较多，采取集装化装运后，可以大大节省包装材料。

(三) 提高装卸搬运作业效率

当货物体积小、数量多、规格繁多时，装卸搬运机械往往不能充分发挥效率，从而采用人力装卸搬运，这会造成事故多、清点件数困难、货物交接检查困难等问题。而使用集装器具扩大了货物单元，便于采用机械进行装卸和搬运作业，减轻了劳动强度，缩短了装卸作业时间，提高了装卸作业效率。

三、集装器具

(一) 托盘

托盘作为一种机械化和单元化储运用具，从 19 世纪下半叶在欧美地区推行开始，距今已有百余年的历史。随着公路、铁路、水运、航空运输、多式联运等多种运输方式日趋成熟，托盘的应用越来越广泛。

托盘最初是在装卸中出现并发展的，在应用过程中又进一步发展成为储存设施和运输单位，使托盘成了提高物流系统运作效率的重要装备器具。托盘的出现也促进了储装箱和其他集装方式的形成和发展。现在，托盘已是和集装箱一样重要的集装方式，它们成为集装系统的两大支柱。

为了使货物能有效地装卸、搬运、保管，将货物按一定数量组合放置于一定形状的台面上，这种台面有供叉车从下部叉入并将台面托起的叉入口，以这种结构为基本结构的平台和在这种基本结构上形成的各种形式的集装器具均可称为托盘。托盘种类繁多，就目前国内外常见的托盘种类来说，大致可以划分为五大类：平托盘、柱式托盘、箱式托盘、轮式托盘及特种专用托盘。

1. 平托盘

平托盘是指在承载面和支撑面间夹以纵梁，构成可集装物料、可使用叉车或搬运车等进行作业的货盘。一般所说的托盘主要指平托盘，平托盘是使用量最大的一种，平托盘又可按三个条件分类。

(1) 按承托货物台面分类，平托盘可以成单面型、单面使用型和双面使用型、翼型四种。

(2) 按叉车叉入方式分类，平托盘可以分为单向叉入型、双向叉入型、四向叉入型三种。四向叉入型，叉车可从四个方向进叉，因而叉车操作较为灵活。单向叉入型只能从一个方向叉入，在叉车操作时较为困难。

(3) 按材料分类，平托盘可以分为木制平托盘、钢制平托盘、塑料制平托盘、胶板制平托盘、竹制平托盘。

2. 柱式托盘

柱式托盘是在平托盘基础上发展起来的，其特点是在不压货物的情况下可进行码垛。多用于包装物料、棒料管材等的集装。柱式托盘，还可以为可移动的货架、货位；不用时，还可叠套存放，节约空间。近年来，在国外推广迅速。

柱式托盘的基本结构是托盘的四个角上有固定式或可卸式的柱子。柱式托盘的柱子部分可分用钢材制成，按柱子固定与否分为柱式和可卸柱式两种。

柱式托盘的主要作用有两个，一是防止托盘上所置货物在运输、装卸过程中发生塌垛；二是利用柱子支撑重量，可将托盘上部货物悬空载堆，而不用担心压坏下部托盘上的货物。

3. 箱式托盘

箱式托盘是在平托盘基础上发展起来的，多用于散件或散状物料的集装，金属箱式托盘还用于热加工车间集装热料。一般下部可叉装，上部可吊装，并可进行码垛。

箱式托盘的基本结构是沿托盘四个边有板式、栅式、网式等栏板和下部平面组成的箱体，有些箱体上有顶板，有些箱体上没有顶板，箱板有固定式、折叠式和可卸式三种。

由于四周栏板不同，箱式托盘又有各种叫法，如四周栏板为栅栏式的也称笼式盘或集装笼。箱式托盘的主要特点有两点：一是防护能力强，可有效防止塌垛，防止货损；二是由于四周有护板护栏，托盘的装运范围较大，不但能装运可码垛的整齐形状包装货物，也可装运各种异型不能稳定堆码的物品。

4. 轮式托盘

轮式托盘又叫物流台车，是在平托盘、柱式托盘的底部装上脚轮而成，既便于机械化搬运，又宜于短距离的人力移动。适用于企业工序间的物流搬运；也可在工厂或配送中心装上货物运到商店，直接作为商品货架的一部分。轮式托盘的基本结构是在柱式、箱式托盘下部装有小型轮子，这种托盘不但具有一般柱式、箱式托盘的优点，而且可利用轮子做小距离运动，可不需搬运机械实现搬运。在生产物流系统中，轮式托盘还可以兼做作业车辆。

5. 特种专用托盘

上述托盘都有一定的通用性，可适装多种中、小件，杂、散、包装货物。由于托盘制做简单，造价低，所以某些较大数量运输的货物都可制出装载效率高、装运方便、适于该种物品的专用托盘，如航空托盘、平板玻璃集装托盘、油桶专用托盘、货架式托盘、长尺寸物托盘、轮胎专用托盘。

前四种托盘如图 7－1 所示。

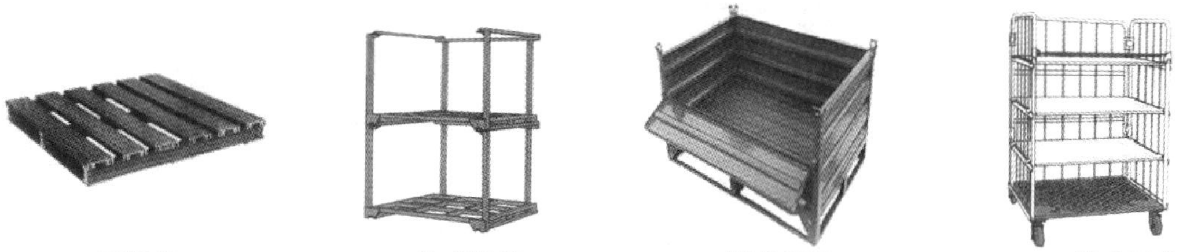

(a) 平托盘　(b) 柱式托盘　(c) 箱式托盘　(d) 轮式托盘

图 7－1　各种托盘

(二) 集装箱

根据国际标准化组织(ISO)TC/04 委员会的定义，凡具备下列条件的运输容器可称为集装箱：

(1) 具有足够的强度，能长期反复使用；

(2) 中途转运时，不用搬动箱内的货物，可整体转载；

(3) 备有便于装卸的装点，能进行快速装卸；

(4) 便于货物的装入和卸出；

(5) 具有 1 立方米以上的内部容积。

集装箱的性能参数主要有：① 集装箱外部尺寸、极限偏差和额定重量；② 通用集装箱最小内部尺寸；③ 集装箱角件的技术要求；④ 集装箱的标记代号；⑤ 集装箱吊具的尺寸和起重量系列。

集装箱的分类方法很多。按箱内适装的货物分类，可分为杂货集装箱(通用集装箱)，保温集装箱，通风集装箱，罐状集装箱(装运液体、气体)，动物集装箱，平板玻璃专用集装箱，机械及部件专用集装箱，石棉及各种纤维材料集装箱，铝材、铜材及贵重金属专用集装箱。按运输方式分类，可分为联运集装箱、铁道集装箱和空运集装箱。按制造材料分类，可分为钢制集装箱和铝制集装箱。按集装箱箱体构造分类，可分为侧开门、前开门、前后双开门及顶开门四种形式的集装箱，折叠式集装箱，拆解式集装箱，台架式集装箱，抽屉式集装箱和隔板集装箱。

(三) 集装袋

集装袋又称柔性集装箱，是集装单元器具的一种，配以起重机或叉车，就可以实现集装单元化运输。它适用于装运大宗散状、粉粒状物料。它的特点是结构简单、自重轻、可折叠、回空所占空间小、价格低廉。

集装袋有以下分类方法：

(1) 按使用次数，可分为重复使用型和一次使用型；

(2) 按形状，可分为圆桶型、方型、圆锥型、折叠型；

(3) 按提升方式，可分为顶面提升、底面提升、侧面提升；

(4) 按是否有排料口，可分为有排料口和无排料口；

(5) 按集装袋的材料，可分为橡胶集装袋、塑料袋、帆布袋。

集装箱与集装袋的形状如图7-2所示：

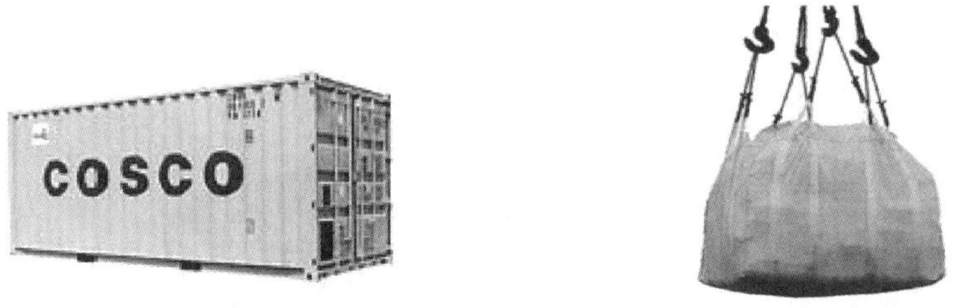

(a) 集装箱　　(b) 集装袋

图7-2　集装箱与集装袋

第二节　包装与包装技术

包装技术是在物流过程中为保护产品、方便储运、促进销售，按一定技术方法采用容器、材料及辅助物等物品包封并予以适当的装潢和标志的工作总称。简而言之，包装是包装物及包装操作的总称。

一、包装的功能

(一) 保护商品

保护商品是包装的首要功能，是确定包装方式和包装形态时首要考虑的因素。包装的保护作用体现在以下几方面：

(1) 防止商品破损变形。这就要求包装能够承受在装卸、运输、保管过程中各种力的作用，如冲击、振动、颠簸、压缩等。

(2) 防止商品发生化学变化。即防止商品吸潮、发霉、变质、生锈，这就要求包装能在一定程度上起到阻隔水分、溶液、潮气、光线、空气中的酸性气体的作用。

(3) 防止腐朽霉变、鼠咬虫食。这就要求包装具有阻隔霉菌、虫、鼠侵入的能力，形成对生物的防护作用。

此外，包装还具有防止异物混入、污物污染，防止丢失、散失、盗失等作用。

(二) 方便物流过程

包装有将商品以某种单位集中的功能，即单元化。包装单元化有利于提高物流过程的效率。从物流方面来考虑，包装单位的大小要与装卸、保管、运输条件的能力相适应。在此基础上，应当尽量做到集中运输，以获得最佳的经济效益，同时又要求能分割及重新组合，以适应多种装运条件及分货要求。

(三) 促进销售

恰当的包装能够唤起人们的购买欲望,与商流有关的包装功能是促进销售。在商业交易中,促进销售的手段很多,包装在其中占有重要地位。包装外部的形态、装潢和广告说明一样,是很好的宣传品,对顾客的购买起着说服的作用。

(四) 方便消费

商品的包装还有方便流通及方便消费的功能,这就要求包装的大小、形态、包装材料、包装重量、包装标志等各个要素都要为运输、保管、验收、装卸等各项作业创造方便条件,也要求容易区分不同的商品并进行计量。进行包装及拆装作业应当简便、快速,拆装后的包装材料应当容易处理。

二、包装的分类

(一) 按包装在物流中发挥的作用分类

按包装在物流中发挥的作用,可以将商品包装分为销售包装和运输包装。

1. 销售包装

销售包装又称消费者包装、内包装或商业包装,是直接接触商品并随商品进入零售网点和消费者或客户直接见面的包装。这种包装的目的是促进销售,特点是外形美观、包装单位适于顾客的购买量以及商店陈设的要求。在流动过程中,商品越接近顾客,越要求包装有促进销售的效果。

2. 运输包装

运输包装又称工业包装或外包装。运输包装是以满足运输储存要求为主要目的的包装。它具有保障产品的安全,方便储运、装卸,加速交接、点验等作用。运输包装的重要原则是在满足物流要求的基础上使用尽可能低的包装费用。为此,必须在包装费用和流通损失两者之间寻找最优的效果。为了降低包装费,包装的防护性也往往随之降低,商品的流通损失就必然增加,这样反而会降低经济效益;若过于追求降低流通损失就会造成所谓的“过度包装”。因此,包装程度应当适中,才会有最佳的经济效益。

(二) 按包装材料分类

(1) 纸制品包装,特点是成本低廉、透气性好,且印刷装饰性较好;

(2) 塑料制品包装,特点是种类繁多、综合性能比较好;

(3) 木制容器包装,一般用在重物包装以及出口物品的包装等方面,现在有很大一部分已经被瓦楞纸箱代替;

(4) 金属容器包装,主要有罐头、铁桶和钢瓶;

(5) 玻璃陶瓷容器包装,特点是耐腐蚀性较好、比较稳定;

(6) 纤维容器包装,可使用的材料包括麻袋和维尼纶袋等;

(7) 复合材料包装,是指利用两种以上的材料复合制成的包装;

(8) 其他材料包装,如竹、藤、苇等制成的包装。

(三) 按包装容器分类

1. 包装袋

包装袋是柔性包装的重要容器。包装袋的类型有：集装袋;一般运输包装袋;小型包装袋(或称普通包装袋)。集装袋适于运输包装,一般运输包装袋适于外包装及运输包装,小型包装袋适于内包装、个装及商业包装。

2. 包装盒

包装盒是介于刚性和柔性包装之间的包装容器。包装盒整体强度不大,包装量不大,因此,不适合做运输包装,而适合做商业包装、内包装,适合包装块状及各种异形物品。

3. 包装箱

包装箱是刚性包装容器中的重要一类。包装箱整体强度较高,抗变形能力强,包装量也较大,适合做运输包装、外包装,包装范围较广,主要用于固体杂货包装。包装箱主要有：瓦楞纸箱;木箱,包括木板箱、框板箱、框架箱;塑料箱;集装箱。

4. 包装瓶

包装瓶是瓶身与瓶颈尺寸有较大差别的小型容器,主要由刚性材料制成,是刚性包装容器中的一种。包装瓶有较高的抗变形能力,刚性、韧性要求一般也较高。包装瓶的包装量一般不大,适合于美化装潢,主要做商业包装、内包装使用,主要包装液体、粉状货。

5. 包装罐(筒)

包装罐是罐身各处横截面形状大致相同、罐颈短、罐颈内径比罐身内颈稍小或无罐颈的一种包装容器,是刚性包装的一种。包装罐强度较高,罐体抗变形能力强。包装罐主要有三种：小型包装罐;中型包装罐;集装罐。

(四) 按商品包装保护技术分类

1. 防锈包装

防锈包装可以分为防锈油防锈蚀包装和气相防锈包装。防锈油防锈蚀包装是在金属制品上涂上一定厚度的油层,将金属与空气隔绝,把金属表面保护起来,达到防止金属被大气锈蚀的目的。气相防锈包装技术是用气相缓蚀询(挥发性缓蚀剂),在密封包装容器中对金属制品进行防锈处理,起到抑制大气对金属锈蚀的作用。

2. 防虫包装

常用的是驱虫剂,即在包装中放入有一定毒性和臭味的药物,利用药物在包装中挥发的气体杀灭和驱除各种害虫。也可使用真空包装、充气包装、脱氧包装等技术,使害虫无生存环境,从而防止虫害。

3. 防腐包装

在运输包装内装运食品和其他有机碳水化合物货物时,货物可能会腐烂、变质,因此,要采取特别防护措施。通常是采用冷冻包装、真空包装或高温灭菌等方法。为防止运输包装内货物发霉,还可使用防霉剂。机电产品的大型封闭箱可酌情采取开设通风孔或通风窗等防霉措施。

4. 防震包装

防震包装又称缓冲包装,包装本身具有一定的抗震保护作用。产品从生产出来到开始使用要经一系列的运输、保管、堆码和装卸过程,有可能对产品造成损坏,这就要设法减小外力,减缓内装物受到的冲击和振动,保护其免受损坏。防震包装方法主要有三种：① 全面防震包装方法,内装物和外包装之间全部用防震材料填满进行防震;② 部分防震包装,对于整体性好的产品和有内装容器的产品,仅在产品或内包装的拐角或局部地方使用防震材料进行衬垫;③ 悬浮式防震包装,对于某些贵重易损的物品,为了有效保证在流通过程中不被损坏，可采用比较坚固的外包容器，然后用绳、带、弹簧等将被装物悬吊在包装容器内。

5. 危险品包装

危险品有上千种，按其危险性质，交通运输和公安消防部门将其分为十大类，即爆炸性物品、氧化剂、压缩气体和液化气体、自燃物品、遇水自燃物品、易燃液体、易燃固体、毒害品、腐蚀性物品、放射性物品。

6. 防潮包装

防潮包装是采用防潮材料对产品进行包封，以防止包装内部水分的增加，达到抑制微生物的生长和繁殖，延长内装物的储存期。

7. 特种包装

特种包装包括充气包装、真空包装、收缩包装、拉伸包装和脱氧包装。充气包装是采用二氧化碳气体或氮气等不活泼气体转换包装容器中空气的一种包装方法，也称为气体转换包装。通过在密封的包装容器中改变气体的组成成分，降低氧气的浓度，抑制微生物的生理活性、酶的活性和鲜活商品的呼吸强度，达到防霉、防腐和保鲜的目的。真空包装是将物品装入气密性容器后，在容器封口之前抽成真空，使密封后的容器内基本没有空气。收缩包装是用收缩薄膜包裹物品，然后对薄膜进行适当的热处理，使薄膜收缩而紧贴于物品。拉伸包装是依靠机械装置在常温下将弹性薄膜围绕被包装件并拉伸、紧裹，并在其末端进行封合。脱氧包装是继真空包装和充气包装之后出现的一种新型除氧包装方法，在密封的包装容器中，使用能与氧气起化学作用的脱氧剂与之反应，从而除去包装容器中的氧气，以达到保护内装物的目的。

三、商品包装的标识

商品包装时，要在外部印刷、粘贴或书写上标识，标识的内容包括：商品名称、牌号、规格、等级、计量单位、数量、重量、体积、收货单位、发货单位以及装卸、搬运、存放注意事项、图案和特定的代号等。

包装的标识是判别商品特征、组织商品流转和维护商品质量的依据，对保障商品储运安全、加速流转、防止差错有着重要作用。商品包装的标识通常分为商品包装的标记和商品包装的标志。

（一）商品包装的标记

商品包装的标记是指根据内装物商品的特征和商品收发事项，在外包装上用文字和阿拉伯数字标明的规定记号。

1. 一般包装标记

一般包装标记也称为包装的基本标记。它是指在包装上写明物资的名称、规格、型号、计量单位、数量（毛重、净重）及长、宽、高、出厂时间等。对于使用时效性强的物资还要写明储存期或保质期。

2. 表示收发货地点和单位的标记

这是注明商品起运、到达地点和收、发货单位的文字记号，反映的内容是收、发货具体地点（收货人地点、发货人地点，收货到站、到港和发货站、发货港等）和收、发货单位的全称。

3. 标牌标记

标牌标记是在物资包装上钉上说明商品性质特征、规格、质量、产品批号、生产厂家等内容的标识牌。

（二）商品包装的标志

商品包装的标志是用来指明被包装物资的性质以及为了物流活动安全和理货分运的需要而书写的文字和图像的说明。

1. 指示标志

指示标志用来指示运输、装卸、保管人员在作业时须注意的事项，以保证物资的安全。这种标志主要表示物资的性质和物资堆放、开启、吊运等操作的方法。

在国际物流中则要求在包装上正确绘制货物的运输标志和必要的指示标志。标志至少应包括以下内容：① 目的地：收货人的最终地址、中转地点、订货单号；② 装卸货指示标志：对于易碎商品，更应在包装上标记装卸操作的方向，以防商品损坏。

2. 危险品标志

危险品标志是用来表示危险品的物理、化学性质以及危险程度的标志。它可提醒人们在运输、储存、保管、搬运等活动中引起注意。

四、商品包装的合理化和标准化

（一）影响商品包装的因素

影响商品包装的因素主要有：① 被包装商品本身的体积、重量以及它在物理和化学方面的特性；② 被包装商品在流通过程中需要哪些方面的保护，或者称作商品包装的保护性；③ 消费者的易用性；④ 商品包装的经济性。

（二）包装的合理化

商品包装对整个物流的过程起着重要的作用。商品包装的设计必须根据包装对象的具体内容进行考虑。要实现包装的合理化就要避免以下几点：① 包装不足，会造成流通过程中被包装物破损及促销能力的降低；② 包装过剩，会造成包装材料的浪费。

（三）商品包装的标准化

通过商品包装的标准化，可以提高包装的质量，节省包装的材料和流通的费用，而且也便于专用运输设备的应用。

通过商品包装的标准化，可以从法律的高度促进可回收型包装的使用，促进商品包装的回收利用，从而节省社会资源，产生较大的社会效益和经济效益。

第三节　装卸搬运技术

在物流活动中，装卸与搬运是密不可分的，两者是伴随在一起发生的，是随运输和储存等活动而产生的必要活动。在整个物流过程中，商品装卸搬运是发生频率最高的一项作业，当商品运输或商品储存等作业发生的时候，商品装卸搬运这项作业就会发生，它的质量影响着物流成本。在商品的装卸过程中，还可能因为意外造成商品的损坏，这会影响到商品的包装成本的大小。如果因为商品装卸的原因使得企业不能如期向顾客提交商品，那么，这将大大地影响企业的形象，对企业是一个非常大的损失。装卸搬运有以下特点：

（1）装卸搬运是伴随生产与流通的其他环节发生的，具有与其他环节“伴生”和“起讫”

性的特点；

(2) 装卸搬运不产生有形的产品，而是提供劳动服务；

(3) 装卸搬运过程不消耗作业对象，不排放废弃物，不会占用大量资金；

(4) 装卸搬运没有提高作业对象（物）的使用价值的功能；

(5) 装卸搬运作业具有均衡性与波动性。

一、装卸搬运的种类

（一）按装卸形态分类（表7-1）

表7-1　按装卸形态分类的装卸搬运

分　类	种类及说明
按操作场所分类	自用物流设施装卸：在工厂、自用仓库、配送中心等发货、进货设施中的装卸
	公共物流设施装卸：在卡车终端、站、港口、机场、仓库的装卸，分别称为终端装卸、车站装卸、港口装卸、仓库装卸等
按运输设备分类	汽车装卸、火车装卸、船舶装卸、飞机装卸
按货物形态分类	单个物品装卸：宽大物品、长尺寸物品、较重物品等大物件的装卸
	集装货物装卸：为了装卸托盘、集装箱等集装货物而进行的装卸
	散装货物装卸：把粉粒体、液体等物品直接向输送设备、货物装运设备或储存设备进行装取与出入库的装卸

（二）按作业种类分类

从作业种类的角度来看，商品装卸可以分为与输送设备对应的“装进、卸下装卸”和与保管设施对应的“入库、出库装卸”两大类。两类装卸分别伴随着货物的“堆码、拆垛”“分拣、配货”“搬送、移送”三类基本的装卸作业，这些作业由于动作和装卸机械的不同而形成了不同的“作业方法”，如表7-2所示。

表7-2　按作业种类分类的装卸搬运

作业名		说明
堆垛拆垛作业	堆放作业	把货物从预先放置的场所移动到卡车等货物装运设备或仓库等固定设施的指定位置，再按要求的位置和形态放置货物
	拆垛作业	堆放作业的逆作业
	高垛作业	主要是在仓库等固定设施的入库作业中堆垛高度在2米以上的作业
	高垛取货作业	高垛作业的逆作业
分拣配货作业	分拣作业	在堆垛、拆垛作业的前后或配货作业之前发生的作业，把货物按品种、出入先后、货物分类（分拣分类）分别放到规定位置
	配货作业	向卡车等输送设备装货作业和从仓库等保管设施出库装卸前发生的作业，是把货物从所定的位置，按品种、作业种类、发货对象分类（配货分类）所进行的拆垛、堆放作业

续　表

作　业　名		说　　　　明
搬运移动作业	搬运作业	为了进行上述作业而发生的以进行这些作业为主要目的的移动作业，包括水平、垂直、斜行搬运以及几种搬运的组合
	移动作业	在搬运作业中，从设备、距离、成本等方面衡量、移动作业的比重较高的作业

二、装卸搬运机械

常用的装卸搬运机械有叉车、自动搬运车（automated guided vechicle，AGV）、吊车、输送机和作业车辆。

（一）叉车

叉车又称铲车、叉式举货车，是物流领域最常用的装卸搬运工具。叉车的通用性强，有装卸和搬运双重功能。配合叉车属具，可将通用性很强的叉车变成专用性强的叉车，用于特定的作业。叉车的机动性强，应用方便。叉车有多种分类方法。

按动力方式可分为：发动机叉车，包括汽油机叉车、柴油机叉车及液化石油气叉车；电动机叉车，以蓄电池为动力，操作简单，不产生废气也无噪声；手动式叉车，这种叉车无动力，使用、维护简便，但是起重量较低。

按特性及功能可分为：平衡重叉车、前移式叉车、侧面叉车、拣选叉车、手动叉车、电动式人力叉车和多方向堆垛叉车。

按起重能力，可以分成各种不同起重级别的叉车，一般的起重级别为 1～10 t（吨），有些领域也使用 0.5～40 t（吨）的叉车。

图 7－3 展示了部分类型的叉车。

(a) 内燃式叉车　　(b) 前移式叉车　　(c) 集装箱叉车

图 7－3　叉车

（二）自动搬运车（AGV）

AGV 是指装有自动导引装置，能够沿规定的路径行驶，在车体上还具有编程和停车选择装置、安全保护装置以及各种物料移载功能的搬运车辆。它可以通过物流系统软件集成在物流系统、生产系统中。AGV 广泛应用于柔性生产系统、柔性搬运系统和自动化仓库中。

根据导引方式的不同，AGV 可以分为：① 固定路径导引，包括电磁导引、光导导引和磁带导引；② 自由路径导引，包括激光导引、惯性导引等。

(三) 吊车

吊车是从物品上部通过吊钩装卸的一类起重机械的总称。这种机械以装卸为主要功能,搬运功能差,搬运距离短。大部分吊车车体移动困难,因而通用性不强,往往用于港口、车站、流通中心等处。吊车的作业方式是从物品上部起吊,因而作业需要的空间高度较大,作业时比较平稳。吊车的起重重量范围较大。

吊车的种类很多,在物流的不同领域采用的吊车种类也不同,主要有卡车吊、履带吊、门式起重机、桥式起重机、门座式岸边起重机、船吊。

(四) 输送机

输送机是以搬运为主的载运设备,有些输送机兼具装卸功能。输送机的特点是能实现连续搬运,这是叉车、吊车无法比拟的。由于连续作业,作业效率高,可实现小范围的移动。这种机械的输送路线是确定的,只有重新安装后才会改变路线。输送机械有三大类,即牵引式运输机、无牵引式运输机和气力输送机。

牵引式运输机主要有皮带输送机、板式输送机、悬挂式输送机、斗式提升机、自动扶梯、板式提升机、链式输送机等。无牵引式运输机主要有辊式输送机、滚轮式输送机、螺旋式输送机、振动式输送机等。气力输送机主要有吸送式(负压抽吸式)输送机、压送式输送机和混合式输送机等。

带式输送机与辊式输送机如图 7－4 所示。

(a) 带式输送机　　(b) 辊式输送机

图 7－4　输送机

(五) 作业车辆及其他机具

在物流系统中,人力作业的比重与流水线化的工厂相比还是要多得多,原因是物流领域广,很难全面实现机械化的系统配置。尤其是在设施外的偶发的物流活动,更难实现机械化作业,因而人力作业还是不可缺少的。此外,即使在设施内,鉴于物流活动的复杂性及客户需求的多样性,也会经常以人力作业来衔接,补充设施内的机械化工艺流程。所以,即使在现代物流系统中,也需要使用和开发适用的人力技术和人力-机械结合的半机械技术。人力搬运车辆如图 7－5 所示。

另外,物流作业中还可以采用自动化程度高的自动作业车辆,如无人驾驶牵引车、无人驾驶搬运车等。

三、装卸搬运的合理化

装卸搬运只能改变劳动对象的空间位置,而不能改变劳动对象的性质和形态,不能增加劳动对象的使用价值。但装卸搬运会产生劳动消耗,这种劳动消耗会增加产品的物流成本。

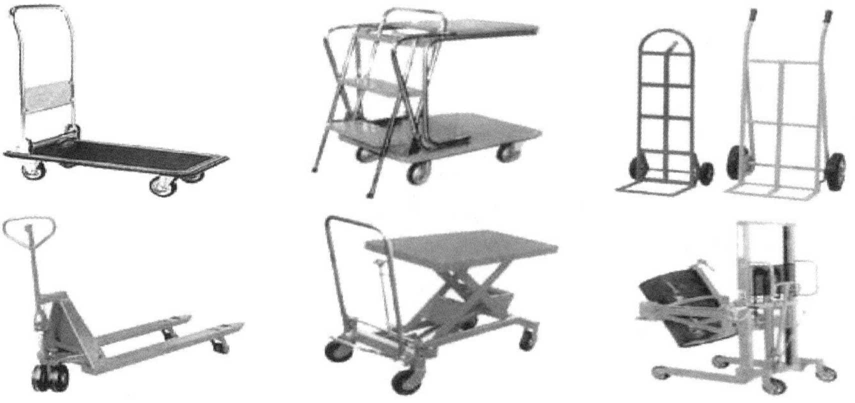

图7－5 人力搬运车辆

因此，应科学、合理地组织装卸搬运过程，尽量减少用于装卸搬运的劳动消耗。

（一）防止无效装卸

一般装卸操作中，无效装卸具体反映在以下几个方面：

1. 装卸次数过多

物流过程中，货损主要发生在装卸环节，而在整个物流过程中，装卸作业又是反复进行的，从发生的频率来讲，超过物流过程中的任何其他活动，所以，过多的装卸次数必然导致损失可能性的增加。每增加一次装卸，费用就会有较大比例的增加。并且，过多的装卸次数会大大延缓整个物流系统的速度。

2. 过大的包装装卸

包装过大，在装卸搬运时反复在包装上消耗较大的劳动，这是不必要的，产生了无效劳动。

3. 无效物流的装卸

进入物流过程的货物有时混杂着没有使用价值的各种掺杂物，在反复装卸时，就会形成无效装卸。

（二）充分利用重力，减少劳动消耗

虽然装卸搬运机械化程度有了很大的提高，少数工厂和仓库向着装卸搬运自动化迈进。但从国内外的实际情况看，仍有相当一部分装卸搬运作业是靠人工完成的。因此，实现装卸搬运作业的省力化也是装卸搬运合理化的重要内容。

在装卸时，可以利用货物本身的重量，进行有一定落差的装卸，以减少装卸的动力，这是合理化装卸的重要方式。例如，从卡车、铁路货车卸货时，利用卡车与地面或小搬运车之间的落差，使用溜槽，溜板之类的简单工具，可以依靠货物本身的重量，让其从高处自动滑到低处。

（三）装卸作业的机械化和自动化

在装卸时存在着规模效益的问题。为了能够实现规模装卸，必须实现装卸作业的机械化和自动化，如使用传送带、吊车、叉车、电动平板车和自动升降机等，并在一次装卸或连续装卸中充分发挥机械最优效率。

（四）提高物料的装卸搬运活性指数和装卸搬运速度

被装卸搬运物料的放置所处的状态对装卸搬运作业效率关系甚大。为了便于装卸搬运，总是期望物料处于最容易被移动的状态。物料被移动的难易程度称为活性。

为了对装卸搬运活性有所区别，并能有计划地提出活性要求，使每一步装卸搬运都能按一定活性要求进行操作，对于不同放置状态的货物作出不同的活性规定，这就是活性指数。活性指数分为0～4级共五个等级。

（1）散乱堆放在地面上的货物，进行下一步装卸必须进行包装或打捆，或者只能一件件操作处置，因而不能立即实现装卸或装卸速度很慢。这种全无预先处置的散堆状态，定为“0”级活性。

（2）将货物包装好或捆扎好，然后放置于地面，在下一步装卸时可直接对整体货载进行操作，因而活性有所提高，但装卸搬运前的预操作需要占用时间，不能取得很快的装卸搬运速度，活性仍然不高，定为“1”级活性。

（3）将货物形成集装箱或托盘的集装状态，或对已组合成捆、堆或捆扎好的货物进行预垫或预挂，装卸机具能立刻起吊或入叉，活性更高，定为“2”级活性。

（4）将货物预置于搬运车、台车或其他可移动挂车上，动力车辆能随时将车、货拖走，活性进一步提高，定为“3”级。

（5）如果货物预置在运输车辆或传送带上，可即刻变成运动状态，而不需要作任何预先准备，活性最高，定为“4”级。

如果每次装卸搬运的时间缩短一些，多次装卸搬运的累计效果会十分可观。因此，提高装卸搬运活性对装卸合理化是很重要的。

（五）缩短搬运距离

在工厂，由于生产工艺的要求，原材料、半成品和产成品总要发生一定距离的水平位移；在物流据点，由于收发保管作业的要求，货物也要发生一定距离的水平位移。这种位移是通过搬运完成的。搬运距离应该越短越好，缩短搬运距离成为人们实现搬运会理化的主要目标，其效果是节省劳动消耗、缩短搬运时间、减少搬运中的损耗。

影响搬运距离的主要因素是工厂和物流据点的平面布局与作业组织工作水平。

第四节 储存技术

储存这项工作很早以前就有，在收获季节，把粮食储备起来，到冬天拿出来食用，这样，我们一年四季都有食物，这就是一种典型的储存活动。储存是物流系统的一个重要组成部分，企业采购、制造、销售的每一个环节都会产生库存物品，企业通过储存物品来稳定生产和供给，这就需要储存能力的支持。储存是从物流作业的角度出发，强调运作过程的效率化。

一、储存的功能及仓库分类

（一）储存的功能

储存是在一定的仓储设施内发生的，仓库则是保管、储存物品的建筑和场所的总称。仓库最基本的功能是储存物资，并对存储的物资进行保管和控制。传统仓库功能注重的是储藏性的保管，商品的安全、防止商品劣化、储存空间的有效使用是储存功能的核心。现代储存的功能已不仅仅局限于物资的储藏性保管，同时还担负着物资处理、流通加工和信息服务的功能。现代化的物流中心要充分考虑更好地为客户提供服务以及经营效率最佳化。储存功能的变化如图 7－6 所示。

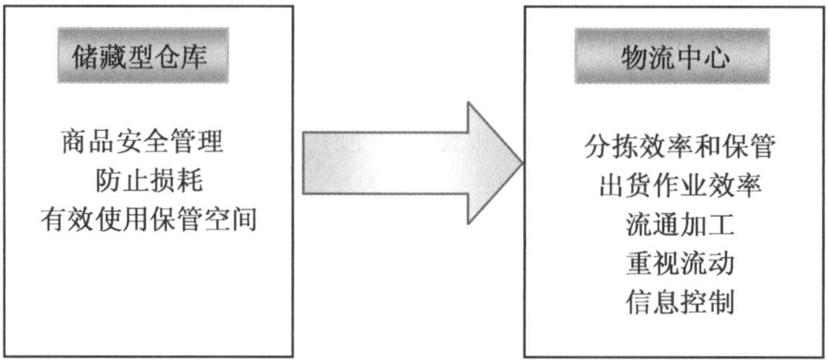

图 7－6　储存功能的变化

1. 储存和保管功能

这是储存最基本的功能。仓库具有一定的空间，用于储存物品。根据物品的特性，仓库内还需要配备相应的设备，以保持储存物品的完好。例如，储存精密仪器的仓库，需要防潮、防尘、恒温等，应设置空调等控制设备。在仓库作业时，须防止在搬运和堆放时碰坏、压坏物品，从而要求搬运机具和操作方法不断改进和完善。

2. 配送和加工的功能

现代仓库的功能已由保管型向流通型转变，即仓库由原来的储存、保管货物的中心向流通、销售的中心转变。仓库不仅具备储存、保管货物的设备，而且还增加了分装、配套、流通加工、移动等设施。这样既扩大了仓库的经营范围，提高了物资的综合利用率，又提高了服务质量。

3. 信息传递功能

在处理有关仓库管理的各项事务时，需要及时、准确的仓库信息，如仓库利用水平、进出货频率、仓库的地理位置、仓库的运输情况、顾客需求状况等。

(二) 仓库的分类

仓库是储存的基本设施，从不同的角度出发，可以把仓库分为不同的种类。

1. 按运营形态分

(1) 自用仓库。自用仓库是各企业为了本企业的物流业务需要而修建的仓库。这类仓库只储存本企业的原材料、燃料和产品。一般工厂、企业、商店的仓库多属于这一类。

(2) 营业仓库。营业仓库是专门为了经营储运业务而修建的仓库，面向社会服务或以一个部门的物流为主兼营其他部门的物流业务，如商业、物资、外贸等系统的储运仓库。营业仓库由仓库所有人独立经营或由分工的仓库管理部门独立核算。

(3) 公用仓库。公用仓库属于公共服务的配套设施，是为社会物流服务的仓库，如铁路车站的货场、港口的码头仓库、公路货场的货栈仓库等。

2. 按保管形态分

(1) 普通仓库。普通仓库是指常温下的一般仓库，用于存放一般物资，对于仓库没有特殊要求，只要求具有一般通用的库房和堆场，如一般的金属材料仓库、机电产品仓库等。仓库设施要求较为简单，但储存的物资种类繁杂，作业过程和保管方法、要求均不同。

(2) 保温仓库。保温仓库用于储存对温度、湿度等有特殊要求的货物,包括恒温、恒湿及冷藏仓库等。例如,水果、肉类等的储存,需要仓库在建筑上要有隔热、防寒、密封等功能,并配备专门的设备,如空调、制冷机等。

(3) 危险品仓库。危险品仓库用于储存危险品,如石油、化学危险品等,并能对危险品起一定防护作用。

(4) 水上仓库。水上仓库是指漂浮在水面的储存货物的趸船、囤船、浮驳或其他水上建筑,或者在划定的保管物资的特定水域以及保管物资的水面以下的水域。例如,近年来由于国际运输油轮的超大型化,许多港口因水深限制大型船舶不能直接进港卸油,往往采用在深水区设立大型水面油库(超大型油轮)作为仓库转驳运油。

(5) 散装仓库。散装仓库是指专门保管散粒状、粉状物资的容器式仓库。

3. 按建筑类型分

(1) 平房仓库。平房仓库是指单层的、有效高度一般不超过 5 米的仓库。

(2) 楼房仓库(楼库)。楼房仓库是指二层或二层以上的楼房式仓库,楼房各层依靠垂直运输机械联系,有的楼层间以坡道相连,称坡道仓库。

(3) 筒仓库。筒仓库是指以储存散装颗粒和液体物资为主的储罐类仓库。

(4) 高层货架仓库。这种仓库的建筑结构是单层的,但内部设置层数很多、总高度较高的货架,这使得这种间层建筑结构总高度甚至超过一般楼库。高层货架仓库如使用计算机控制的巷道堆垛机完成物资的进出库作业,便是自动化立体仓库。

4. 特种仓库

(1) 移动仓库。移动仓库是指不固定在一定位置,而是利用本身的可移动性能移动至所需地点完成储存任务的仓库。

(2) 保税仓库。保税仓库是根据有关法律和进出口贸易的规定专门保管进出口货物(暂未纳进出口税)的仓库。

二、储存设备及设施

储存保管设备通常以货架、搬运机械及其他附属设备构成一个完整的储存保管系统。在保管中,货架是最为重要的保管设备,货架以及各种储存容器用来存放货品,其他装卸搬运设备与货架、储存容器相互配合完成储存保管作业。在储存保管作业中,通常需要对所储存的物资进行称重、计量,需要用到计量设备。此外,为方便进出仓库,需要设置各种与运输线路相连接的站台,这类设施也是仓库高效工作的重要设施。在储存作业中需要进行货物的快速、高效分拣,所以,还需要各种分拣设备。

(一) 货架

货架种类很多,随着机械化和自动化程度的不断提高,保管设备特别是货架技术也在不断发展,在此着重介绍被广泛使用的,适于存放多种物资的通用货架以及几种近年来出现的新型货架。

1. 通用货架

通用货架是指可用来存放多种形式的物资、使用范围较大的货架。主要包括以下几种:

(1) 层架。层架是仓库使用最广泛的货架形式,由框架和层板构成,结构简单,适用性强。

(2) 层格式货架。在层架基础上，每层用隔板分成若干个格，其间隔大小以存放的物资形状而定，这便是层格式货架。按层格式货架存放货物的重量，可以分为重型和轻型层架；按结构特点，可分为层格式和抽屉式等。层格式货架主要用于存放规格复杂多样、必须相互隔开的物品。

(3) 托盘货架。托盘货架是指一般采用叉车等装卸设备作业、以托盘单元货物的方式来保管货物的货架，又称工业货架，是机械化、自动化货架仓库的主要组成部分，专门用于存放堆码在托盘上的货物。这种货架都是装配式结构，即立柱、主柱片、横梁等之间采用螺栓或插接组合，所以又称装配式货架。这种货架具有刚性好、自重轻、层高可自由调节、适合规模化生产、成本低、运输和安装便利、易于实现模块化设计等优点，目前已是工业企业各类货架仓库的主流。托盘货架系统如图 7－7 所示。

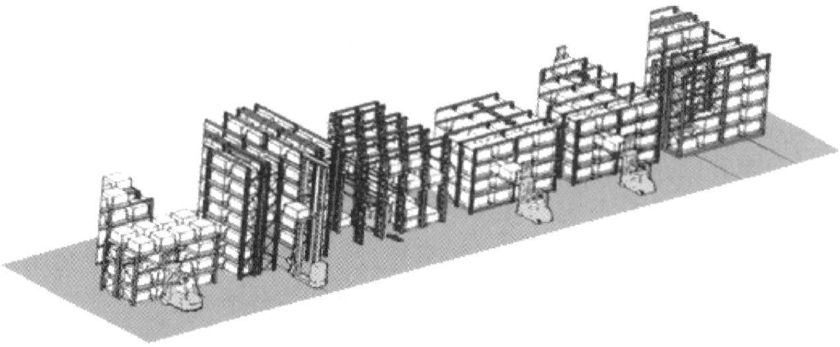

图 7－7　托盘货架系统

(4) 阁楼式货架。阁楼式货架将储存空间作上下两层规划，利用钢架和楼板将空间隔为两层，下层货架结构支撑上层楼板。阁楼式货架可以有效增加空间使用率，通常上层适用于存放轻物，不适合重型搬运设备的操作，搬动上层物品需要配备垂直输送设备。底层货架不但是保管物料的场所，而且是上层建筑承重梁的支撑(柱)，承重梁的跨距大大减小，建筑费用也大大降低。这种货架也适用于对现有旧仓库的技术改造，提高仓库的空间利用率。阁楼式货架也可以是多层结构。

(5) 悬臂式货架。这是一种边开式货架，分单面和双面两种。在使用单面货架时，一面需要靠仓库墙壁。仓库多采用双面式，这种货架可用来储存各种中、小型的长的金属材料，适用于保管管材、型钢、铝型材、塑钢材等较长大的物料。一般货架前端没有立柱，物料被存放在固定于后立柱的悬臂梁上。此类货架要与具有长大物料侧向装卸功能的侧面叉车、巷道堆垛起重机等配套使用。

2. 新型货架

(1) 调节式货架。根据货架调节部位不同，又分为层架调节货架和单元调节货架。层架调节货架在其外形结构不变的情况下，可根据储存物的外形尺寸调整货架的层距；单元调节货架由几个基本标准单元组合构成，可根据需要调整高低，在需要增加储存空间时，可以把单元叠加上去，当改变储存条件时，又能立即移动，重新布置和分组。

(2) 装配式货架。装配式货架又称组合式货架，它是由货架标准配件，如立柱、搁板、连接板，根据需要组装而成。

(3) 转动式货架。这种货架外形呈圆筒状，每一层皆能围绕主转轴转动，故称之为转动式货架。每组货架都由轨道、货架、托盘(货盘等容器)、驱动装置及控制装置等组成。由于货架可以转动,可节省存取货物的行程和时间,同时,它可比固定普通货架节省 30%~50% 的占地面积。

(4) 活动货架。活动货架也称为移动式货架,在货架底部安装有行车轮,通过开启控制装置,滚轮可以沿轨道滑动。这种货架克服了普通固定货架每列必须留出通道的弊病,只需要一条通道,因此,可以大大提高仓库的面积利用率。但相对来说,机电装置较多,建造成本较高,维护也比较困难。这种货架适用于库存品种多、出入库频率较低的仓库或库存频率较高、但可按巷道顺序出入库的仓库。这种货架广泛应用于办公室存放文档,图书馆存放档案文献,金融部门存放票据,工厂车间、仓库存放工具、物料等。

(5) 重力式货架。这种货架的基本结构与普通层架类似,不同的是在货架每层的通道上都安装有一定坡度的、带有轨道的导轨,入库的单元货物在重力的作用下,由入库端流向出库端。这样的仓库在排与排之间没有作业通道,大大提高了仓库面积利用率。重力式货架能够大规模密集存放货物,减少通道数量,能够保证先进先出。但使用时,最好同一排、同一层上的货物应为相同的货物或一次同时入库和出库的货物。此外,当通道较长时,在导轨上应设置制动滚道,以防止终端加速度太大。

(6) 驶入、驶出式货架。这是一种可供叉车(或带货叉的无人搬运车)弛入、存取单元托盘货物的货架。因为叉车作业通道与货物保管场所合一,仓库面积利用率大大提高。但同一通道内的货物品种必须相同或同一通道内的货物必须一次完成出入库作业。驶入式货架只有一端可以出入,驶出式货架则两端均可出入。

(7) 高层货架。高层货架是自动化仓库(AS/RS)和高层货架仓库的主要组成部分,是保管物料的场所。随着单元货物重量和仓库高度的提高,要求货架立柱、横梁的刚度和强度提高;随着仓库自动化程度的提高,要求货架制造和安装精度也相应提高,高层货架的高精度是自动化仓库的主要保证之一。其高度一般在 5 米以上,最高的可达几十米。

(二) 储存容器

(1) 储仓。储仓又称料仓,是专门用于存放粉状、颗粒状、块状等散装非包装物品的刚性容器。它是一种密闭型储存设施,全部仓容都可用于储存物资。储仓有多种类型,按照仓体横断面的形状区分,有圆形结构、方形结构、矩形结构等。粮食、水泥、化肥等常采用这种储存设施。

(2) 储罐。储罐是专门用于存放液体、气体物品的刚性容器。它也是一种密闭型储存容器,常见的有立式和卧式储罐,有球形、柱形、槽形等不同形状。

(3) 料盘、周转箱等储存载体。有些仓库储存单元需要借助于其他容器,将散货装载入后形成一定程度的集约的"单元货载",常用的载体有料盘、料斗、料箱、周转箱等。

(4) 托盘、集装箱等集装容器。相关内容在本章第一节中已有过介绍。

(三) 计量装置

仓库中使用的计量装置种类很多,从计量方法的角度可以分为以下几种:① 重量计量装置,包括各种磅秤、地下及轨道衡器、电子秤等;② 流体容量计量装置,包括流量计、液面液位计;③ 长度计量装置,包括检尺器、自动长度计量仪等;④ 个数计量装置,如自动读数器和自动计数显示装置等;⑤ 综合的多功能计量设备。

仓库中一般最常用的计量装置以重量计量装置为多。流体容积计量装置用在特殊专用场合，属于专用计量装置。长度计量装置用于钢材、木材等长材尺寸的计量，进一步换算为重量或容积，也在有限场合使用。个数计量装置随包装的成件杂物流量的增大，使用的也是越来越多，尤其在处理成件杂货的配送中心等场所应用较多，是提高拣货效率的重要装置。

在现代仓库中应用计算机测量技术、电子技术、光电技术、自动计数装置、核计量装置等是计量装置的发展方向。

(四) 站台

站台是和仓库相连的线路以及线路与仓库的连接点，是仓库进发货的必经之路，是仓库高效工作不可忽视的部位。站台的基本作用是车辆停靠、装卸货物和货物暂存。利用站台能方便地将货物装进车辆或从车辆中取出，实现物流网络中线路与结点的衔接转换。

站台主要有两种形式：一种是高站台，站台高度与车辆货台高度一样，车辆停靠后，车辆货台与站台处于同一水平面，有利于作业车辆进行水平装卸，使装卸合理化；另一种是低站台，站台和地面一样高，往往是和仓库地面处于同一高度，以利于站台与仓库之间的搬运。低站台和与车辆之间的装卸作业不如高站台方便。但是，如果采用传送装置装卸货，由于传送装置安装需有一定高度，采用低站台时，传送装置安装后可与车辆货台保持同等高度。此外，低站台也有利于叉车作业。

在仓库中，进出货车辆的种类可能很多，因此，即使考虑不同高度的站台，也很难使全部车辆与站台相接后车厢底板与站台处于同一高度，高度差必然存在，为了克服这个高度差，使作业车辆能方便地在货车与站台之间过渡，可以采用以下办法：

(1) 站台自动调节踏板。在车辆与站台的间隙，自动调节踏板从站台上伸出搭置在车厢底板上，不但解决了高度差问题，也解决其间隙的弥合问题。

(2) 升降平台。采用液压方式，支撑水平的或者斜面的台面，通过不同的高度调节，可以解决多种车辆与站台之间高度差的问题，也能解决其间隙的弥合问题。

三、分拣技术

随着商品品种的增多，多品种、高频次、随机性的商品分类(分拣)作业进入20世纪90年代后得到迅速发展。出错率高、费时费力的人力分类作业很快被自动分拣机及其系统替代。分拣技术开始于邮政包裹分拣系统，目前广泛应用于流通、商业的物流中心和配送中心。

分拣技术先识别和引入物品，然后通过分类装置把物品分流到指定位置，分拣作业的要素包括信息处理和分类设备。分拣技术通常根据以下方式分类：① 根据物品形状、重量和形式分类；② 根据客户、订单和目的地进行分类。

(一) 分拣机械

1. 堆块式分拣机

堆块式分拣机由链板式输送机和使用具有独特形状的滑块在链板间左右滑动进行商品分拣的推块等组成。推块式分拣系统是由推块式分拣机、供件机、分流机、信息采集系统、控制系统、网络系统等组成。

堆块式分拣系统可适用于不同大小、重量、形状的各种商品。分拣时轻柔、准确，并且可向左、右两侧分拣，占地空间小。此类分拣系统分拣时所需商品间隙小，分拣能力高达18 000个/时，机身长，最长达110 m，可有多个出口。

2. 交叉带式分拣机

由主驱动带式输送机和载有小型带式输送机的台车（简称“小车”）连接在一起，当“小车”移动到所规定的分拣位置时，转动皮带，完成把商品分拣送出的任务。因为主驱动带式输送机与“小车”上的带式输送机呈交叉状，故称交叉带式分拣机。

交叉带式分拣系统适用于分拣各类小件商品，如食品、化妆品、衣物等，可左右两侧分拣，分拣出口多，分拣能力一般为 6 000～7 700 个/时。大型交叉带式分拣系统一般应用于机场行李分拣和安检系统。

3. 斜导轮式分拣机

当转动着的斜导轮在平行排列的主窄幅皮带间隙中上浮、下降时，就可以实现商品的分拣目的。此种分拣系统对商品冲击力小，分拣轻柔、快速准确，出口数量多，适应各类商品，只要是硬纸箱、塑料箱等平底面商品均可考虑采用此种分拣系统。

4. 轨道台车式分拣机

被分拣的物品放置在沿轨道运行的小车托盘上，当到达分拣口时，台车托盘倾斜 30 度，物品被分拣到指定的目的地。此类系统可进行三维立体布局，适应作业工程需要，可靠耐用，易维修保养。适用于大批量产品的分拣，如报纸捆、米袋等。

5. 摇臂式分拣机

被分拣的物品放置在钢带式或链板式输送机上，当到达分拣口时，摇臂转动，物品沿摇臂杆斜面滑到指定的目的地。这类分拣机结构简单、价格较低。

6. 垂直式分拣机

垂直式拣选系统，又称折板式垂直连续升降输送系统，是不同楼层间平面输送系统的连接装置。根据用途和结构的不同，可分为：从某楼层分拣输送至某楼层的系统；从某楼层分拣输送至不同的楼层的系统；从某楼层分拣输送至某楼层的不同出口方向的系统。

各式分拣机如图 7－8 所示。

(a) 堆块式分拣机

(b) 交叉带式分拣机

(c) 斜导轮式分拣机

(d) 轨道台车式分拣机

(e) 摇臂式分拣机

(f) 垂直式拣选系统

图 7－8 各式分拣机

（二）分类识别传感器

分拣工作之所以能高效、正确地进行，关键在于有各种精确的分类识别系统。在分类系统中根据物品特性选择相适应的识别传感器。传感器将物品特性信息送入计算机，在通过信息处理后，通知相应的分拣机械进行分类作业。

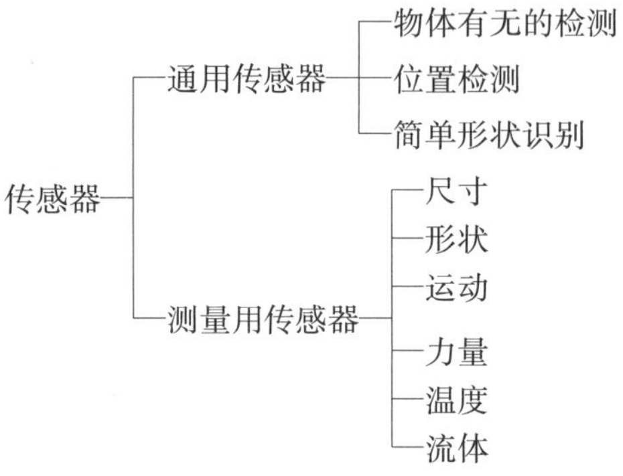

图7-9　传感器分类

一般物品的特性有：重量、外形大小、颜色、声音、机械码、标志、条形码、文字或数字、电子标签和视觉等。可选择相适应的传感器，通过使用传感器来识别物品特性。

传感器分类如图7-9所示。有的识别方法需要特殊的识别设备，例如，条形码的识别需要条码扫描仪，视觉识别需要摄像机等。

四、自动化仓库

自动化仓库也叫自动存取仓库（automatic storage/retrieval system，AS/RS），是指在不直接进行人工处理的情况下能自动存储和取出物料的系统，即利用自动化存储设备和计算机管理系统，实现立体仓库的高层合理化、存取自动化以及操作简便化。自动化仓库主要由货架、巷道式堆垛起重机（堆垛机）、入/出库工作站台、调度控制系统、管理系统以及土建公用设施等部分组成。

自动化立体仓库不论是在空间利用上，还是存储总数上都有着巨大的优势。在自动化立体仓库管理模式下，其能够将传统的静态单一仓储方式，转变为动态的多元化立体仓储管理模式。仓库接收到需求信息后，可以智能化地完成货物挑拣、分配、传输和出库等一系列工序。自动化立体仓库的出现不仅能够有效地节省传统人工仓储分拣管理模式下的成本，而且能够大幅度地提高仓储物流各个环节的工作效率。

在制造业中自动化仓库的应用不仅能够根据需求进行出入库，还能和库房以外的部门例如生产部、财务部、采购部等形成工作连接，可以实施跟踪库存或清点盘库，通过计算机系统和自动上料系统使库房成为生产企业中一个重要的环节，短时存储是为了在指定时间自动输出到下一道工序进行生产，形成自动化的物流系统。

五、储存规划的主要内容

储存规划是储存保管中的重要内容，本书在此仅简要介绍储存规划的主要内容，包括仓库规模分析、仓库布局以及物料搬运系统的选择。

（一）仓库规模分析

仓库规模分析是储存规划中最重要的部分，规模是指仓库建筑的总容积，它受到许多因素的影响，所采用的物料搬运系统的类型、对巷道的要求、存货布局排列、对站台的要求、办公区域和货物吞吐量等都会影响到仓库规模的最终确定。这里假设，在进行规模分析前已经做出了大体的选址决策。

在进行规模分析时，首先要对仓库空间需要做出预测，即根据产品种类和数量，估计在一定的销售期内产品的销量，通常将安全储备考虑在内。

其次，计算各部分所占的空间，包括了输送设备的空间，因此，通常要比初步预测的空间增加 10%～15%。

最后，须为过道及诸如电梯、会议室之类的设施留出所需的空间，仓库总空间的 1/3 通常是无储存功能的辅助区域。

（二）仓库布局

一个仓库通常由生产作业区、辅助生产区和行政生活区三大部分组成。生产作业区是仓库的主体部分，是商品储运活动的场所，包括进货及理货功能区、储存保管功能区、拣选配货功能区、发货功能区等。辅助生产区是指服务性的辅助车间或服务站，包括车库、变电室、油库、维修车间等。行政生活区是仓库行政管理机构和生活区域，一般在仓库入口附近，便于业务接洽和管理。

仓库布局时可遵循以下原则：

(1) 尽可能采用单层设备，这样造价低、资产的平均利用率也高；

(2) 使货物在出入库时单向和直线运动，避免大幅度逆向操作；

(3) 采用高效的物料搬运设备及操作流程；

(4) 在库货物采用有效的存储计划；

(5) 在物料搬运设备大小、类型、转弯半径的限制下，尽量减少通道所占用的空间；

(6) 尽量利用仓库的高度，也就是说，要有效地利用仓库的容积。

（三）物料搬运系统的选择

在选择物料搬运系统时，应将其看作整个储存系统密不可分的一部分，在分析过程中需要考虑以下几点：

(1) 外部的物料搬运系统对设备选择的影响。例如，仓库供应商所使用的托盘尺寸是否会影响仓库内部托盘化设备的选择，是否会造成搬运设备不适应或储存空间使用的低效率。

(2) 仓库设计对设备选择的影响。顶棚高度、建筑物层数、巷道宽度、仓库内的搬运距离等都可能使有些设备无法使用。

(3) 货物的数量、种类对设备选择的影响。当仓库的货物吞吐量大且产品组合的搬运特性经常变动时，人工物料搬运系统可能是最佳的选择，因为人工系统投资成本低、灵活性高，能够适应外界环境的变化。如果仓库的货物吞吐量大且稳定，那么，使用机械化程度较高的设备更合理。

(4) 货物的特性对设备选择的影响。粉状和液体散货以散装的形式使用货罐和管道进行运送，会比以包装的形式用托盘和叉车运送更为有效。不同规格、重量和结构的货物组合会要求设备具有更高的灵活性或要求使用各种设备的组合，以适应各种不同的货物特性。

第五节　流通加工技术

一、流通加工的作用与形式

流通加工(distribution processing)是物品在从生产地到使用地的过程中，根据需要施加包装、分割、计量、分拣、刷标志、拴标签、组装等简单作业的总称。目前，在世界上许多国家和地区的物流中心或仓库的经营中都有大量物资流通加工业务存在。

(一) 流通加工的作用

在物品从生产领域向消费领域流动的过程中，流通加工的主要作用是为了促进销售、维护产品质量和提高物流效率。流通加工主要有以下作用：

(1) 提高原材料利用率。利用流通加工环节，对从生产厂运来的简单规格产品进行集中下料，可提高原材料利用率。

(2) 弥补生产加工的不足。企业面对着众多的客户，需求多种多样，生产环节的各种加工活动往往不能完全满足客户的需求。流通加工是一种弥补生产不足的理想方式。

(3) 初级加工，方便用户。用量小或临时需要的客户缺乏高效率初级加工的能力，依靠流通加工可使用户省去进行初级加工的投资。

(4) 流通加工可以实现物流增值服务。流通加工是一项理想的创造价值的劳动，通过流通加工，流通部门不仅能够获得从生产领域转移过来的一部分价值，而且能创造新的价值，从而获得更大的利润。

(二) 流通加工与一般生产的区别

流通加工与生产加工在加工方法、加工组织、生产管理方面并无显著区别，但在加工对象、加工程度方面差别较大。

(1) 流通加工与生产加工在加工对象上的区别。流通加工的对象是进入流通过程的商品。生产加工的对象一般是某种原材料、零部件、半成品等，不是最终产品。

(2) 流通加工与生产加工在加工深度上的区别。流通加工大多是简单加工，是对生产加工的辅助和补充。

(3) 流通加工与生产加工责任人的区别。流通加工的组织者是商业或物资流通企业，以流通需要和消费者的需求为目的进行加工活动。生产加工以生产企业为责任人和组织者，以产品设计和加工技术要求为目的。

(4) 流通加工与生产加工在附加价值上的区别。生产加工在于创造商品价值和使用价值。流通加工的目的在于完善其使用价值，并在不做很大改变的情况下提高价值。

(三) 流通加工的形式

1. 为提高物流效率而进行的流通加工

对于一些物资，由于自身的特殊形式，在运输、装卸作业中效率较低，容易发生损失，这时就需要进行适当的流通加工以弥补这些产品的物流缺陷。例如，自行车的生产，如果在生产时一个厂就完成自行车所有的装配程序，就会造成运输的很大困难，所以，在工厂生产阶段，只能加工到将部分组件组装的程度，进一步的装配、调试则由流通加工完成。这种流通加工有很强的增值性。

2. 为提高原材料利用率而进行的流通加工

流通加工利用其综合性强、客户多的特点，可以实行合理规划、合理剪裁、集中下料的办法，这就能有效提高原材料利用率，减少浪费。

3. 衔接不同运输方式、使物流合理化的流通加工

在干线运输及支线运输的结点设置流通加工环节，可以有效解决大批量、低成本、长距离的干线运输与多品种、少批量、多批次的支线运输和集货运输之间的衔接问题。在流通加

工点与生产企业间形成大批量定点运输的渠道，又以流通加工中心为核心，组织对多客户的配送，也可在流通加工点将运输包装转换为销售包装，从而有效地衔接不同目的的运输方式。

二、流通加工的合理化

流通加工的生产管理与运输、储存等方法有较大区别，而与生产组织和管理有许多相似之处。流通加工项目的选择可能会产生正、反两方面的作用。合理的流通加工能有效地起到弥补未加工产品与消费衔接不足的作用。但是，不合理的流通加工则会产生抵消效益的负效应。

（一）不合理的流通加工的表现

1. 地点设置不合理

流通加工地点设置是整个流通加工是否有效的重要因素。一般而言，为衔接单品种、大批量生产与多样化需求的流通加工，加工地点宜设置在需求地区，这样才能实现大批量的干线运输与多品种末端配送的物流优势。如果将流通加工地区设置在生产地区，则会出现明显的不合理。

当在产地或需求地设置流通加工的选择正确时，还有流通加工在小地域范围的正确选址问题，如果处理不善，仍会出现不合理。

2. 方式选择不当

流通加工方式包括流通加工对象、流通加工工艺、流通加工技术、流通加工程度等。流通加工方式需要与生产加工过程合理分工。分工若不合理，本来应该由生产加工完成的，却错误地由流通加工完成，本来应由流通加工完成的，却错误地由生产过程完成，都会造成不合理。

流通加工不是对生产加工的代替，而是一种补充和完善。所以，一般而言，如果工艺复杂，技术装备要求高，或者加工可以由生产过程延续或较易解决时，都不宜再设置流通加工点，尤其不宜与生产加工过程争夺技术要求高、效益高的生产环节。如果流通加工方式选择不当，就会出现与生产夺利的后果。

3. 多余

有的流通加工过于简单，或对生产及消费作用不大，甚至有时由于流通加工的盲目性，不但未能解决品种、规格、质量、包装等问题，相反却增加了环节，这也是流通加工不合理的表现。

4. 成本过高

流通加工能够有生命力，重要的原因之一是有较大的投入产出比，因而起着补充完善的作用。如果流通加工成本过高，则不能实现以较低投入实现更高价值的目的。除了一些必需的、从政策要求出发即使亏损也应进行的加工外，如果流通加工成本过高，效益不好，都应看成不合理的。

（二）合理的流通加工

为避免各种不合理现象，对是否设置流通加工环节、在什么地点设置、选择什么类型的加工、采用什么样的技术装备等，需要做出正确抉择。实现流通加工合理化主要应考虑以下几方面：

1. 流通加工和配送结合

流通加工和配送结合是将流通加工设置在配送点中，一方面按配送的需要进行加工，另一方面加工又是配送业务流程中分货、拣货、配货中的一环。加工后的产品直接投入配货作业，而无须单独在配送点之外设置加工中间环节。由于配送之前有加工，可使配送服务水平大大提高。

2. 流通加工和配套结合

在对配套要求较高的流通中，配套的主体来自各个生产单位，但是，完全配套有时无法全部依靠现有的生产单位，进行适当的流通加工可以有效促成更广泛领域内的社会资源配套，更有效地发挥流通的桥梁与纽带作用。

3. 流通加工和运输结合

流通加工能有效衔接干线运输与支线运输，促进两种运输形式的合理化。在运输的停顿过程中，按下一步干线或支线运输的要求进行适当加工，可大大提高运输及转载水平。

4. 流通加工和商流结合

通过加工有效促进销售，使商流合理化，也是流通加工合理化的努力方向之一。通过简单地改变包装加工，形成方便的购买量，通过组装加工解除客户使用前进行组装、调试的困难，都可有效促进商流。

5. 流通加工和效益结合

流通加工是否合理，要看其是否能实现社会效益和企业效益。对流通加工企业而言，其与一般生产企业的一个重要的不同之处是流通加工企业更应树立社会效益第一的观念。如果只追求企业的自身效益，不适当地进行加工，甚至与生产企业争利，这就有违流通加工的初衷。

案例分析1 蒙牛的自动化立体仓库

内蒙古蒙牛乳业泰安有限公司设有乳制品自动化立体仓库，该库后端与泰安公司乳制品生产线相衔接，与出库区相连接，库内主要存放成品纯鲜奶和成品瓶酸奶。

一、工艺流程及库区布置

根据用户存储温度的不同要求，该库划分为常温和低温两个区域。常温区保存鲜奶成品，低温区配置制冷设备，恒温4℃，存储瓶酸奶。按照生产—存储—配送的工艺及奶制品的工艺要求，经方案模拟仿真优化，最终确定库区划分为入库区、储存区、托盘(外调)回流区、出库区、维修区和计算机管理控制室6个区域。

入库区由66台链式输送机、3台双工位高速梭车组成。负责将生产线码垛区完成的整盘货物转入各入库口。双工位穿梭车则负责生产线端输送机输出的货物向各巷道入库口的分配、转动及空托盘回送。

储存区包括高层货架和17台巷道堆垛机。高层货架采用双托盘货位，完成货物的存储功能。巷道堆垛机则按照指令完成从入库输送机到目标的取货、搬运、存货及从目标货位到出货输送机的取货、搬运、出货任务。

托盘(外调)回流区分别设在常温储存区和低温储存区内部，由12台出库输送机、14台入库口输送机、巷道堆垛机和货架组成。分别完成空托盘回收、存储、回送、外调货物入库、剩余产品，退库产品入库、回送等工作。

出库区设置在出库口外端，分为货物暂存区和装车区，由34台出库较输送机、叉车和运输车辆组成。叉车司机通过电子看板、RF终端扫描来叉车完成装车作业，反馈发送信息。

维修区设在穿梭车轨道外一侧，在某台空梭车更换配件或处理故障时，其他穿梭车仍旧可以正常工作。

计算机管理控制室设在二楼，用于出入库登记、出入库高度、管理和联机控制。

二、设备选型及配置

(一) 货架

1. 主要使用要求和条件

托盘单元载重能力：850/400公斤(常温区/低温区)；存储单元体积：1 000(运行方向)毫米×12 00(沿货叉方向)毫米×1 470(货高含托盘)毫米；库区尺寸9()884(平方米)，库区建筑为撕开屋顶，最高点23米。

2. 货架规格及材料

采用具有异形截面，自重轻、刚性好、材料利用率高、表面处理容易、安装、运输和方便的双货位横梁式组合货架。其中，货架总高度分别有：21 000毫米、19 350毫米、17 700毫米、16 050毫米、14 400毫米和12 750毫米。货架规模：常温区有14 964个；低温区有4 668个。

主柱：常温区选用自选轧制的126型异型材，低温区采用120型异型材。横梁：常温区选用自轧制异型材55BB区采用5BB型异型材。天、地轨：地轨采用30公斤/米钢轨；天轨采用16♯工字钢。

3. 采用的标准与规范

JB/T5323－1991立体仓库焊接式钢结构货架技术条件；JB/T9018－1999有轨巷道式高层货架仓库设计规范；CECS23：90钢货架结构设计规范和Q/140100GYCC001－1999货架用异型钢材。

4. 基础与土建要求

仓库地面平整度允许值：98%极限值，允许偏差±10毫米；在最大载荷下，货架区域基础地坪的沉降变形应小于1/1 000。

(二) 有轨巷道堆垛机

1. 主要技术参数

堆垛机高度：21 000毫米、19 350毫米、17 700毫米、16 050毫米、14 400毫米和12 750毫米；堆垛机额定载重量：850/400公斤；载货台宽度：1 200毫米；结构形式；双立柱；运行速度：5～100米/分钟(变频调速)；起升速度：4～40米/分钟(变频调速)；货叉速度：3～30米/分钟(变频调速)；停准精度：超升、运行≤±10毫米，货叉≤±5毫米；控制方式：联机自动、单机自动、手动；通信方式：远红外通信；供电方式：安全滑触线供电；供电容量：20 kW、三相四线制380 V、50 Hz。

2. 设备配置

有轨巷道堆垛机主要由多发结构、起升机构、货叉取货机构、载货台、断绳安全保护装置、限速装置、过载与松绳保护装置以及电器控制装置等组成。

驱动装置：采用德国德马格公司产品，性能优良、体积小、噪声低、维护保养方便。变频调整：驱动单元采用变频调速，可满足堆垛机出入库平衡操作和高速运行，具有起动性能好、调速范围宽、速度变化平衡、运行稳定并有完善的过压、过流保护功能。堆垛机控制系统：先用分解式控制、控制单元采用模块式结构，当某个模块发生故障时，在几分钟内便可更换备用模块，使系统重新投入工作。安全保护装置：堆垛机超升松绳和过载、娄绳安全保护装置；载货台上、下极限位装置；运行及起升强制换速形状和紧急限位器；电器联锁装置：各运行端部极限设缓冲器；堆垛机设作业报警电铃和警示灯。

3. 控制方式

手动控制：戴盆望天垛机的手动控制是由操作人员，通过操作板的按钮和万能转换形状，直接操作机械运作行，包括水平运行、载货台升降、货叉伸缩三种动作。

单机自动：单机自动控制是操作人员在出入库端通过堆垛机电控柜上的操作板，输入入(出)库指令，堆垛机将自动完成入(出)库作业，并返回入(出)库端待令。

在线全自动控制：操作人员在计算机中心控制室，通过操作终端输入入(出)库任务或入(出)库指令，计算机与堆垛机通过远红外通信连接将入(出)库指令下达到堆垛机，再由堆垛机自动完成入(出)库作业。

(三) 输送机

1. 主要技术参数

额定载荷：850/400 公斤(含托盘)；输送货物规格：1 200 毫米×1 000 毫米×1 470 毫米(含托盘)；输送速度：12.4 米/分。

2. 设备配置

整个输送系统由 2 套 PLC 控制系统控制，与上位监控机相连，接收监控机发出的作业命令，返回命令的执行情况和子系统的状态等。

(四) 双工位穿梭车

系统完成小车的高度，其中一工位完成成品货物的接送功能，另一工位负责执行委员会的拆卸分配。主要技术参数有：安定载荷：1 300 公斤；接送货物规格：1 200 毫米×1 000 毫米×1 470 毫米(含托盘)；拆最大空托盘数：8 个；空托盘最大高度：1 400 毫米；运行速度：5～160 米/分(变频调速)；输送速度：12.4 米/分。

(五) 计算机管理与控制系统

依据蒙牛乳业泰安立库招标的具体需求，考虑企业长远目标及业务发展需求，针对立库的业务实际和管理模式，为本项目定制开了一套适合用户需求的仓储物流管理系统。

主要包括仓储物流信息管理系统和仓储物流控制与监控系统两部分。仓储物流信息管理系统实现上层战略信息流、中层管理信息流的管理；自动化立体仓库控制与监控系统实现下层信息流与物流作业的管理。

1. 仓储物流信息管理系统

包括入库管理、出库管理、库存管理、系统管理、配送管理、质量控制、批次管理、配送装车辅助、RF 信息管理功能模块。

2. 仓储物流控制监控系统

自动化立体仓库控制与监控系统是实现仓储作业自动化、智能化的核心系统，它负责管理高度仓储物流信息系统的作业队列，并把作业队列解析自动化仓储设备的指令队列，根据设备的运行状况指挥协调设备的运行。同时，本系统以动态仿真人机交互界面监控自动化仓储设备的运行状况。

系统包括作业管理、作业高度、作业跟踪、自动联机入库、设备监控、设备组态、设备管理等几个功能模块。

案例分析 2　快递包装如何“绿”起来

快递和外卖正在改变着人们的生活方式，在带来便利的同时也产生了垃圾。据了解，快递和外卖包装中的问题突出表现在包裹过度包装、使用材料不环保、包装物难以回收再利用等方面。

一件快递包含运单、封套、塑料袋、胶带等多种包装物，有的还要套上纸箱、编织袋并装填缓冲材料，可谓层层叠加。而调查显示，有 55.6%的消费者会在拿到快递后直接丢弃包装。国家邮政局发布的《2017 中国快递领域绿色包装发展现状及趋势报告》显示，2016 年全国快递共消耗约 32 亿个编织袋、68 亿个塑料袋、37 亿个包装箱以及 3.3 亿卷胶带。这些材料不仅会消耗大量资源，直接丢弃后还会造成严重的环境污染。例如消耗量增长最快的快递包装塑料袋，其材质大多是低密度聚乙烯，含有塑化剂、阻燃剂等有害物质，焚烧时会产生二噁英，造成大气污染，严重影响人体健康；而封箱胶带的主要材质是聚氯乙烯，如果将它埋在土里，100 年也降解不了。此外，全国每年因快递包装过度而浪费的瓦楞纸板大约有 18 万吨，相当于毁掉 1 547 公顷森林。

据国家邮政局测算，仅 2017 年“双 11”期间，全国就产生了超 15 亿件快递包裹。若按照每件快递产生 200 克垃圾来算，15 亿件快递就会产生 30 万吨垃圾。国家邮政局最新数据显示，2017 年全国快递业务量达 401 亿件，同比增长 28%，连续四年稳居世界第一。照此计算，全国一年产生的固态垃圾将超过 800 万吨。而另有数字显示，中国每年的快递件数还在以 100 亿件左右的速度增长。快递产生的垃圾很多，但回收却很少。北京印刷学院青岛研究院副院长朱磊曾在接受媒体采访时透露，中国包装垃圾的总体回收率小于 20%，其中纸箱只有不到一半被回收，而快递包装中的填充物、胶带等塑料成分的回收率几乎为零。随着行业发展产生的巨量垃圾，早已超出城市垃圾的处理能力。“不能等我们尝到了苦果才开始解决”，这些天量的快递和外卖垃圾都是如何处理的呢？

一、国内尝试

国家发改委 2016 年 8 月公布的《循环经济引领计划》和工信部、商务部两部委 2016 年 12 月联合下发的《关于加快我国包装产业转型发展的指导意见》分别针对快递包装回收和绿色包装研发工作给出指导性意见，后者提出要“推广绿色包装技术”，“推行简约化、减量化、复用化及精细化包装设计技术，扶持包装企业开展生态（绿色）设计，积极应用生产质量品质高、资源能源消耗低、对人体健康和环境影响小、便于回收利用的绿色包装材料”。目前，国家日渐重视快递包装行业的绿色化发展。

参与了国家邮政局《推进快递业绿色包装工作实施方案》调研工作的朱磊介绍道：“这个

(绿色包装)是纯粹市场化的行为,要走研发,从国家科技部、财政部到地方政府、科技局,都有支持研发的体系。”此外,业内也提出“绿色快递”的概念,探索快递装配、运送、回收、再利用一体化机制。

2014 年 8 月,当当网曾在福州仓推出生物基可降解塑料袋,但由于材质薄、韧性不足、影响用户体验等,在投放市场 3 个月后停止使用。

2016 年,苏宁、1 号店等商家开展了用积分奖励快递包裹回收的环保行动,但未能采取持续有效的模式。

在 2016 年 6 月的全球智慧物流峰会上,菜鸟网络宣布将联合包括日日顺物流、中国邮政、“四通一达”等在内的 32 家中国及全球合作伙伴启动菜鸟绿色联盟——“绿动计划”,承诺通过绿色交通、绿色包装、绿色回收,以及使用统一标准的电子面单,提高资源使用率和物流效率,实现未来 5 年减少行业总体碳排放量 362 万吨,以促进整个物流行业健康可持续发展。2016 年 12 月,无胶带纸箱和全生物降解快递袋作为菜鸟网络“绿动计划”的一部分在天猫企业购绿色包裹专区上线。

2017 年 6 月 5 日,京东物流携手宝洁、雀巢、惠氏、乐高、金佰利、农夫山泉、联合利华、屈臣氏、伊利九大品牌商共同发起了一项针对绿色供应链的联合行动——“青流计划”,并与环保组织 WWF(世界自然基金会)签署了《中国纸制品可持续发展倡议书》,以助力绿色快递。实施该举措后,预计到 2020 年,京东将减少供应链中一次性包装纸箱使用量 100 亿个,这相当于 2015 年全国快递纸箱全年的使用量;从品牌商到电商企业的供货京东物流将实现 80%的商品包装耗材可回收、单位商品包装重量减轻 25%;在用户端,京东物流 50%以上的塑料包装使用生物降解材料、100%的物流包装使用可再生或可回收材料、100%的物流包装印刷采用环保印刷工艺。

参与了绿色包裹标准研发工作的中国塑料加工工业协会降解塑料专业委员会秘书长翁云宣介绍:“按照 GB20197 标准的生物降解材料,在实验室环境下,180 天的实验周期内可以变成二氧化碳和水。到了自然界以后,在满足一定条件的情况下,4～5 个月应该会被分解成二氧化碳和水。”

2017 年 3 月,菜鸟绿色联盟公益基金成立,计划未来将投入 3 亿元,用于对绿色物流、绿色供应链等方面的研究。4 月 21 日是“阿里地球日”,这天美的、海尔、飞利浦等 12 个商家和菜鸟网络合作,承诺捐出阿里电商平台销售收入的一部分,用于推广绿色包裹。据中国再生资源回收利用协会估算,1 吨废纸回炉后能生产 0.8 吨再生纸,即仍有 0.2 吨的缺口要靠砍伐树木来弥补。“即使建立了密闭的回收体系,也会有一部分(污染物)释放到环境中,不在密闭回收体系里的那一部分如果用生物降解材料,也能避免对环境造成污染。”翁云宣说。

目前,当当网、苏宁易购等电商都针对快递包装回收采取了新举措。当当网使用回收纸类填充物替代塑料制品填充物,苏宁易购则在 2017 年 4 月推出了新的“漂流箱计划”。“漂流箱”即可循环的塑料箱,长约 0.3 米,宽 0.2 米,用于代替普通纸箱装载消费者购买的产品,由快递员进行“最后一公里”投递。用户可在苏宁易购自提点、社区代收点自提快速取出商品后将塑料箱放回自提点以供回收。此外,用户还可选择送货上门,当面拆箱验货签收后,将“漂流箱”交由快递员带回后循环使用。

二、国外做法

（一）美国：回收包装企业可减税

美国从20世纪90年代便开始关注绿色包装。为了提高企业回收包装的积极性，美国各州政府根据企业包装回收利用率的高低，适当减免企业的相关税收。同时，美国还在《资源保护与回收利用法》中规定，减少包装材料的消耗量，并对包装废弃物进行回收再利用。国际上著名的纸箱生产商利乐包、艾罗派克、唯绿包装、康美包等已经成立纸箱理事会，以促进纸箱在美国的循环利用。目前，美国已在包装废弃物回收利用方面形成产业化运作，不仅改善了环境、提高了资源利用率，而且提供了大量的就业机会。

除了包装设计外，一些美国企业还在包装材料技术上进行了积极探索，如酒类包装物是用秸秆制成的，不仅强度高，便于物流运输，而且环保。

（二）日本：鼓励包装再生利用

日本在包装绿色化方面的表现，可谓非常突出。日本政府不仅制定并实施了《包装再生利用法》，还致力于回收体系的建设，鼓励在境内建立大量回收站。消费者对包装废弃物进行分类后，日本的收运系统会通过定时回收、集合中转等方式，将它们运输至专门的处理中心进行再循环、再制造处理。

（三）德国：立法立标强制回收

在法律法规中明确各方责任，有利于废弃物的循环和追责，德国在此方面的做法十分突出。20世纪90年代，德国政府出台了《包装废弃物管理办法》，提出包装废弃物管理应按照“减量化、再利用、再循环、最终处置”的顺序进行，并设定了不同包装废弃物的回收目标和时限，强制性地要求包装生产商、销售商共同对包装回收负责。

该办法还针对包装废弃物从收集到最终处置制定了量化标准，比如规定80%的包装废弃物和100%的运输包装必须回收利用，这样就使包装处理的每个环节都有具体标准可依。

另外，德国政府还出台了《包装回收再生利用法》，要求除了包装生产商外，从事运输、代理、批发、零售的企业也必须负责回收包装物。

（四）法国：回收系统责任分工明确

法国政府在1994年出台的《包装废弃物运输法》中明确规定，消费者有义务将废弃的包装物主动交给生产商或者零售商进行回收处理。此外，法国还组建了废弃物回收机构，并由生产及制造厂商作为其股东，同时还引入了保证人，以保证回收机构有完备的监督机制以及公允性在回收系统中，各个部门紧密相连，各级之间都签订了协议书及约定书，责任分工明确，所以具有很好的内部控制效果，为相关行业对所产生的包装废弃物的高度回收提供了很好的保证。

（五）比利时：税收助力回收利用

比利时政府制定一种“生态税”，规定凡用纸包装的食品和使用回收复用的包装都可以免税，其他材料则要交税。对于使用可回收复用的包装，必须出具已被重复使用的证据。

（六）荷兰：合同明确规定资源回收

荷兰包装界代表与政府签订了一份合同，其内容包含了荷兰市场上流通的外国产品。该合同明确自1997年1月1日起65%的包装材料必须可重复使用，其中45%的包装材料必须回收，20%的包装材料则要求利用焚化法去生产能源。

资料来源：新华网，http://www.xinhuanet.com/fortune/2018-03/20/c_1122564653.htm。

复习思考题

1. 简述集装单元技术的优点。
2. 集装箱应具备哪些特点和要求?
3. 请结合实例说明包装有哪些功能。
4. 商品包装的标识包括哪些要素?
5. 请说明装卸搬运的概念和特点。
6. 简述主要装卸搬运机械的工作特征。
7. 请阐述装卸搬运作业合理化的措施。
8. 流通加工与生产加工有哪些区别?
9. 如何实现流通加工合理化?
10. 与传统储存相比,现代储存功能发生了怎样的转变?
11. 简述主要的储存设备和设施。
12. 简述储存规划的主要内容。
13. 结合生活中的观察,请讨论在快递运输、配送过程中你发现了哪些“黑科技”的应用。

第8章　供应链协调

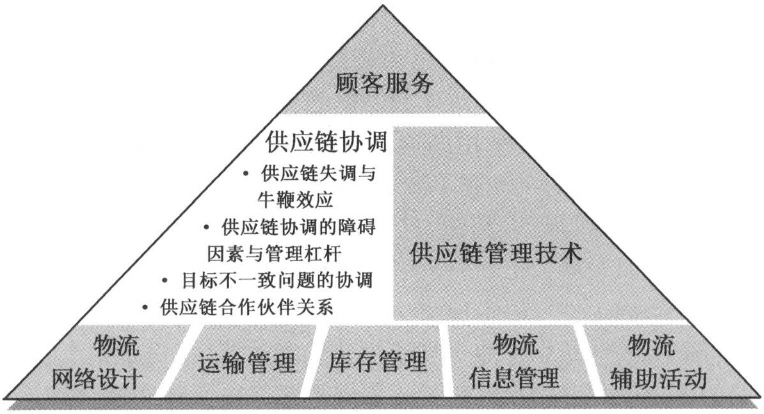

供应链协调有助于确保供应链上的每个成员都能够采取提高总体利润的措施，避免出现局部利润提高而总体利润受损的现象。供应链失调则会导致严重的牛鞭效应，使供应链整体利益受到损失。按照本书的逻辑结构体系，供应链协调能给顾客服务战略提供强有力的支持。供应链协调的抓手就是网络运输、库存、信息等实际运作方面的支持。因此，供应链协调处于物流与供应链管理体系的第二层。

本章第一节首先讨论供应链失调和牛鞭效应，将供应链失调的主要原因归结为两点：供应链上各个企业目标的不一致性以及供应链中的不确定性因素；第二节讨论这两点原因在供应链协调中所造成的障碍因素以及解决这些问题的管理杠杆；第三节将运用"委托-代理"理论对供应链上各节点企业的目标不一致性问题进行更深入的探讨；第四节阐述供应链环境下的战略合作伙伴关系。

第一节　供应链失调与牛鞭效应

一、供应链失调

如果供应链上所有节点企业都采取能促进供应链总利润提升的行为，供应链的协调性就会得到改善。协调是相对于失调而言的，要使供应链协调就要解决供应链失调的问题。

图 8-1　供应链失调的原因

供应链失调主要是由供应链不同节点企业的目标不一致造成的，同时，也受到供应链不确定性因素的影响，如图 8-1 所示。

目标不一致性问题将在第三节中讨论，本节先讨论不确定性因素。

现代大型生产和物流系统日趋复杂，由此产生了复杂的供应链结构和复杂的产品物流形态。以生产为例，不同的供应商以其不同的方式，将原料送至生产现场，经过复杂的生产过程，生产出各种零部件，然后，运送到最终产品装配流水线，生产出最终产品，再通过复杂的销售系统，将最终产品和相关零配件送到消费者手中。原料经过了运输、生产、运输、再生产等多个步骤，最后成为产品并送至客户手中。在这里，客户的含义不仅包括最终产品的外部使用者，也包括企业内部以此为原料的下一道工序的生产者。

在这复杂的供应链系统和生产流通过程中，存在着各种形式的不确定性。例如，原材料供货、机器设备运行、生产产出量、运输过程和最终消费需求等都存在不确定性。仅运输过程一项，还存在多种运输手段，如飞机、火车、轮船、汽车等，实际承运时往往又存在多种不同运输手段的组合。当货物运输需要采用海运和陆运多种运输工具及多个环节的承运商时，货物能否准时运到多少带有些随机性和不确定性。

假设由于某种原因，原材料延迟到达，机器将不得不停止运转，对外部客户的供货就将被迫取消，这些不确定的因素就会迫使管理者增加库存。进而，当供应链系统呈现网络形态时，问题就更加复杂。不确定性可以像瘟疫一样在整个供应链和生产网络中传播开来。

举一个简单的例子，某地纺织企业出现了棉花供应的滞后，棉布生产者由于原材料库存短缺，不得不向它的客户（服装厂）推迟供货。服装厂家又由于棉布缺货被迫停产，从而最终推迟了向服装代理商供应服装。最终消费者在服装代理店铺处，发现其所需要的服装品牌缺货，其他服装代理商就会乘机推销同类竞争产品。于是，消费者转而购买其他品牌的服装。这样，仅仅由于棉花未能及时到货，企业最终可能失去了一宗服装大买卖。

事实上，供应链中的不确定性拥有多种来源，它们决定了供应链库存投资的大小和服务质量的优劣。因此，研究各种不确定性的来源对供应链系统所产生的影响、并对其开展分析和度量是十分必要的，进而可以分析其对客户所产生的影响。

在供应链多种不确定性的来源中，主要有供应者、生产者和客户。

（1）供应商供货的不确定性。供应商的表现优劣直接影响到供应链的整体性能的好坏。尽管供应商承诺了交货量和交货时间，但却往往很难在保证期内准时提供物料。气候因素、机器故障以及上游供货者推迟供货等诸多因素都可能迫使其延迟供货，或者有时候也可能提前到货。

（2）生产过程的不确定性。在生产过程中，机器随时可能会出现故障。当优先安排生产某些重要的生产项目或产品时，会影响其他生产项目的正常生产，从而导致生产流程之间的不协调。有时，甚至电脑管理也会发生故障，以至于将物料发往错误的地方。

（3）客户需求的不确定性。这是最根本的不确定性。最终消费者需求偏好的易变性会引起不规则的购买倾向和购买行为。面对这种不规则的订购，大部分制造商都持有足够量的成品库存，订货量变化越大，为了确保满足客户需求，需要的库存量越大。尽管制造商可以开展接订单生产，但客户要等待一个生产周期，这可能就会使制造商损失很多订单。制造商可以依据历史上的订货特征和订货数量记录，并利用这些信息来预测未来客户订货量，但仍有很大的不确定性。并且，当引入某种新产品时，难以找到历史数据对市场需求进行预测。

多种多样的不确定性会对供应链产生巨大的影响。即使一条供应链已经被很好地整合，如果不对不确定性加以处理和防范，也会导致利润的下降。因此，研究针对不确定性的对策是很重要的，本书已在前面几章中从供应链物流具体运作的各个方面讨论了解决对策。

二、牛鞭效应

供应链失调的结果就会导致牛鞭效应(bullwhip effect)，或称长鞭效应，即“供应链需求波动放大效应”(demand amplification)。牛鞭效应的量化表述为：向供应商订单量的需求波动(方差)要大于向最终消费者销售量的波动(方差)，并且这种波动沿着供应链向上游不断扩大。图 8－2 是宝洁公司尿布供应链上的牛鞭效应。

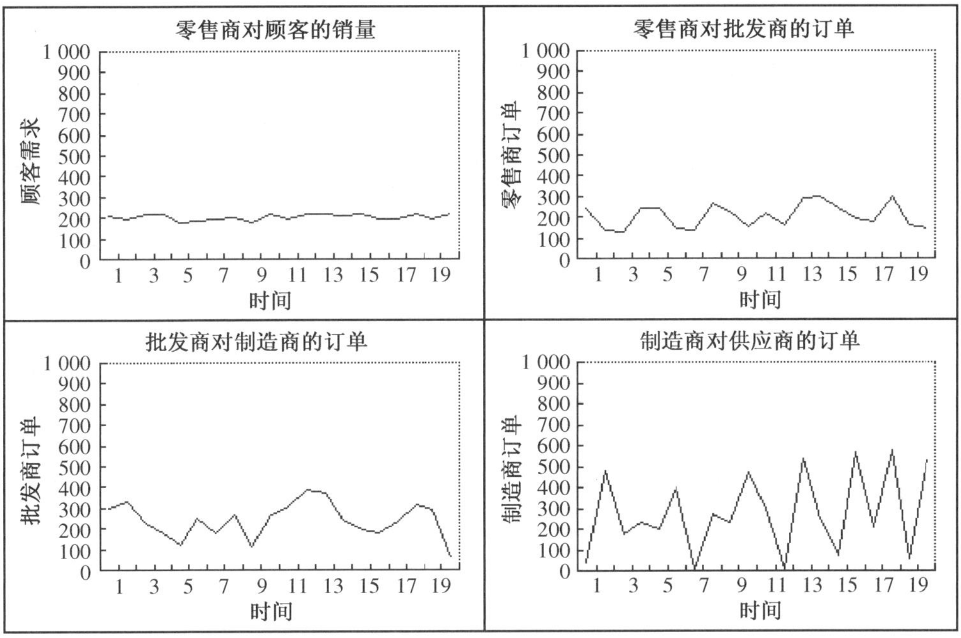

图 8－2　宝洁公司尿布供应链上的牛鞭效应

牛鞭效应现象已经经历了大量的实证研究。经调查表明，牛鞭效应确实存在于汽车制造、日用品制造和计算机制造等行业。牛鞭效应的客观存在大大增加了供应链的整体运营成本，造成不必要的社会资源浪费。面对放大了的需求波动，供应链上游的企业通常采用两种方法：一是作为缓冲而增加各类库存；二是放大生产设备的容量。显然，这将造成上游企业许多不良的经营后果，如各类库存严重积压、库存变质和失效、服务水准不高、经营成本上升等。产品成本过高和质量低劣必然会使企业在市场竞争中处于不利的地位。

归纳起来，牛鞭效应源于以下几个不确定因素：

(1) 库存管理和需求预测方法。假设供应链上的每一级均孤立地开展库存管理决策(最小-最大库存法)，当某物品的实际库存量一旦低于最小库存(订货点)，即发出订货，将物品补充至最大库存。预设订货点一般需要考虑两个因素，即交货周期内的常规库存以及应对需求波动的安全库存。服务水准高低的设定决定了安全库存的大小。因而有：

$$\text{订货点 } y_t = \text{交货周期 } L \times \text{需求期望值 } d_t + \text{安全系数 } z \times \sqrt{L} \times \text{需求标准差 } \sigma_t$$

其中，d_t 和 σ_t 分别为需求期望和标准差的估计值，该估计值的准确性和精度取决于预测方法是否正确运用以及观察样本的多少。z 为安全系数，表现为保证供货的概率。由此，供应链下游企业所采用的库存管理和需求预测方法决定了库存订货点的数量和时点，并影响到向上游企业发出的订货量。

(2) 交货周期。若交货周期较长，则需要增加常规库存，使库存量增多，这样，整个供应链面对需求波动的应变能力较弱。在较长的交货期间内，一旦出现市场需求波动，还需要相应重新估计和调整需求期望值、标准差、安全库存、订货点和订货量等，会增加整个系统的不确定性。

(3) 批量订货。企业通常采用批量订货法，这样既能减少订货次数与订货成本，又可获得批量运输的费用折扣。然而，若下游企业孤立开展库存管理决策和批量订货，上游企业实际面对的是间歇型的批量订货，时而一个大数量订货，时而订货为零。因而，上游企业得到的是扭曲和振荡波动的批量型需求，而不是最终需求的实际状况。

(4) 价格波动。若商品供应价格存在周期性波动，当价格较低时，零售商将大量购进和囤积商品，同时减少价格较高时段的采购，造成订货数量的周期性振荡。此外，零售企业开展阶段性和季节性促销活动，或采用批量订货折扣定价法，通常也会导致需求的剧烈振荡，这对整个供应链而言则会加大系统的不确定性。

(5) 经济波动与预期性订货。当零售商预计某种商品将出现供不应求和价格上涨时，会主动增加订货量。一旦商品短缺或供应不足的市场状况消失，零售商则会恢复到正常订货数量状态。这种基于经济波动预期的企业行为将导致供应链上各级企业供需关系的扭曲和波动。

诸多因素综合作用，形成了牛鞭效应。而对于不同商品，牛鞭效应的成因和作用形式不尽相同。

三、供应链失调对经营业绩的影响

一旦供应链失调，将导致牛鞭效应，从而从各个方面损害到整条供应链的运作业绩。通过对宝洁公司尿布供应链案例的分析，我们知道，由于牛鞭效应的存在，宝洁公司接到的分销商的订单变动性比零售商处顾客对尿布需求的变动性要大得多。下面讨论这种变动性的增加对尿布供应链中各种业绩的影响。

(一) 生产成本

牛鞭效应增加了供应链中产品的生产成本。由于这种效应，宝洁公司及其供应商为满足较顾客需求更具有变动性的订单流，为了应付这种增大的变动性，要么扩大生产能力，要么增加库存量，但这两种做法都会加大单位产品的生产成本。

(二) 库存成本

牛鞭效应增加了供应链的库存成本。为了应付增大了的需求变动性，宝洁公司不得不保有比牛鞭效应不存在时更高的库存水平。高水平的库存还增加了必备的仓储空间，从而库存成本增加。

(三) 补给供货期

牛鞭效应延长了供应链的补给供货期。由于牛鞭效应增加了需求的变动性，与水平需求相比，宝洁公司及其供应商的生产计划更加难以安排，往往会出现当前生产能力和库存不能满足订单需求的情况，从而导致供应链内宝洁公司及其供应商的补给供货期延长。

(四) 运输成本

牛鞭效应提高了供应链的运输成本。宝洁公司及其供应商在不同时期的运输需求与订单的完成密切相关。由于牛鞭效应的存在，运输需求将会随着时间的变化而产生剧烈波动。因此，需要保持剩余的运力来满足高峰期的需求，从而使运输成本提高。

(五) 送货和进货的劳动力成本

牛鞭效应提高了供应链内与送货和进货相关的劳动力成本。宝洁公司及其供应商送货的劳动力需求将随着订单的波动而波动，分销商和零售商进货的劳动力需求也存在类似的波动。为了应付这种订单的波动，供应链的不同企业有不同的选择，或者保有剩余劳动量，或者变动劳动量，但是无论是哪种选择，都会增加劳动力总成本。

(六) 产品的供给水平

牛鞭效应降低了供应链内产品的供给水平，导致更多的货源不足现象发生。订单的大幅波动使得宝洁公司无法及时向所有的分销商和零售商供货，从而导致零售商出现货源不足的频率加大，供应链销售额减少。

(七) 供应链中的各种关系

牛鞭效应给供应链每个节点企业的运营都带来负面影响，从而损害了供应链不同节点企业之间的关系。但是，供应链内的每一个节点企业都认为自己已做得尽善尽美，而将这一责任归咎于其他企业。于是，牛鞭效应就导致供应链不同节点企业之间的互不信任，从而使潜在的协调变得更加困难。

综上所述，可以得出如下结论：牛鞭效应及其引发的失调对供应链的运营业绩有较大的负面影响。牛鞭效应增加了成本，降低了反应能力，从而导致供应链利润下滑。

第二节 供应链协调的障碍因素与管理杠杆

本节从供应链运作的角度，具体分析供应链中各节点企业的目标不一致性和供应链的不确定性给供应链协调造成的障碍因素，并讨论解决这些问题的管理杠杆。

一、供应链协调的障碍因素

供应链中不同节点企业只注重自身利益的最优化或者不确定性增加，都会成为实现供应链协调的障碍因素。通过找出这类障碍因素，采取具体的措施，可以帮助供应链实现协调。

(一) 信息传递障碍

所谓信息传递障碍，是指由于供应链中各节点企业在制定决策时都以自身利益为主，使得需求信息在供应链上不同企业之间的传递过程中发生扭曲，从而导致供应链内订购量的变动性(variability)增加。

1. 按照订单而不是顾客需求进行预测

随着订单沿供应链上溯到制造商和供应商,各节点企业按照接收到的订单进行预测会使各自订单的变动性扩大。在牛鞭效应的作用下,供应链内的不同企业均以发出的订单作为基本的沟通手段,每一企业都以完成下游企业发来的订单为己任。于是,每个企业都将其需求视为接到的订单流,并根据订单信息进行预测。

在这种情况下,由于顾客需求以订单形式在供应链内传递,所以,顾客需求细小的变化都会导致顾客需求变动性的增大。下面考察一下零售商处顾客需求的随机增长给供应链带来的影响。首先,零售商可能将顾客的某种随机增长部分视为永久的增长趋势,从而导致其订购的产品数量超过实际的需求增长。如此传递下去,分销商的订单也会产生连锁增长反应。然而分销商却无法正确解释订购量的增长,它们只注意到订单规模的扩大,并由此推断出增长趋势。但是,分销商推断的这种增长趋势比零售商推断的要大得多。这样,分销商将向制造商发出更大的订单。沿供应链逆流而上,订单规模会逐步膨胀。

2. 信息无法共享

供应链内各节点企业无法共享信息,既增加了不确定性也扩大了牛鞭效应。例如,沃尔玛由于计划中的促销活动可能会扩大特定订单的规模。如果制造商没有得到关于计划中的促销活动的信息,他可能将这种订单规模的扩大视为需求的永久性增长,而将此信息又传递给供应商。这样,沃尔玛促销活动结束后,制造商和供应商就拥有大量的库存。由于保有过量的库存,一旦沃尔玛的订单规模恢复正常,制造商的订单规模也会缩减。这就表明如果零售商与制造商之间无法共享信息,会导致制造商订单规模的大幅度波动。

(二) 运营障碍

所谓运营障碍,是指在发出订单和完成订单的过程中所采取的导致牛鞭效应的各种行为。

1. 大批量订购

当公司大批量订购的产品大大超出了需求扩张量时,订单的变动性就会在供应链内放大。由于与订单的发出、接收及订购货物的运输相关的固定成本很高,或者由于供应商提供的批量折扣的优惠很大,企业可能会采用 EOQ 等方法大批量地订购产品。大批量订购导致订单流的变动比需求流更加不规律。

2. 补给供货期延长

如果供应链内各节点企业之间的补给供货期延长,则牛鞭效应会进一步放大。考查一下这种情况:零售商将需求的偶然性增长误以为是一种增长趋势,如果零售商面对的供货期是两周,则它在发出订单时,会将两周的预期需求增长计算在内。相比之下,如果这种供货期延长至两个月,他会将两个月的预期需求增长包括在订单之中,显然,这种增长较前者更大,牛鞭效应也就更大。

3. 定量配给和短缺之间的博弈

有时,制造商的产品数量有限而需求很大,于是他们会按照零售商的订单规模按比例进行调配,这也会导致牛鞭效应的放大。例如,苹果公司的最新产品总是供不应求,于是,制造商就创造出一种通用的调配方案,即根据发送的订单量调配产品的有效供给。也就是说,如果有效供给是总接收订单量的 75%,每位零售商只能获得各自订单量的 75%。

这种配给方案导致一种博弈的出现:零售商尽量提高其订单量以提高有效产品的供给

量。一位需要75单位产品的零售商将订购100单位产品，从而切实获得所需的75单位产品。这种配给方案的影响就是人为地使产品订单量膨胀。

即使顾客需求没有发生变动，如果制造商以订单量来预测未来需求，它也会将订单的增长误认为是需求的增长。制造商的反应可能是扩大生产能力，以满足所有的订单需求。一旦有了充足的生产能力，在配给方案下出现膨胀的订单，就会重新恢复到正常水平，从而导致制造商产品和生产能力的过剩。这种繁荣衰退周期往往更迭出现。

这种现象在电脑行业尤为普遍，电脑行业中经常会出现配件短缺期和配件过剩期的更迭。尤其是芯片制造业，在20世纪90年代就经历过几个这样的周期。

（三）定价障碍

所谓定价障碍，是指某一产品的定价策略会导致订单规模变动性增加的情况。

1. 批量折扣

批量折扣策略扩大了供应链内订单的批量规模。如前所述，这种大批量订单放大了供应链内的牛鞭效应。

2. 价格波动

制造商所发起的商业促销以及其他短期折扣活动导致超前采购，即在折扣期间分销商或零售商通过大批量采购以满足未来时期的需求。超前购买导致促销期间的订购量大增，而此后很长时期内订购量极小。

由于促销的影响，高峰期制造商的送货量远远高于该时期的零售商的销售量。输送的高峰期过后，制造商的送货量锐减。从这一现象可以明显看出分销商的超前采购行为。这种促销手段导致制造商送货量呈现变动性，其变动幅度明显高过零售商销售量的变动幅度。

（四）行为障碍

行为障碍就是指引发牛鞭效应的组织内认知问题，这些问题往往与供应链构成方式及不同企业之间的沟通方式有关。可以说上面介绍的其他障碍都和行为障碍有关。以下列出一些行为障碍：

(1) 供应链的每个企业只是从局部看待自身行为，而未考虑到其行为对其他企业所造成的影响；

(2) 供应链的不同企业只对眼前局部形势做出反应，而未能追根溯源；

(3) 按照局部性分析，供应链的不同企业互相推脱造成波动的原因，从而导致供应链内相邻的企业成为敌人而不是合作伙伴；

(4) 长期以来，由于供应链各节点企业所采取行动的最终结果往往出现在其他企业，所以，各企业不能从各自行为中汲取经验教训，从而形成一种恶性循环——各企业将自身行为失误所带来的问题归咎于其他企业；

(5) 由于供应链合作伙伴之间缺乏信任，它们常有以整条供应链业绩为代价的投机行为。缺乏信任还会导致重复工作，造成浪费。更为重要的是，由于缺乏信任，不同企业之间不能共享或者忽视可以得到的信息。

（五）激励障碍

所谓激励障碍，是指针对供应链内的参与者的激励会导致一系列变动性增加、总体利润下滑的情形。

1. 供应链职能部门或企业的局部最优化

只注重局部影响的激励机制，会导致决策者做出一些对自身有利的决策，不能使供应链总利润额最大化。例如，如果运输部门经理的薪酬只与单位货物的平均运输成本挂钩，那么，他很可能采取降低运输成本的措施，但这样做会增加库存成本，或者降低客户服务水平，而这很可能是仓库部门经理所极力反对的。因此，只以供应链内某一职能部门的成本来评估其业绩，会使不同职能部门的决策相矛盾，使供应链利润下滑。正是供应链中的那些互不匹配的目标构成了供应链协调的一大障碍。

2. 销售人员激励

如果对销售人员采取的激励机制不合适，这些激励机制也会成为供应链协调的一个主要障碍。

在许多公司，销售人员激励一般以月或季度为评估期，以销售人员在这一评价期内的销售量为评估依据。制造商评估销售业绩，一般以出售给分销商或零售商的销售量而不是出售给最终顾客的销售量作为衡量标准。这种衡量标准往往导致制造商的销售人员忽视对最终销售的控制。例如，某公司在4～6周的促销期间，按照对分销商的销售量给销售人员以相应的奖励。为了多拿奖金，某公司的销售人员鼓励分销商在评估期末购买更多的产品，而不管这些产品是否超过了零售商的销售能力。为了达到这一目的，销售人员不惜采取折扣的方式，来增加促销期末的销售量，从而导致订购量的剧烈变动，具体表现为：评估期末订购量骤然上升，而到了下一个评估期初，订购量则少之又少。分销商发给该公司的订购量的周期波动幅度达数十倍。而以中间销售量为基础对销售人员进行激励，会导致订购量的变动性比顾客需求的变动性更大。

激励机制在协调供应链企业目标上有着很重要的作用，在本章第三节中将继续讨论激励机制。

二、实现供应链协调的管理杠杆

在认识了供应链协调的障碍因素之后，现在需要探讨一下，作为一名管理者，应采取什么样的措施才能有助于扫除供应链内的障碍，实现协调。以下一些管理杠杆将有助于提高供应链总利润，缓解牛鞭效应。

（一）设计激励机制保证目标保持一致

管理者可以通过使激励机制和目标保持一致，来实现供应链的协调，使供应链内的每个参与者的行为都以供应链总利润最大化为目标。

1. 协调各部门的激励机制

公司内部要实现决策协调，就必须确保每个部门用来考核绩效的指标与公司总体目标相吻合。所有的设施、运输、信息和库存决策，都应该按照它们对供应链盈利能力的影响，而不是对总成本甚至局部成本的影响进行评估。这有助于避免一些障碍因素的出现，如运输管理者做出的行为决策虽然降低了运输成本，但却提高了供应链总成本。

2. 协调定价

如果零售商和制造商需为每一次订购支付大量的固定成本，那么制造商可以通过批量折扣来实现最终消费品供应链的协调。如果公司对产品具有市场控制力，制造商可以通过两部分关税和总量折扣的手段，来实现供应链协调。在需求不确定的条件下，制造商能够通过回购合同和弹性数量合同，促使零售商做出能够实现供应链利润最大化的订货决策。

3. 将销售人员的激励依据由购入量变为售出量

如果能够减少那些诱导销售人员将产品推销给零售商的激励机制，那么就可以缓解牛鞭效应。如果对销售人员的激励以滚动周期内的销售量为衡量标准，那么将产品推销给零售商的动机就会减弱，从而有助于减少超前采购量以及由此引发的订单规模波动。此外，管理人员还可以采取另一种措施，即把销售人员的激励与零售商售出的产品结合起来，而不是与推销给零售商的销量挂钩。这一措施消除了销售人员鼓励超前购买的动机，从而有助于减少订单流的波动。

(二) 信息共享

各企业可以通过信息共享来提高可获得信息的准确度，实现供应链协调。

1. 共享销售量数据

供应链各企业之间共享销售量数据会有助于降低牛鞭效应。前面已经谈到，导致牛鞭效应的主要原因是供应链的每个企业通过订单来预测未来需求。如果不同企业接收的订单规模发生变动，则不同企业的预测亦随之变动。实际上，供应链唯一需要满足的需求就是来自最终消费者的需求。如果零售商能够与其他供应链企业共享销售量数据，则所有供应链企业都能够以顾客需求为依据来预测未来的需求，大家的目标也就趋于一致。

恰当的信息系统的选用会有利于数据的共享。很多企业已经通过互联网与供应商共享数据信息。对于像戴尔这样的直销商以及与电子商务有关的其他公司而言，销售量数据的共享更为便捷。戴尔与其所有的供应商在互联网上共享需求信息及当前零配件的库存信息，从而提高了供应链的协调性。又如，宝洁公司说服了许多零售商与其共享需求信息，紧接着，又与其供应商共享这一数据信息，从而提高了供应链的协调性。此外，沃尔玛也与其供应商共享销售量数据。

2. 共享预测与规划数据

一旦销售量数据得以共享，如果要实现完全的协调，则供应链的不同企业必须联合进行预测和规划。如果不能联合制定规划，销售量数据就不能够保证供应链协调。若零售商的促销活动导致某一月份需求量大增，如果下个月不打算做促销，则即使零售商与制造商都有销售量的历史数据，两者的预测也会有所出入。为了实现协调，制造商必须了解零售商的促销计划，关键就是要确保整条供应链按照共同的需求预测运营。

3. 共享库存数据

通过共享零售商库存水平的信息，供应商能够大大提高其满足订单的能力。供应商得到零售商库存信息后，便能够更好地估计零售商的订单频率和订单量，从而加快订单流程，减少货物批量，缩短提前期，并使货物流更快更通畅。在供应链内各个节点企业各自决策的情况下，不只是供应商能够从共享信息中得到好处，零售企业也受益匪浅。共享零售商的库存水平信息，可以协调供应商的航运，从而使其享受航运的规模效应，很好地平衡供应商与零售商的库存水平。

4. 单企业控制的补给策略

设计一条供应链，由其中的一个企业来控制整条供应链的补给决策，会有助于消除信息扭曲。信息扭曲的主要原因是供应链的每个环节把来自下一环节的订单当作历史需求。因此，每个环节都认为自己的作用就是满足下一环节的订单，实际上，关键的补货发生在零售商处，那里才是最终顾客购买产品的地方。当采用单环节控制整条供应链的补货决策时，多头预测问题就可以消除，从而实现供应链协调。

(三) 提高运营业绩

管理者可以通过提高运营业绩，设计合适的产品配给方案，以防商品出现短缺，来缓解牛鞭效应。

1. 缩短补给供货期

通过缩短补给供货期，管理者能够减少供货期间需求的不确定性。补给供货期的缩短对于季节性商品尤为有利，因为供货期的缩短使得多数订单能够在销售季节内发出，极大地提高了预测的准确度。补给供货期的缩短还减少了潜在需求的不确定性，极大地缓解了牛鞭效应。

管理者能够在供应链中的不同企业采取各种措施来缩短补给供货期。电子数据交换(EDI)及其他电子交流形式可以大大缩短与订单发送及信息传递相关的供货期。在制造厂，通过增加弹性及单元制造可以大大缩短供货期。由于需求的相对稳定及生产计划的改进，牛鞭效应的缓解又进一步缩短了供货期。在生产多种产品时，这一点尤为明显。预先通知送货时间(ASN)也可以缩短供货期，减少相关接收成本。还可以采用越库作业来缩短与供应链企业之间产品流动相关的供货期。

2. 减少批量规模

管理者可以通过减少批量规模来提高运营业绩，缓解牛鞭效应。减少批量规模可以降低需求波动的幅度(这种波动在供应链各企业之间能够产生累积效应)。为了减少批量规模，管理者可以采取措施降低与订购、运输、接收相关的固定成本。沃尔玛及日本的 7－11 公司通过多种产品和多个供应商集中送货，成功地降低了补给订单的批量规模。

为了降低固定成本，可以采用电脑自助订单(CAO)的方式。它可以让顾客在网上发出订单，这样可以大大降低订货成本，也使订购效率得到大大提高。而且，这一系统也便利了金融交易的结算，消除了与购入单张订单相关的成本。

在运输方面，满载与非满载卡车运输的价差很大，从而极大地刺激了大批量满载运输业的发展。实际上，人们已尽力降低了订单的管理成本，目前，运输成本成为大多数供应链实现小批量订购的主要障碍。管理者可以通过在一辆卡车上装满各种小批量产品来降低批量规模而不增加运输成本。例如，宝洁要求卡车组合装运零售商订购的各种产品，这样，每辆卡车就可以满载运输，从而降低运输成本。

管理者也可以用一辆卡车，采用送奶线路，为几个零售商联合送货，以降低批量规模。在大多数情况下，第三方承运商开展卡车组合运输业务，以取得零售业的送货业务，从而大大降低了每位零售商的固定运输成本，并允许每一位零售商小批量订货。丰田公司在日本使用一家供应商的同一辆卡车为多家装配厂运送零配件，使得管理者能够降低任何一家工厂接收货物的批量规模。此外，管理者还可以通过多家供应商使用同一辆卡车的联合运输来降低批量规模。

由于小批量订购和送货，接收工作的压力和成本显著增加，因此，管理者必须运用先进技术来简化接收程序，降低接收成本。例如，运用预先通知运货时间电子系统来识别运输的内容、数量和送达时间，从而有助于缩短卸货时间，提高对接交货的效率。预先通知运货时间电子系统通过电子记录库存，从而大大降低了接收成本。货盘条码也加快了货物的接收和送达。

以上各种技术都有助于简化小批量、多品种、复杂化的订单货物的装载、运输与接收，从而有助于减少批量规模，削弱牛鞭效应。

另外，鼓励不同顾客以同一种方式订购，使需求在时间轴上均匀分配，也不失为弱化批量影响的一种简单方法。一般而言，每周订购一次的顾客往往在星期一或星期五订购；每月订购一次的顾客则往往在月初或月末订购。对于每周订购一次的顾客，最好将顾客平均分配给一周中的七天；对于每月订购一次的顾客，最好将顾客平均分配给一个月中的每一天。实际上，可以事先将每位顾客的常规订购日进行安排，这通常不会影响到零售商，相反，还会平抑抵达制造商处的订单流的波动，从而缓解牛鞭效应。

3. 以前期销售量为基础进行配置，限制投机

为了缓解牛鞭效应，管理者可以通过设计配给方案，以避免零售商在短缺情况下人为地扩大订单规模。企业可以运用周转盈利方案，按照零售商的前期销售量而不是当期订购量，为零售商配给产品。将配给与前期销售量相结合，避免了零售商人为地扩大订单规模的行为，从而缓解了牛鞭效应。实际上，在低需求期，周转盈利方案促使零售商千方百计地售出更多的产品，以增加其在短缺时期得到的产品配给量。

（四）设计定价策略，稳定订单规模

制造商可以通过设计定价策略，鼓励零售商小批量订购，减少超前购买，来缓解牛鞭效应。

1. 数量折扣由批量折扣转为总量折扣

在以批量为基础的数量折扣策略下，零售商扩大其批量规模，以充分利用折扣的优惠；以总量为基础的数量折扣策略消除了零售商扩大批量规模的动机，因为这种折扣方式考虑的是某一特定时期（如一年）的购买总量，而不是某一笔交易的购买量。以总量为基础的数量折扣导致小批量订购，从而降低了供应链订单的变动性。但设有固定结束期限的总量折扣会导致促销末期出现大批量订购，而以滚动时期销售量为依据的总量折扣则可以缓解这种效应。

2. 稳定价格

制造商可以通过取消促销、实施每日最低限价的定价策略（EDLP），来缓解牛鞭效应。取消促销在一定程度上减少了零售商的超前购买行为，使得订单能够反映顾客的真实需求。例如，宝洁公司、金宝汤公司及其他制造商通过制定每日最低限价策略来缓解牛鞭效应。

制造商可以通过限制促销期间的可能购买量来减少超前购买量。这种限制应该针对具体的零售商，并且与该零售商的历史销售量挂钩。

另一种方案是，将提供给零售商的折扣优惠与最终销售量挂钩，而不是与零售商的采购量挂钩。因此，零售商不能从超前购买中获利，而不得不视销售量来决定购入量。以最终销售量为依据的促销明显地缓解了牛鞭效应。特殊信息系统的出现加强了促销与零售商处顾客销量之间的直接联系。

（五）构建战略伙伴关系与信任机制

一旦在供应链中建立了战略伙伴关系与信任机制，管理者便更容易采用上述杠杆来缓解牛鞭效应，实现供应链协调。各企业之间互相信任，共享准确信息，有助于降低成本，在供

应链中实现供需平衡。良好的合作关系往往能降低供应链中各企业之间的交易成本。例如，如果供应商信任零售商的订单量及其预测信息，就无须耗费人力去进行预测。再如，如果零售商信任供应商的产品质量及送货承诺，那么也就不必耗费人力去计量与监察。总之，供应链中各企业通过提高彼此间的信任度，建立良好的合作关系，就可以避免因重复劳动造成的浪费。

第三节　目标不一致问题的协调

供应链各个企业的目标不一致是导致供应链失调的主要原因。目标不一致使得各企业以自身利益为重，追求局部最优化而导致整体失调。

目标不一致的原因有两点：一是各企业的决策制定者还没有意识到协调的重要性，或者不知道如何才能协调。这种情况下，只需要说明协调的积极意义即能解决。上节也提出了几个主要的管理杠杆。二是各企业的决策制定者（即向供应链上游传递需求信息的企业，如零售商）抵制协调，这很可能是因为协调将使它们的既得利益受到损失。要解决这个问题，企业就应该对它们的经营控制机制进行合理的设计，如激励机制。本节将通过委托-代理理论，从理论的角度分析目标不一致问题的本质，并讨论如何设计合理、有效的激励机制来解决供应链中的目标不一致性问题。

一、如何理解供应链中存在的目标不一致性

要理解供应链中存在的目标不一致性问题，首先要分析供应链中各个企业的关系。这里将使用一套简单的理论来分析，即委托-代理理论。委托-代理理论起源于博弈论，是信息经济学中的一个重要理论，含义为：存在一个理性的、自利的代理人和一个试图影响代理人行为的委托人。其中，代理人会制定决策来实现他的自身利益效用的最大化，因此，称为决策制定者，而委托人在实现其自身利益效用最大化的同时，会试图设计出一定的激励机制，以便让代理人在制定决策的同时，在一定程度上也实现委托人效用的最大化，如图 8－3 所示。

图 8－3　委托-代理机制

供应链中的各个节点企业之间就是这种连环的委托-代理关系。举个例子，如果一条供应链由供应商、制造商、分销商、零售商组成（见图 8－4），那么，“供应商-制造商”“制造商-分销商”“分销商-零售商”就是三个连环的委托-代理关系。一般情况下，一条供应链是以制造商为核心，因此，可以将它们的关系简单地理解为“制造商-决策制定者们（分销商、零售商）”的委托-代理关系。

图 8－4　供应链中的节点

通过委托-代理理论，就可以理解为什么供应链的各个企业目标不一致。因为所有的代理人都以自身利益为主来制定决策，而不是考虑委托人的利益或者是整个供应链的利益。

在实际供应链中可以看到这样的现象：作为代理人，决策制定者们(分销商、零售商)在制定决策来实现自身利益最大化的时候，往往会将严重的牛鞭效应传递给制造商(委托人)，使制造商生产运行发生困难，从而不利于整个供应链的利益。

造成这种现象可能是由于制造商没有设计针对代理人的激励机制，或者是因为激励机制发生问题。由此引出解决这一问题的目标——设计合理、有效的激励机制。

为了达到这一目标，我们先要分析导致供应链的激励机制发生问题的两种主要原因，即设计不合理的激励机制以及激励机制的隐蔽要素，如图 8－5 所示。

图 8－5　激励机制发生问题的主要原因

(一) 设计不合理的激励机制

在曾经研究过的许多供应链实例中，设计不合理的激励机制往往会诱导决策制定者按照与实现整体供应链的利润最大化原则不相符的方式行事。

例如，味好美公司的干货产品是通过分销商传递给零售商，分销商会向味好美公司的工厂下达订单来订货，这里，味好美公司和分销商组成委托-代理关系。然而，分销商为了能够充分利用味好美公司提供的价格促销策略，往往会调整订货的数量，同时，味好美公司的销售人员也会努力推销产品来满足销售配额。那么，这条供应链就与其他大多数按照相同方式运作的供应链一样，经常会受到牛鞭效应的影响，这说明味好美的销售激励机制是错误的。于是，味好美公司的经理们提出了一个替换计划，即供应商管理库存(VMI)，以便能够掌握订货数量的决策制定权。这样味好美公司的物流部门可以共享每日销售数据，以用于计划补货数量。当然，味好美公司的分销商和销售人员可能会反对这个计划，因为销售人员和分销商不会愿意放弃对他们的收入水平的控制。

设计不合理的激励机制不仅发生在企业之间，也会发生在一个企业的部门之间。某个面包制造商给它的送货司机设定这样的激励措施：每家商店里的货架空间占有率必须达到一定的水平，而且企业还根据那些商店中产生的销售额来付给送货司机一定的提成佣金。但是，这些送货司机却不会因为商店中的大量存货变得不新鲜而受到处罚。于是，这些送货司机每天都要去补满他们送货的商店中的货架，导致大量存货面包变质。

通过这些案例可以看到，制造商和供应商的经理们在制定激励机制的时候都容易忽视代理人的行为动机——以自身利益为中心来制定决策。而通过对行为动机的问题进行切实的思考，可以让经理们在设计激励机制时预先考虑到这些代理人可能采取的行为，也可以推断出代理人对一些新方法(如供应商管理库存法)产生抵制的各种可能的原因，从而在设计针对代理人的激励机制的过程中，可以及早避免这些问题的发生。

(二) 激励机制的隐蔽要素

委托-代理理论中有隐蔽行动和隐蔽信息两个概念，如图 8－6 所示。隐蔽行动是指难以被观察到的个体行为，隐蔽信息是指其他个体难以了解或拥有另一个体拥有的信息，包括契约前的私人信息和契约后的个人信息。一条由多级组成的供应链中有大量的隐蔽行动和隐蔽信息，它们会影响到激励机制的设计。下面通过具体实例来解释这些概念，了解它们是如何对供应链激励机制的设计产生影响的。

图 8-6　隐蔽行动和隐蔽信息

1. 隐蔽行动(道德风险)

在许多供应链中，制造商并不能直接观察到零售商努力推动某种产品销售的行为。例如，在电子消费品行业中，永乐公司是一家以上海为主要市场的电子消费品零售商，它在销售产品的过程中与顾客保持紧密的互动关系。因此，它的销售人员会深深影响顾客买何种产品和买多少产品。在顾客挑选高端音响系统这种具有低品牌忠诚度产品的时候，销售人员完全能够说服消费者优先购买某种品牌的商品。而在汽车行业、房地产业和高端品牌服装的供应链中，零售商也经常努力推销，从而影响顾客购买某种商品。

通过使用委托-代理理论，这些制造商可以被看作“委托人”，零售商则可以被看作“代理人”，代理人努力推销的行为能够对委托人的利益产生影响。然而，如果代理人付出额外努力的代价很高，而且代理人的行为并不能直接受契约的约束(即委托人不能直接监控和核实代理人是否做出了努力推销的行为)，那么，这种努力推销的行为就称为“隐蔽行动”，可以认为代理人具有“道德风险”。例如，对于海尔这样一个生产高端冰箱的制造商而言，就很难监控电子消费品零售商永乐在推销海尔产品的时候所付出的努力行为。

当零售商销售的产品来自不同的制造商、并且可以互相替代的时候，确保零售商在销售方面付出了一定的努力对制造商而言是特别重要的。例如，分销商可能会大力推销那些最能赚钱的制造商的产品，而这正是制造商感到焦虑的一点。另外，当零售商的私有品牌产品就是具有竞争力的替代性产品的时候，制造商的处境会更糟。例如，现在一些大型超市集团都有自己的品牌产品，如家乐福的 Firstline 品牌。这种情况下，家乐福自然更倾向于推销自己的品牌。

2. 契约前的私人信息

契约前的私人信息是指委托-代理的某一方在达成契约之前可以获得的信息，它可以使契约复杂化，有时候也可以解除契约。

在签订合同前，一方往往拥有另一方不知道的私人信息，由此会导致一个被称为“逆向选择”的现象。举一个保险行业的例子来说，保险公司和顾客组成一个委托-代理关系。假设有一家公司正在计划提供心脏病伤害保险业务，该种保险项目会面向所有消费者推出，但不是所有消费者都会购买该项保险。如果一个潜在消费者能够得知他患心脏病的可能性很大，那么，他就很可能去购买该项保险，而保险公司却不知道这种私人信息。这样的话，这家保险公司就会受到“逆向选择”的影响，导致在它的顾客中心脏病的发生率要高于人口总量中心脏病的发生率。

再举个和供应链有关的例子。零点市场调查公司在行业中广泛地收集和传播零售商的销售数据。首先要争取零售商参加项目，然后基于从零售商处获得的销售数据做出综合性分析报告，最后这份报告会被卖给制造商和零售商(会折价销售给零售商)。该报告为零售商和制造商指出在特定的市场区域内投放销售的产品种类，从而可以让它们更好地规划自己的商品组合。显然，零点公司提供的报告体现出了较大的价值，这主要体现在报告中包括来源于商店的数据，而这些数据是对市场区域中未来发生的需求进行预测的重要基础。

上海的零售商连锁企业前卫时尚公司是一家经常销售特色服饰的零售商，但是这样的零售商通过参与上述调查服务所获的利润是最少的，有时甚至只能刚好维持盈亏平衡。然而由于获得了前卫时尚公司的店中正在销售的产品种类的信息，另一家零售商(可能拥有最低的运营成本)可能就会复制这种产品组合。因此，前卫时尚公司在下一次签订合同时，必将做出抉择，使所有商店不再参与零点市场调查公司提供的服务。这样一来，有选择性的会员身份对于零点市场调查公司而言涉及成本代价昂贵的问题。作为鉴别顾客品位的一种重要的工具，该报告随着参与者的退出而变得越来越没有价值，甚至也导致了其他参与伙伴的退出。

由契约前的私人信息引起的另一个问题，在术语上叫作“议价”，它指的是契约的任何一方担心另一方利用私人信息中止契约的运行。通常，契约前的私人信息会成为供应链中企业双方制定契约的障碍。制造商和分销商会针对产品价格进行谈判，其中，制造商会努力获得一个高的批发交易价格，然而，分销商出于实现利润最大化的目的，会努力获得一个低的批发交易价格。可是在签订合同的过程中，制造商往往愿意降低交易价格，而零售商也愿意接受一个更高的交易价格。制造商愿意降低产品的交易价格是因为它的仓库中存有大量的存货。另一方面，分销商在仓库存货不足的情况下，也会愿意接受更高的交易价格。然而，签订合同的双方显然不会在价格谈判的过程中透露各自的私人信息。其中制造商们会尽力地隐藏它们希望通过达成销售协议来达到当月销售目标的急切心情。而分销商们则会假称自己已经拥有了足够的存货，如果不能得到一个相当优惠的折扣的话，它们就不会采购商品。因此，就算合同能够圆满签订，双方所持的态度对该合同的发展也是不利的，有时甚至会影响整个合同的发展。

在汽车行业中也一样，供应商总担心制造商掌握了它们的业务流程和成本信息以后会让它们的利润空间缩水，因此，拒绝透露这些私人信息。由于企业拒绝共享业务流程信息，供应链往往会失去提高业务流程运作能力的机会。

这一部分的实例都强调了契约前的私人信息对供应链中的目标一致性问题的影响，同时，也指出了契约前的私人信息能够导致逆向选择的发生和交易的失败，即使该项交易对不同的契约参与方都是有利的。

3. 契约后的私人信息(局部知识)

局部知识指的是在契约签订后，一方或更多的契约参与方可以得到的信息，也就是指在详细说明激励机制后一个或多个决策制定者获得的私人信息。例如，在零售企业中，商店经理可能相当了解顾客对某种具体产品的需求、在一段时间内该种产品的需求是如何波动的以及他们的顾客偏爱哪种产品。这就是局部知识，虽然可以预见到它们的存在，但是这部分具体信息在契约签订前是无法得到的，而只有在契约签订后才可以得到。

局部知识通过影响供应链中决策权的分配过程，使得对激励机制的协调变得复杂化。例如，食品制造商和超级市场都尽力推行“供应商管理库存”策略的实施，它是一种通过卖方(即制造商)来管理超级市场的库存的方法。但是，因为产品需求信息和订货权一向是由零售商掌握的，很难转移给供应商，所以就导致“供应商管理库存”方法在实施过程中陷入了困境，供应商无法从 VMI 中得到更多的消息。另外一些情况下，那些拥有局部知识的零售商经理也能够轻易地妨碍新项目的实施进程。因此，应该注意改进激励机制，降低他们阻碍项目实施的可能性。

综上所述，制定合适的激励机制是非常复杂的问题，需要考虑多方面的因素，代理人的隐蔽行动和委托与代理双方的隐蔽信息都会影响激励机制的制定，进而影响到供应链的绩效。

二、解决目标不一致性问题的基本方法

解决目标不一致性问题的方法可以分为基于契约、基于信息、基于信任和基于组织结构的解决方法，如图8-7所示。下面将通过实例来分别说明每种方法是如何解决供应链中发生的目标不一致性问题的。

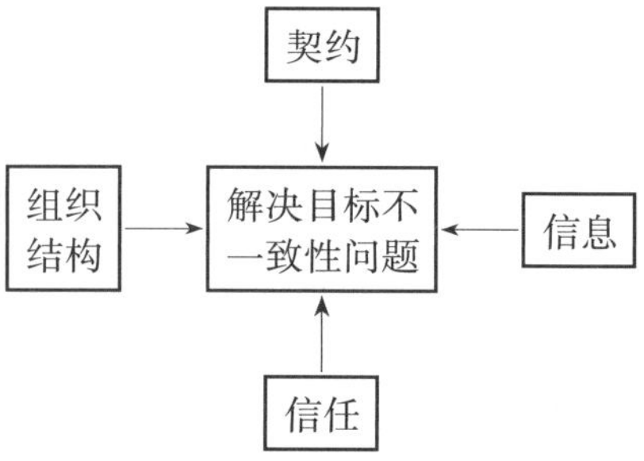

图8-7 解决目标不一致性问题的办法

(一) 基于契约的解决方法

基于契约的解决方法是通过改变针对决策制定者(代理人)的激励机制("契约")，从而在一定程度上解决供应链中的目标不一致性问题。下面将分别举例说明该方法是如何缓和由隐蔽行动和隐蔽信息导致的目标不一致性问题的。

1. 缓和由隐蔽行动导致的目标不一致性

由隐蔽行动导致的目标不一致性问题，可以通过以隐蔽行动所产生的"可观察到的结果"来奖励个体和企业的方式来解决。例如，在电子消费品供应链中并不能直接观察到零售商在销售某种产品时所投入的努力行为，但是努力的结果(即增加的产品销售额)却是可见的。零售商通常会因为销售额的增加而得到佣金。那么，正确设计奖励机制，如毛利润政策，就至少可以在一定程度上减轻制造商与零售商之间目标不一致性的问题。

在前面举出的面包制造商的例子中，如果面包制造商采用新的激励机制，即不仅因为面包销售量的增长对送货司机进行奖励，也因为面包变得不新鲜对送货司机加以惩罚，这样就能改变送货司机的行为方式。其中，因为面包变得不新鲜而做出对送货司机的惩罚将减少这些送货司机在每家商店中维持不经济的高水平存货的动机。同时，新的激励机制也迫使送货司机在销售佣金和销售惩罚之间做出正确的权衡，以确保他们能够按照面包制造商的意愿来维持商店中面包存货的水平。

2. 缓和由隐蔽信息导致的目标不一致性

有时，顾客会难以判定多个制造商的产品的质量，而此时，有的制造商就愿意提供产品保证或退货合同给顾客，哪怕他们明知自己的产品是耐用品。这时，这些制造商就在向顾客传递其私人信息，暗示顾客他们的产品有质量保证，而那些产品或服务的价值不高的供应商不愿意提供这样的保证。这样，买方就能够使用契约来获得隐蔽信息，从而做出正确的决策。现存的大量的回购合同如两阶段供货合同、弹性回购政策等都可以用来最大化协调供应链各个成员。

(二) 基于信息的解决方法

基于信息的解决方法是通过观测更多的结果变量来减少目标不一致性问题，由此也就可以减少隐蔽行为。或者也可以通过在供应链中广泛传播私人信息(前契约期或后契约期)来减少目标不一致性问题，由此也就可以减少与隐蔽信息相关的问题。而且由于新的信息技术的出现，可以更加容易地监控新变量和传播局部知识，也就使得应用基于信息的解决方法变得越来越有吸引力。

1. 通过衡量更多的结果变量来降低道德风险

道德风险是由于委托人难以观察到代理人的行动而产生的,如果委托人能够观察到代理人的行动,就能够降低道德风险。而观察的最有效的方法就是衡量更多的结果变量。

1980 年,美国金宝汤公司的分销商频繁地促销它的鸡汤面产品,因而需要提前订购大量产品(即分销商在促销期间比在平时订购更多量的产品)。然而,对于金宝汤公司而言,这样做反而会使得公司的销售发生剧烈的波动。尽管金宝汤公司的营销部反对取消促销行为,但它更愿意按照销售额来奖励分销商,而不是在促销期间奖励它们提前购买的行为。因此,道德风险来源于金宝汤公司仅能观察到分销商的采购行为,而不能观察到它们的销售行为。金宝汤公司的解决方案是使用信息技术来追踪分销商的销售状况,从而降低道德风险,并且重要的是,也可以区别在促销期间每个分销商销售的产品数量和采购的产品数量。现在,很多供应链中都很流行使用这种"扫描式的促销方式"。

信息技术并不是用来观察到更多变量的唯一方法。一些公司雇用"神秘顾客"(指聘用人员来假装顾客)来确定零售商或分销商是否正在推动它们产品的销售或其他制造商产品的销售。使用这种方法可以在一定程度上观察到零售商投入的销售努力行为,同时也减少了相关道德风险的发生。

2. 减少契约前的私人信息

收集更多的信息可以减少契约前的私人信息所导致的问题。例如,许多保险公司在销售个人保险产品前,都会要求进行一次全面的身体检查,因此,即使无法排除逆向选择问题的发生,通过这种方式也可以减少逆向选择问题。

逆向选择问题通常与供应链中的流动资金融资有关。例如,银行需要确保企业能按时归还贷款。而顾客偿还欠款的意图和能力等契约前的私人信息就是导致逆向选择问题的原因。

再举一个例子,像上汽这样的汽车制造商是通过签订长期合作合同的方式来解决供应商不愿共享流程知识的问题的。通常,供应商不愿意与顾客共享流程机密,因为供应商担心顾客可能会以这些流程机密作为谈判筹码,从而在谈判的过程中压低价格。但是,通过签订长期契约可以减少对价格谈判的需求,因此,供应商也就没有必要对其顾客隐瞒契约前的私人信息。

3. 减少局部知识和重新分配决策制定权

为了更好地协调激励机制,也可以使用信息技术来削减局部知识以及重新分配决策制定权。例如,制造商比较关心零售商的存货数量和订单满足率,那么,制造商就会使用电子数据交换技术从零售商处获得那些零售商的局部知识。通过转移这些局部知识可以让制造商做出适当的存货和补货决策。最近几年,供应链合作伙伴关系的普及至少在一定程度上起源于对电子数据交换技术的应用和对供应商管理库存方法的实施。

(三) 基于信任的解决方法

当然,企业也可以通过良好的声誉和合作伙伴关系来解决供应链中的隐蔽行动和隐蔽信息问题。

1. 中间商

中间商的出现有利于对供应链中的激励机制进行协调。中国香港利丰公司(Li &

Fung)就是这样一个中间商。它凭借接近亚洲工厂的地理优势来监控亚洲工厂的业务活动,同时,又通过每年对它的庞大的供应商网络产生的半数的生产量进行粗略估计的方式,阻止违背契约行为的发生。因此,在供应链中充满了大量的道德风险和缺乏使契约规范化的资源的情况下,像利丰公司这样的中间商就可以凭借它们的联系网络和影响力来协调供应链中的激励机制。

2. 良好的声誉

良好的声誉也可以减少供应链中两家企业之间对签订规范化合同的需求。通常,一些企业凭借较高的信任度和过硬的产品质量而赢得良好声誉,它们就会希望保持这种优势。例如,一些中间商往往能采购到顾客不易买到的东西。当一些顾客急需某种专用商品时,拥有良好声誉的中间商绝对不会趁机敲诈他们,因为他们更加关注长期的发展,不会为了一点蝇头小利而去破坏辛辛苦苦建立起来的良好声誉。这样也就达到了减少供应链中的道德风险和协调激励机制的效果。

3. 关系型合同

企业中的关键个体之间的合作关系同样也能够替代阐述详细的合法合同。最具代表性的就是关系型合同,它能按照事先约定的程序步骤,为每种可能发生的突发性事件提出相应的解决方案。但如果双方因为公平的问题而频繁采用这种方法,代价会很高昂。

(四) 基于组织结构的解决方法

企业也可以耗费资源实施后向垂直一体化。后向垂直一体化策略是指制造商自己负责供应链后期的销售任务。例如,一些服装、个人电脑产品和化妆品的制造商就在大型百货商店中建立起自己的精品店,有些精品店中的职员还是制造商自己的员工。

第四节 供应链合作伙伴关系

信息技术及经济全球化的发展,极大地推动了全球化市场的形成和发展,同时也加剧了竞争的激烈程度。这就要求企业加快对用户需求变化的反应速度,同时加强与合作伙伴的协作;要求企业将自身的业务和合作伙伴的业务集成在一起,站在整个供应链的高度考虑增值过程。为此,许多成功的企业与供应链上其他企业的关系也发生了很大的变化,由附属和对立逐渐转向联盟和合作。

一、供应链合作伙伴关系的基本概念

(一) 供应链合作伙伴关系的概念

供应链合作伙伴关系(supply chain partnership,简称 SCP)是一种企业之间的联盟关系,也就是供应商-制造商(supplier-manufacturer)关系,或者称为卖主/供应商-买主(vendor/supplier-buyer)关系、供应商(supplier partnership)关系,是供应商与制造商为了实现某个特定的目标,在一定时期内共享信息、共担风险、共同获利的协作关系。

供应链的合作伙伴关系形成于集成化供应链环境下,主要体现在为了特定目标和利益的供应链节点企业之间,并以合作和信任为基础。供应链合作伙伴关系在最终用户需求的拉动下,通过和合作企业之间实现信息共享,以及与合作企业在最终产品形成过程中进行功能划分与协作，提高最终产品形成过程的效果与效率。

供应商和制造商的合作关系主要体现在以下几个方面：

(1) 供应商了解企业（制造商）的生产过程和生产能力，使供应商能够清楚地知道企业所需产品或原材料的期限、质量和数量；

(2) 制造商向供应商提供自己的经营计划、经营策略及其相应的措施，使供应商明确企业的要求和目标；

(3) 制造商和供应商要明确双方的责任，并各自向对方负责，使双方明确共同的利益所在，并为此而团结一致，以达到双赢的目的。

(二) 供应链合作伙伴关系的产生和发展

从历史上看，企业之间的关系大致经历了三个发展阶段，如图 8－8 所示。

在传统的观念中，企业之间的关系是“买卖”交易关系，因而企业的管理理念就是以生产为中心，企业之间很少沟通与合作，更谈不上企业之间的战略联盟与合作。在 JIT 和 TQM 等现代管理思想的推动下，企业之间的关系模式开始由以生产为中心向物流关系转变。为了达到生产的均衡化和物流的同步化，企业的各部门间以及企业之间开始合作与沟通，但是这种基于物流关系的合作仅处于运作层或技术层，应用范围比较有限。在信息共享、服务支持、并行工程、群体决策、柔性与敏捷性等方面都已经越来越无法适应客观的需要，企业需要从战略的角度来考虑合作伙伴关系。目前人们对供应链管理模式的认识中，强调最多的就是企业间的“战略伙伴关系”，这种关系也是近些年来企业关系发展的一个新的动向。供应链管理就是基于这种新型企业关系的新的管理模式。

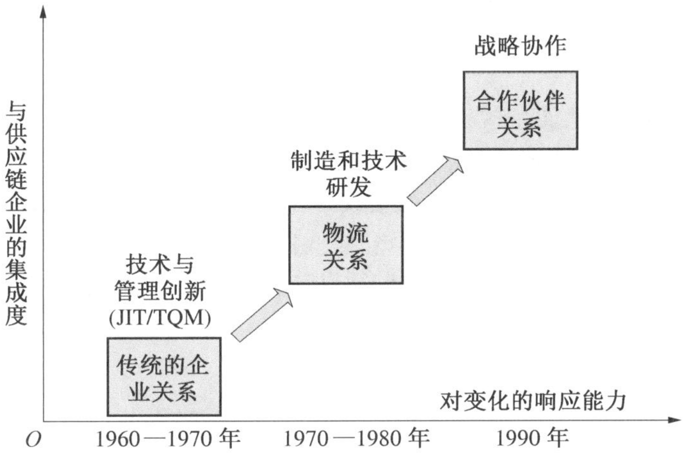

图 8－8　企业关系发展过程

(三) 建立供应链合作伙伴关系的意义

在新的竞争环境下，先进制造技术和信息技术的广泛使用要求企业将自身的业务与合作伙伴的业务集成在一起，站在整个供应链的角度考虑增值过程。建立供应链合作伙伴关系对于供应商和制造商都具有很重要的意义。

对于制造商来说，建立供应链合作伙伴关系具有以下意义：

(1) 降低合同成本；

(2) 实现数量折扣，获得稳定而有竞争力的价格；

(3) 提高产品质量和降低库存水平；
(4) 改善时间管理；
(5) 缩短交货提前期和提高交货可靠性；
(6) 提高面向工艺的企业规划；
(7) 更好的产品设计和对产品变化更快的反应速度；
(8) 强化数据信息的获取和管理控制。

对于供应商来说，建立供应链合作伙伴关系具有以下意义：

(1) 保证稳定的市场需求；
(2) 更好地了解/理解用户需求；
(3) 提高运作质量；
(4) 提高零部件生产质量；
(5) 降低生产成本；
(6) 提高对买主交货期改变的反应速度和柔性；
(7) 获得比非供应链合作伙伴关系更高的利润。

对于供应商、制造商双方来说，建立供应链合作伙伴关系具有以下意义：

(1) 改善相互之间的交流；
(2) 实现共同的期望和目标；
(3) 共担风险和共享利益；
(4) 共同参与产品和工艺开发，实现相互间的工艺集成、技术和物理集成；
(5) 降低投机思想和投机概率；
(6) 增强解决矛盾冲突的能力；
(7) 减少管理成本；
(8) 订单、生产、运输上实现规模效益以降低成本；
(9) 提高资产利用率，减少外在因素的影响及其造成的风险。

通过以上优势分析可以看出，通过建立战略合作伙伴关系可以使双方获益。但也存在许多潜在的风险。如果过分地依赖于一个合作伙伴可能会导致当合作伙伴不能满足期望要求时造成惨重的损失；此外，企业也可能由于对战略合作关系的失控、过于自信、合作伙伴的过于专业化等原因而降低竞争力。

二、供应链合作伙伴关系的建立

(一) 建立供应链合作伙伴关系的影响因素

影响供应链合作伙伴建立的因素包括外部因素和内部因素两个方面。

1. 外部因素

外部因素主要涉及外部环境的完善程度和外部竞争的激烈程度两方面。

(1) 外部环境的完善程度。外部环境包括市场环境、产业环境和法律法规的健全程度等，是供应链合作关系能否建立的关键。

(2) 外部竞争的激烈程度。供应链企业合作的过程中，会不断出现来自外部的竞争力量对供应链中企业合作关系的维系造成威胁。例如：新的供应商用极低的价格或利用具有更大技术优势的产品、工艺或服务来争取客户；客户为适应市场潮流的变化而快速改变其产品的基本特点，进而需要寻找相应技术的新供应商；客户面对经济衰退的压力，通过降低产量和成本来渡过难关，被迫减少对供应商订单或寻求更低的价格。

2. 内部因素

影响企业间建立供应链合作伙伴关系的内部因素主要有以下几点。

（1）企业间文化的差异性。在供应链上，不同企业的文化可能存在差异，甚至可能存在冲突。文化之间的差异使得企业在建立供应链合作关系的过程中对供应链理念的认识不同，信息的接受和理解也不同，从而对供应链合作关系的产生不利影响。

（2）企业间的相互依赖性。相互依赖性是指两个主体之间的一种相互作用，其中一方任务的完成依赖于另一方任务的成功进行，它是冲突形成的客观基础。

（3）信息沟通的有效性。沟通是供应链各成员之间达成一致的必要前提。有效的沟通能够让供应链各方都了解对方所掌握的信息、所持有的观点和准备采取的行动，从而选择和调整自身的行为，使得整个供应链更有效、更协调地运作。

（4）利益分配的合理性。供应链成员企业加入供应链的根本目的是获取经济收益。合理的利益分配可以刺激供应链中企业合作的积极性，对供应链合作关系有积极的促进作用。对于整个供应链而言，如何评价各成员方对整个供应链的贡献，并在此基础上再分配所带来的合作收益是一个决定供应链合作成败的关键问题。

（5）供应链中各合作方的目标一致性。供应链中各合作方在总体目标上应该是一致的，即让各方所拥有的有限经营资源发挥互补与协同效应，实现所预期的供应链总体目标。在保证总体目标实现的前提下，兼顾各企业自身的利益，在总体目标和个体目标之间寻求平衡点。

（6）信任关系的培养。信任是合作各方在面向不确定的未来时所表现出的彼此间的信赖。在加入供应链时，成员企业需要改变传统的买卖观念和思维方式，要与合作企业共担责任、风险与成本，同时共享成果与收益，这是企业间建立长久信任关系的唯一有效途径。企业间只有建立了信任关系，供应链的运作效率才能得到保证和提高，企业才能赢得长久的竞争优势。

（7）供应链成员间的竞争和合作程度。建立供应链的目的是建立一种各成员方在竞争基础上的合作，但实际上竞争仍然存在，进行合作的企业都有着各自隐藏的目的。但是供应链内部的竞争程度过高将导致合作成本的上升，因此应尽量降低供应链成员间的竞争程度，减小激烈竞争带来的负面影响，保证各合作方实现均衡的或互补性的收益，提高合作关系的稳定性。

（二）供应链合作伙伴的类型

对合作伙伴进行划分的两个主要的维度是合作伙伴在所在行业的竞争力和合作伙伴相对于企业的增值能力。这里的竞争力主要表现为合作伙伴在行业中的集中度、技术完善程度、管理能力的完善程度、价格谈判的能力等；增值能力既表现为合作伙伴现有产品、储备产品和技术能力对下游企业现有产品的贡献度，也表现为合作伙伴竞争力能否对供应链其他企业未来的产品组合或者业务计划产生深远的影响。

根据以上两个维度，可以把合作伙伴分为四种类型，如图 8－9 所示。

1. 普通合作伙伴

这种企业行业竞争力较弱，对下游企业现在和未来产品或业务的贡献也非常有限。企

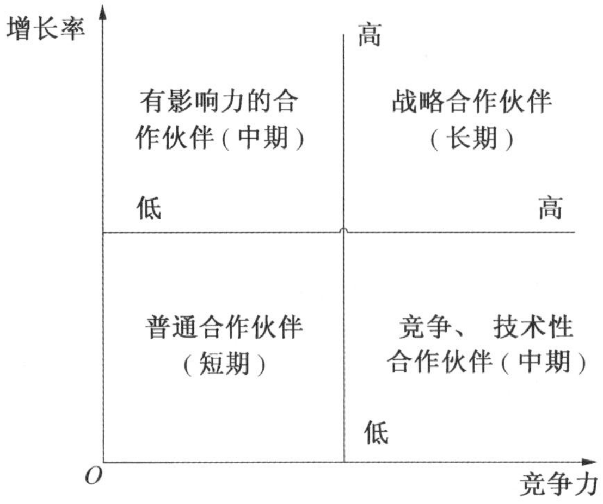

图 8-9 合作伙伴的类型

业与这种合作伙伴交易的商品通常是低值标准化产品。交易关系属于单功能界面，主要通过价格来进行选择。

2. 竞争、技术性合作伙伴

这一类伙伴行业竞争力较强，但是对企业的增值性较弱。所以虽然目前对企业业务或者产品的支撑较大，但是缺乏后劲。企业同这种合作伙伴之间的关系属于利用型，即由于其产品对企业现有的业务有较大的贡献，所以需要维持一个较长的交易关系。

3. 有影响力的合作伙伴

这种合作伙伴虽然目前的竞争力相对较弱，但是它的增值能力较强，具有良好的潜质。他们所提供的产品通常是属于定制型、非标准化产品，所以不能靠价格来进行选择。由于这种企业行业竞争力不太强，所以下游企业应当采取适当的支持性策略。

4. 战略合作伙伴

这一类的合作伙伴不仅自身在行业中具有较强的竞争力，而且对下游企业的增值能力也表现得非常强劲。他们提供的产品不仅有高的附加值，而且是定制的、结构封闭的产品。企业和供应商之间存在相互依赖的倾向，任何一方都不能控制对方，所以双方需要形成双赢的战略合作关系。不同类型合作伙伴的特点如表 8-1 所示。

表 8-1 不同类型合作伙伴的特点

特　　点	普通合作伙伴	竞争、技术性合作伙伴	有影响力的合作伙伴	战略合作伙伴
产品特性	低值一般产品、充分供应、开放型产品结构	偏向开放型产品	定制化、产品结构封闭	完全定制化、结构产品封闭
规制形式	契约	契约＋部分专用性投资	契约＋专用投资＋部分信息共享	专用人才投资＋高度信息分共享
契约的作用	非常大	较大	较小	很小
管理特点	严格控制	利用型	支持、帮助	战略协同
考虑因素	价格、供货及时性	持续合理供货＋价格	多功能界面	多功能界面

企业在实际运作中，应根据不同的目标选择不同类型的合作伙伴。如果是长期合作，要求合作伙伴保持较高的竞争力和增值率，因此最好选择战略合作伙伴；如果只是短期合作或者是满足某一短期市场，只要选择普通合作伙伴，以保证成本最小化；对于中期合作，可以根据竞争力和增值率对供应链增值程度的不同，选择不同类型的合作伙伴。

（三）建立供应链合作伙伴关系的步骤

建立供应链合作伙伴关系的步骤包括：

（1）进行供应链合作关系的战略需求分析。全面评估企业面临的竞争环境及潜在的利益和风险，确定核心竞争力所在，确定哪些业务应该外包。在战略分析阶段，需要相互了解企业结构和文化，解决社会、文化之间的障碍，并适当地改变企业的结构和文化，同时在企业之间建立统一的运作模式或体制，解决业务流程或体制上存在的障碍。

（2）合作形式与伙伴的选择。通过一定的方法和工具从备选伙伴中确定最适合的合作对象。企业之间的合作在企业经营的产、供、销各个环节中可以以不同的形式实施。

（3）合作伙伴关系的建立。以契约或协议的方式来正式缔结合作伙伴关系。总成本和利润的分配、文化兼容性、财务稳定性、合作伙伴的能力和定位（自然地理位置分布）、管理的兼容性等将影响合作伙伴关系的建立。在供应链合作伙伴关系建立的实质阶段，需要进行期望和需求分析，相互之间要紧密合作，加强信息共享和相互之间的技术交流和支持。

（4）合作伙伴关系的控制。在实施过程中要进行控制与协调，随时反馈运行情况，解决在运行过程中出现的问题。此中最重要的是相互之间的信任，良好的愿望、柔性、解决矛盾冲突的技能。

（5）合作伙伴关系的评价。包括重新审察供应链合作伙伴选择标准、进行合作伙伴的再评价、合作伙伴的再选择，保证战略合作关系选择评价的动态性和有效性。

供应链合作伙伴关系的建立过程如图 8－10 所示。

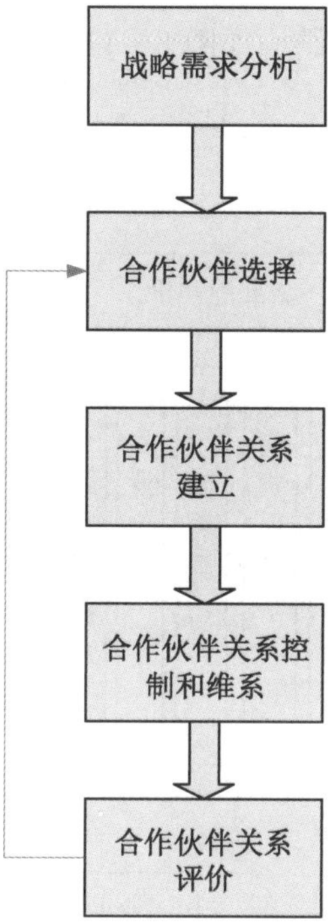

图 8－10　供应链合作伙伴关系的建立过程

三、供应链合作伙伴的评价

对合作伙伴进行评价是合作伙伴选择过程中一个重要的环节。在对合作伙伴进行评价时首先是要建立综合评价指标体系，然后选择科学合理的评价方法进行评价。

（一）合作伙伴评价指标体系

1. 设立评价指标体系的原则

（1）系统全面性原则。评价指标体系必须全面、多角度地反映合作企业目前的综合水平，并包括企业发展前景等各方面的指标。

（2）简明科学性原则。评价指标体系的大小要适宜，有一定的科学性。指标体系过大，指标层次过多，指标过细则会将评价者吸引到细小的问题上，导致只见树木不见森林；而指标体系过小，指标层次过少、指标过粗，又不能反映合作伙伴的水平。

（3）稳定可比性原则。评价指标体系的设置还应考虑到易于和国内其他指标体系的比较。

（4）灵活可操作性原则。评价指标体系应当有足够的灵活性，以使企业能够根据自己的特点以及实际情况，对指标灵活应用。

（5）动态性原则。各评价指标应尽可能反映合作伙伴在未来的竞争力的动态变化。

2. 指标体系及结构

影响合作伙伴选择的主要因素可以归纳为四类：企业业绩、业务结构/市场能力、质量系统和企业环境。为了有效地评价、选择合作伙伴，我们可以框架性地构建三个层次的综合评价指标体系。第一个层次是目标层，包含以上四个主要因素，影响合作伙伴的具体因素建立在指标层体系的第二层，与其相关的细分因素建立在第三层。合作伙伴综合评价指标体系结构如图 8－11 所示。

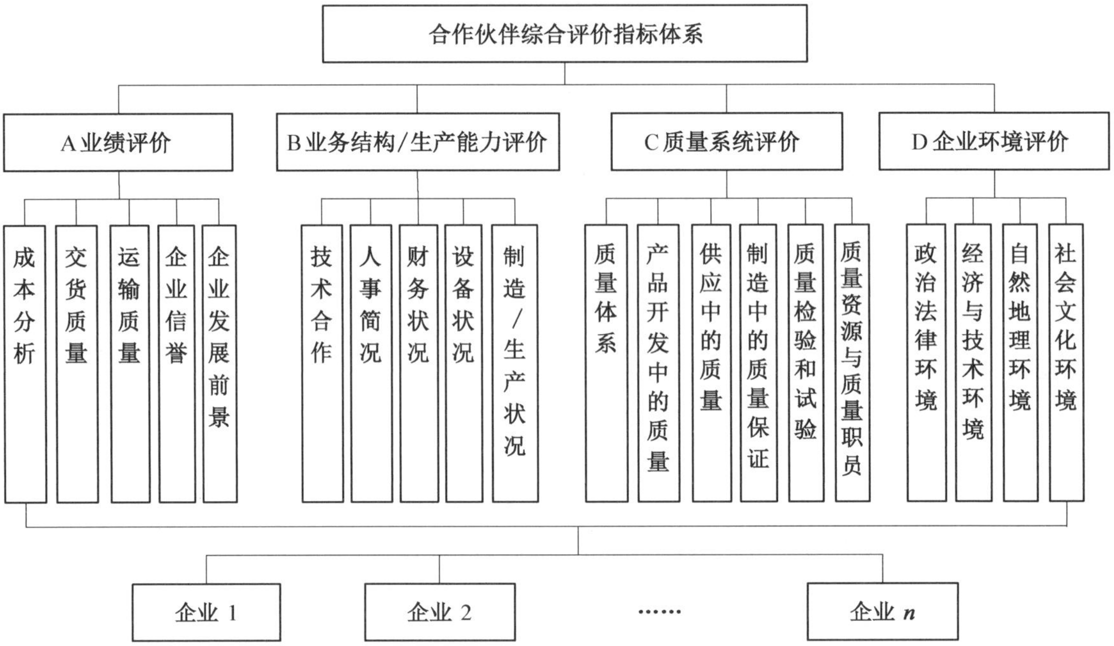

图 8－11 合作伙伴综合评价指标体系结构图

（二）供应链合作伙伴评价方法

目前，供应链合作伙伴评价选择主要有三类方法：线性加权方法、数学规划方法和统计（概率）方法。具体来说，目前国内外较常采用的方法有：直观判断法、招标法、协商选择法、采购成本比较法、作业成本法即 ABC 成本法、层次分析法、多目标数学规划法、人工神经网络算法、DEA 方法和 TOPSIS 法等。下面介绍几种重要的方法便于读者今后在工作中选用：

1. 直观判断法

直观判断法是根据征询和调查所得的资料并结合个人的分析判断，对合作伙伴进行分析、对比评价的一种方法。这种方法主要是根据企业对合作伙伴以往业绩、质量、服务、价格等的了解程度，提出合作伙伴名单，然后由有经验的评审人员做出判断确定最后合作伙伴。

优点：比较直观、简单易行。

缺点：主观性太强，选择的结果不太具有科学性，不适合选择企业的战略性合作伙伴。

适用情况：可用于少量辅助材料的一般合作伙伴的选择。

2. 招标法

招标法是由企业提出招标条件，由招标合作伙伴进行竞标，然后由企业决标，与提出最有利条件的合作伙伴签订合同或协议。

优点：竞争性强，企业能够在更广泛的范围内选择适当的合作伙伴。

缺点：手续较繁杂，操作时间长，很难适应紧急定购的需要，定购机动性差，且不适用于选择战略合作伙伴。

适用情况：当对供应或需求量大而竞争又十分激烈的合作伙伴进行选择时，可采用招标法来选择适当的合作伙伴。

3. 协商选择法

协商选择法是由企业先选出若干供应条件较为有利的备选合作伙伴，再分别同他们进行协商后形成正式合作伙伴关系。

优点：与招标法相比，由于供需双方有更多的沟通，在供应质量、时间和售后服务等方面有保障。当采购时间紧、投标单位少、竞争程度小、供方物资规格和技术条件复杂时，此法较招标法更为有效。

缺点：由于选择范围有限，不一定能够得到合理的价格和供应条件最有利的供应来源。此外，由于这种方法没有对备选合作伙伴进行综合评价的过程，没考虑到需要和合作伙伴建立长期稳定的战略合作伙伴关系，所以在选择战略合作伙伴时不适用。

适用情况：在可供选择的伙伴较多时，可采用协商选择的方法来选择合适的合作伙伴。

4. 采购成本法

采购成本一般包括售价、采购费用、运输费用等各项支出的总和。采购成本法是通过计算分析针对各个不同合作伙伴的采购成本，选择采购成本较低的合作伙伴的一种方法。

优点：简便易行，程式化，容易操作。

缺点：这种方法单纯从采购成本的角度来进行合作伙伴的选择，有较大的局限性。

适用情况：对质量和交货期都能满足要求的合作伙伴，则可以通过计算采购成本来进行分析比较。

5. ABC 成本法

ABC(activity-based costing)成本法又称作业成本法，是目前广泛使用的一种新的成本计算方法。该方法的基本思想是：供应链中的物流活动是价值增值与成本增加相结合的过程，完成一项活动或者作业可以使产品的价值有所增加。供应商所提供产品的任何因素的变化都会引起采购企业总成本的变动，价格过高、质量达不到要求、供应不及时等都会增加采购企业的总成本。该方法是通过计算合作伙伴的总成本来选择成本最小的合作伙伴，总成本模型为：

$$S_i=(p_i-p_{\min})\times q+\sum_j c_j \times D_{ij}$$

其中，S_i—第 i 个合作伙伴的成本；

p_i—第 i 个合作伙伴的单位销售价格；

$p_{\min}$—合作伙伴中单位销售价格的最小值；

q—采购量；

c_j—因企业采购相关活动导致的成本因子 j 的单位成本；

D_{ij}—因合作伙伴 i 导致的在采购企业内部的成本因子 j 的单位成本。

6. *层次分析法*

层次分析法(analytic hierarchy process,简称 AHP)是 20 世纪 70 年代由著名运筹学家沙旦提出的一种定性和定量相结合的多目标决策分析方法。AHP 通过对多准则决策问题构造层次结构模型,在每一层次上将决策者的主观判断进行数量化,然后进行逐层加权处理,最后得到各备选方案相对于总目标的权重,从而实现多准则(目标)下对备选方案的排序。

层次分析法的基本原理是:在每一个层次中通过采用两两因素相比较的方法,确定判断矩阵,然后把与判断矩阵的最大特征根相对应的特征向量的分量作为相应的指标权重。或者应用一种较为简单的方法,即对判断矩阵的每一列求和,矩阵中的每一个元素除以相应列的和得到调整后矩阵,然后计算调整后每一行的平均值,即可得到各个指标的权重。最后给出各方案的综合得分,再根据综合得分的高低进行评价和选择。

下面我们通过一个简单的例子来进一步了解:

[例 8-1] 假设某企业采用四个指标:价格、质量、服务和交货期来评价供应商,候选供应商有四个:S_1,S_2,S_3 和 S_4。请用 AHP 方法评价供应商。

解答:首先建立问题的层次结构模型,如图 8-12 所示:

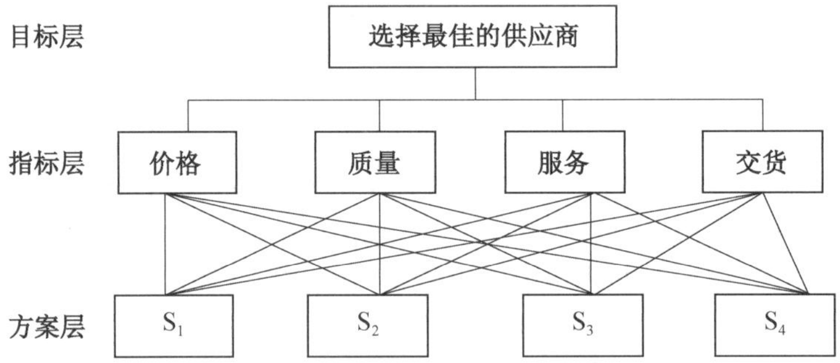

图 8-12 供应商选择层次结构

这里采用 1~9 标度法确定指标的相对重要性。

表 8-2 1~9 评分标度

所评分数	含 义
1	表示两个目标同等重要
3	表示一个目标比另一个目标重要
5	表示一个目标比另一个目标明显重要
7	表示一个目标比另一个目标重要得多
9	表示一个目标比另一个目标极端重要

如果比较结果处于两个标度之间,则取 2,4,6 和 8。

应用层次分析法评价四个供应商的步骤如下:

(1) 构造指标重要性判断矩阵。根据 1~9 标度对四个指标进行两两比较,结果如表 8-3所示。

表 8-3 指标相对重要性判断矩阵

指 标	质 量	价 格	交 货	服 务
质 量	1	2	1/4	5
价 格	1/2	1	1/3	4
交 货	4	3	1	5
服 务	1/5	1/4	1/5	1
∑	5.7	6.25	1.78	15

（2）计算指标权重。

表 8-4 指标权重计算

指 标	质 量	价 格	交 货	服 务	权 重
质 量	0.175	0.320	0.140	0.333	0.242
价 格	0.088	0.160	0.187	0.267	0.175
交 货	0.702	0.480	0.561	0.333	0.519
服 务	0.035	0.040	0.112	0.067	0.064
∑	1.000				

（3）对供应商进行单指标排序。方法和(1)(2)类似。

表 8-5 供应商单指标排序

质量指标排序					
	S1	S2	S2	S3	权 重
S1	1	6	4	1/2	0.325
S2	1/6	1	1/2	1/8	0.056
S3	1/4	2	1	1/5	0.099
S4	2	8	5	1	0.520
∑	1.000				
价格指标排序					
	S1	S2	S2	S3	权 重
S1	1	2	1/4	1/3	0.126
S2	1/2	1	1/5	1/4	0.079
S3	4	5	1	2	0.490
S4	3	4	1/2	1	0.305
∑	1.000				

续　表

交货指标排序					
	S1	S2	S2	S3	权　重
S1	1	3	3	2	0.408
S2	1/3	1	1	1/2	0.125
S3	1/3	1	1	1/2	0.125
S4	1/2	2	2	1	0.342
$\sum$	1.000				
服务指标排序					
	S1	S2	S2	S3	权　重
S1	1	1	1/2	1	0.200
S2	1	1	1/2	1	0.200
S3	2	2	1	2	0.400
S4	1	1	1/2	1	0.200
$\sum$	1.000				

(4) 进行供应商总排序。供应商在各指标下的排序权重和各指标权重的积累加后即可得到供应商的排序总分。

表 8-6　总排序

	质量(0.242)	价格(0.175)	交货(0.519)	服务(0.064)	总权重
S1	0.325	0.126	0.408	0.200	0.325
S2	0.056	0.079	0.125	0.200	0.105
S3	0.099	0.490	0.125	0.400	0.200
S4	0.520	0.305	0.342	0.200	0.370

所以本例中被选供应商的排序为 S_4,S_1,S_3,S_2。

优点：AHP 具有思路清晰、方法简单、适用面广、便于推广应用等特点，是目前解决多准则决策问题有效的方法之一。

缺点：存在一定的主观性，并且当指标太多时判断矩阵很难满足一致性。

7. 数据包络分析法

数据包络分析(DEA)方法是 1978 年由 A.Chames，W.W.Cooper 及 E.Rhodes 提出的评价决策单元(decision-making units, DMUs)相对有效性的一种系统评价方法。该方法主要是从投入产出的角度对决策单元(如备选合作伙伴)进行评价的。我们用下面一个例子来具体说明：

现有 n 个合作伙伴，每个合作伙伴都有 m 种类型的输入和 s 种类型的输出，即 $x_j=(x_{1j}, x_{2j}, \cdots, x_{mj})$, $y_j=(y_{1j}, y_{2j}, \cdots, y_{sj})$ $j=1, 2, \cdots, n$。定义 h_j 为第 j 个备选合作

伙伴的效率指数，

$$h_j = \frac{u^T y_j}{v^T x_j},\ j = 1,\ 2,\ \cdots,\ n$$

其中 $v = (v_1,\ v_2,\ \cdots,\ v_m)^T$，$u = (u_1,\ u_2,\ \cdots,\ u_s)^T$，$v_i$ 为第 i 种类型输入指标的权重，u_r 为第 r 种类型输出指标的权重，$i = 1,\ 2,\ \cdots,\ m\quad r = 1,\ 2,\ \cdots,\ s$。假设 $\{\mathrm{DMU}_j\}$ 为所有被评价合作伙伴的集合，对于 $\mathrm{DMU}_0 \in \{\mathrm{DMU}_j\}$ 评价该备选合作伙伴相对有效性的 C^2R 模型为：

$$\begin{cases} \max \dfrac{u^T y_0}{v^T x_0} \\ s.t.\ \dfrac{u^T y_j}{v^T x_j} \leqslant 1,\ j = 1,\ 2,\ \cdots,\ n \\ u \geqslant 0,\ v \geqslant 0,\ u \neq 0,\ v \neq 0 \end{cases} \tag{8-1}$$

经过一个简单的变换，即令

$$t = \frac{1}{v^T x_0},\ \omega = tv,\ \mu = tu,$$

可将(8-1)转化为等价的线性规划模型(8-2)：

$$(P_{C^2R})\begin{cases} \max \mu^T y_0 \\ s.t.\ \omega^T x_j - \mu^T y_j \geqslant 0,\ j = 1,\ 2,\ \cdots,\ n \\ \omega^T x_0 = 1 \\ \omega \geqslant 0,\ \mu \geqslant 0 \end{cases} \tag{8-2}$$

由上面的模型得到的效率指数为小于等于 1 的数，并且把效率指数等于 1 的决策单元称为是相对有效的决策单元，即与其他合作伙伴相比该评价对象是最佳的选择。在这个模型中，没有考虑决策者的偏好，如果决策者事先对某些指标具有不同的偏好，则可以用体现决策者偏好的 DEA 模型进行评价。

对于 $\mathrm{DMU}_0 \in \{\mathrm{DMU}_j\}$，能够体现决策者偏好的锥比率的 DEA 模型 C^2WH 模型为：

$$\begin{aligned} &\max \mu^T y_0 = V_2 \\ &s.t.\quad v^T x_j - u^T y_j \in K,\ j = 1,\ 2,\ \cdots,\ n \\ &\qquad\ \ \omega^T x_0 = 1 \\ &\qquad\ \ v \in V - \{0\} \\ &\qquad\ \ u \in U - \{0\} \end{aligned} \tag{8-3}$$

$V \subset R_+^m$，$U \subset R_+^s$，$K \subset R_+^n$ 为闭凸锥，且 $\mathrm{Int}V \neq \Phi$，$\mathrm{Int}U \neq \Phi$，

在实际应用中，通过选取适当的 U，V 就可以体现决策者偏好，同时也可以通过选择不同的权重对供应商进行评价，并将结果进行分析比较，权衡利弊选择最佳的供应商。

例如：当希望第 p 个输入指标的权重不小于第 q 个输入指标的权重时，就可以选择

$$V = \{v \mid v_i \geqslant 0,\ v_p \geqslant v_q\}$$

某机器制造商在采购某种零件时，需要对多个供应商进行评价，参与竞争的供应商的数据与应用DEA模型得出的计算结果如表8－7的2～5列所示。在表8－7中，价格表示按批次以供货量为权重给出的加权平均价格，价格与供货历史的乘积作为购货总额（x_1）；准时供货表示准时完成合同的指标，以迟到的供货量计算（x_2）；维修服务以响应天数与返修数量的乘积计算（x_3）；质量表示到货后合格的零件数量（y_1）；供货历史表示以往总共定货的数量（y_2）。在上述指标中，购货总额、准时供货与维修服务指标都是越小越好，因此列为评价模型的投入指标，质量与供货历史都是越大越好，列为评价模型的产出指标，评价结果即为供应商的相对效率指数。

假设考虑到实际情况，决策者认为购货总额比迟到的供货量更重要，而合格的零件数量比供货历史更重要，此时可以在模型(8－1)中选择

$$U=\{u \mid u_1 \geqslant u_2\},\ V=\{v \mid v_1 \geqslant v_2\}.$$

又若决策者对维修服务具有较大的偏重，则有

$$U=\{u \mid u_3 \geqslant u_1 \geqslant u_2\},\ V=\{v \mid v_1 \geqslant v_2\},$$

应用模型(8－3)并分别选择上述两种权重限制，计算结果如表8－7第7列和第8列所示：

表8－7 供应商数据及计算结果

供应商	购货总额	准时供货	维修服务	质量	供货历史	评价结果1	评价结果2
1	97	32	100	99	98	0.902 942	0.819 087
2	88	31	96	92	57	0.690 222	0.890 71
3	89	46	91	89	54	0.997 84	0.789 8
4	81	40	87	91	37	0.873 17	0.731 75
5	75	39	46	86	82	1	0.816 112
6	86	25	88	82	47	1	1
7	79	67	55	88	44	0.957 606	0.764 542
8	82	38	63	78	42	0.967 742	0.916 125
9	78	43	60	78	39	0.846 847	0.791 868
10	80	27	70	73	45	0.876 522	0.807 765
11	78	39	84	80	22	0.884 875	0.767 103
12	78	33	56	86	36	0.896 116	0.737 341
13	76	39	58	80	39	1	0.956 844
14	84	21	48	81	37	0.916 892	0.855 514
15	79	32	47	75	36	0.986 381	1
16	75	38	74	72	25	0.878 687	0.874 978
17	76	30	47	73	36	0.841 461	0.817 779
18	79	20	44	69	41	0.887 224	0.873 598

在表 8-7 评价结果 1 中，相对效率为 1 的决策单元包括第 5、6、13 号供应商。在评价结果 2 中，相对效率为 1 的决策单元包括第 6 和 15 号供应商。根据相对效率的特点，供应商的相对效率较高意味着该供应商在特定权重限制及决策者偏好的条件下效率是比较高的。从最后两列的结果可以看出，当选择不同的限制时将会得到不同的结果，一些相对有效的决策单元就会变为非有效的。例如，第 5 号供应商在第一种评价中为相对有效的，在第二种为非有效的，而第 15 号供应商在第一种评价中为非有效的，而在第二种为有效的。

在实际应用中，决策者可以根据自己的偏好选择不同的权重约束，也可以通过选取不同的权重约束，对供应商进行比较分析。如果某一个或者几个供应商在不同的权重限制下都有较高的相对效率指数，那么就可以认为该供应商不仅效率高而且稳定性较好，即同其他供应商相比较该供应商是最佳的选择，而且即使决策者的偏好有所变化，也不会带来较大的损失。在本例中第 6 号供应商就是最佳的，它在两种不同的权重限制下都是相对有效的。

当选择多种权重限制时，就有可能出现某一个供应商虽然在各个限制下都不是相对有效的，但是每一个效率指数都比较高，例如都达到了 95%以上，而另一些供应商的效率指数在某些限制下为有效的，在另外一些限制下效率指数相对较低，此时决策者在选择供应商时就需要根据具体情况做进一步的分析。

优点：数据包络分析法不需要预先给定指标的权重，使结果的主观性大大降低，并且该方法是从投入产出的角度对供应商进行评价。

缺点：有可能使一些决策单元由于具有过大或过小的指标值被评价为相对有效的；应用这种方法得到的结果可能是同时有几个决策单元都是相对有效的。

通常情况下，这种方法要求决策单元的个数不能少于指标个数的两倍。所以当决策单元个数比较少，而选取的指标比较多时，也会得到有较多相对有效决策单元的结果。如果得到这样的结果，则还需要应用一些 DEA 模型做进一步评价，或者是应用其他的方法做进一步的评价。

8. TOPSIS 法

TOPSIS(technique for order preference by similarity to ideal solution)法是一种简单而合乎逻辑的多因素选优方法。TOPSIS 法的基本思想是：确定一个实际不存在的最佳方案和最差方案，然后计算现实中的每个方案距离最佳方案和最差方案的距离，最后利用理想解的相对接近度作为综合评估的标准。下面是运用 TOPSIS 法进行评价的一个简单例子：

设有 m 个合作伙伴，n 个评价指标，x_{ij} 表示第 i 个合作伙伴相对于第 j 个指标的评价值。则备选合作伙伴的指标评价矩阵为：

$$A=\begin{pmatrix} x_{11} & x_{12} & \cdots & x_{1n} \\ x_{21} & x_{22} & \cdots & x_{2n} \\ \vdots & \vdots & \ddots & \vdots \\ x_{m1} & x_{m2} & \cdots & x_{mn} \end{pmatrix}$$

用 TOPSIS 法评价步骤如下：

(1) 将上面的矩阵 A 中的元素进行无量纲化处理得到规范决策矩阵 B，

$$B=\begin{pmatrix} r_{11} & r_{12} & \cdots & r_{1n} \\ r_{21} & r_{22} & \cdots & r_{2n} \\ \vdots & \vdots & \ddots & \vdots \\ r_{m1} & r_{m2} & \cdots & r_{mn} \end{pmatrix}$$

其中 $r_{ij}=\dfrac{x_{ij}}{\sqrt{\sum\limits_{i=1}^{m} x_{ij}{}^{2}}}$ $(i=1, 2, \cdots, m, j=1, 2, \cdots, n)$

(2) 由于在进行合作伙伴选择时,各个企业对评价指标的重要程度有不同的评价,所以要给出指标的权重 ω_j,通常可以用 AHP 法确定。

(3) 得到合作伙伴的指标加权评价值矩阵:

$$V=\begin{pmatrix} \omega_1 r_{11} & \omega_2 r_{12} & \cdots & \omega_n r_{1n} \\ \omega_1 r_{21} & \omega_2 r_{22} & \cdots & \omega_n r_{2n} \\ \vdots & \vdots & \ddots & \vdots \\ \omega_1 r_{m1} & \omega_2 r_{m2} & \cdots & \omega_n r_{mn} \end{pmatrix}=\begin{pmatrix} v_{11} & v_{12} & \cdots & v_{1n} \\ v_{21} & v_{22} & \cdots & v_{2n} \\ \vdots & \vdots & \ddots & \vdots \\ v_{m1} & v_{m2} & \cdots & v_{mn} \end{pmatrix}$$

(4) 确定最佳合作伙伴和最差合作伙伴:

$$A^{+}=\{v_1^{+}, v_2^{+}, \cdots, v_n^{+}\}=\{(\max_i v_{ij} \mid j \in J_1), (\min_i v_{ij} \mid j \in J_2) \mid i=1, 2, \cdots, m\}$$

$$A^{-}=\{v_1^{-}, v_2^{-}, \cdots, v_n^{-}\}=\{(\min_i v_{ij} \mid j \in J_1), (\max_i v_{ij} \mid j \in J_2) \mid i=1, 2, \cdots, m\}$$

其中 J_1 是表示效益的指标的集合,J_2 是表示成本指标的集合。

(5) 计算每一个合作伙伴和最佳合作伙伴及最差合作伙伴的欧氏距离:

$$L_i^{+}=\sqrt{\sum_{j=1}^{n}(v_{ij}-v_j^{+})^2} \quad (i=1, 2, \cdots, m)$$

$$L_i^{-}=\sqrt{\sum_{j=1}^{n}(v_{ij}-v_j^{-})^2} \quad (i=1, 2, \cdots, m)$$

(6) 应用下面的公式计算每一个合作伙伴的 TOPSIS 评价值,并根据评价值对合作伙伴进行排序选优。

$$Y_i=\frac{L_i^{-}}{L_i^{+}+L_i^{-}}$$

[例 8-2] 假设某一汽车制造厂商为了提高供应链的竞争力,准备减少现有的供应商数目,为各类零部件选择一个最佳的战略合作供应商。假设某种零部件现有七个供应商分别为 S_1, S_2, S_3, S_4, S_5, S_6, S_7,汽车制造厂考虑的指标是供应商的交货提前期、产品质量、交货可靠性和产品价格。各个供应商的指标评价值如表 8-8 所示。假设通过应用 AHP 法得到汽车制造厂对提前期、质量、交货可靠性、产品价格四个指标赋予权重 $W=(0.42, 0.16, 0.26, 0.16)$。请计算各供应商的 TOPSIS 评价值。

表8-8　供应商指标评价值

供应商	交货提前期/天	产品质量	交货可靠性	产品成本/元
S_1	19	0.92	0.94	225
S_2	20	0.98	0.96	208
S_3	22	0.90	0.80	200
S_4	24	0.99	0.88	235
S_5	23	0.87	0.98	215
S_6	21	0.86	0.85	212
S_7	24	0.94	0.90	205

解答：各指标的加权评价值矩阵如下：

$$V=\begin{pmatrix} 0.052\,2 & 0.022\,8 & 0.038\,7 & 0.024\,0 \\ 0.054\,9 & 0.024\,3 & 0.039\,5 & 0.022\,2 \\ 0.060\,4 & 0.022\,3 & 0.033\,0 & 0.021\,3 \\ 0.065\,9 & 0.024\,5 & 0.036\,3 & 0.025\,1 \\ 0.063\,1 & 0.021\,6 & 0.040\,4 & 0.022\,9 \\ 0.057\,6 & 0.021\,3 & 0.035\,0 & 0.022\,6 \\ 0.065\,9 & 0.023\,3 & 0.037\,1 & 0.021\,9 \end{pmatrix}$$

最理想和最不理想的供应商的加权评价值为：

$$A^{+}=(0.052\,2,\ 0.024\,5,\ 0.040\,4,\ 0.021\,3),\ A^{-}=(0.065\,9,\ 0.021\,3,\ 0.033\,0,\ 0.025\,1)$$

计算可得各供应商的 TOPSIS 评价值为：

$$Y=(0.806\,5,\ 0.817\,1,\ 0.375\,7,\ 0.237\,1,\ 0.418\,4,\ 0.514\,5,\ 0.282\,8)$$

由此可得供应商 S_2 是首选的合作伙伴。虽然供应商 S_3 的产品价格较低，但是由于其交货可靠性和质量较低等原因，不宜作为长期合作伙伴。

案例分析1　东方马达公司——供应商选择

东方马达公司设计出了一种新型的马达，该马达比市场上同类型的所有马达的性能都要好。公司估计马达投产后的年销售额约为600万元人民币。该马达需要一种独特的零件，为了实现马达设计方案的优势，每台马达需要的两个独特零件的制造公差要求很小，面临着加工困难的问题。

东方马达公司确定了三个可能的供应商，并且向他们发出了零件图。供应商A位于1 200公里以外，是一家技术实力雄厚的加工企业。东方马达公司去年向该供应商采购过另一种产品的零件，但该供应商不能按协商的进度交货。供应商A经长途电话多次许下承诺，但直到采购经理跑到该厂催货之后，零件又晚了2个月才到货。由于该零件交货延误，产品的其他零件不得不搁置一旁，使东方马达公司向顾客赔偿了违约金，造成很大的损失。

供应商A提出如下报价：

5 000件，单价1.60元；

10 000件，单价1.30元，模具成本8 000元，交货期约10周；

20 000件，单价1.10元，具体交货时间取决于作业排序。

以上报价不包括每件0.52元的运输成本，也不包括东方马达公司对独特零件的每件约0.85元的机加工成本。

供应商B距东方马达公司300公里，相对来说，B是一家零件加工的新公司。公司经理来公司时间不长，但曾在一家老公司积累了丰富的经验。东方马达公司过去与供应商B合作很愉快。

供应商B提出如下报价：

5 000件，每件3.00元；

10 000件，每件2.4元，模具成本为6 500元，交货期为10～12周；

20 000件，每件0.90元。

另外，每件还需运费0.35元。该报价包含了对零件图的相应修改，也就是说供应商B负责对零件的机加工，加工成本已包含在报价中。这样，机器其他零件的制造也都有了保证，最终装配安排在12周之后。

第三个供应商，即供应商C，东方马达公司以前没有同它有过业务往来，但这次也希望它就独特零件报价。供应商C是一个大型汽车公司的一个附属公司，在技术上有很好的声誉。供应商C的报价如下：

5 000件，单价9.00元；

10 000件，单价1.70元，模具成本4 000元，交货期为10周；

20 000件，单价1.50元。

供应商C距东方马达公司900公里，每件需运费0.5元。此外，供应商C的方案中，所交零件样品的二个表面有一处突起，需要东方马达公司进行机加工才能保证零件性能。尽管在这种情况下需要专业加工技术，但是，东方马达公司估计，每批超过5 000件的时候，每件再花0.4元就能去掉这个突起。

问题：

1. 如果你是东方马达公司的采购部经理，你愿意将订单交给哪个供应商？

2. 在采购时应考虑哪些主要因素？

资料来源：上海交通大学运营管理精品课程。

案例分析2　本田公司与其供应商的合作伙伴关系

位于俄亥俄州的本田美国公司，强调与供应商之间的长期战略合作伙伴关系。本田公司总成本的大约80%都是用在向供应商的采购上，这在全球范围内是非常高的。因为它选择离制造厂近的供应源，所以能与供应商建立更加紧密的合作关系，能更好地保证JIT供货。制造厂库存的平均周转周期不到3小时。1982年,27个美国供应商为本田美国公司提供价值1 400万美元的零部件,而到了1990年,有175个美国供应商为它提供超过22亿美元的零部件。大多数供应商与它的总装厂距离不超过150英里。在俄亥俄州生产的汽车零部件本地率达到90%(1997年),只有少数零部件来自日本。强有力的本地供应商的支持是本田公司成功的原因之一。

本田公司有许多供应商发展计划,如供应商奖励计划或激励计划,这与其他大多数汽车制造商非常相似。但前任高级总裁戴夫·纳尔逊认为,其中的差别在于本田将非常多的时间、金钱和努力投放在建立和维护与供应商之间的关系上。"在选择供应商时,我们希望能和他们长期合作,"他说,"其他公司并没有把充分的精力放在和供应商关系的发展上,所以,他们的计划没有成功,而只有赢得供应商的心才能与他们一起获得成功。"

本田公司与供应商之间是一种长期相互信赖的合作关系。如果供应商达到本田公司的业绩标准就可以成为它的终身供应商。本田公司也在以下几个方面提供支持帮助,使供应商成为世界一流的供应商:

(1) 2名员工协助供应商改善员工管理;

(2) 40名工程师在采购部门协助供应商提高生产率和质量;

(3) 质量控制部门配备120名工程师解决进厂产品的质量问题;

(4) 在塑造技术、焊接、模铸等领域为供应商提供技术支持;

(5) 成立特殊小组帮助供应商解决特定的难题;

(6) 直接与供应商上层沟通,确保供应商的高质量;

(7) 定期检查供应商的运作情况,包括财务和商业计划等;

(8) 外派高层管理人员到供应商所在地工作,以加深本田公司与供应商相互之间的了解及沟通。

本田与Donnelly公司的合作关系就是一个很好的例子。本田美国公司从1986年开始选择Donnelly为它生产全部的车内玻璃。当时,Donnelly的核心能力就是生产车内玻璃。随着合作的加深,相互的关系越来越密切(部分原因是相同的企业文化和价值观),本田公司开始建议Donnelly生产外玻璃(这不是Donnelly的强项)。在本田公司的帮助下,Donnelly建立了一个新厂生产本田的外玻璃。他们之间的交易额在第一年为500万美元,到1997年就达到6 000万美元。

本田在每一次的供应关系改善后,都会进行一次综合性的项目评估。纳尔逊说:"我们一直喜欢收集数据,用它们来设定新目标和测量未来的绩效。在早期与供应商的关系中,我们能提高100%的生产率,即使是很艰难的计划,我们也能至少提高50%的生产率。"

商业伙伴关系发展过程反映出本田以有组织的、制度化的方法不断地改善其与供应商的关系。一个通俗的比喻可以说明本田如何致力于供应商发展。"一旦有发生严重问题的可能,我们就会竭尽所能调配资源来帮助供应商。就好像在农场区中,只要一个谷仓着火,整个区的人都会赶来。这就是我们的工作方式。我们从不计较我们将如何从中得到回报,这根本无须讨论。"

例如,一个资信很好的供应商意外地出现了质量和交付问题,本田就会派遣公司内部的专家去了解情况。为了满足本田对部件的要求,供应商只好在短时间内增加1倍的劳动力。有一次,本田曾经安排了自己的4个员工到供应商公司生活工作了10个月,来帮助重组供应商公司，使之达到本田的要求。

本田建立并维护与供应商关系的方法远远不止提高生产率计划和解决实际问题这样简单。合作关系需要双方清晰表达相互了解的期望、绩效测量以及对细节的关注，并时时沟通。与供应商进行沟通，不能一年只写一次备忘录，必须带着生产、交付和质量方面明确的目标经常沟通。

资料来源：

1. 中国物流采购联合会，http：//www.chinawuliu.com.cn/cflp/newss/content1/200805/767_27583.html.
2. 中国采购与供应链论坛，http：//www.purchasebbs.org/bbs/.

复习思考题

1. 什么是牛鞭效应？它与供应链失调的关系是什么？

2. 供应链失调对运营业绩有什么影响？

3. 如果供应链的每一阶段将其需求视为下游阶段发来的订单，会发生什么问题？供应链内的公司如何进行沟通以促进协调？

4. 什么因素导致了供应链内的批量订购？批量订购对供应链协调会产生什么影响？采取什么样的措施才能减少批量规模，提高协调能力？

5. 商业促销与价格波动是如何影响供应链协调的？什么样的定价与促销策略能够促进供应链协调？

6. 在实际供应链的运作中，为什么可以用VMI的思想来克服由于短期促销带来的弊端？如果一个制造商有多个分销商和零售商，有些愿意用VMI管理方法，有些不愿意，这时，制造商推行VMI管理有什么困难？如何解决？

7. 激励不当是如何导致供应链失调的？采取什么补救措施才能消除这种影响？

8. 在供应链内建立战略合作伙伴关系与信任有何价值？建立过程必须考虑哪些问题？解决目标不一致问题的基本方法有哪些？针对每一种方法试举两个例子说明。

9. 解决目标不一致问题的基本方法有哪些？针对每一种方法试举两个例子说明。

10. 假设某公司采用成本、质量和服务三个指标评估供应商，各指标间的重要性评价矩阵如表8-9所示，请根据这些数据确定指标权重。

表8-9 指标评价矩阵

指标	成本	质量	服务
成本	1	3	1/5
质量	1/3	1	1/3
服务	5	3	1

第9章 供应链管理技术

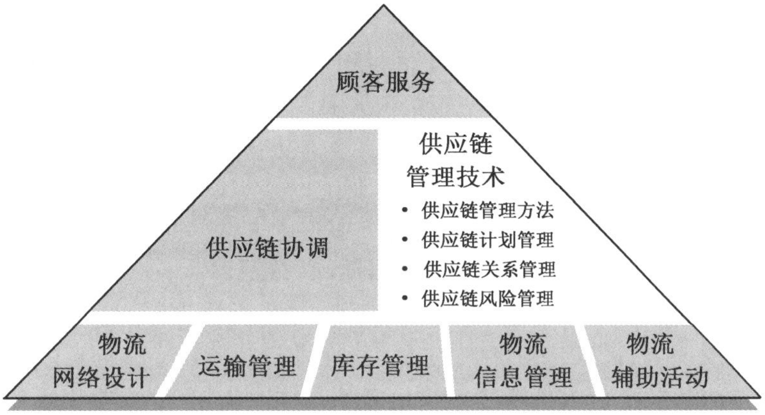

20世纪90年代以来，企业管理思想不断变化，竞争环境也更加复杂多变。企业要想求得生存和发展，不得不谋求新的管理模式和管理方法。传统的企业运作模式和管理体制在新形势下已变得不再适应。以提高供应链整体效率和客户满意度为目标的供应链管理开始从重视管理思想及经营模式向管理技术的开发及创新转变。与此同时，伴随着现代信息技术的蓬勃发展及信息网络全球覆盖的逐步实现，借助信息技术的现代供应链管理方法逐步得到开发和利用，供应链管理技术的研究范畴和实践领域也越来越广泛。

在企业经营管理活动中，常见的供应链管理方法是基础，供应链计划管理、关系管理和风险管理则是更充分体现供应链技术和方法应用的领域。本章遵循从整体到具体的设计思路，阐述供应链技术在供应链计划管理、供应链关系管理及供应链风险管理中的体现和运用。本章第一节对供应链管理的常见方法进行概述。第二节介绍供应链中各类计划管理方法和技术。第三节关注供应链关系管理，首先明确供应链的关系类型，在此基础上重点对供应链合同管理相关内容展开讨论。第四节围绕供应链中风险的类别及供应链风险管理进行具体阐述，重点围绕供应链风险评估方法进行讨论。

第一节 供应链管理方法

常见的供应链管理方法主要包括：快速反应（quick response，简称QR）、有效客户反应

(efficient consumer response，简称 ECR)、协同计划、预测与补货(collaborative planning forecasting and replenishment，简称 CPFR)、供应链库存管理策略(详见第 5 章第六节)等方法。

一、快速反应

(一) 概念起源

快速反应是美国纺织与服装业发展起来的一种供应链管理方法。20 世纪六七十年代，美国的纺织行业出现了大幅度萎缩的趋势，纺织品进口大幅度上升，进口产品几乎占据美国纺织品市场的 40%。为此，1984 年美国 84 家大型企业联合成立了“爱国货运动协会”，研究发现服装本身就存在着季节性、需求波动大等特征，且现代服装业趋向于小批量、多品种、个性化的需求，但在当时的纺织与服装行业却存在着生产效率过高、供应链效率低、产品上市时间长达 66 周等问题，导致服装企业缺货、库存堆积、供应链费用高。

面对当时服装业的困境，快速反应的供应链管理方法在企业间的研究探讨与实践中孕育而生。在面向多品种、小批量的买方市场时，制造商要想以最快的速度为客户提供相应的产品或服务，以便满足需求的不断变化和提高市场的竞争力，并将订货提前期、人力、物料和库存的花费降到最小。这就要求企业并不是以储备“成品”库存来满足需求，而是通过储备“零部件”库存，在接收到实时的客户需求时，通过对“零部件”进行组装，进而来满足需求。因此，要实现快速反应，就需要供应链上的各节点企业进行紧密合作，通过信息共享，持续监控需求的变化，减少传统上以预测需求过度储备成品库存的情况，而是以需求信息的高效传递捕获市场机会，以“装-运-装-运”的方式响应市场需求。

在我国 2006 年修订的国家标准《物流术语》中，快速反应被定义为供应链成员企业之间建立战略合作伙伴关系，利用 EDI 等信息技术进行交换与信息共享，用高频率、小数量的配送方式补充商品，以实现缩短交货周期、减少库存、提高顾客服务水平和企业竞争力为目的的一种供应链管理策略。

(二) 实施要点

快速反应的实施需要掌握以下三个要点：一是要充分利用信息技术，包括在供应链上采用条形码、POS 扫描、EDI 运输包装标识、自动补货系统、供应商管理库存 VMI 和联合产品开发等技术，实现信息化覆盖、企业信息联通、快速响应需求。二是要构建企业间的战略伙伴关系，合作企业要在行业内具备一定的领先性，各企业要关注客户需求，供应链各节点企业的长远目标和观点应达成一致，愿意共同提高对资源建设的投入力度，培养较强的学习和创新能力。三是要消除企业内外的业务壁垒，在企业内，要消除部门墙，进行业务流程重组，实现部门间的业务集成，提高部门间交流和协作效率；在企业外，要进行供应链重塑，模糊企业间的边界，加强企业间的联系，实现企业间业务的集成。

二、有效客户反应

(一) 概念起源

有效客户反应的提出源于食品行业对供应链变革的需求。20 世纪 80 年代，随着食品业市场竞争加剧、商品种类多样化，以及消费者生活质量和消费能力的提升，消费者对商品的需求更加个性化，变动趋于频繁，对价格、品质的感知也更为敏感，以往营销中供应链上企业所获取的市场需求信息走向落后化和失真化，已经无法及时准确地满足消费者的需求。同时，生产厂家和零售商为争夺供应链的主导权，为商家和厂家品牌占据店铺货架空间份额展开了激烈的竞争，从而使得供应链各个环节间的成本不断转移，供应链整体成本上升。对此，在 1993 年 1 月，由美国食品营销协会联合可口可乐公司、宝洁公司等 6 家企业与 1 家流通咨询企业所组成的特别工作组开始对改进食品供应链进行研究和商讨，并在报告中首次提出了“有效客户反应”的管理方法，力图从有效的产品开发和市场导入、有效的促销活动、有效的店铺空间管理、有效的商品补充四个方面对食品供应链进行改革。有效客户反应管理方法的提出，除在食品业得以运用外，在当时美国和欧洲的消费品制造业、零售业也推广开来，对供应链管理的发展产生了较大的影响。

当有效客户反应管理方法应用于供应链时，面对多品种、小批量的客户需求，尤其在企业间竞争加剧和需求多样化发展的当下，需要加强供应商、制造商、批发商、零售商等供应链节点企业间的协同合作，在彼此间建立起相互信任、互利共赢的关系。基于此，再利用现代化的信息技术赋能，协调供应链中的生产和物流管理活动，从而达到高效响应客户需求、提高客户价值、提升供应链运作效率、降低供应链整体运营成本的目的。有效客户反应供应链如图 9-1 所示。

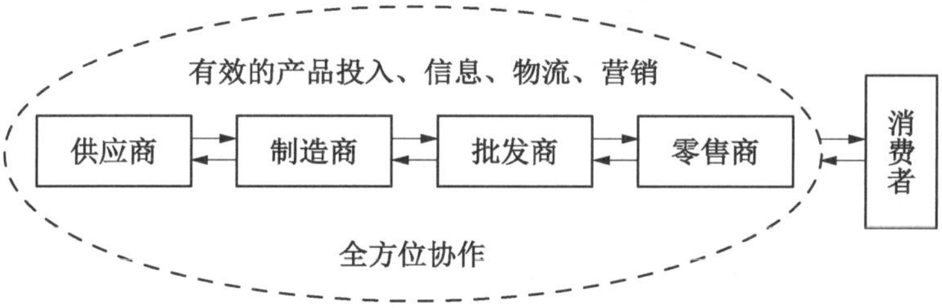

图 9-1 有效客户反应供应链

（二）实施要点

依据美国食品业联合调查组所提出和实践的 ECR 供应链管理方法的基本概念可知，ECR 的实施需要在有效的产品开发和市场导入、有效的促销活动、有效的店铺空间管理、有效的商品补充四个方面要点的共同作用下，才可充分发挥其作用，有效客户反应实施要点如图 9-2 所示。

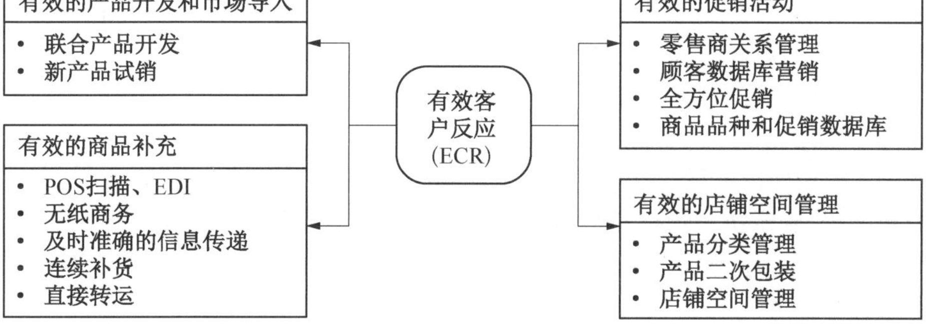

图 9-2 有效客户反应实施要点

1. 有效的产品开发和市场导入

有效的产品开发和市场导入要求企业与供应链合作伙伴联合进行产品开发和新产品试销，切实满足消费者需求，降低产不对销的风险和新产品上市的失败率，避免大量投入生产却无法打开市场，而带来产品堆积、资金损耗、资源占据等问题。

2. 有效的促销活动

有效的促销活动要求企业开展零售商关系管理，建立顾客数据库、商品品种和促销数据库，针对性拟定符合目标市场的促销策略，规划和制订全方位促销策略实施方案，进行成本及效益评估，实时监测促销策略对消费者的购买欲望和购买数量的刺激效果，及时反馈和优化促销活动。

3. 有效的店铺空间管理

店铺空间管理要求企业对店铺空间、各类商品展示比例、商品在货架上的位置排布等进行最优化管理。通过产品分类管理、产品二次包装、店铺空间管理的同时进行，对店铺内的各种类别产品进行针对性的面积和位置分配、货架装饰布置，从而达到提高店铺坪效的目的。

4. 有效的商品补充

有效的商品补充要求企业利用 POS 扫描、EDI 等技术及时、准确、高效地传递需求信息，通过无纸化商务系统进行订货降低订货和销售费用，采用连续补货和直接转运的方式，快速响应市场需求和变化。

三、协同计划、预测与补货

（一）概念起源

继 QR 和 ECR 之后，随着研究和实践的深入，供应链管理的整合程度进一步提高，供应链管理方法得到优化和升级，进而产生了协同计划、预测与补货的管理方法。CPFR 是由沃尔玛所推进的 CFAR（collaborative planning and replenishment，简称 CFAR）发展而来，1995 年，沃尔玛与其供应商 Warner Lambert、管理信息系统供应商 SAP、供应链软件商 Manugistics 等五家公司成立了联合工作小组，开始对 CPFR 的探索，在协同预测和补货的基础上，推动供应链各节点企业共同制订计划，包括供应计划、生产计划、库存计划、运输和配送计划、销售计划等。后来随着 CPFR 在业内的推广，沃尔玛、凯马特、宝洁、金伯利等多家零售企业和生产企业开始实施 CPFR，供应链绩效均取得了明显的提高。

（二）实施步骤

CPFR 的实施即供应链各节点企业相互协助完成销售规划、订单预测和对预测状况外的异常情况进行处理、相应需求进行补货的过程，主要包括协同计划、协同预测和协同补货三个阶段，其中各阶段的流程可细分为九个步骤，这九个步骤构成了 CPFR 实施的整体过程，CPFR 实施流程如图 9－3 所示。

步骤一：建立合作关系。开展 CPFR 的供应链各成员企业建立战略合作伙伴关系，签订正式商业协议，确定协同目标与绩效衡量指标，明确协同合作的范围及各方权责，明晰各方在协同中参与共享的资源，制订 CPFR 的实施计划，包括业务流程、信息交换和技术运用的方式及标准等。

步骤二：制订联合经营计划。供应链成员共同决定纳入合作的产品品项，成员之间交

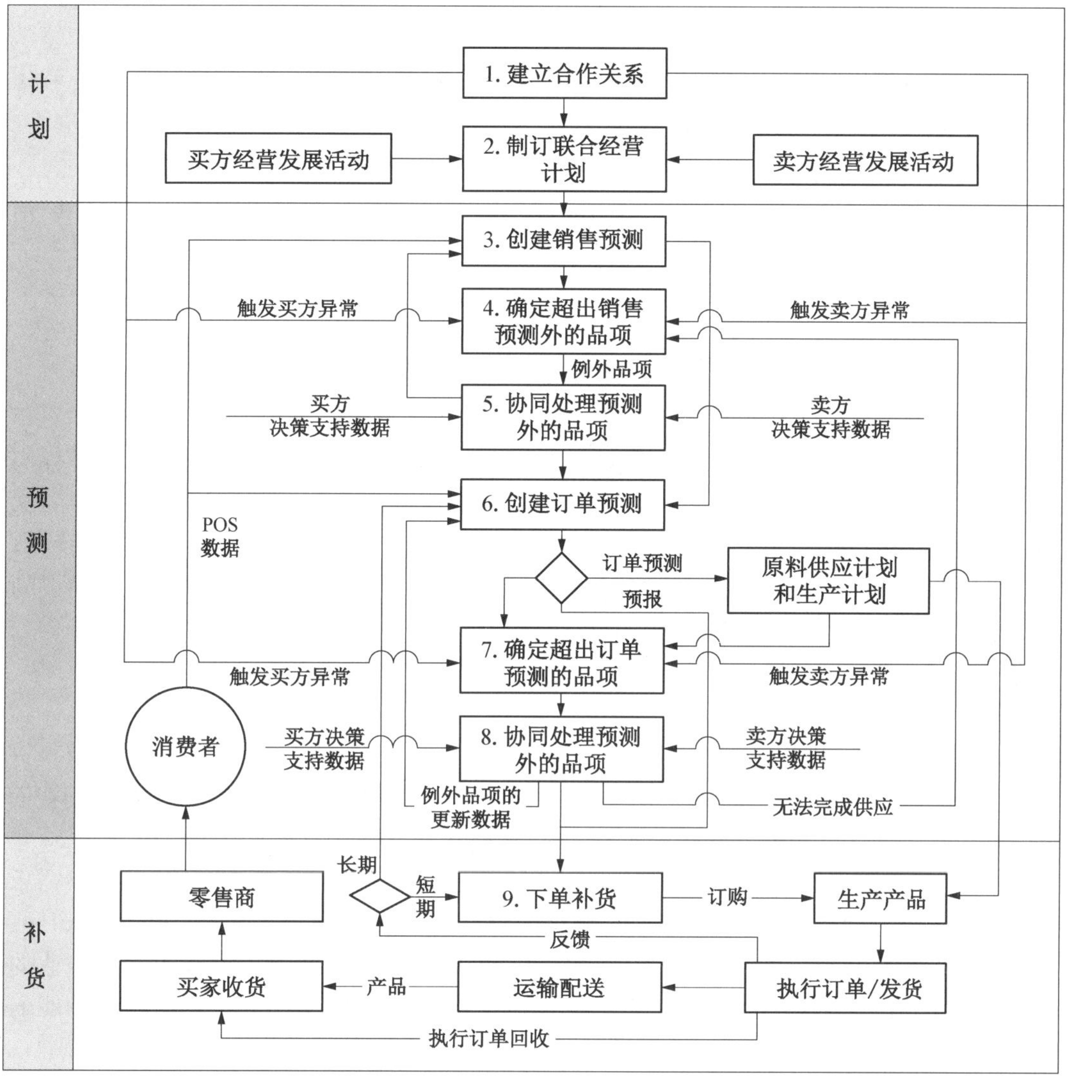

图 9-3 CPFR 实施流程

流运营计划,确定各种产品的定位、销售目标和达成目标的战略,确定各品项的最小出货量/订单量、产品出货的提前期、安全库存等。

步骤三:创建销售预测。对供应链终端的销售数据实施共享,生成客户消费数据,确定预测的时间范围、时间单位、销售区域,结合历史的消费数据资料,协商考虑影响销售的相关计划性因素(如广告、促销、新品推出、新店开张等)和非计划性因素(如季节、天气、经济、政策等),采用时间序列分析、指数分析、回归分析等预测对销售开展协同预测。

步骤四:确定超出销售预测外的品项。列出可能超出销售预测量的品项,对这些品项进行分类实时监控,当出现预测外的销售情况时发出预警,及时调整应对策略。

步骤五:协同处理预测外的品项。当产生销售预测外的品项需求异常的情况时,上下游企业通过增加、减少或转移销售以降低对供应链库存的冲击。

步骤六:创建订单预测。依据销售预测和实时的销售数据,考虑资金、产能、仓储、运输等因素，共同预测未来时段、时点、地点的订单，再在订单预测的基础上生成供货计划、产能规划和采购计划。

步骤七：确定超出订单预测的品项。列出可能超出订单预测量的品项，依据品类特性不同，进行分类监控，掌握异常的订单情况。

步骤八：协同处理预测外的品项，实施方式与步骤五类同。

步骤九：下单补货。参考受生产、运输、配送等因素影响的产品出货提前期和订单预测生成补货订单，采用供应商管理库存、联合管理库存等库存管理方式补充库存。

第二节　供应链计划管理

在第1章第三节关于供应链分类中我们讨论过，供应链从简单到复杂可以依次分为内部供应链、基本供应链、段落供应链、最终供应链及互联网供应链。供应链计划管理的起点正是从内部供应链开始，逐步拓展到整个供应链。本节主要针对企业内部供应链的物料需求计划、企业间基本供应链的制造资源计划，以及供应链上考虑上下游企业资源及约束的企业资源计划、准时制生产计划及TOC生产计划进行讨论。

一、物料需求计划

在物料需求计划出现之前，企业普遍采用订货点法来处理制造过程中的物料需求。订货点法假设顾客的需求是稳定的，基于这样理想化假设的方法本身便存在一定的缺陷，而在面对市场需求和产品复杂性不断变化的现实情况时，实施起来更是有些力不从心。20世纪60年代中期，为了解决订货点法在实施中的弊端，美国IBM公司奥列基博士提出了“物料独立需求和相关需求”的学说，在此基础上发展成为“物料需求计划”(material requirements planning，简称MRP)，这种方法可以对物料需求时间和需求量开展计划，它的产生彻底改变了企业的生产计划体系。到20世纪70年代时，为了及时调整需求和计划，又出现了具有反馈功能的闭环MRP，采用“计划-执行-反馈”的管理逻辑，有效地对生产各项资源进行规划和控制。

(一) MRP基本思想

MRP的基本思想是围绕物料转化来制造资源，从而实现按需准时生产。这里的“物料”泛指在企业生产中涉及的所有原材料、在制品、半成品、产成品和外购品等。制造企业对产品的需求是独立需求，其需求数量和时间由企业外部的客户需求所决定，而对原材料、零部件、制造资源的需求则是相关需求，若确定了产品的需求，就可以按产品结构确定相关零部件的需求，并可按各类零部件的生产周期反推出产出、投入、采购时间。结合各种物料的投入产出时间和数量，就可以确定物料所需的时间和数量，从而围绕物料的转化过程形成生产计划。MRP思想的提出解决了物料转化过程中的几个关键问题：何时需要？需要什么？需要多少？MRP思想不仅在数量上解决了缺料的问题，更关键的是从时间上解决了缺料的问题。实现了制造业销售、生产和采购三个核心业务的信息集成与协同运作。

(二) MRP运作原理

1. MRP输入

在MRP输入阶段，需要编写和录入包括主生产计划、物料清单、库存状态文件等在内的信息。主生产计划(master production schedule,简称 MPS)指一个企业在一定的生产周期内所需要装配或生产的产品的数量以及装配或出产时间等信息。物料清单(bill of material,简称 BOM)详细描述了生产一个产品所需要的零部件、原材料、组装配件等的时间和数量内容,可由产品结构进行推算。库存状态文件说明了物料清单中所列的各项材料的库存状态信息。以自行车为例,其主生产计划(部分)、产品结构、物料清单示例如表 9-1、图 9-4、表 9-2 所示:

表 9-1 主生产计划(部分)

周次				
任务	1	2	3	4
公路自行车/辆			100	
山地自行车/辆				
折叠自行车/辆				
车架/个		150		150
链条/条	90	90	90	90

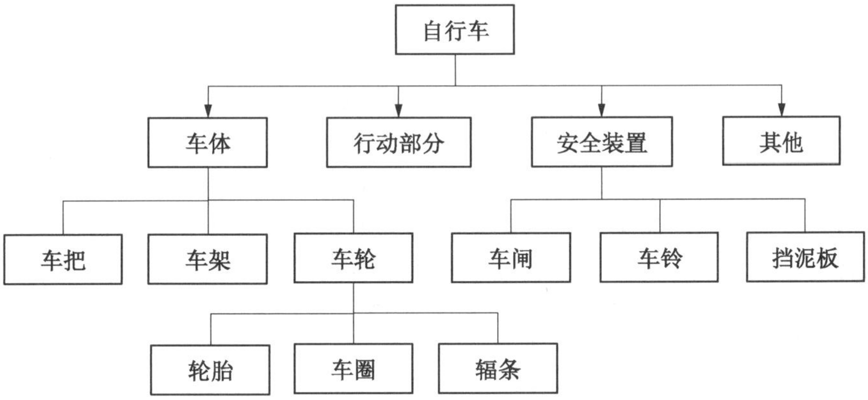

图 9-4 自行车的产品结构(部分)

表 9-2 物料清单

说明	需求量/个	说明	需求量/个
车把	1	车闸	2
车架	1	车铃	1
车轮	2	挡泥板	2
驱动系统	1	车篮	1

2. MRP 的数据处理

对 MRP 的数据处理,遵循自顶向下、逐层计算的方法,主要计算的数据有净需求量和物料需求时间,计算公式如下,其中在计算物料需求时间时应该充分考虑各个物料的提前期。

净需求量＝毛需求量－计划入库量－现有库存

3. MRP 的输出

在输出时，MRP 系统根据企业的实际需求生成各种内容和形式不同的生产、库存报告，包括原材料需求计划、零部件出产计划、生产费用预算、物料库存分析数据、物料发出和已达到清单等。

二、制造资源计划

制造资源计划（manufacturing resources planning，简称 MRPⅡ）是指对制造企业的生产资源进行系统综合地计划，MRPⅡ其实是对闭环 MRP 的延伸和扩充，是在全面继承 MRP 和闭环 MRP 基础上，把企业宏观决策的经营规划、销售、采购、制造、财务、模拟、工程技术、计算机辅助设计技术接口等子系统进行集成，形成的一个一体化系统。MRPⅡ的基本思想是把企业作为一个有机整体，从整体最优的角度出发，运用科学的方法对各种制造资源进行周密的计划和有效的利用，控制资金占用，缩短生产周期，降低成本，使企业整体协调发展，以最佳的产品和服务占领市场。相比于 MRP，MRPⅡ最大的特点就是它运用管理会计原理，以货币形式体现执行企业物料计划所带来的效益，从而实现了物料流与资金流的集成。

三、企业资源计划

企业资源计划（enterprise resource planning，简称 ERP）是建立在信息技术基础之上的，以系统化的管理思想为企业决策层和员工提供决策手段的管理平台。ERP 实际上是在 MRPⅡ的基础上扩展了管理范围，将客户需求、企业内部的制造活动以及供应商的制造资源进行整合，体现了按用户需求制造的思想。其基本思想是将企业的制造流程看作是一个紧密联结的供应链，将企业内部划分成几个相互协调的支持系统（如财务、市场、生产、销售等），从而实现对这些系统的一体化管理。在企业现实的实践中，ERP 更多地被认为是围绕财务的资源计划。

四、准时制生产计划

从 20 世纪开始，顾客对产品的需求开始趋于多样化，需求的波动也越来越大。传统的生产方式不仅会延误工序进程而且会造成严重的浪费，而且会导致过剩库存、设备和劳动力等问题。在这样的背景下，丰田汽车公司的大野耐一设计了一种在多品种小批量混合生产条件下高质量、低消耗的生产方式，这就是准时制生产（just in time，简称 JIT）。JIT 的目标是消除生产中的一切浪费，这些浪费包括库存、无用的动作、过长的调整准备事件、多余的人力等。因而，JIT 生产提出“只在需要的时候，按需要的量，生产所需的产品”。

（一）JIT 生产机制

从理论上讲，在 JIT 系统中，一个产品的出售会产生补充一个产品的信号，这个信号会沿着生产线逆向逐层传递，从而拉动整个系统生产一个补充产品。产品生产信号首先会传给总装线，然后总装线向其前道工序组装线领料并拉动组装线的生产，组装线又向其前道工序生产线领料并拉动生产线的生产，以此类推，直至拉动零部件供应商的生产。

(二) JIT生产体系

1. 月度生产计划

月度生产计划的信息来源于销售商。企业的销售部门每月从销售商处获得各种产品未来几个月的销售量预测值，企业的生产管理部门则根据这些信息制订生产计划，并将未来一个月的成品数量分解为按生产线划分的日产量，这种分解是为了均衡生产而进行的，所以大多是简单地按工作天数平均。

2. 日生产计划

月生产计划较为粗略，只能作为生产准备的参考，因此需要更加细致的生产计划来指导生产的进行，而日生产计划的信息源依然是销售商。各销售商根据基本生产计划确定的本月生产数量的范围，将10天份额订货的最终规格(包括车型、任选部件、颜色)提前一周提供给企业的销售部门，企业的生产管理部门则按照旬订货信息来计划各生产线的日产量，这是对基本生产计划的修正。

五、TOC生产计划

约束理论(theory of constraints，简称TOC)认为，在企业整个经营业务流程中，约束节点的节拍决定了整条链的节拍，如果系统中的一个阶段的产出取决于前面一个或几个阶段的产出，那么产出率最低的阶段决定着整个系统整体效率。只要一个环节阻止了企业有效扩大产出能力、降低库存和运行成本，那么就可将它视为一个约束，约束可能来自企业内部也可能来自企业外部，可包括资源约束、市场约束和方针约束等。

(一) 基于TOC的生产计划

由TOC可知，整个系统的产销率是由各种约束条件决定的，因此如何保证约束资源的充分利用是首先要解决的问题，而在生产计划中可采用“鼓点-缓冲器-绳子”(drum-buffer-rope，简称DBR)的方法。“鼓点”是确保约束资源利用率最大化的途径之一，根据约束节拍决定整个供应链节拍的原则，它通过选择约束资源的节拍作为整个供应链的节拍来协调整体运行的和谐性；“缓冲器”则是通过时间缓冲和库存缓冲，保证约束不会出现因缺料而停工，在约束资源的后续装配工序前设置非约束资源缓冲，保证约束能力被100%利用；“绳子”是指将约束环节已加工的情况向上游作业工序的信息进行传递，其目的是按需生产，使库存最小，绳子根据约束资源的生产节拍，决定上游原材料的发放速度，其原理类似于看板管理思想。

(二) 利用TOC优化供应链

在供应链管理中，利用TOC原理，通常需要在以下位置设置缓冲：

(1) 为了保证面向顾客的及时运输，设立发货缓冲。

(2) 为了充分利用约束处的资源，需要设计约束缓冲。

(3) 当同时出现约束资源和非约束资源时，需要设置装配缓冲。

第三节 供应链关系管理

供应链中合作伙伴之间的关系是供应链管理的核心问题，主要包括了供应链核心企业与上游供应商之间的关系，还有供应链核心企业与下游客户之间的关系（相关企业案例见本章附录1）。在供应链关系管理中，供应链合同是约束双方关系的基础手段，供应链合同管理对供应链合作伙伴间关系的协调和维护起到了重要的作用。

一、供应商关系管理

（一）供应商关系管理的概念

供应商是指为企业提供原材料、设备及其他资源的企业，它既可以是生产企业，也可以是流通企业。供应商关系管理（supplier relationship management，简称 SRM）则是一种致力于实现与供应商建立和维持长久、紧密合作伙伴关系的管理理念，其目的是加强企业与供应链上游企业的业务往来，通过对双方资源和竞争优势进行整合，供应商及其资源能够更有效地参与到自己的产品设计、生产制造甚至是投放市场的过程中，缩短产品开发、生产和投放市场的周期，扩大市场需求和份额，降低产品前期的高额成本，实现双赢。

（二）供应商关系管理的优势

通过对供应商关系是一种契约式的、长期依存的合作关系，发展伙伴供应商关系可以为采购企业带来以下优势：

（1）缩短采购周期，提高采购的柔性，获得一定的数量折扣。

（2）应用先进的库存管理策略降低库存量，加快资金周转。

（3）协助供应商贯彻质量标准，有效监控供应商的生产过程，使之提高产品质量，甚至通过为供应商提供技术支持来改善产品设计。

（4）减少供应商数量，降低询价、议价和招标等采购作业的成本。

（5）向供应商提供生产计划，加强设计变更和交货日期变更的沟通工作，充分共享信息。

二、客户关系管理

（一）客户关系管理的概念

客户关系管理（customer relationship management，CRM）认为客户是企业一项重要资产，是以“客户关系一对一理论”为基础，强调在贯穿企业判断、选择、争取、发展和保持客户所涉及的一系列商业过程中，通过客户关怀与所选客户建立起长期有效的业务关系，在与客户的每一个“接触点”上都更加接近和了解客户，改善企业与客户之间的关系，达到挽回已流失或将要流失的客户、提高现有客户的忠诚度、促进交叉销售与深度销售、有效发掘更多的潜在客户。

（二）客户关系管理的主要内容

从管理的内容上讲，CRM 主要包括几个方面：

（1）客户分析，主要分析企业的目标客户（包括客户的基本类型，个人购买者、中间商和制造商客户的不同需求特征和购买行为等问题），并在此基础上分析客户差异对企业利润的影响。

（2）企业对客户的承诺，在购买产品或服务时，客户总会面临各种各样的风险（包括经济利益、产品功能和质量，以及社会和心理方面的风险等），因此，客户往往会要求企业做出某种承诺，以尽可能降低其购买风险，获得最好的购买效益，这就要求企业对客户的承诺一定要使客户满意。

(3) 客户信息交流，这是一种双向的信息交流，主要功能是实现双方的互相联系和互相影响。从本质上来说，CRM 就是企业与客户交流信息的过程，实现有效的信息交流是建立和保持企业与客户良好关系的重要途径。

(4) 与客户建立良好关系，一方面，要取得客户的信任，建立与客户的长期稳定关系；另一方面，要区别对待不同类型的客户，经常进行客户关系情况分析，评价关系质量，保持企业与客户的长期友好关系。

(5) 客户反馈管理，客户反馈对于衡量企业承诺目标的实现程度和及时发现客户服务过程中的问题具有重要作用。因此，企业要根据客户的反馈情况查找自身不足，并加以改进，以提高客户服务水平。

(三) 客户关系管理的优势

在企业下游供应链上，客户是最为重要的供应链成员。因此，CRM 也是下游供应链成员之间关系管理的重点。从供应链管理的相关内容可知，客户是供应链管理的焦点，当前的供应链大多是由市场驱动的"拉动式"供应链模式，有效的 CRM 会对整个供应链起到强有力的导向作用，它能使下游供应链上各成员之间更好地沟通和传递信息，为企业内部供应链和上游外部供应链带来更准确的需求预测，减少"牛鞭效应"的影响，使整个供应链成员快速响应消费者需求。如果供应链上的每一个节点企业都能很好地通过 CRM 管理好下游业务，则会使整个供应链具有更流畅的业务沟通和协调能力，以更低的供应链总库存量，更短的提前期，更高的产出率，更快的响应能力和更可靠、更准确地交货与服务能力快速推出新产品。

三、供应链合同管理

(一) 供应链合同的概念

供应链合同又称供应链合约、供应链契约，是指由供应链上成员达成的具有法律效力的文件，其中一方(供应商)承诺在一定的条件下(如数量、质量、价格、送达时间、采购时间和付款条件等)向另一方提供商品或服务，而另一方(采购商)根据合同的规定(包括合同的激励和惩罚因素)向另一方支付一定数量的报酬或其他商品或服务。从本质上来说，供应链合同是一种经济合同。主要包括以下内容：定价、数量和折扣、采购的最低和最大量、交货期、物品质量、产品退货政策等。

(二) 供应链合同的特征

1. 交易双方共担风险

供应链中的不确定性因素包括市场需求、销售价格、成品率、交货期、兑换率等，合同是买卖双方共担不确定性带来的风险的重要手段。例如，零售商将需求预测信息传送给处于供应链上游的制造商，帮助其进行产能决策和物料采购决策。如果零售商没有对需求预测进行承诺，那么，即使零售商夸大需求信息，当实际需求低于预测时也可能取消订货。

2. 追求总体绩效改善

供应链合同追求整条供应链的系统绩效最优，并以此为前提条件，界定各成员之间的权利和义务，保证物流、信息流和资金流的整体性。

3. 监督与激励的功能

供应链中协作与否取决于激励与制约机制，解决执行协作行为的激励不足问题是供应链合同研究的主要内容。

4. 长期动态柔性合同

通过共享信息实现交易双方之间长期、动态合作关系，品种、数量和交期具有一定可变柔性，这是供应链合同的发展趋势之一。

(三) 供应链合同的种类

供应链合同可按照不同标准进行分类。

1. 按合同协调的对象分类

按照协调对象可以分为：供应商与制造商合同、制造商与经销商合同、经销商与零售商合同和零售商与最终客户合同等。

2. 按合同的物流职能分类

按照企业物流的环节和职能可以分为供应合同、运输合同与仓储合同。

3. 按合同的时效不同分类

按照合同时效不同可以分为长期合同和短期合同。长期合同又可以根据价格是否可变，分为固定价格合同和变动价格合同。

4. 按合同的条款模式分类

按照合同制定模式与条款可分为：批发价合同、回购合同、收入共享合同、数量柔性合同、销售回扣合同等，不同合同类型有不同的特点，如表 9-3 所示。下面通过一个例子来分析不同合同条款对供应链及成员企业的影响。

表 9-3 不同类型合同的特点

合同类型	描述	特点
批发价合同	供应商(上游公司)向零售商(下游公司)提供固定的批发价格	需求不确定性的风险由零售商承担；最简单的合约类型；最低的管理成本
回购合同	供应商以固定的批发价将每个单元卖给零售商，零售商将未售出的产品退还给供应商，并收到每个未售出产品的回购价格	需求不确定性的风险是分担的；没必要将未售出的产品退还给供应商，零售商可以挽救它们并与供应商分担成本
收入共享合同	供应商以固定的批发价将每个单元卖给零售商，零售商将总收入的固定比例给供应商	需求不确定性的风险是分担的
数量柔性合同	供应商以固定的批发价将每个单元卖给零售商，供应商向零售商赔偿未售出库存中的所有损失，直至上限	零售商在一定限度内完全免受需求不确定性的风险；零售商承担超出该限制的需求不确定性的风险
销售回扣合同	供应商以固定的批发价将每个单元卖给零售商，供应商给每个超过阈值的单位返利	当需求低于阈值时，零售商承担的需求不确定性风险比高于阈值时要大；当零售商可以努力增加需求时很有效

[例 9-1] 同力公司是一个设计、生产并销售运动产品的公司。在夏季到来 6 个月前，公司必须确定泳装的生产数量。由于没有明确的迹象表明市场会对新的设计产生什么反应，公司需要使用不同的工具来预测每种款式的需求，并计划相应的生产量和供应

量。在这种情况下，需要权衡以下问题：过高估计顾客需求会导致销售不掉所增加的库存，过低的库存会导致缺货并失去潜在的顾客。为了辅助这些管理决策，销售公司使用过去五年的历史数据，结合当前的经济状况和其他因素来构建泳装需求的概率预测。基于可能的天气模式和竞争者的行为，他们已经为将要到来的夏季确定了几种可能的销售情景，并为每种情景设定了概率或发生的概率。例如，销售公司相信销售 8 000 件的情景发生的概率为 11%；其他情景有不同的销售量，分别有不同的发生概率。这些情景在表 9－4 中有详细说明。这些概率预测的平均需求为 13 000 件，但是实际需求可能大于或小于平均需求。

表 9－4　不同销量情景的概率预测

需求/件	8 000	10 000	12 000	14 000	16 000	18 000
概　率	11%	11%	28%	22%	18%	10%

其他数据包括：

(1) 为了开始生产，制造商必须先投资 10 万元，该投资与要生产的数量无关，称为固定生产成本，制造商生产一件泳衣的可变成本为 35 元。

(2) 工厂出售给销售公司的泳装为每件 80 元。

(3) 在夏季每件泳装的售价为 125 元。

(4) 在夏季不能售出的泳装都将打折处理，以 20 元的价格销售，称为残值。

请计算在批发价合同和回购合同两种情况下的最优订货批量是多少？

解答：此问题中的订货批量可以用第 5 章第四节中关于单周期产品库存控制的计算方法求解。

在此问题中涉及供应链上两家企业，制造商和销售公司。对于两家企业而言，其超储成本 C_o 和欠储成本 C_u 不同。用 M 表示制造商，R 表示销售公司。

零售商的成本为：

C_{oR}＝单位成本－单位残值＝80－20＝60(元)，C_{uR}＝单位价格－单位成本＝125－80＝45(元)

制造商的成本为：

C_{oM}＝单位成本－单位残值＝35－20＝15(元)，C_{uM}＝单位价格－单位成本＝80－35＝45(元)

若两家公司各自做决策，制造商的生产批量实际取决于零售商的订货批量。

用边际成本分析法确定零售商的订货批量：

$$\sum_{d=0}^{Q} p(d)=\frac{C_{uR}}{C_{uR}+C_{oR}}=\frac{45}{45+60}=0.43$$

根据需求预测的分布可知 $\sum_{d=0}^{10\,000} p(d)=22\%$，$\sum_{d=0}^{12\,000} p(d)=50\%$

所以零售商的最优订货量会选择 12 000 件。若制造商采用最简单的管理办法，与零售商签订批发价合同时，供应链上两家企业各自的期望利润和供应链期望利润如表 9－5 所示(计算方法请参见第 5 章期望利润最大化方法)。

表 9-5　批发价合同下各订货量下的期望利润

订货量/件	零售商期望利润/元	制造商期望利润/元	供应链期望利润/元
8 000	360 000	260 000	620 000
10 000	426 900	350 000	776 900
12 000	**470 700**	**440 000**	**910 700**
14 000	455 700	530 000	985 700
16 000	394 500	620 000	1 014 500
18 000	295500	710 000	1 005 500

从表 9-5 中可以看出，当订货量为 12 000 件时，尽管零售商实现了利润最大化，但对于制造商和供应链而言并不是最优订货量。制造商可以通过设计合同条款来激励零售商增加订货量。

如果制造商与零售商签订了新合同（回购合同），在新合同条款下，制造商将以每件 55 元的价格回购零售商在季末未售出的泳装。制造商回购后将泳装打折处理，以 20 元的价格在打折店销售。请问在此合同条款零售商会订购多少泳装？双方利润和供应链利润有何变化？

在此合同条款下，零售商的相关成本变为：

$C_{o\mathrm{R}}$＝单位成本－单位残值＝80－55＝25，$C_{u\mathrm{R}}$＝单位价格－单位成本＝125－80＝45

用边际成本分析法确定零售商的订货批量：

$$\sum_{d=0}^{Q} p(d)=\frac{C_{u\mathrm{R}}}{C_{u\mathrm{R}}+C_{o\mathrm{R}}}=\frac{45}{45+25}=0.642$$

根据需求预测的分布可知 $\sum_{d=0}^{12\,000} p(d)=50\%$，$\sum_{d=0}^{14\,000} p(d)=72\%$

零售商的最优订货量会增加到 14 000 件。当签订回购合同时，供应链上两家企业各自的期望利润和供应链期望利润如表 9-6 所示。

表 9-6　回购合同下各订货量下的期望利润

订货量/件	零售商期望利润/元	制造商期望利润/元	供应链期望利润/元
8 000	360 000	260 000	620 000
10 000	434 600	357 700	792 300
12 000	493 800	447 700	941 500
14 000	**513 800**	**471 900**	**985 700**
16 000	503 000	511 500	1 014 500
18 000	467 000	538 500	1 005 500

从表 9-6 中可以看出，在回购合同条款下，零售商期望利润增加，制造商期望利润降低，但是供应链期望利润增加。

当制造商与零售商联合决策时，可以实现全局优化。制造商以成本价 35 元一件售卖给零售商，此时，最优订货量为 16 000 件，能够实现供应链期望利润的最大化。当实行联合决策时，各订货量下的期望利润如表 9－7 所示。

表 9－7　联合决策时各订货量下的期望利润

订货量/件	供应链期望利润/元	订货量/件	供应链期望利润/元
8 000	720 000	14 000	1 085 700
10 000	876 900	16 000	1 114 500
12 000	1 010 700	18 000	1 105 500

(四) 供应链电子合同管理

供应链管理的最终目标是要使供应链运作达到最优化，以最低的成本完成供应链从采购开始到满足最终客户的全过程，并实现供应链整体收益最大化，而如何规范供应链合同管理则是其中必不可少的一环。在传统的合同管理中，通常采用的是传统纸质合同审批和签署的方式，不仅效率低下，合同打印、邮寄成本高，而且这些过程往往由企业不同的部门负责，管理和查询难度大，被篡改和遗失的风险也很高。如今，电子信息技术已在全球范围内普及，市面上的电子合同更是层出不穷，虽为供应链电子合同管理提供了新的选择，但同质化程度高，因而在对供应链电子合同进行管理时，应特别关注以下几个方面：

1. 用户身份真实性识别强度与数据安全

电子合同的签订、业务流程的审批都是通过网上操作，没有面对面确认的环节，就可以完成电子合同的签署或流程的审批，业务系统如果不做提高身份的识别的强度，在互联网上就很有可能被中间人冒充诈骗。

2. 业务审批的可追溯性

一系列的复杂业务流程和业务单据，需要相关责任方在流程中对各项关键节点进行确认，但往往业务系统开发商只从功能上实现了各环节的确认，而没有对关键节点的确认进行电子签名，如果某个节点审批存在抵赖行为时，往往无法提供具有权威的说服力来证明其操作行为，而只是简单的凭业务系统的日志和记录来证明，而这些日志是很容易被系统管理员或数据库管理员进行任意修改的。所以在各类审批流程中，要实现对业务审批的权威性和证据的可追溯性、防止签署者抵赖行为的发生。

3. 签署方式的灵活性

错综复杂的供应链，业务流程跨部门、跨组织，各类合同、清单及文件分散在企业众多的部门、机构，面对企业已经部署好的业务信息化系统和高效运转的业务流程，选择电子合同必须满足：不能打破企业原有业务流程的高效节奏。即不能是电子合同与企业业务的相互适应，而应是电子合同必须能够快速、无缝地集成到当前工作流程中，融入企业的基础架构中。

4. 电子合同签约的有效性保障

电子合同都是通过网络进行传输，可能在传输过程中被他人非法的修改、删除或单方面篡改，这样就使信息丢失了真实性和完整性。电子合同的法律效力问题如何保证电子合同的安全性、合法性成为线上签约所面临的主要问题。一份合法、可信且符合《电子签名法》的电子合同需满足以下特性：

(1) 电子合同签署者身份的合法性；

(2) 电子合同签署者身份的不可抵赖性；

(3) 电子合同内容的完整性。

只有满足以上要求的电子合同才能称之为合法的电子合同。

第四节　供应链风险管理

供应链风险无处不在。供应链系统是一个复杂的系统，从供应商到终端用户，中间涉及商流、资金流、物流、信息流，以及生产、包装、装卸搬运、运输、配送、流通加工、信息处理等诸多过程，整个系统的复杂性和不确定性决定了供应链风险存在的必然性。除此之外，供应链风险还存在着传播效应，从上游供应商、中间核心企业、下游分销商，各个环节之间环环相扣、相互依赖，风险会在网络中传播，任何一个企业出现问题都有可能波及和影响其他企业，从而影响整个供应链的正常运作(相关案例参见本章附录2)。

一、供应链风险管理的概念

供应链风险管理是通过识别和度量供应链风险，采用经济合理的方法来综合控制和处理供应链风险，并对供应链风险的处理实施监控与反馈机制的一整套科学的管理方法。供应链风险管理所要达成的目标包括损失前的管理目标和损失后的管理目标，损失前的管理目标是避免或减少损失的发生，损失后的管理目标则是要尽快恢复到损失前的状态。

二、供应链风险的类型

风险识别是供应链风险管理的首要步骤，它是指供应链风险管理主体在各类风险事件发生之前，运用各种方法系统地调查与分析来识别供应链面临的风险，通过归类来掌握风险产生的原因条件及风险具有的性质。从不同的角度、按照不同的标准，对供应链风险划分会有不同的分类结果。

(一) 按照供应链风险的起因划分

按照供应链风险的起因划分，可以将供应链风险分为外部风险和内部风险。

(1) 外部风险来自供应链与外部环境之间的互动，此类的互动关系包括罢工、恐怖活动和自然灾难造成的破坏等，供应链中任何阶段发生的破坏与外部因素有关的故障都可归类于外部风险。

(2) 内部风险来自组成供应链系统构成要素之间的互动关系。它由供应链上各个环节之间的潜在最优的互动和合作导致。这类的风险通常是由于缺乏透明性，缺乏主人翁意识的错误应用和不准确的预测所造成的。

(二) 按照风险结果带给供应链的影响程度划分

按照风险结果带给供应链的影响程度划分，可以将供应链风险分为偏离风险、中断风险和灾难风险。

(1) 偏离风险的产生是由一个或更多个参数变化所引起的，这些参数有成本、需求、提前期等。当这些参数偏离它们的预期值或者均值的时候，供应链的根本结构没有什么改变。这样的风险有：需求波动、供应波动、采购成本和产品成本等成本的波动、提前期和运输时间的波动等。

(2) 人为因素或自然因素产生的不可预料事件引起了某种产品、仓库和运输的不可获得时，会导致供应链系统根本的改变，这时中断风险就产生了。中断风险有两种：产品的中断，比如中国台湾地震造成了IC芯片的中断，丰田在墨西哥的一个工厂发生的火灾导致了某个部件的中断；供应的中断，比如在英国传播的口蹄疫导致的肉类供应的中断；运输中断，比如美国港口的停工造成了从亚洲运往美国的部件运输的中断。

(3) 灾难风险是指不可预计的灾难性的系统性中断导致了暂时的不可挽回的供应链网络的停滞。比如，9·11恐怖主义袭击事件后，美国消费低迷，很多工厂停工，所有这些造成了美国整体经济的暂时停滞。

(三) 按照整个供应链系统的管理层面划分

按照整个供应链系统的管理层面划分，供应链风险可以分为战略层面风险、战术层面风险和操作层面风险。

(四) 按照供应链行为主体的不同划分

按照供应链行为主体的不同，供应链风险又可划分为供应商风险、生产商风险、批发商风险、零售商风险、物流服务商风险等。

(五) 按照供应链管理的目标划分

根据供应链管理的目标划分，可以将供应链风险分为成本风险、质量风险和时间风险。

三、供应链风险的评估方法

供应链风险评估也称作供应链风险度量，是指利用一定的方法对供应链的风险发生的可能性或损失的范围与程度水平进行估计和度量，是针对所识别出的风险因素采取适当措施进行有效控制的必经环节。在识别风险和了解灾害损失的基础上，只有对实际可能出现的损失结果、损失的严重程度进行充分和准确地估计和衡量，才能选择有效的工具处理风险，并实现用最少费用支出获得最佳风险管理的目的。在度量供应链风险影响的主体时，不仅要考虑风险对供应链上某个企业的影响，还要考虑其对供应链整体的影响；在度量供应链风险影响的维度时，不仅要考虑风险带来的经济损失，还要考虑其带来的非经济损失，如信任危机企业的声誉下降等非经济损失，这些非经济损失有时是很难用金钱来估量的。接下来，我们重点讨论几种供应链风险评估中常见的方法。

(一) 德尔菲法

德尔菲法是一种应用广泛的方法，本书第2章第二节的需求预测方法中也曾讲到该方法。在此只讨论德尔菲方法在供应链风险评估中的应用。

在供应链风险评估中，运用德尔菲法进行评估一般可采取以下程序：

(1) 由供应链风险管理主体机构确定风险类型、风险评估的对象及内容。这里需要注意的是，若采取分对象(供应商、制造商、分销商)进行调查，应该针对不同的调查对象设计不同的风险调查内容，如：供应商的风险可能侧重于原材料市场价格的变化，制造商侧重于制造技术、产品工艺性能方面竞争对手的变化，而销售商可能侧重于市场需求的风险。

(2) 聘请若干名专家，由供应链风险管理人员向他们提出意见调查表。这里专家人员的组成应最好是有不同领域的行家，提供给专家的资料应该全面，特别是有关供应链运营流程方面的资料。

(3) 专家们根据调查表所列问题并参考有关资料相应地提出自己的意见，风险管理人员汇集整理专家们的意见，再将不同意见及其理由反馈给每位专家，让他们第二次提出意见多次反复使意见逐步收敛，由风险管理人员根据实际需要决定在某点停止反复，得到基本上趋于一致的结果，最后汇总分析。

[例 9-2] 某公司根据实际情况判断所在供应链面临着成本风险、质量风险和时间风险，于是该公司成立专家小组，并聘请部门经理、运营人员和供应链专家等 8 位专家，通过德尔菲法对三种风险进行评估。专家采用 1～9 分制的打分规则，1～3 分表示风险较低，4～6 分表示风险适中，7～9 分表示风险较高；8 位专家对风险值先进行第一次判断，经过计算得出平均值，将平均值反馈给专家，并得出下一次的个人判断，经过三次反馈得到结果如表 9-8 所示：

表 9-8 德尔菲法对风险的评估结果

专家编号	第一次判断			第二次判断			第三次判断		
	成本风险	质量风险	时间风险	成本风险	质量风险	时间风险	成本风险	质量风险	时间风险
1	5	7	8	5	6	6	5	5	6
2	2	5	6	4	5	6	4	5	6
3	4	6	8	5	5	7	5	5	6
4	6	9	5	5	7	6	6	6	6
5	7	2	5	6	4	6	5	5	6
6	5	5	7	5	5	6	5	5	6
7	5	3	4	5	4	5	5	5	6
8	6	3	5	5	4	6	5	4	6
平均值	5	5	6	5	5	6	**5**	**5**	**6**

解答：

假定成本风险、质量风险和时间风险分别是 0.5、0.2 和 0.3 的概率，根据专家第三次判断的风险值作为供应链风险评估的依据，借助加权平均法预测出供应链风险为：$5\times0.5+5\times0.2+6\times0.3=5.3$。

(二) 风险评估表法

风险评估表法是指在风险识别后，用一张风险表将风险指标的概率或得分结果表示出来。目的是使不重要的风险获得较少关注，重要的风险获得最高的关注。可以用来当作企业之间或企业内部信息交流的工具。

以按照供应链行为主体分类的供应商风险为例，假定供应商风险评估指标如表 9-9 所示，采用最简单的 0～1 评分标准，如果总分在 5～7 分之间说明供应商风险处于较高水平，需要重视；如果总分在 2～4 分之间说明供应商风险处于中等水平，需要引起关注；如果总分为 0～1 之间说明供应商风险处于较低水平，不用紧张。关于风险评估表的指标和评分标准没有固定的范式，根据实际情况可以有不同的差异化处理。

表 9－9 供应商风险评估指标

内容	判断依据	评分标准	得分
供应商的物料控制风险	高危物料的控制情况是否良好？	是：0	
		否：1	
	供应商的环保物料检测是否达标？	是：0	
		否：1	
供应商的生产能力风险	是否有证据显示生产能力在不断提高？	是：0	
		否：1	
	生产前是否通过生产件批准程序？	是：0	
		否：1	
	是否对合格品、返工、报废产品隔离区分？	是：0	
		否：1	
供应商的物料管理风险	物料是否有合理的标识？	是：0	
		否：1	
	库存材料是否存储在专用场所？	是：0	
		否：1	
总分			

(三) 风险评估矩阵法

风险评估矩阵法是在风险识别后对风险发生的可能性和影响性进行等级划分，并且对这些风险赋值 1～5，然后对风险清单上每一个风险估计的结果，把风险影响性的赋值和风险可能性的赋值进行相乘便得到该风险的评估结果。对赋值结果按大小进行排列，数值越大的风险需要重视的程度越高，反之成立。

(四) 模糊综合评价法

供应链风险的影响因素很多，其中有些信息已知，另一些信息未知，是一种灰色信息。在风险评估的实践中，供应链风险系统中有许多事件的风险程度是不可能精确描述的。此外，由于供应链是围绕核心企业构建的动态网络联盟，对风险的判断大多缺乏原始数据，也无法给出客观的概率分布，主要依靠人的经验和主观判断，一般带有极大的模糊性。

因此，在供应链风险的综合评价中可采用模糊综合评价法。首先确定被风险的评价集和指标集，再分别确定各个风险因素的评价向量和权重，获得模糊评价矩阵，最后把模糊评价矩阵与等闲因素的权向量进行模糊运算并进行归一化，得到模糊评价的结果。模糊综合评价法能评价逐个因素进行，对评价对象的评价值不受被评价对象所处对象集合的影响。除此之外，模糊综合评价法还能较详细地反映各因素的风险程度，也有利于考察其对最终风险的影响。

与对其他事物进行评价一样，供应链风险评价时同样要考虑对供应链的正常运作造成影响的各个方面。在进行风险评价时，如果涉及的风险因素很多，则需要将风险因素分成若干层次，并对各层次的风险因素划分评价等级，上一层次与下一层次划分的评价等级要有单一的对应关系，以便数学处理运算，并确定各因子的隶属函数，求得各层次的模糊矩阵。评价模型按下面次序构成首先进行最低层次的模糊综合评价，其次由最低层次的评价结果构成上一层次的模糊矩阵，再进行上一层次的模糊综合评价，这样自底而上逐层进行模糊综合评价，最终可得到供应链风险的综合评价结果。根据供应链的复杂程度，供应链风险的评估可分为一级模糊综合评价和多级模糊综合评价。

1. 一级模糊综合评价法

供应链风险的一级模糊综合评价，主要是用在供应链结构比较简单，往往涉及的风险因素也比较少，其评价的基本流程如下：

(1) 建立供应链风险评价指标集。

风险因素集是影响供应链正常运作的各种因素构成的集合，设由几种风险因素构成的因素集，用 U 表示：

$$U=\{u_1, u_2, \cdots, u_n\} \tag{9-1}$$

各元素 $u_i(i=1, 2, \cdots, n)$ 表示供应链风险的影响因素，这些因素通常具有不同程度的模糊性。

(2) 确定评价集。

评价集是由评价者对评价对象可能各种结果所组成的集合，设由 m 种决断所构成的评价集，用 V 表示：

$$V=\{v_1, v_2, \cdots, v_m\} \tag{9-2}$$

各元素 $v_j(j=1, 2, \cdots, m)$ 表示对供应链风险因素进行评价时各个可能的评价结果，具体等级可以依据评价内容，用适当的语言进行描述，如信息技术风险程度可用 $V=\{v_1, v_2, v_3, v_4, v_5\}$（很高，高，中等，低，很低）评价。模糊综合评价的目的就是在综合考虑所有风险因素后，从评价集中得出最佳的评价结果。

(3) 进行单因素评价，建立评价矩阵 R。

确定该矩阵的过程是求单因素评价向量的过程，单独从一个因素出发进行评价，以确定评价对象对评价集合 V 的隶属程度，称为单因素评价。在构造了评价集后，就要逐个对被评价对象从每个供应链风险因素 $u_i(i=1, 2, \cdots, n)$ 上进行量化，也就是确定从单因素来看，被评价对象对各等级模糊子集的隶属度，进而得到评价矩阵式(7)。它是一个从 U 到 V 的模糊映射 $U \rightarrow V$，模糊映射 f 可以看作 U 到 V 的一个模糊关系，即有 $R \in f(U \times V)$。从这种意义上，R 就是从一个 U 到 V 的模糊变换。

$$R=\begin{bmatrix} R_1 \\ R_2 \\ \cdots \\ R_n \end{bmatrix}=(r_{ij})_{n\times m}\begin{bmatrix} r_{11} & r_{12} & \cdots & r_{1m} \\ r_{21} & r_{22} & \cdots & r_{2m} \\ \cdots & \cdots & \cdots & \cdots \\ r_{n1} & r_{n2} & \cdots & r_{nm} \end{bmatrix} \tag{9-3}$$

(4) 确定各风险因素权重。

权重是反映各供应链风险因素的重要性程度的集合，确定权重的方法主要有层次分析法、德尔菲法、加权平均法和专家估计法等。在供应链风险综合评价中，权重的确定是一个十分重要的问题，只有权重分配合理，才能正确合理地进行综合评价。

$$A=\{a_1, a_2, \cdots, a_n\} \quad 满足条件 \sum a_i=1, a_i \geqslant 0 \tag{9-4}$$

(5) 确定供应链风险综合评价结果。

利用合适的合成算子将 A 与评价矩阵 R 合成得到各被评价对象的模糊综合评价结果向量 B，对供应链风险的模糊综合评价的结果就是这个 V 上的一个模糊集，记为：

$$B=A \circ R=(b_1, b_2, \cdots, b_m)=(a_1, a_2, \cdots, a_n) \circ \begin{bmatrix} r_{11} & r_{12} & \cdots & r_{1m} \\ r_{21} & r_{22} & \cdots & r_{2m} \\ \cdots & \cdots & \cdots & \cdots \\ r_{n1} & r_{n2} & \cdots & r_{nm} \end{bmatrix} \tag{9-5}$$

式(9-5)中的“$\circ$”为模糊合成运算，一般取 $M(\cdot, \oplus)$，即：

$$b_j=\sum_{i=1}^{n} a_i r_{ij}(j=1, 2, \cdots, m)，其中\sum_{i=1}^{n} a_i=1 \tag{9-6}$$

这样不仅考虑了所有因素的影响，同时保留了评价过程中的全部信息，一般可取得较好的效果。$B=(b_1, b_2, \cdots, b_m)$ 即为可供分析的综合评价向量。

(6) 对供应链风险综合评价结果判定。

模糊综合评价的结果式被评价风险因素对各等级模糊子集的隶属度，它一般是一个模糊向量，而不是一个点值，因而它能提供的信息比其他方法更丰富。对多个风险因素比较并排序，就需要进一步处理，即计算每个风险因素的综合分值。处理模糊综合评价向量通常采用最大隶属度原则，根据式 $b^*=\max\{b_1, b_2, \cdots, b_m\}$，$b^*$ 即为最终的供应链风险模糊评价结果。

2. 多级模糊综合评价法

很多情况下，供应链本身结构比较复杂，影响供应链正常运作的风险因素很多。这时要对供应链进行风险评估，就必须首先对各个风险因素根据它们的特点划分若干个层次，并对各层次的因素划分评价等级，上一层次与下一层次划分要有对应关系，以便数学处理运算，并确定各因子的隶属函数，求得各层次的模糊矩阵。评价模型按下面几个步骤构成首先进行最低层次的模糊综合评价，然后将最低层次的评价结果构成上一层次的模糊矩阵，再进行上一层次的模糊综合评价，自底而上逐层进行模糊综合评价，最终可得到供应链风险的综合评价结果。具体评价思路如下：

设风险因素集为 $U=\{u_1, u_2, \cdots, u_n\}$，风险评价集为 $V=\{v_1, v_2, \cdots, v_m\}$

(1) 划分风险因素集。

供应链风险因素在很多的情况下，根据各个风险因素的性质和特点对因素集划分为若干个层次，一般可分为三个层次目标层、准则层和指标层，如图 9-5 所示，即：

$$U=\{U_1, U_2, \cdots, U_N\} \tag{9-7}$$

$$U=\{u_{1k}, u_{2k}, \cdots, u_{ik}\}, i=1, 2, \cdots, N \tag{9-8}$$

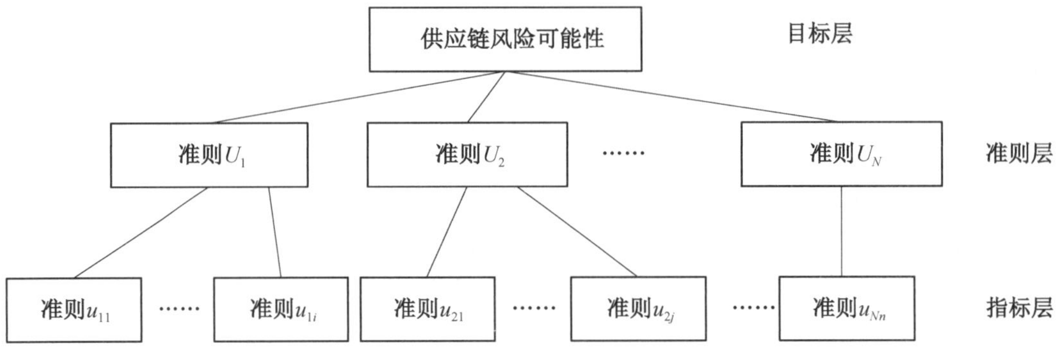

图 9 - 5　风险因素层次结构

其中：k_i 表示U_i 中含有的风险因素的个数，$\sum_{i=1}^{N} k_i = n$，并且满足$\bigcup_{i=1}^{N} U_i$，$U_i \cap U_j = \varnothing$，$i \neq j$。

(2) 初级评价。

对每个U_i 的k_i 个风险因素，按照供应链风险一级模糊综合的方法进行评价。另设U_i 中的各个风险因素，根据重要程度的不同建立权重集A_i，U_i 的k_i 个风险因素的总的评价矩阵为R_i，于是可以得到U_i 的模糊综合评价：

$$B_i = A_i \circ R_i = (b_{i1},\ b_{i2},\ \cdots,\ b_{im}),\ i = 1,\ 2,\ \cdots,\ N \tag{9-9}$$

(3) 二级评价。

把所有最低层次的风险指标都进行模糊综合评判之后，再对上一层次的风险指标进行评判。设$U = \{U_1,\ U_2,\ \cdots,\ U_N\}$ 中各个风险指标，根据重要程度不同建立权重集为A，U 的总的评判矩阵R 为：

$$R = \begin{bmatrix} B_1 \\ B_2 \\ \cdots \\ B_N \end{bmatrix} = \begin{bmatrix} A_1 \circ R_1 \\ A_2 \circ R_2 \\ \cdots \\ A_N \circ R_N \end{bmatrix} \tag{9-10}$$

这样就可以得到供应链风险的二级模糊评判结果：$B = A \circ R$，然后再根据最大隶属度原则，最终确定供应链风险的等级。

在供应链风险的评估中，为研究方便，通常会采用供应链系统的可靠性来衡量供应链系统的风险。根据模糊综合评价的方法，对供应链上企业的可靠性进行模糊综合评价。最终可以构建出供应链可靠性评价矩阵，如表 9 - 10 所示(其中U_n 为风险因素，A_n 为风险因素的权重，c_{mn} 为评价值，S_m 为企业名称，F_m 为各企业可靠性评价结果)。

表 9 - 10　可靠性评价矩阵

企业名称	$U_1(A_1)$	…	$U_n(A_n)$	F
S_1	c_{11}	…	c_{1n}	$F_1 = \sum A_j c_{1j}$
⋮	⋮	⋮	⋮	⋮
S_m	c_{m1}	…	c_{mn}	$F_m = \sum A_j c_{mj}$

有了供应链上各企业的可靠性评价之后，用式(9－11)可计算出整条供应链的可靠水平：

$$F=F_1\cdot F_2\cdot\cdots\cdot F_m \tag{9-11}$$

式中，F 为供应链系统可靠性；F_1，F_2，…，F_m 为供应链中第 1 到第 m 个企业的可靠性。

［例 9－3］　假设某一条供应链链条上有 D1、D2、D3、D4、D5 五家企业，在供应链上均存在着信息、资金、时间、物流和执行五种风险类型。在确定评价因素集和相应的评价标准之后，根据模糊综合评价方法对各风险因素及其权重进行独立评价，构建起各风险因素的评价矩阵和权重矩阵，再计算出供应链企业的可靠性。其中 U_n 为风险因素，A_n 为风险因素的权重，F 为可靠性评价结果，对于五家企业的可靠性评价矩阵如表 9－11 所示。

表 9－11　可靠性评价矩阵

企业名称	$U_n(A_n)$					F
	信息(0.2)	资金(0.2)	时间(0.2)	物流(0.2)	执行(0.2)	
D1	0.90	0.96	0.96	0.90	0.90	0.925
D2	0.90	0.91	0.95	0.95	0.94	0.930
D3	0.98	0.92	0.96	0.93	0.91	0.940
D4	0.92	0.94	0.92	0.90	0.82	0.900
D5	0.93	0.95	0.90	0.90	0.82	0.900

通过对供应链上各企业的可靠性评价矩阵，可计算得：

$$F_1=0.925,\ F_2=0.93,\ F_3=0.94,\ F_5=0.9,\ F_5=0.9$$

$$F=F_1\cdot F_2\cdot F_3\cdot F_4\cdot F_5=0.925\times0.93\times0.94\times0.9\times0.9=0.654\,7$$

即该供应链可靠性水平为 65.47%，发生供应链风险的概率为 34.53%。

(五) 风险值(VaR)评价法

在前文所介绍的风险评估方法中，都是以打分的方式来评价风险的严重程度，这些方法的评价结果实际上都包含有评价者的主观因素在其中，评价结果不够直观，而且往往误差较大。如果用风险值评价法，则既能较好地描述风险的严重程度，又能说明风险发生的频率，而且评价结果更客观，能够很好地反映风险的发生情况。所谓供应链风险值，供应链风险值指的是在一定期间 Δt 内，一定的置信水平下供应链可能的最大损失，这种模型在量化风险和动态监管方面有独特的优势，只用一个数字就能明确地表示出面临的风险。在实际中，通常运用参数法、历史模拟法、蒙特卡洛模拟法对 VaR 进行计算。

四、供应链风险处理

供应链风险处理是供应链风险管理的核心。识别和度量供应链风险都是为了有效地处理供应链风险，减少供应链风险发生的概率和造成的损失。处理供应链风险的方法包括供应链风险回避、供应链风险控制、供应链风险转移和供应链风险自担。

(1) 供应链风险回避是彻底规避供应链风险的做法，即断绝风险的来源。风险回避的方法是放弃或终止某项供应链合作，或改变供应链合作环境，尽量避开一些外部事件对企业造成的影响。当然,回避供应链风险在某种程度上可能意味着丧失其他获利的机会。

(2) 供应链风险控制是在风险识别和评估的基础上,有针对性地采取积极防范和控制措施的行为。供应链风险控制的目标是在风险发生之前,降低风险发生的概率;风险发生之后,减少风险发生造成的损失,从而使风险造成的损失降到最低。这是一种积极主动的风险管理方法,但供应链风险控制受到技术条件、成本费用、管理水平等的限制,并非所有的供应链风险控制防范都能采用。

(3) 供应链风险转移是将供应链中可能发生的风险部分转移出去的风险防范方式。风险转移可分为保险转移和非保险转移两种：保险转移是向保险公司投保,将供应链中部分风险损失转移给保险公司承担;非保险转移是将供应链中的一部分风险转移给供应链以外的企业,或风险由整个供应链企业来共同承担。

(4) 供应链风险自担是供应链中企业将可能的风险损失留给自己承担,是被动的措施。对于企业而言,可能已知风险的存在,但因为可能获得高回报而甘愿冒险。另一种可能是因为供应链系统风险无法回避,各供应链企业只能通过系统吸纳来接受风险。

五、供应链风险监控与反馈

制订出风险处理方案后,要在实践中进行检验,一旦发现其中可能存在的缺陷,应及时进行反馈和修正。供应链风险的监控与反馈就是将在危险识别、风险分析及风险处理中得到的经验或新知识,或者是从损失或接近损失的事件中获取的有价值的经验教训,集中起来加以分析并反馈到供应链相关经营活动中,从而避免犯同样的错误。

供应链风险管理是一项长期的、艰巨的工作,不是一蹴而就的事情,必须动态、循环地实施风险管理的整体过程,以使这一过程融入供应链管理运作中,才能真正做到长期有效地管理风险。

案例分析1 大众公司的供应链关系管理研究

一、大众公司简介

大众公司是一家总部位于德国沃尔夫斯堡的汽车制造公司,由世界著名的汽车设计大师波尔舍创立于1937年。大众集团拥有在德国本土的大众汽车公司和奥迪公司以及分布在其他国家的若干子公司,是世界500强企业之一。

二、汽车企业的战略伙伴关系

现代企业大多已经抛弃封闭经营的思想,而通过供应链与相关的企业建立战略伙伴关系。随着社会生产力的发展,社会分工越来越细化与专业化。一件完整产品的生产往往不会在一家企业中完成,而是将产品的各个零件分包到不同的企业生产,最后再进行组装。社会分工是人类出现商品经济发展的基础,没有社会分工,也就没有交换,经济就很难发展。不同的企业往往具有不同的核心竞争力,通过社会分工能够促使企业完全发挥其生产效率,从而提高最终产品的生产质量与效率。在汽车行业中不同的零件商往往负责生产不同的零部件，然后通过总装生产出最终的汽车，再销售给分销商或顾客。供应链上下游企业之间的联系十分密切，任何一个环节出现问题都会影响到最终商品的生产。大众公司的零件商分布在全球各地，通过海运等交通方式，将各种零件最终整合，通过生产的全球化来减少自己的交易成本，实现更高的利润率。同时，企业应该致力于建立合适的长期战略伙伴关系。企业在合作中，可以直观地感受到其他企业的生产水平，从而决定与哪些企业建立长期的伙伴关系。这样的合作模式可以减少企业由于信息不对称而引发的逆向选择问题，同时也会有效减少机会成本。例如，一些供应商为了争取到更多的合作往往会虚报数据，反而使优质企业无法进入供应链中。企业间通过信息共享，建立信任机制，最终形成长期稳定的伙伴关系，可以减少供应链整体的风险。

三、大众公司供应链关系管理的具体举措

（一）发挥供应链中核心企业的作用

供应链中的核心企业是整个供应链的枢纽，是信息交换的中心，也是物流集散中心。核心企业在收到上游企业发来的订单信息时，应该及时将信息进行模块化分析，再迅速地传递给指定的下游企业。当下游企业对于订单有疑问时，核心企业应该及时处理这些反馈信息，并提醒上游企业快速调整自己的生产计划，从而使上下游企业能够合作协调。核心企业往往是供应链中发展水平较高的企业，因此当上下游企业的物流供应链出现问题时，核心企业应该及时调整计划，对物流进行调节，降低总体的库存水平。最关键的是核心企业应该具有长远的眼光，以供应链的长期可持续发展为最终目标，而不能够因为短期的利益而频繁更换合作伙伴。现在企业间的竞争不再只是个体的竞争，也是供应链之间的竞争。核心企业可以以增值率和竞争力的不同，将企业分为有影响的合作伙伴、战略性的合作伙伴、普通合作伙伴以及竞争性/战略性合作伙伴，并通过直观判断、招标、协商选择等方式来选定最适合的合作伙伴。大众公司作为供应链的核心企业，通过各种合作来推进总体供应链的发展。2016 年 5 月 24 日，大众汽车集团宣布向 Gett 投资 3 亿美元。Gett 是一个叫车平台软件，一直以来被视作 Uber 的竞争对手。大众立足于其汽车供应链的未来发展方向进行了本次投资。

（二）风险分担

由于供应商与消费者之间的供需关系变化复杂，市场情况变化复杂，所以供应链中往往存在一定的风险。在长期的合作中，企业可以评价得出其他企业的可靠性，不同的企业对应不同的权重。根据结果来调整与不同企业的合作程度，从而降低风险。同时供应链的结构不能够太单一，这样很难根据时刻变化着的市场环境来调整自己的经营战略，供应链的灵活性不够，从而风险也会上升。但是供应链也不能太过冗长，供应链过于复杂会使得整体的调整速度有所下降，很容易因此而错过商机。供应链中的信息传递的准确性、完整性和及时性的提高，也会降低供应链整体的风险程度。这就需要企业间建立起稳定的信息集成系统，供应链中的企业都可以通过系统掌握信息，有效避免由于信息不充分而引发的一系列问题。大众公司在全球分布自己的供应链时，就充分地考虑到了不同国家的经济发展情况，比如将零件的生产地主要选择在发展中国家，而核心零部件的生产则放在发达国家，供应链布局的合理化也可以降低供应链的风险。

(三) 利益共享

供应链中的企业共同承担着风险,也共同分享着利益。企业之间可以通过订立一定的契约来进行利益的共享。通过合同或契约,上下游企业会约定好各自需要提供的产品、成交的价格、交付的时间以及违约的惩罚。如果是一些合作时间较长的企业之间,则会采用固定分配法,即从总量中按照固定的百分比将利益分配给上下游企业,而具体的百分比需要企业间进行协商。同时为了分配的合理性和公平性,对于利润的分配不应该一刀切,对于在供应链中承担风险较大的企业应该给予一定比例的补偿。建立好合理的利益共享机制,可以激发供应链中企业的生产效率,从而使供应链更加稳定。

资料来源:周思倩.企业的集成化供应链管理研究——以大众公司为例[J].知识经济,2017(11):99-100.

案例分析2 马钢集团绿色供应链风险管理研究

一、集团简介

随着近几年高新技术发展速度的加快,马钢集团以创新和发展作为首要目标,迅速调整产业结构,顺应政府的市场调控政策,完成了令人震惊的400多亿元的投资转型。完成了长材、板带、轮轴三大产品的技术换代升级和众多产品自主研发,建设了“$1+N$”多元一体化的战略格局。面对钢铁产业的发展趋势,马钢正在汲取各方面的有利资源,发展自身的物流能力和生产能力,开拓广阔的销售市场,实现企业向现代化钢铁企业的转型升级,将马钢集团建设成生态智能型钢铁企业。

二、绿色供应链结构

马钢集团作为钢铁行业的标杆企业,力图通过利用绿色供应链的优势来改变目前钢铁行业微利润的现状。马钢集团作为钢铁行业领域率先构建绿色供应链的代表性企业,同样也在扮演着商品制造者、生产者的角色。相对于传统意义上的供应链钢铁企业而言,马钢集团的绿色供应链是正向绿色供应链与反向绿色供应链的结合。正向绿色供应链是将马钢集团作为中心点,从生产钢铁的原材料供应开始,再经过钢铁企业的加工与制造,传递给最终用户所形成的网链结构。而反向绿色供应链是从最终客户开始到其源头钢铁原材料供应商所形成的循环往复的网链结构。反向绿色供应链的作用包括废旧商品的处理与深加工以及它的回收再利用。绿色供应链存在的意义在于添加了对资源的合理配置和利用与废弃物充分回收与利用等思想,使得实际运行情况与理论的框架相结合,极大地推动其可实施性。马钢集团的采购端是各种原材料的供应商,这些材料必须要通过严格的质量检验,例如,通过世界所公认的ISO14000环境认证标准对原材料供应商进行审核和筛选,试图从源头开始甄别,找出利于本企业绿色供应链实施的原材料供应商。像生铁、焦煤的品质是否达到再回收利用的标准将直接影响企业绿色供应链的运行效率。绿色供应链的最终目标是使企业在生产流通过程中造成的环境污染程度降低或改善。在钢铁行业产能过剩的今天,绿色供应链的运行情况直接关乎企业的经济效益。对于马钢集团而言,在收支相对平衡的情况下,成本降低的幅度越高，企业所获得的利润源也将会越高。

三、绿色供应链风险管理所存在的问题

（一）绿色供应链风险管理概念比较模糊

马钢集团内部并没有意识到绿色供应链风险管理存在的价值和重要性，由于绿色供应链的发展态势在国内而言并不成熟，马钢集团在构建绿色供应链的同时也在摸索着，目前企业只注重硬件设施上的更新，而忽略管理和运营模式与国外存在着本质上的不同。国外最先提出了绿色供应链的概念，国内的发展主要采用了借鉴的方式，将他们的模式复制到了国内，并没有对这一模块进行深入的研究，对相应理论思想的探索也不够透彻，忽略风险因素会给绿色供应链带来什么程度的影响。马钢集团的内部员工也仅仅在风险发生给企业带来损失之后采取措施进行应对，极大地浪费了企业较多的重要资源，影响了集团的正常运转。

（二）设施设备与加工工艺的落后

我国钢铁行业曾一直停滞不前，设备、技术和人员的管理方面对比国外而言比较落后，后来经过政府资金和政策上的支持，钢铁行业逐渐复苏。但受之前的影响，钢铁行业的发展相对较慢，一直追随着国外钢铁行业的脚步。马钢集团作为国内钢铁行业的佼佼者，试图加快钢铁行业绿色供应链的建设，达到国际领先水准与国际接轨。通过引进优秀人才、采用先进技术和设备来改变目前企业落后的现状。

（三）信息的共享性较差

虽然马钢集团自身研发了一套内部管理系统，实现了企业内部各部门之间的信息对接，但其企业员工受到访问权限的限制，导致企业各个环节的信息并不能得到共享，商品在流通过程中，上下游之间难以对货物的状态进行管控。对终端客户的信息更是难以捕捉，企业只能根据上一年的市场需求量来制订本年度的生产计划，造成企业库存的积压，给企业带来更多的经济负担，企业难以进行资金和货物的周转。因此，马钢集团目前应该试图将重心转向企业内部智能信息化平台的建设，完善部门之间、上下工序之间和流程之间信息沟通的顺畅性，进一步实现生产加工等方面信息资源的共享性和流通性。

（四）缺乏绿色供应链风险管理体系

由于马钢集团并没有建立完善的绿色供应链风险管理体系，使得企业在面临各种突发的风险时，仅能依靠管理者自己的主观想法来采取措施规避风险，管理者的不同，采取的方法也不同，当意见出现较大的分歧时，很难在短时间内拿出一套可行方案，这就给企业带来不必要的经济损失。风险的来源种类相对较多，假若管理者不能够及时识别各类风险对企业造成的影响，那么企业自身的绿色供应链可能会有停止运营的危机。为解决这些所存在的危机将极大地浪费企业的人力、物力和财力。

四、绿色供应链的风险管理应对策略与建议

（一）建立绿色供应链风险应急机制

钢铁作为国家的能源行业，占据着重要地位，钢铁企业任重而道远。由于马钢集团绿色供应链上的企业众多，这么庞大的供应链系统，若任何一环出现问题，那么整个绿色供应链的运营都会受到影响。马钢集团作为链条上最重要的一环，一旦企业自身出现问题必然波及链条上其他的企业，会造成极其严重的后果。在此前提下，马钢集团应该建立风险应急机

制，由领导者组织行业专家建立应急小组，以保证企业在出现各种危机时能够及时地去应对。马钢集团应急小组的成立能够极大程度地对风险进行规避和管理，并且对一些将会对企业正常生产活动造成影响的风险因素进行预警，提前制定一些相应的措施来应对发生的危机。应急小组需要与各个部门进行协作，对企业内部供应链涉及的各个部门和各个流程环节进行系统化、准确化的控制，力求将可能面临的风险降到企业的可控范围内，对各环节带来的风险进行把控，以及对可能出现的风险进行识别和评估，尽量将风险损失降至最低。

（二）建设信息平台

马钢集团应该建立透明的信息平台，将企业内部的生产加工、运输和销售等信息共享给员工，方便各个部门之间进行沟通和协作，杜绝部门之间由于信息的不对称造成需求变异放大现象的产生。同时也将马钢集团总部的信息共享给上下游企业，方便马钢总部与链条上的其他企业之间进行沟通，减少对供应链风险对马钢集团、链条上的企业以及整条绿色供应链造成的冲击。也可以通过信息平台来捕捉市场上最新的行情与动态，从而进一步掌控市场，调控企业自身的运营模式和管理模式。并且也能够借助平台信息系统监控到企业内部和外部环境可能出现的问题，及时下达指令改变当前的运行状态，避免给企业带来不必要的损失。进一步加强企业绿色供应链整体的协同运作，保障供应链的可持续性运行和信息传递的通畅性。同时也要加强信息安全设施建设，防止企业一些机密信息的泄露，使企业丧失核心竞争力。

（三）提升绿色供应链运行效率

马钢集团在技术和加工技艺方面并未处在国际的前沿，因此，企业需要采用先进的装备和技术来弥补自身的不足，以减少外部风险对于企业绿色供应链造成的影响。通过对标国外企业的系统技术，以及跟进钢铁物流前沿技术，来逐步提升主业的服务效率，从而推动马钢集团在经济效益上的提高。同时，在战略型贸易伙伴中寻求更稳定并且长期的贸易合作，提升绿色供应链的整体水平与稳定性，优化绿色供应链结构，未来钢铁企业之间的竞争必然是供应链与供应链之间的竞争，因此，单个企业运营效率上的提升并不能带动整个供应链运行效率的改变，它需要供应链上企业都能够实现质的飞跃。员工的培训和管理也必不可少，员工素质和技术水平的提升可以帮助企业达到更高的层次，提升企业文化认同感，加大处理应急风险的能力。

资料来源：陈杰，李奕，平梦莹，杜文意.钢铁行业绿色供应链风险管理初探——以马钢集团为例[J].物流科技，2020，43(10)：121－125.

复习思考题

1. 简述常见的供应链管理方法有哪些。
2. 简述CPFR的基本步骤。
3. 供应链计划的方法有哪些？
4. 什么是供应链合同？主要有哪些类型？

5. 什么是供应链风险管理？

6. 按照行为主体不同，供应链风险类型有哪些？

7. 供应链风险处理措施有哪些？

8. 小张专业销售新年卡，她以每张 1.5 元购入卡片。在其创作后，她再以每件 3.50 元的批发价格向当地手工艺品零售商销售她自制的新年贺卡，然后零售商以每件 5 元的价格卖给顾客。零售商有相同的需求预测，并决定在节日前采购多少张贺卡，以最大限度地提高自己的预期利润。请计算在批发价格合同情况下，小张和零售商各自的最佳订货量是多少？

9. 假设某一条供应链链条上有供应商 A、制造商 B、批发商 C 和零售商 D 四家企业，在供应链上存在着合作伙伴能力风险、信用风险、资金风险、企业文化风险、物流风险和法律风险，为用可靠性评估供应链风险，采用了模糊综合评价的方法，最终得到部分可靠性评价矩阵如表 9－12 所示，请对供应链系统可靠性和供应链风险做出评价。

表 9－12　四家企业可靠性评价矩阵

企业名称	$U_n(A_n)$					
	合作伙伴 (0.05)	信用 (0.15)	资金 (0.3)	企业文化 (0.2)	物流 (0.25)	法律 (0.1)
A	0.92	0.90	0.95	0.91	0.93	0.95
B	0.90	0.93	0.91	0.92	0.90	0.91
C	0.95	0.89	0.94	0.92	0.88	0.94
D	0.88	0.92	0.91	0.90	0.89	0.91

第 10 章 现代物流与供应链管理的发展

世界上唯一不变的就是变化本身，在当下的环境中，市场竞争日趋激烈，信息技术高速发展，经济全球化的脚步亦是不曾停歇。面对环境的巨变，人们不得不重新思考物流与供应链未来的发展方向，以在新的环境中寻求新的发展机遇。近年来，随着信息技术的快速发展和经济全球化的深入，现代物流和供应链管理理念和模式也在顺应时代的需求，不断向前演化。物流与供应链管理的发展向着智能化、绿色化、全球化、跨界化方向发展，智慧供应链、可持续供应链、全球供应链及供应链金融等概念逐渐进入人们的视野。

本章将对现代物流与供应链管理发展的前沿内容进行概述。第一节着重对智慧物流与智慧供应链有关概念、特点及应用展开讨论，在此基础上探讨智慧供应链的功能要素、构建策略及支撑条件。第二节对可持续供应链的概念和由来、可持续供应链创新的概念及特点进行介绍，并进一步了解可持续供应链的发展趋势。第三节对全球供应链的概念、特征、面临的挑战及应对措施进行讨论。第四节针对供应链管理与金融交叉衍生出的供应链金融商业与业务模式进行具体阐述。

第一节 智慧物流与智慧供应链

2008 年 11 月，IBM 首次提出了智慧地球的概念。智慧地球、智慧国家、智慧城市逐渐成了全世界的关注热点，并为此展开了一场信息化技术大战，推动了移动互联网、物联网、云计算、大数据的快速发展。智慧物流和智慧供应链是随着智慧地球和智慧城市的提出和关注而产生的，是智慧技术在物流与供应链领域应用的结果。

一、智慧物流

（一）智慧物流的理念及优势

智慧就是通过认识万物从而来影响万物的思想，而智慧物流就是利用智能软硬件、物联网、大数据等智慧化技术手段，实现物流各环节精细化、动态化、可视化管理，提高物流系统智能化分析决策和自动化操作执行能力，提升物流运作效率的现代化物流模式。在智慧物流的实现过程中，物流的人、货、车、节点和线路五大物理要素受到了重点关注。一方面，这些物理要素具有实际价值，它们的自身价值加上背后交织的大量经济关系、社会关系、资金流、信息流，将会形成盘根错节的各种链条和网络；另一方面，人们在将实体经济和虚拟经济进行结合时发现，物流是其中最为重要的结合点，可以认为“从虚拟走向实体，从实体走向虚拟”一定是物流实现。物流就像一个深潭，藏着太多可以被挖掘的、增量的价值；物流又像一个支点，任何逻辑的改变都可能演绎出各种各样的商业模式，撬动规模越来越大的市场，或者划分越来越细的市场。

发展智慧物流所带来的作用和优势让其成为物流未来发展的必要方向：一是促进企业发展，智慧物流可以降低企业物流成本，提高客户满意度，增加利润率，并为企业生产、采购和销售的智能融合打下基础；二是促进产业发展，打造智慧物流可加速物流产业的发展，为物流业的发展提供信息技术支撑；三是促进社会和经济发展，以智慧物流实现的企业和物流产业的发展对带动当地经济发展具有促进作用，可提高当地经济的综合竞争力，同时物流信息化的实现可提高政府部门工作效率，有助于当前改革的深入。

（二）智慧物流的发展趋势

1. 智慧物流呈产业化发展

在物联网技术商业化背景下，智慧物流产业链将全面爆发，形成设备、应用、平台、数据、产品、服务多层级多维度发展态势，产业规模潜量巨大。而贯穿其中的底层技术也需要同步发展，包括标准化技术的发展（如托盘标准化、集装箱标准化、车辆标准化等）、物联网技术的发展等。

2. 智慧化由散小环节逐步推进

在智慧物流的发展中，物流运作中最散小的环节将最先被智慧化，然后互联程度低、组织化程度高的环节逐步瓦解。因此，公路货运、城市配送等分散无序的领域将率先实现智慧化。我们统计了国内“互联网＋运输平台”（包括供应链服务、车辆调度、整合服务和物流交易等）的一些数据，从注册司机数、投融资额和注册货主数来看，车辆调度智慧化表现突出。

3. 以共享经济为主导

共享经济在物流发展中逐步占据主导地位，将催生颠覆性物流组织模式和商业模式。中国物流技术协会物流工程设计院 2016 年的一项研究表明，“共享经济”已运用于集装箱运输行业。全球空集装箱调运成本每年达到 150 亿～200 亿美元，BCG 咨询公司 2015 年 11 月份正式启动全球集装箱空箱共享平台。

（三）智慧物流的应用

1. 智慧物流设备的应用

智慧物流设备的应用在供应、仓储、配送等多个环节发挥了巨大的效用。在供应方面，主要采用的是射频识别技术设备。射频识别技术作为一种通信技术，可通过无线电信号识别特定目标并读写相关数据，例如将标签附着在一辆正在生产中的汽车上，工厂可以更加便捷地追踪此车在生产线上的进度，仓库可以追踪货物的所在。在仓储方面，主要采用的有自动化立体仓库和无轨自动导引运输车。利用立体仓库设备可实现仓库高层合理化、存取自动化、操作简便化，自动化立体仓库是当前仓储管理技术水平较高的形式。无轨自动导引运输车（AGV）指装备有电磁或光学等自动导引装置，它能够沿规定的导引路径行驶，具有安全保护以及各种移载功能的运输车。在仓储物流中，AGV 虽然是占比较小的运输设备，但是却是智能化非常关键的部件，增速较高。在配送方面，利用无人机和末端配送机器人加持，完成最后一公里配送的覆盖范围延伸和配送服务质量与效率的提升。

2. 智慧物流管理系统的应用

(1) 智慧物流信息系统。智慧物流信息系统的应用主要分布在物流业务、增值服务和电子政务方面。物流业务——物流业务板块即建设多式联运智慧系统、数字化城市物流配送、实时供应链可视化管理和园区云等。增值服务——增值服务包括建设物流金融、物流保险、物流担保、物流电商等，为在线企业提供相关的金融增值服务。电子政务——电子政务包括提供一站式政务服务、行业分析大数据和政策申报等。

(2) 仓库管理系统。企业仓库管理系统是一款标准化、智能化过程导向管理的仓库管理软件，它结合了众多知名企业的实际情况和管理经验，能够准确、高效地管理跟踪客户订单、采购订单以及仓库的综合管理。

(3) 地理信息系统。GIS 是打造智能物流的关键技术与工具，使用 GIS 可以构建物流一张图，将订单信息、网点信息、送货信息、车辆信息、客户信息等数据都在一张图中进行管理，实现快速智能分单、网点合理布局、送货路线合理规划、包裹监控与管理。

二、智慧供应链

(一) 智慧供应链的概念

智慧供应链是由传统供应链发展而来。传统供应链融入电子商务、数字经济、共享经济，并且加入物联网、人工智能等基础设施，即形成了现代供应链；在现代供应链的基础上，加入云计算、大数据、区块链、“互联网＋”等技术，即形成了智慧供应链。具体形成过程如图 10－1 所示。

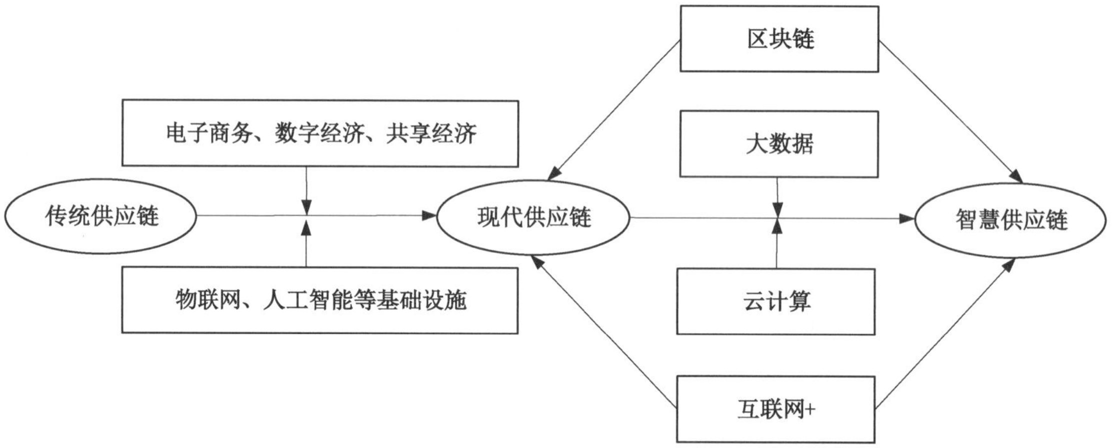

图 10－1　智慧供应链的形成过程

资料来源：黄成成，叶春森，王雪轩，时章漫.智慧供应链体系构建研究[J].价值工程，2018，37(23)：121－123.

智慧供应链是通过对日益发展成熟的物联网技术与现代供应链管理的理论、方法和技术进行有机结合，在企业内部和企业之间构建的，可实现供应链智能化、自动化、网络化和数字化的一种技术与管理综合集成系统。其核心是通过实现供应链中信息流、物流、资金流的无缝对接，最大程度消除不对称信息的影响，从根本上提升供应链整体的运作效率。越来越多的企业开始关注并重视智慧供应链，具体企业案例见本章附录 1。

（二）智慧供应链的特点

智慧供应链作为技术与管理综合集成系统，与传统供应链相比，智慧供应链具有以下特点：

1. 技术的渗透性更强

在智慧供应链中，管理者和运营者对技术的发掘、创新和运用更为敏感和灵活，会通过各种方式将物联网、互联网、人工智能等前沿技术融入供应链系统中，以持续的技术创新实现管理变革。

2. 可视化和移动化特征更明显

以人工智能、区块链、云计算、大数据、互联网等先进技术为支撑的智慧供应链，更倾向于智能化、碎片化地获取数据信息，使用可视化的手段来呈现数据，采用移动化的手段来访问数据。

3. 协同效果更好

信息的高度整合与共享，使企业可以及时有效地了解供应链内外部的各种信息，并基于实际情况随时与供应链上下游企业进行联系沟通，做出有针对性的调整与协作，从而大幅提升供应链的运作效率与效果。

4. 人性化和协调性更高

在主动吸收物联网、互联网、人工智能等技术的同时，智慧供应链更加系统的考虑问题，考虑人机系统的协调性，实现人性化的技术和管理系统。

5. 可延展性更强

智慧供应链是以先进的互联网信息化技术为支撑的，供应链中的各类信息具有更强的流动性、整合性与共享性，企业可以随时与供应链上下游的其他成员进行沟通交互，从而大大增强了供应链的延展性，有效解决了传统供应链中因信息层级传递而造成的效率下降问题。

（三）智慧供应链的功能要素

智慧供应链的功能要素指智慧供应链所具有的基本能力，这些基本能力有效组合在一起，便成了智慧供应链的总功能，便能合理、有效地实现智慧供应链的总目标。根据供应链的功能结构得到智慧供应链的功能要素，如图 10－2 所示。

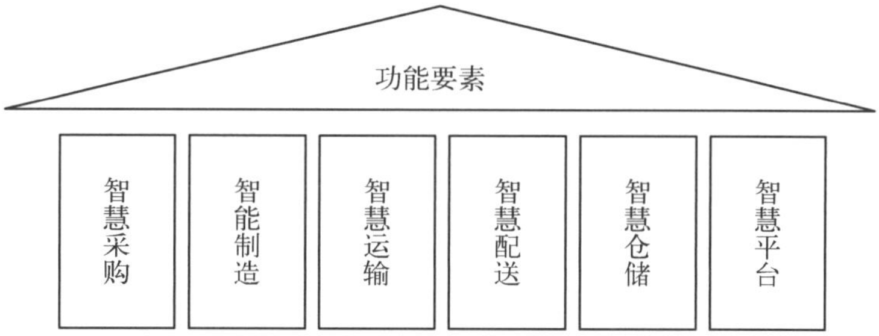

图 10－2　智慧供应链的功能要素

资料来源：黄成成，叶春森，王雪轩，时章漫.智慧供应链体系构建研究[J].价值工程，2018，37(23)：121－123.

（四）智慧供应链的构建策略

1. 完善信息化建设

在移动互联网时代下，物联网、云计算等技术逐步应用到商业领域中，数据呈现出复杂化、海量化的趋势。在这样的情况下,如果供应链上各个环节的企业之间更迫切地需要进行有效的信息沟通与互动,从而提高整个供应链的运营效率。当前,围绕信息化建设的智慧供应链呈现出迅速发展态势,并已经得到众多企业及行业的青睐。一方面,企业要基于业务流程再造,实施 ERP、管理信息系统(management information system,简称 MIS)、决策支持系统(decision support system,简称 DSS)等信息系统的应用,并加强信息系统的供应链绩效评价体系建设,有效满足客户需求;另一方面,企业要利用云计算技术,实现数据有效存储、共享和使用,同时逐步采用区块链技术,使供应链参与者能够直接开展认证的数据通信和实时验证,从而实现物料的全程可追溯,提升供应链的透明度,更加符合规范,降低流通成本,提高供应链整体价值的主动创造能力。

2. 构建供应链联盟并协同

在当前多元复杂的激烈的市场竞争环境中,单兵作战的企业很难长期生存下来,企业必须和供应链上下游企业间建立密切的合作关系,共享信息、技术、知识、资金、人力等优质资源,而实施供应链协同就显得尤为关键。供应链协同是两个及以上的企业为了达成战略目标,建立联合组织或签订战略协议后达成的网络式联合体,是供应链上下游企业间为了提高供应链的价值创造能力,而统一制订并执行相关计划并共担风险,使各方协同配合,释放合体势能,完善消费者服务,减少库存,降低供应链成本,提高市场竞争力的有效手段。

3. 对产品进行持续优化改进

产品的持续优化改进是企业获取利润的主要来源。在智慧供应链中,企业需要积极利用产品生命周期管理(product lifecycle management,简称 PLM)方面的数字化、智能化技术增强产品的数据集成性和协同性,以此持续改进产品。企业要通过打造集产品研发设计、生产制造和计划执行等于一体的业务流程,实现产品研发管理的集中化以及生产工艺、生产标准、信息系统的统一化,从而借助集成技术有效解决供应链中各成员间的异构性问题,增强成员的一致性和协同性,更好地促进产品的持续优化改进。

4. 实现财务标准化和一体化管理

从构建智慧供应链的角度来看,实现财务管理体系的标准化和一体化,能够使企业通过查看财务数据及时了解供应链中其他成员的运营信息,从而制订更合理的生产计划、选择更适宜的合作伙伴、对内外部环境做出最佳的应对举措等。企业要改变传统的财务业务运营管理思维与模式,从记账式财务业务分析转向价值创造型财务分析,积极利用 ERP 系统推进财务管理体系的标准化和一体化,实现基于数据仓库平台的数据分析和商业智能应用,从而大幅提升供应链的可视性和共享性水平。

(五) 智慧供应链的支撑技术

在全球范围内,新型智能管理技术正在加速与实体经济的融合,智能管理的全新经济形态正在形成。这些在未来实现数字化和智能化的关键智能管理技术可以概括为“ABCD”:人工智能(artificial intelligence)、区块链(blockchain)、云计算(cloud computing)、大数据(big data),它们正代表着最先进的技术生产力,重塑人们生活、企业运作和供应链管理的方方面面。

1. 人工智能

人工智能是计算机科学的一个分支,它企图了解智能的实质,并生产出一种新的能以人类智能相似的方式做出反应的智能机器,该领域的研究包括机器人、语言识别、图像识别、自然语言处理和专家系统等。当前，已经有许多企业从人工智能投资中受益。根据 Adobe 公司的调查，截至 2020 年底有 15% 的企业已经开始使用人工智能，可以产生收益的领域包括研发、产品创新、供应链运营和客户服务。据麦肯锡公司调查预计，通过在供应链中使用人工智能，企业每年获得经济价值为 1.3 万亿美元到 2 万亿美元。据普华永道公司预计，到 2030 年，人工智能可以为全球经济贡献近 15.7 万亿美元的价值。

在供应链管理中，人工智能的运用具有以下几方面的优势：一是通过人工智能的数据分析和预测能力，能够增强需求预测的准确度。二是人工智能以结合强化学习、无监督学习和监督学习等不同技术的能力，可以对影响供应链绩效的因素和问题进行分析，为管理决策提供依据，提高企业的运作效率。三是利用人工智能打造全自动化的智能仓库，仓库中的作业由自动化的设备或软件来完成，烦琐的任务得以简化，其操作变得更具成本效益。四是以人工智能实现自动驾驶，可以提高物流效率和安全性，同时可实现运输规划，缩短交货时间，降低运输成本，提高服务质量。

2. 区块链技术

(1) 区块链的概念。

区块链是一项同时具有分布式数据储存、点对点传输、共识机制、加密算法等计算机技术的新型技术模式。它在 2008 年被提出，2009 年，革新人们认知的加密数字货币诞生，随之而来的是如今区块链与比特币被推到风口浪尖，引发大量讨论。将区块以链条形式组合连接在一起的数据结构被称为区块链，这是一个整体，由区块头以及区块主体两个关键部分组成，区块中的块头作用是连接下一个区块链条，块主体则起到信息储存的作用，当形成完整的区块链时，这个系统会自动标注时间戳并标记到数据信息上。区块链技术作为比特币最基本的技术，人们在早期只是被比特币吸引，这一个底层技术早期并未被太多人注意，但是比特币作为一种货币，并未有具体的管理以及机构长年时间稳定运行，因此，人们开始将区块链运用到更多领域。虽然对比特币各个国家持有不同的看法与态度，但区块链技术得到了普遍认可，确定其是一项可靠技术。新加坡以及英国推出的沙盒计划立志于对区块链进行进一步研究与创新；我国互联网金融行业也成立了专项区块链研究组织，国内如同济大学等纷纷成立了区块链研究院。

关于区块链的基本概念有狭义和广义之分。在工信部指导发布、中国区块链技术和产业发展论坛编写的《中国区块链技术和应用发展白皮书(2016)》中有这样的阐述："狭义上，区块链是一种按照时间顺序将数据区块以顺序相连的方式组合成的一种链式数据结构，并以密码学方式保证的不可篡改和不可伪造的分布式账本。广义上，区块链技术是利用块链式数据结构来验证和存储数据、利用分布式节点共识算法来生成和更新数据、利用密码学的方式保证数据传输和访问的安全性、利用由自动化脚本代码组成的智能合约来编程和操作数据的一种全新的分布式基础架构与计算范式。"

通俗来说，区块链就是一种数据以区块为单位产生和存储，并按照时间顺序首尾相连形成链式结构，同时通过密码学保证不可被篡改、不可被伪造及数据传输访问安全的去中心化分布式账本。区块链中所谓的账本，其作用和现实生活中的账本基本一致，按照一定的格式记录流水等交易信息。特别是在各种数字货币中，交易内容就是各种转账信息。只是随着区块链的发展，记录的交易内容由各种转账记录扩展至各个领域的数据。当运用于供应链溯源中时，区块中就可以记录供应链各个环节中物品所处的责任方、位置等信息。

(2) 区块链在供应链管理中的应用。

供应链管理对供应链上各节点企业的生存发展都起着至关重要的作用,高效、低成本的运作是供应链管理的目标。在以往的供应链管理中,通过信息网络技术进行的供应链管理优化已经取得了较大的进步,包括 MRP 系统、ERP 系统等都有力地支撑了供应链系统的运转,但由于传统技术架构的限制,各方的信息系统数据同步效率低、真实性差。除此之外,当面向供应链内部时,由于各方系统的数据均为独立集中管理,供应链信息孤岛现象不能得到有效解决,并且还存在遭受篡改的风险;面对外部不法黑客时,也只能在系统外增加防火墙和安全设备,无法通过底层技术协议来解决这类问题。针对供应链管理中现存的此类问题,区块链技术的出现正好带来了协议层的解决方案。在利用区块链的环境中,联盟各方都持有“账本”数据,并且数据的增加、修改、删除等动作都必须执行各方共同制定的智能合约并达成共识后才能落入最后的数据“账本”中。由于账本数据会存储在联盟各方中,这种方式很好地保证了数据的高可靠性,任意一方数据的丢失和损坏都不会造成太多影响,它可以快速从其他方恢复数据。另外,这种技术架构也可以很好地保证任意一方都不能私自对数据进行变更,所以和各方的相关业务方面的权利义务都可以通过智能合约来保障,有效地解决了公平、安全的问题。

下面举几个例子说明区块链在物流与供应链管理领域的应用。

① 供应链管理中区块链的应用。供应链将行业中所有用户,包括供应商、分销商等共同紧密关联在一起,构成一种极为复杂的结构。一个生态链条中势必会存在较为频繁的交流互通协作,供应链的工作原理是将各种信息分散保存在各环节系统中,然后通过各个系统反馈整合与分类各种信息。但是如果在信息流通过程中缺乏透明度,将导致整个链条上的各个系统都难以确定相关信息并存在问题,使供应链效率不如人意。当供应链中各个参与主体发生分歧与纠纷时,查证和追责将变得困难,很多方法在一些情况下变得并不可行。经济社会企业之间的竞争日益加剧,迫切需要开拓市场,因此,供应链常在管理过程中因各个环节之间呈现多区块、大跨度的原因不能有效解决假冒伪劣产品等问题。而区块链的特性在面对供应链管理工作时具有与生俱来的优势,第一,区块链技术使各个交易方信息透明化,并能保持供应链上各环节信息流畅,保证在物流运送过程中出现问题时可以迅速找到原因,并针对性解决该问题,提高供应链效率。第二,区块链特有的数据以及时间不可逆,可以很好地应对供应链体系之间各个主体发生的纠纷,并有效进行责查,同时,由于区块链数据具有不可逆性,能有效杜绝因物品流通产生假冒伪劣现象。

② 在物流领域各个场景中应用区块链。物品邮寄流通过程对客户信息保密工作要求严格,为充分保证客户的信息安全,可以利用区块链中的数字签名以及公用和私用密匙机制来解决这个问题。在实际应用中,利用双方私用密匙签名完成快递交接,每一个快递领取点和快递员都应该有自己的私用密匙,只要在区块链中进行查找便可知道快递是否被签收,假如客户没有收到自己的快递,那么就不会有签收记录,且快递员无法伪造,该机制可以有效避免因快递员伪造签名导致货物被冒领。物流公司保障客户信息安全,客户会更愿意配合物流接受实名制,从而顺应国家物流的实名制要求。

③ 国际物流的应用。运输距离更远、运输时间更长的国际物流运输,其结构更为繁杂,涉及部门众多,导致物流效率不容易提高。假设从非洲运输到欧洲一些冷冻食物,要经过30个以上的组织进行多达200次的交流,管理成本以及进出口贸易文件甚至达到了运输所需

成本的20%，其复杂程度不言而喻。为解决这一问题，相关部门应使用区块链技术，将多个组织链条关联起来，使收到的信息在第一时间内被区块链记录，并向客户、海关、银行展示，以此提高供应链信息的透明度，增强物流信息的可信度，并实现无纸办公，帮助海关部门实施全面管理，提高物流效率。

3. 云计算

（1）云计算的概念。

云计算是分布式计算的一种，指的是通过网络“云”将巨大的数据计算处理程序分解成无数个小程序，然后，通过多部服务器组成的系统进行处理和分析这些小程序得到结果并返回给用户。利用云计算技术，可以实现在很短的时间内（几秒钟）对数以万计的数据进行处理，从而提供强大的网络服务。云计算不是一种全新的网络技术，而是继计算机、互联网后在信息时代又一种革新，是一种全新的网络应用概念。云计算具有很强的扩展性和需要性，可以为用户提供一种全新的体验，云计算的核心是以互联网为中心，将很多的计算机资源协调在一起，提供快速且安全的云计算服务与数据存储，让每一个用户都可以使用网络上的庞大计算资源与数据中心，同时资源的获取不受时间和空间的限制。

（2）云计算的服务类型。

云计算的服务类型可分为基础设施即服务（IaaS）、平台即服务（PaaS）和软件即服务（SaaS）三类。基础设施即服务是主要的服务类别之一，它向云计算提供商的个人或组织提供虚拟化计算资源，如虚拟机、存储、网络和操作系统。平台即服务是一种服务类别，为开发人员提供通过全球互联网构建应用程序和服务的平台，同时也可以为开发、测试和管理软件应用程序提供按需开发环境。软件即服务也是其服务的一类，通过互联网提供按需软件付费应用程序，云计算提供商托管和管理软件应用程序，并允许其用户连接到应用程序并通过全球互联网访问应用程序。

（3）云计算的应用。

进入21世纪以来，云计算（按需软件和服务软件的总称）迅速发展。事实上，全球的公共云服务市场增长迅猛。软件、服务或信息可以通过互联网来分享，使用者不需要掌控技术基础设施。有多种与物流相关的云计算应用软件，如协同预测与库存优化云计算软件、运输管理系统已成为最流行的按需应用软件。

云计算越来越受青睐的原因之一在于其按使用付费的模式使顾客避免了高额的资金投入成本，加快了软件的投资回报。另外，由于云计算属于运营支出而不是资本支出，因此，其成为许多难以支付购买、安装和维护诸如运输管理系统和仓库管理系统这类专业应用软件的企业的可行选择。2008年金融危机以来，世界性的经济增长放缓导致许多组织大幅消减其信息技术支出，这有益于基于云应用程序的发展。云计算的其他优点还包括：快速和低廉的安装、更少的信息技术管理人员需求，以及云供应商提供的定期升级更新。例如：国内的苏宁云仓（号称亚洲最大单体物流基地，2018）、物流链云平台（56linked.com）等均运用了云计算技术提供物流作业执行和供应链可视化监控，甚至提供移动应用端的云运输管理、云路径优化、货物追踪管理等。

4. 大数据

大数据是指无法在一定时间范围内用常规软件工具进行捕捉、管理和处理的数据集合，是需要新处理模式才能具有更强的决策力、洞察发现力和流程优化能力的海量、高增长率和多样化的信息资产。麦肯锡研究所也给出了大数据的概念：一种规模大到在获取、存储、管理、分析方面大大超出了传统数据库软件工具能力范围的数据集合，具有海量的数据规模、快速的数据流转、多样的数据类型和价值密度低四大特征。

大数据技术的战略意义不在于掌握庞大的数据信息，而在于对这些含有意义的数据进行专业化处理。换而言之，如果把大数据比作一种产业，那么这种产业实现盈利的关键，在于提高对数据的"加工能力"，通过"加工"实现数据的"增值"。大数据技术的出现为企业发展提供了机遇，面向大量消费者提供产品或服务的企业可以利用大数据进行精准营销，做小而精模式的中小微企业可以利用大数据做服务转型，面临互联网压力之下的传统企业需要与时俱进，充分利用大数据的价值实现转型。

第二节　可持续供应链的发展

一、可持续供应链的概念

随着资源环境和社会问题的日益突出，企业越来越注重经济、环境和社会全面协调发展的可持续供应链管理理念。可持续发展是国家顶层设计的战略方针，也是现代企业面临的重大课题。历经传统供应链、闭环供应链、绿色供应链、生态供应链和低碳供应链的演变与发展，强调经济、环境和社会三方面协调统一的可持续供应链（sustainable supply chain，简称 SSC）应运而生。联合国环境署负责人查尔斯就指出：未来十年，可持续供应链将成为世界上绝无仅有的供应链模式（中欧可持续供应链高层论坛，2016）。可持续供应链除了具备碳排放权交易、环境可持续产品等绿色低碳供应链的一些特征外，同时还要求其产品具备社会可持续性，强调供应链的社会责任体现，这无疑加剧了企业之间的纵向冲突与横向竞争强度。对此，可持续供应链管理所要考虑的是如何打破企业边界，实现业务、组织和信息层面的优化与协调，以提升可持续供应链的整体绩效。

二、可持续供应链的由来

供应链管理的发展大致经历从企业功能管理到内部整合，再到企业外部整合，最后到企业间资源整合与能力形成的内外部集成这四个阶段。在此发展过程中，从最先关注生产力水平、产品质量和成本等与经济效益有关的因素到生态环境被关注再到社会责任问题逐渐被提及。20 世纪 80 年代，全球变暖才真正引发对可持续发展的关注，20 世纪 90 年代臭氧层空洞的出现才对生态环境开始关注，社会责任逐渐被提及，20 世纪 90 年代末期颁布了 ISO14001 环境认证体系和出台了 SA8000 社会责任国际标准，说明了可持续发展中生态环境、社会责任和经济效益的发展是息息相关。同时期学者们对绿色供应链管理进行了探讨，但是对供应链社会责任方面的研究很少涉及。21 世纪初社会问题频繁出现，引起了对社会责任的广泛关注，学者们对社会责任问题进行了研究，直到 2010 年 11 月国际标准化组织出台了《社会责任指南》（ISO2600）。因此，为系统解决传统供应链管理与生态环境、社会责任的相容性问题，人们开始将可持续发展的理念引入供应链管理之中，可持续供应链管理于 2007 年被国外学者提出。

可持续供应链管理与绿色供应链管理相比，最大的不同在于追求经济效益的同时不仅仅考虑生态环境方面的影响，而是系统地整体地协调环境保护和社会责任，追求三重底线的最大化平衡。可持续供应链管理（sustainable supply chain management，简称 SSCM）是可持续发展理念在供应链管理中的体现，是核心企业与其上下游企业从战略高度系统地协调经济效益、社会责任和环境保护三重底线，在每个环节将企业与自然、企业与社会的可持续发展理念贯穿于整个供应链，并有效管理物流、资金流、信息流以及供应链上企业间合作所进行的管理。

三、可持续供应链创新的概念

可持续供应链创新是供应链管理、创新管理和可持续发展这三个领域的知识的融合。供应链创新（supply chain innovation，简称 SCI）是指为了给利益相关方创造价值，供应链网络相关的所有参与者在产品、过程、市场、技术、资源配置及组织上进行从渐进到激进的综合性变革；如果创新变革绩效达到经济、社会和环境绩效的平衡，即三个维度都呈现正向绩效（至少是非负的），则这种供应链创新称为可持续供应链创新（sustainable supply chain innovation，简称 SSCI）。

四、可持续供应链创新的特点

（1）系统性。可持续供应链创新是供应链上不同的参与者为了实现一个共同的目标而采取的一系列相互影响的活动，这符合典型系统行为的描述。

（2）复杂性。供应链创新的复杂性可以从产品、流程、技术、网络等方面发现，复杂性通常被认为会减少供应链创新的绩效。

（3）内外部性。可持续供应链创新要求涉及供应链参与者内、外部的活动和能力，例如内部的学习、吸收和整合能力；外部的共享和协作活动。

（4）动态性。面对快速变化的环境，客户需求的改变和对现有概念及实际知识的整合，这需要供应链的参与者具有应对动态变化的能力。动态能力属于资源基础观理论的延伸，代表供应链上的参与者拥有有形的和无形的不同资源和能力。变革的过程持续要求对必须处理的外部效应的选择。

（5）合作性。为了实现显著的变革和克服创新过程中的障碍，例如高成本的压力，缩短项目周期时间和持续的竞争，供应链上下游的参与者需要建立合作的关系。供应链上的合作关系要求有一致的目标，开放地沟通，分享资源，共担风险和收益。良好的合作关系会强化创新和可持续绩效。

（6）互补性。供应链上的参与者具有各自的优势和劣势。合作使供应链参与者在创新的过程中产生互补效应。互补效应的概念为“相互协作的运作比作为一个单独运作能取得更高的赢利能力”。

（7）可持续性。供应链创新和供应链上的参与者相关，所以创新的目标不仅仅是满足核心企业，而必须考虑到所有利益相关方的需要。充分考虑利益相关方需求的创新则能倾向于平衡经济、社会和环境三个维度的绩效，这才被称为是可持续的。供应链参与者满足所有利益相关方的需求，在改善生态绩效和承担社会责任的同时改善盈利能力是一种新的模式。

(8) 从渐进到激进。供应链创新通常是从小的改善累积或组织间的局部优化工作开始到最终的显著变革。

五、可持续供应链的发展趋势

2015 年,联合国提出 2030 可持续发展目标:从 2015 年到 2030 年间以综合方式彻底解决社会、经济和环境三个维度的发展问题,转向可持续发展道路。自此之后,规范、支持和打造可持续供应链成为供应链管理的热点话题,可持续供应链的未来发展趋势受到业内学者和企业各级管理人员的广泛关注。

(一) 绿色化发展

在可持续发展目标的指引下,世界各国积极响应号召,相继发布可持续供应链的相关政策,持续推动可持续供应链的发展,特别是绿色化的发展。美国发布《国家环境政策法》《环境标志制度》等一系列法律法规;欧盟颁布《包装和包装废物 94/62 指令》《关于报废电子电气设备指令》等指令,针对原材料采购、生产、运输、分销及回收等环节;英国颁布《加强英国制造业供应链政府和产业行动计划》,将可持续供应链提升到国家战略的高度;中国发布《企业绿色采购指南》《绿色制造工程实施指南》等指导性文件,鼓励企业推行可持续供应链管理,提升企业核心竞争力。

与此同时,随着国内消费升级、环保理念的传播,我国消费群体在追求产品服务质量的同时,也开始注重产品、消费行为以及消费方式的环保性,越来越关注绿色化,消费者与企业进行良性互动,注重构建绿色供应链体系,即产品从物料获取、加工、包装、仓储、运输、使用到报废处理的整个过程中,对环境的影响(副作用)最小,资源效率最高。供应链整体绿色化水平对于物流绿色化发展起着至关重要的作用。物流环节如何实现环保和绿色化不单单是做到技术的升级,更是要在新时代,全面加强规模效应的形成。

近年来,世界经济持续、快速增长。尤其是中国,随着经济财富的增加,消耗的资源也越来越多,资源浪费与环境破坏事件频繁发生。围绕生态环境问题,人类社会提出了可持续发展战略——既满足当代人的需求,又不对满足子孙后代需要之能力构成危害。可持续发展战略将生态环境与经济发展视为人类社会存在的两大基石,两者缺一不可。而实施绿色供应链管理(green supply chain management,简称 GSCM)正是将“绿色”或“环境意识”与“经济发展”两者并重的可持续发展的一种有效途径。

(二) 内外动态均衡发展

“中国消费”下的全球进口和跨境电商成为拉动全球经贸平衡发展、互利共生的新便车。以全球化的视野,将供应链系统延伸至整个世界范围,“一带一路”倡议地稳步推进,跨境电商也在快速发展。但与此同时,中国人口红利优势变弱,企业将生产外包到劳动力成本低的国家,生产趋向于本地化,国际产能转移。在面对长期全球化和短期逆全球化的趋势下,要通过国内与国外的经济联通,提高供给体系与国内需求的适配性,达到更高水平的动态均衡,从而在复杂多变的世界经济形势中保持定力,重新构建安全可靠、富有弹性和韧性的可持续供应链体系。

(三) 协同化发展

当产品的需求是确定的,信息是少量的、结构化的时候,供应链是链式结构。而未来,当消费者海量个性化需求出现,数据也是海量、非结构化的时候,链性的供应结构是很难满足市场需求的。因此,未来供应链发展是向着网状的供应结构发展,网状结构的协同化使得供应链更具有弹性,且相对于单一链式结构反应速度更快,每一个网络节点都可以单独或联合供给。

第三节　全球供应链管理

一、全球供应链的概念

近年来,为了降低成本、提高效率以及增强企业核心竞争力,许多公司都采用了全球化的经营模式,从而出现了跨国家、跨地域和跨文化的全球供应链系统。

全球供应链(global supply chain)是研发设计、采购、生产、销售及服务等供应链各个环节,在全球范围内实现有机链接、高效协同的经济组织形态,是国际分工不断演化的必然结果,是世界各国相互依存、利益交融的重要表现形式。

全球供应链管理就是要求以全球化的观念,将供应链的系统延伸至整个世界范围,在全面、迅速地了解世界各地消费者需求偏好的同时,对其进行计划、协调、操作、控制和优化。在供应链中的核心企业与其供应商以及供应商的供应商、核心企业与其销售商以及最终消费者之间,依靠现代网络信息技术支持,实现供应链的一体化和快速反应运作,达到物流、价值流和信息流的协调通畅,以满足全球消费者需求。全球化供应链管理范畴较宽,是一种综合性的、跨国、跨企业集成化的管理模式,也是适应全球化的企业跨国经营的管理模式。通过全球供应链管理可以有效地控制全球供应链的实物流、资金流和信息流,它代表着一种新的管理模式,这种模式通过有效地管理全球供应链,从而将供应商和最终用户有机地联系起来。

二、全球供应链管理的特征

作为一种新型的管理模式,全球供应链管理具有如下的特征:

(一) 以消费者满意为核心

全球供应链管理是以全球范围内的消费者来驱动供应链运作,以消费者满意为核心。在全球化环境下,企业的经营范围从国内市场扩展到全球市场,巨大的市场意味着巨大的发展机遇。不管消费者居于世界的哪一位置,他们的需求同等重要。全球化供应链管理将消费者服务定位为企业的核心,而且采取为消费者服务的战略,以消费者满意度作为自己的绩效标准,重新进行市场细分,针对不同消费者群体的不同需求,提供多样化的产品和服务,并且注重降低成本和提高效率,以取得消费者对企业产品的认同,提升企业的业绩。

(二) 具有新型的合作竞争理念

与传统企业经营管理不同,全球化供应链管理是从全球市场的角度对供应链进行全面协调性的合作式管理,它不仅要考虑核心企业内部的管理,还更注重供应链中各个环节、各个企业之间资源的利用和合作,让各企业之间进行合作博弈,最终达到“双赢”。那种完全站在企业个体的立场上,在现有的市场上争夺产品和销售渠道,其结果不是你死我活就是两败俱伤,不利于市场空间的扩大和经济的共同繁荣进步。全球化供应链管理的合作竞争理念把供应链视为一个完整的系统,将每一个成员企业视为子系统,组成动态跨国联盟,彼此信任,互相合作,共同开拓市场,追求系统效益的最大化,最终分享节约的成本和创造的收益。

(三) 以现代网络信息技术为支撑

全球化供应链管理是现代网络信息技术发展与跨国战略联盟思想发展的结晶,高度集成的网络信息系统是其运行的技术基础。它应用网络信息产业的成果,集企业管理理念、业务流程、基础数据、企业资源、计算机软硬件于一体,通过信息流、物流、资金流的管理,把供应链上所有企业的制造场所、营销系统、财务系统紧密地结合在一起,以实现全球内多工厂、多地点的跨国经营运作,使企业超越了传统的供方驱动的生产模式,转向需方驱动生产模式运营,体现了完全按消费者需求制造的思想,通过信息和资源共享,实现以消费者满意为核心的战略。

三、全球供应链管理面临的挑战

20 世纪 90 年代以来,各国和地区比较优势结构发生根本性变化,加上日益开放的国际环境、长距离运输、大范围通信等外部条件,加快了国际产业"梯度转移"步伐。当前,国际产业分工已经进入基于生产工序、生产流程的产品内分工新阶段,形成了以供应链效率为决定因素的高度连接的全球供应链网链格局。近年来,受保护主义、技术变革、要素成本变化等多重因素影响,全球供应链格局正在加速调整。特别是受新冠肺炎疫情影响,全球供应链、产业链本地化、区域化、分散化趋势加速演进,跨国公司更加重视供应链的多元化布局,全球供应链面临重构。

(一) 价值差异的挑战

从供应链的角度来讲,每个公司都需要了解它的下游合作伙伴直至最终合作伙伴的价值。当供应链跨越许多国家时,公司之间以及在决策价值、使用情况、产品/服务等级方面的差异显得更为突出。为此,对全球供应链管理的挑战首先表现为供应链伙伴必须深入了解供应链中每个企业的价值;其次还需要考虑到不同企业所处的民族文化、区域商业模式、经济情况、法律政策环境等,这些因素不但影响企业对"收益"与"损失"的评价,而且还会妨碍其对不同价值的理解。解决问题的途径就是在承认价值差异的基础上,寻找认识这种价值差异的定性与定量方法。

(二) 价值变化的挑战

全球供应链中合作伙伴之间不但存在着价值上的差异,而且还会发生不同趋势的价值变化。市场竞争、技术进步、政策法规和经济条件都影响着供应链中公司价值的变化趋势,使得全球供应链管理面临着了解和预测供应链中不同层次和不同地域的合作伙伴的价值变化的挑战。

(三) 战略集成的挑战

全球经济环境的不确定性和波动性更需要密切的全球供应链关系,密切的供应链关系是企业对市场变化和竞争对手的竞争行为做出快速反应的重要保证。由此可见,全球供应链的战略集成已经成为提高其运行效率的必然选择。这种全球供应链的战略集成不仅是企业的产品设计、制造、营销和公关等内部职能的集成,而且是跨文化和跨地区的企业之间在后勤、研发、制造、财务和营销等方面的合作、协调、协作和战略集成。毫无疑问,企业的结构和运作方式的不同、员工在语言与文化上的沟通障碍、关税与汇率的变化以及经济法律环境的差异等因素都将使全球供应链的战略集成面临前所未有的挑战。

（四）信息共享的挑战

信息共享已经成为全球供应链竞争优势的重要标志，它直接反映全球供应链的集成及自动化程度。全球供应链中合作伙伴之间需要共享的信息包括库存、销售、需求预测、订货状态、产品计划、后勤和生产进度等。目前，由于技术与财务等方面的原因，全球供应链中合作伙伴之间的信息不对称和不愿意共享信息使得供应链的管理面临着运行效率低下和效果不佳的缺憾。克服这些问题的有效办法就是建立起包括库存水平、生产计划以及预测信息的供应链集成数据库来保证对其运行的控制。因此，很有必要开发出基于互联网的能够不间断地传递从原材料到消费者信息流的系统来应对全球供应链中信息共享问题的挑战。

四、全球供应链管理的发展策略

（一）理解和识别合作伙伴之间的价值差异及其变化

理解和识别全球供应链中的合作伙伴之间的价值差异与变化是全球供应链战略整合的前提和保证。在全球供应链战略整合的过程中，一定要充分考虑产生这种价值差异的影响因素，在深入了解全球供应链自身复杂性的基础上，还要进一步考虑合作伙伴所处的不同的语言、文化、传统、偏好和法治环境以及在汇率、贸易、商业模式和经济环境等方面的差异。这种价值差异与变化可以通过合作条款的形式达到求同存异的目标，并在全球供应链的运作过程中逐步达到理解、包容与平衡的状态。

（二）实现合作伙伴之间的信息整合与共享

全球供应链的共享信息大致可以分为产品信息、库存信息以及用户需求和交易信息三大类。产品信息的共享要求供应链的合作伙伴之间要及时、准确地沟通和更新产品信息，从而保证产品信息的一致性。根据 UCCnet 的统计，供应商和零售商之间大约有 30%的产品信息交换不能匹配，导致产品信息失真，影响公司的销售业绩和用户的满意度。库存信息包括库存状态和库存补充策略，出于竞争的考虑，它是供应链中最敏感和最不愿意共享的信息。对于用户需求和交易信息而言，它是需求预测、生产进度安排和运输计划的基础，此类信息的共享将是联合预测市场需求和制订生产计划的前提。

电子商务的发展为供应链建模与分析的研究和实践开创了新的领域，特别是基于互联网的电子商务为全球供应链中的供应商、制造商、零售商和用户提供了新的连接方式。过去，尽管有些供应链管理的应用在一定程度上支持合作者之间的直接数据交换，但由于技术限制和财务障碍等因素的影响都没有实现真正意义上的信息共享。基于网络开发信息共享的全球供应链管理系统可以从根本上解决这一问题。面向全球化的基于网络的信息共享供应链管理系统与传统供应链管理解决方案的主要区别是：系统具有将从原材料供应商到制造商再到零售商以及消费者的信息集成到统一的决策支持“数据银行”的功能。它的主要特点是：供应链下游的公司将他们的库存水平开放给上游公司，由上游公司来负责其库存的补充工作，这样不但可以明显地减少定货、存储、运输和生产等方面的成本，还可以减少制造商的生产成本和运输成本。通过整合需求预测、生产计划、产品分销和库存补充策略，该系统致力于提供一种有效利用信息技术的全球供应链管理的新模式。

第四节　供应链金融创新

一、供应链金融的概念

供应链金融是对供应链的某个环节或全链条提供的定制化金融服务，通过整合信息、资金、物流等资源，达到提高资金使用效率、为各方创造价值和降低风险的作用。这种服务是穿插在交易过程中的，其主要模式是以核心企业的上下游为服务对象，以真实的交易为前提，在采购、生产、销售的各个环节提供的金融服务。

二、我国供应链金融发展现状

我国供应链金融起步相对较晚，发展进程也较为落后，但也处于不断的发展进阶与转变中。从融资渠道上看，受益于互联网行业的快速爆发，我国当前已经具备了相应技术水平实践的一体化供应链条，供应链金融也从单纯的商业银行为核心的零散、低效的融资手段转变成为聚合互联网金融的高效、快速的多渠道融资方式，也就是以用互联网、大数据、云计算等新科技强化风控手段，从而帮助外部金融机构链接更多快速发展中的中小企业的供应链3.0。从产品和业务类别上看，供应链金融以应收、预付、存货、信用四大类为主，且已经逐渐应用在汽车、三农、医药、大宗商品和批发零售等领域，除此之外，部分参与主体也开拓了自己的增值业务，如商业银行的现金管理等中间业务和物流公司的仓储物流、动产监管、价值评估等。具体企业案例见附录 2。

三、供应链金融的商业模式

供应链金融可以根植于供应链条的各个环节，依据参与主体的不同，将其划分为五类主要的商业模式，包括第三方支付主导的、电商平台主导的、供应链/物流企业主导的、银行主导的、P2P 主导的供应链金融。其中，第三方支付、电商平台、供应链/物流企业凭借自身的经验和资源的积累掌握了一定供应链交易的信息流、物流、资金流等核心数据，具备自身竞争优势，而商业银行等金融机构和 P2P 平台则在资金端有自身优势。

(一) 第三方支付主导的供应链金融

第三方支付承担的主要是通道功能，即交易中介，据此也会衍生出大量的数据。这些沉淀的数据一方面用于自身增值业务的拓展，另一方面也可以和银行及其他外部金融机构合作，用于对供应链企业的资金资产评估，账户管理，以数据打通整个链条。在这一点上，以易宝支付为代表的行业支付企业，有着不同场景下得天独厚的先入优势，凭借对不同行业特性的了解，将数据＋风控有机结合，不仅降低了供应链金融的风险，也让资金供需双方实现了高效对接。

(二) 电商平台主导的供应链金融

电商平台开展供应链金融的核心是真实的交易数据，通过平台的交易属性，贷款发放和还款可以形成资金闭环。由电商主导的供应链金融受制于平台的风控要求，但形式较为多样。以京东金融为例，其目前构建了融资服务（京小贷、京东快银、动产融资、企业金采）、跨境服务(京e服、京e汇、京e链)和理财服务(企业金库)三大供应链金融综合服务体系。

(三) 供应链/物流企业主导的供应链金融

供应链或物流企业主要是通过预付类产品帮助供应链企业融资的。首先,物流企业作为供应链金融的主要协调者,掌握着最真实、最基础的信息资源,对整个产业链有完整的控货能力,尤其是在以存货抵押为主要形式的供应链金融中具有绝对的优势。其次,物流企业切入供应链金融领域开辟了新的增值业务,如价值评估、质押物担保授信等,为企业增加了新的利润空间的同时也搭建了银企间合作的桥梁。以怡亚通为例,在获得采购商的委托合同后,它可以在客户资源系统内匹配合适的供应商,并通过电汇、信用证或保函的方式代客户垫付货款,其后将货物运送至客户时收取货款;而对于生产商而言,当怡亚通为其承运货物时,怡亚通代采购商预付货款,使得生产商能够及时回收资金用于下一轮投产。

(四) 银行主导的供应链金融

以银行作为外部金融主体的供应链金融体现出来明显的安全边际,在贷款、授信、质押中强调各类凭证的有效性和真实性,对不符合资质的企业零容忍。同时银行也凭借其金融系统职能,能够帮助供应链企业做好中间环节服务,如资信调查、汇兑等。在银行主导的供应链金融中,银行是主要风控主体,由此导致在选择供应链企业时,规模较大、资金数据全的企业成为银行的优先偏好。目前,除了中、农、工、建等四大行,平安银行、光大银行、招商银行等股份行、浙商银行等中小银行也在积极开展供应链金融业务,多家银行引入都陆续推出了基于线上的供应链金融产品。

(五) P2P主导的供应链金融

P2P(peer to peer)小额借贷是一种将非常小额度的资金聚集起来借贷给有资金需求人群的一种商业模型。国内于2007年8月在上海成立首家P2P网络借贷平台,2012年国内P2P进入野蛮生长期。P2P作为一种快速的融资渠道,在供应链金融中复制了其自身业务模式,即无担保无抵押快速获得额度,风控基本依靠外部企业,因而也是风险较大的模式。

四、供应链金融的业务模式

当前的供应链金融业务模式仍以三种传统的应收账款融资、存货融资和预付账款融资为主,加上近来新兴的一种供应链金融业务模式——战略关系融资。

(一) 应收账款融资

应收账款融资模式是指企业为取得运营资金,以卖方与买方签订真实贸易合同产生的应收账款为基础,为卖方提供的,并以合同项下的应收账款作为还款来源的融资业务。供应商首先与供应链下游达成交易,下游厂商发出应收账款单据。供应商将应收账款单据转让给金融机构,同时供应链下游厂商也对金融机构做出付款承诺。金融机构此时给供应商提供信用贷款,缓解供应商的资金流压力。一段时间后,当下游厂商销货得到资金之后再将应付账款支付给金融机构。

(二) 存货融资

存货融资又被称为库存融资,与应收账款融资一样都是以资产控制为基础的商业贷款。存货融资能够帮助加快库存中占用资金的周转速度,降低库存资金的占用成本。目前存货融资比较常见的操作方式有三种,分别是静态抵质押授信、动态抵质押授信和仓单质押授信。

静态抵质押授信是指客户以自有或第三人合法拥有的动产为抵质押的授信业务。银行委托第三方物流公司对客户提供的抵质押的商品实行监管，抵质押物不允许以货易货，客户必须打款赎货。

动态抵质押授信是由静态抵质押授信发展起来的延伸产品。即银行对于客户抵质押的商品价值设定最低限额，允许在限额以上的商品出库，客户可以以货易货。

仓单质押是以仓单为标的物而成立的一种质权，仓单质押可以分为标准仓单质押授信和普通仓单质押授信，其区别在于质押物是否为期货交割仓单。标准仓单质押授信是指客户以自有或第三人合法拥有的标准仓单为质押的授信业务，标准仓单是符合交易所统一要求的、由指定交割仓库在完成入库商品验收、确认合格后，签发给货主用于提取商品的，并经交易所注册生效的标准化提货凭证。而普通仓单质押授信是指客户提供由仓库或其他第三方物流公司提供的非期货交割用仓单作为质押物，并对仓单作出质背书银行提供融资的一种银行产品。

（三）预付账款融资

预付账款融资模式是指在上游企业承诺回购的前提下，由第三方物流企业提供信用担保，中小企业以金融机构指定仓库的既定仓单向银行等金融机构申请质押贷款来缓解预付账款压力，同时由金融机构控制其提货权的融资业务。事实上，预付账款融资也可以理解为是“未来存货的融资”，预付账款融资的担保基础是预付款项下客户对供应商的提货权，或提货权实现后通过发货、运输等环节形成的在途存货和库存存货。当货物到达后，融资企业可以向银行申请将到达的货物进一步转化为存货融资，从而实现融资的“无缝连接”。

（四）战略关系融资

战略关系融资是指企业基于相互之间的战略伙伴关系、基于长期合作产生的信任而进行的融资。其特点是，供应链中的参与企业直接作为融资服务的组织者，目的是通过引入融资加深彼此之间的战略合作关系，为未来的价值创造打下基础。在这种融资方式下，要求资金的供给方与需求方相互非常信任，通常发生在具有多年合作关系的战略合作伙伴之间。

五、供应链金融的发展趋势

从整体上看，随着供应链精细化与协同化水平的提升，未来供应链金融市场将保持较快增长，或成为继互联网金融、消费金融后的又一风口。而从价值链条评估，风控将会是主要价值产出环节，风控能力的高低直接决定了供应链金融商业模式的可复制性与天花板。换句话说，数据和技术优势将奠定供应链金融企业的竞争力。

从行业上看，近几年国家一号文件始终鼓励农业发展，金融服务逐渐向农业倾斜；在乡村经济发展的过程中，金融支撑实体业的作用日渐凸显，政策中多次提到发展三农供应链金融；因此与其他行业相比，农业具有巨大的政策性优势，同时，从事农业的中小企业和个体户较多，也符合供应链金融发展的行业属性。

案例分析 1 战“疫”背后苏宁的智慧供应链变革

一、苏宁智慧供应链布局的背景

2020 年新冠肺炎疫情暴发，疫情影响下，苏宁在全国各地关停了数千家门店，线下销售颇受影响，但全渠道、全场景的布局优势以及智慧供应链体系基础，让苏宁在此次疫情期间得以全力运转供应链，不论是苏宁易购的在线业务、家乐福的“到家”业务，还是苏宁小店的“到店”业务，都取得了逆势增长的成绩。突发危机下，供应链响应速度是企业能否顺利度过危机的关键。面对新冠疫情暴发，苏宁以最快的速度对供应链进行了调整，并做出系列“战疫”举措。可以说，苏宁在这场大考中表现十分亮眼。

二、苏宁智慧供应链变革的具体措施

(一) 供应链动态调整

武汉宣布“封城”后，本应由武汉仓辐射的周边省份或城市存在无法保证及时供应的难题。苏宁当即对供应链进行紧急调整，全部调整成由武汉周边其他物流仓辐射。但这一调整涉及大量商品切换，如果交由业务团队按照日常流程调整，无论从时间上还是人员操作上都难以迅速完成，苏宁供应链研发团队最后决定使用供应链固化模板调整，抛开商品因素，直接从模板上把武汉仓调整至其他物流仓，系统通过动态扩容完成该批数据调整，这一举措让苏宁在6小时内完成了供应链动态调整。对于其他城市，苏宁也启用了供应链动态调整方案，当爆款单品在某个城市卖光后，可以自动调整为由其他有货的中心仓覆盖该城市，这一举措更加有效地调动起了各仓库库存，提升了整体供应效率。

(二) 充分利用数字供应链

基于全场景零售，苏宁在商品、物流等环节完成了基于成本管控的采供智能模型、基于经营效益管控的大数据分析模式，从中获取的海量商品进销存等大数据是苏宁智慧供应链顺畅运作的有力土壤，庞大的消费端数据更是为提前洞察消费市场需求提供了便利，苏宁通过大数据模型推导出产品的需求预测，打造柔性供应链，实现了仓储的自动预测补货和智能调拨，助力实现高效供给，特别是为此次疫情重灾区的市场需求预测提供了便利，有数据支撑，苏宁第一时间便可联合供应方、开拓原产地，高效迅速地响应市场需求，确保关键区域市场供应充足。

(三) 应对员工短缺问题

如线上需求猛增，商品线上销售需要补全商品参数、图片、详情等信息，面对维护信息方面的员工紧缺这一问题，苏宁RPA机器人承担了家乐福商品上线、苏宁易购小程序销售等工作，实现商品一键上线，助力销售渠道与销售商品的迅速调整。

(四) 保障武汉民生需求

受疫情影响武汉市民线上购买生鲜以及生活用品需求旺盛，线上订单暴增给线下配送履约带来巨大压力，运力严重不足。武汉市相关政府部门，动员电商、超市、农业龙头企业等，大力推进社区团购和集中配送工作。苏宁易购、家乐福、苏宁小店积极响应，通过微信群发起社区拼团接龙，达到最低配送标准，自动成团，由苏宁物流组建的应急物资运输队完成每天的配送任务，将各类物资送到指定地点，保障武汉市民的生活物资需求。

(五) 加强履约模式建设

苏宁物流通过家乐福一小时达和半日达，以及苏宁菜场的打造，创造了一种不同于电商的半日达，它不仅具备即时物流的低包装成本属性，更创新地形成了经分拨但不进分拨的路由模式，以此构建了一个更高效成熟的O2O业务履约服务模型，同时，苏宁还在持续加强O2O服务履约模式建设与优化，具体举措如下：

（1）提前锁定需求量，采用预售方式，先销后采，然后配送自提的方式，精准收集顾客购买需求，同时方便后端运力预测与准备，实现最大化承诺履约。

（2）仓配作业时长波动，衔接效率提升与优化，疫情之下，顾客收货时段变长，收货时效预期降低，而门店拣货打包压力上升带来即时配的最优衔接时间被错开，针对发货量大的门店，实现备货完成后呼叫骑手以及骑手错过后的二次呼叫，实现即时配的最大化承诺履约。

（3）O2O 配送覆盖范围拓展，随着顾客收货时效预期降低，可以拓大覆盖区域，通过系统打通几个门店覆盖全城的仓配模式，一方面增加顾客来源，另一方面释放快递配送能力实现仓配履约，提升销售量与服务面，苏宁这种模式在行业具备优势。

资料来源：王玉.战“疫”背后苏宁的智慧供应链变革——访苏宁物流研发中心项目副总监史超[J].物流技术与应用，2020,25(04)：93 - 95.

案例分析 2　京东的供应链金融盈利模式研究

一、京东发展供应链金融业务背景

京东集团是国内首屈一指的自营综合 B2C 电商企业。京东集团采取了不同于阿里巴巴的自建物流的重资产模式，这种选择虽然拖慢了京东集团整体盈利的步伐，并一度不被外界看好，但这种“仓储＋物流＋配送”一体化模式却成为京东集团强大供应链运作能力的基石，为后续京东金融开展供应链金融业务铺平了道路。

京东金融集团于 2013 年 7 月在北京成立，近年来发展速度迅猛，在 2017 年已经成为仅次于蚂蚁金服和陆金所的第三大互联网金融公司，京东金融专注于整合电子商城、技术、物流及金融四个平台所带来的信息，协同研发相应的金融产品。其依靠京东物流庞大的自建物流体系，以及京东商城所掌握的客户资源优势，形成了集合采购、销售等诸多环节的供应链金融业务，并随着母公司京东集团的发展，逐步向全流程金融业务拓展。

二、京东供应链金融业务的发展阶段

（一）萌芽阶段：专注“银企合作”

京东同其他涉足供应链金融服务业的大型企业，在业务萌芽期选择了“银企合作”模式。即京东通过在客户和银行之间充当中介，凭借较为低廉的融资价格吸引供应商，并利用平台数据为符合条件的供应商提供融资担保服务同时从中收取一定的费用。截至 2012 年底，京东集团已经同中国银行、交通银行、中国建设银行、中国工商银行等几家大型国有银行达成合作，累计获得超过 50 亿元的融资授信业务。根据 2013 年其所公开披露的财务报告，供应链金融及其附属业务共计为京东获得收入高达 3.44 亿元，而提供这些服务所带来的成本仅为 0.08 亿元，毛利率高达 97.67％，同比增长了 95.45％。但随着供应商数量的不断增加，商业银行审批流程繁杂、放贷速度慢以及额度偏低等“银企合作”弊端不断显现，这使得京东不得不考虑开发平台自营类供应链金融服务。

（二）完善阶段：开展平台自营类金融业务

2013 年，京东金融从京东集团中剥离，成为京东集团下属的独立子公司。而其所提供的供应链金融服务，也因这一关键事件的发生，京东供应链金融进入了完善阶段。京东金融在此阶段相继推出平台自营类供应链金融产品“京保贝”与“京小贷”。“京保贝”与“京小贷”的具体业务流程高度类似，均可以概括为京东利用自有资金向电商平台供应链各环节成员提供融资。这两款产品的主要区别在于：“京保贝”是一款针对京东自营商户的金融服务产品；而“京小贷”的目标用户是自营商户以外的商户。据公开资料显示，“京小贷”在上线平台一年的时间内，商户使用数量就已经突破两万。这虽然有效地提高了京东的盈利能力，但京东金融始终没有走出自有平台的范围，其盈利能力仍被自有平台限制。

（三）开放阶段：开启动产融资

京东金融于2017年开展了自己新的业务——“动产融资”，此业务完全不同于原先开展的两项自营业务。传统金融机构在以往几乎不采用“动产融资”的方式，这主要是由于质押标的物的价值难以以一个公允的价格去度量。故而原来的“动产融资”只能在一类特定的商品中得到应用。同时由于市场环境的自觉性不高，市场中的商户经常使用同一标的物在多家金融机构反复抵押，一旦出现违约风险，金融机构所承担的风险将很高。而京东金融在开展自营金融业务以后，其风控部门拥有着其他金融机构无法比拟的实操经验，能够对标的物的价格进行公允的评估。加上大数据技术的加持，京东金融能够对重复抵押的情况进行实时监控继而对其加以规避。并且京东金融可以依托同为京东集团旗下的京东自营仓储物流系统对标的物进行转移、储存。这样不仅可以将京东旗下的金融和物流两大业务结合起来，同时也有效规避了标的物仓储过程中所可能出现的风险。京东的“动产融资”的目标用户既包含京东平台的商户，也包含非京东平台的商户。这代表着京东不再拘泥于传统的平台思维，其把目光放在全部企业，不再区分线上与线下，从而开启了供应链金融服务的新篇章。借此，京东金融甚至整个京东集团本身的盈利能力也得到显著提高。

三、京东供应链金融业务启示

（一）供应链金融盈利模式在发展过程中趋于平台主导化并对外开放

由于起步较晚，加之京东本身的内部资源较为匮乏，其无法在一开始独立推出金融产品，只能寻求与银行或其他金融机构的合作。京东在此时仅作为中介，在银行与供应商之间搭建平台，开展担保抵押等辅助性服务，京东根据一定比例在其间获取服务提成，由此便实现了平台次要型的盈利模式。但随着互联网经济发展速度的不断加快，供应商的需求日趋多样化。而银行提供服务的流程相对烦琐，效率低下，且受监管约束，使得银行很难开展更为多样化的业务。此外，以往的平台次要型盈利模式获利能力有限，已经满足不了体量日益壮大的京东集团。此时，京东开始谋求独立开展供应链金融服务。在完善阶段，京东金融慢慢与银行脱钩，研制具有电商色彩的金融产品，完成独立征信、放贷两个关键环节，获取全部利息及相关服务收入，并最终形成平台主导型盈利模式，其盈利水平得到极大的提升。伴随着大数据技术的不断发展以及京东金融自有客户资源深厚的积淀，京东金融已不再满足于现有体系，其开始着眼体系外的线上、线下潜在用户。

（二）供应链金融盈利模式随着内外部因素出现多样化演变

从萌芽阶段的仅收取融资担保费用，到完善阶段的融资服务费与贷款利息费用的双重收入格局，直至当前拓展性服务报酬收入的加入，京东供应链金融服务的利润来源出现多元化演变。这不仅取决于京东本身内部对于业务拓展的需要，还取决于众多外部因素的驱动。

在互联网金融服务的萌芽期，各个巨头为了形成竞争壁垒，寻求最终在竞争中取得生存，京东等大型电商企业相继成立金融服务平台，并着眼于供应链金融服务。此时，行业内部的斗争成为京东供应链金融模式演变的关键外部助推因素。根据新古典经济理论，外部因素决定着规模经济水平，而不断下沉的用户需求将成为实现规模经济的另一关键因素。随着互联网金融业务不断深入，同时各类客户的融资理财需求逐渐被挖掘出来，这对企业金融服务模式的多样性提出了新的要求。此时期的供应链金融企业立足于客户最为关注的需求，竭力改善产品及服务内容，并希望借此提高客户满意度与用户黏性，以此实现企业盈利的持续性增长。随着行业内部竞争的日益激烈，多样化竞争优势得以不断凸显出来，有针对性地满足用户需求成为在竞争中胜出的关键因素。由此可以得知，此时的供应链金融行业盈利模式的演变由供求双方共同推动。

资料来源：许华，刘小炎，袁从刚.基于电商平台的供应链金融盈利模式研究——以京东为例[J].时代经贸，2021，18(01)：34－37.

复习思考题

1. 智慧供应链的特点有哪些？
2. 未来智慧供应链的发展趋势是什么？
3. ABCD 技术是指哪些？谈谈你对这些技术的认识。
4. 可持续供应链创新的概念是什么？
5. 可持续供应链的未来发展方向是什么？
6. 请思考企业该如何应对全球供应链面临的挑战？
7. 当前供应链金融的业务模式主要有哪些？

主要参考文献

[1] 包兴，肖迪.供应链管理：理论与实践[M].北京：机械工业出版社，2011.
[2] 丁伟东，刘凯，贺国先.供应链风险研究[J].中国安全科学学报，2003(04).
[3] 菲利普·科恃勒.营销管理[M].15 版.上海：格致出版社，2019.
[4] 黄成成，叶春森，王雪轩，等.智慧供应链体系构建研究[J].价值工程，2018，37(23).
[5] 胡建波，王东晖.供应链管理[M].成都：西南财经大学出版社，2020.
[6] 贾英昊，江泽武.区块链浪潮：连接技术与应用[M].北京：机械工业出版社，2019.
[7] 利丰研究中心.供应链管理：香港利丰集团的实践[M].2 版.北京：中国人民大学出版社，2009.
[8] 刘化君，刘传清.物联网技术[M].北京：电子工业出版社，2010.
[9] 林梦，路红艳，孙继勇.全球供应链格局调整趋势及我国应对策略[J].国际贸易，2020(10).
[10] 马士华，林勇.供应链管理[M].北京：机械工业出版社，2018.
[11] 巴罗.企业物流—供应链的规划、组织和控制[M].王晓东，胡瑞娟等译.北京：机械工业出版社，2006.
[12] 大卫·辛奇利维，菲利普·卡明斯基，伊迪丝·辛奇利维.供应链设计与管理[M].3 版.季建华，邵晓峰，译.北京：中国人民大学出版社，2010.
[13] 森吉兹·哈克塞弗，巴里·伦德尔.服务管理—供应链管理与运营管理整合方法[M]. 陈丽华，王江译. 北京，北京大学出版社，2016.
[14] 苏尼尔·乔普拉，彼得·迈因德尔.供应链管理[M].6 版.陈荣秋，译.北京：中国人民大学出版社，2017.
[15] 宋华.电子商务物流与电子供应链管理[M].北京：中国人民大学出版社，2004.
[16] 宋军.解体与重构：全球供应链变革及其对中国的启示[J].区域金融研究，2019(12).
[17] 唐志凌，沈敏.射频识别(RFID)应用技术[M].2 版.北京：机械工业出版社，2020.
[18] 文丹枫，周鹏辉.智慧供应链：智能化时代的供应链管理与变革[M].北京：电子工业出版社，2019.
[19] 许建，田宇.基于可持续供应链管理的企业社会责任风险评价[J].中国管理科学，2014，22(S1).
[20] 马丁·克里斯托弗.物流与供应链管理[M].5 版.何明珂，译.北京：电子工业出版社，2019.

[21] 朱传波,物流与供应链管理[M].北京：机械工业出版社,2020.
[22] 张成堂,叶勇,王郑.可持续供应链管理研究述评与展望[J].统计与管理,2019(01).
[23] 朱道立,龚国华,罗齐.物流和供应链管理[M].上海：复旦大学出版社,2011.
[24] 中国通信标准化协会物联网技术委员会."物联网＋区块链"应用与发展白皮书[J].电信工程技术与标准化,2019,32(11).
[25] 张威.提升我国全球供应链竞争新优势[J].对外经贸实务,2021(01).

教师教学资源服务指南

教师可扫描下方二维码，关注微信公众号“高教财经教学研究”，免费申请课件和样书、下载试卷、观看师资培训课程和直播录像等。

云书展

点击导航栏中的“教学服务”，点击子菜单中的“云书展”，了解最新经管教材信息。

样书申请

点击导航栏中的“教学服务”，点击子菜单中的“免费样书”，填写相关信息即可免费申请样书。

课件申请

点击导航栏中的“教学服务”，点击子菜单中的“课件申请”，填写相关信息即可申请课件。

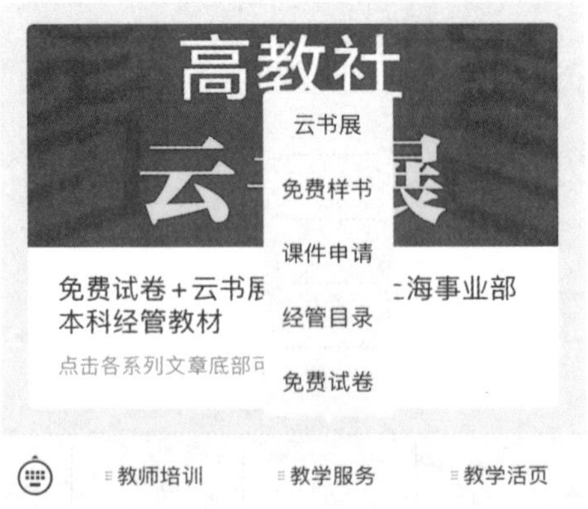